Más libros y menos pantallas

Actualidad

Biografía

Michel Desmurget es doctor en neurociencia y director de investigación en el Instituto Nacional de la Salud y la Investigación Médica de Francia. Es autor de una vasta obra científica y de divulgación y ha colaborado en centros de investigación como el MIT o la Universidad de California. Con su libro anterior, *La fábrica de cretinos digitales*, ganó el premio Femina de las letras francesas.

Michel Desmurget
Más libros y menos pantallas
Cómo acabar con los cretinos digitales

Traducción de Lara Cortés Fernández

PENÍNSULA

Obra editada en colaboración con Editorial Planeta – España

Título original: *Faites-les lire! Pour en inir avec le crétin digital*

© Éditions du Seuil, 2023
Autor: Michel Desmurget

© de la traducción del francés, Lara Cortés Fernández, 2024
Realización Planeta - fotocomposición

© 2024, Edicions 62, S.A. – Barcelona, España

Derechos reservados

© 2025, Ediciones Culturales Paidós, S.A. de C.V.
Bajo el sello editorial PAIDÓS M.R.
Avenida Presidente Masarik núm. 111,
Piso 2, Polanco V Sección, Miguel Hidalgo
C.P. 11560, Ciudad de México
www.planetadelibros.com.mx
www.paidos.com.mx

Primera edición impresa en España: marzo de 2024
ISBN: 978-84-1100-226-4

Primera edición impresa en México en Booket: marzo de 2025
ISBN: 978-607-569-926-4

Impreso en los talleres de Corporación en Servicios
Integrales de Asesoría Profesional, S.A. de C.V.
Calle E #6, Parque Industrial Puebla 2000, C.P. 72225, Puebla, Pue.
Impreso en México -*Printed in Mexico*

Durante mucho tiempo me he acostado temprano con mis libros y mi linterna. En cuanto encendía la linterna, los personajes salían en masa de entre las páginas, con los vecinos, los caballos, los pájaros, los marcianos ambidextros, los maléficos, los superpotentes, los traidores, los anodinos, los embrujados, los injustamente condenados, los invisibles, los subterráneos, los de cara de ángel, las princesas que había que liberar. Nadie sabrá jamás cuántos éramos bajo la cubierta.

CLAUDE PONTI, escritor e ilustrador
de literatura infantil y juvenil,
Blaise et le château d'Anne Hiversère,
L'École des Loisirs, 2004.*

---

* La traducción al castellano de este fragmento es de Margarida Trias Pareja, *Blas y el castillo de Ani Versario*, Editorial Corimbo S. L., Sant Joan Despí, 2005. *(N. de la t.)*

Índice

Segunda parte
EL ARTE DE LEER

Tercera parte
LAS RAÍCES DE LA LECTURA

INTRODUCCIÓN

LEER POR PLACER

Un libro es una hospitalidad que se ofrece [...].
Una oportunidad de levantar, desde la más tierna
infancia, casas de palabras, de interponer entre lo
real y uno mismo un tejido de vocablos, conocimientos, historias, imágenes y fantasías sin el cual
el mundo probablemente sería inhabitable.[1]

MICHÈLE PETIT, antropóloga

Recientemente dos importantes editoriales de literatura infantil y juvenil me invitaron a su reunión de planificación de la temporada. La presentación duró más de cuatro horas, pero no me aburrí ni un solo segundo. Además del entusiasmo de los responsables de las diferentes colecciones, descubrí cómo nacen y cómo maduran los libros. Escuché a escritores e ilustradores hablar con pasión acerca de su trabajo. Cada cual tenía su público objetivo: para unos, eran los más pequeños, esos que están empezando a caminar; para otros, eran los lectores ya casi adultos, que tratan de poner en orden el seísmo de su adolescencia. Cada cual tenía también su formato, elegido con la meticulosidad más rigurosa para proporcionar a la creatividad de su pensamiento un soporte perfecto: álbum, libro ilustrado para bebés o para un público de más edad, libro *pop-up*, librojuego, novela gráfica, ensayo divulgativo, novela, cuento, poesía... A pesar de mis años y de lo lejos que quedaban mis recuerdos de una juventud perdida hace ya mucho tiempo, confieso que hundí mi cabeza en aquel maremágnum de palabras, ilustraciones e historias y me sumergí en él. ¡Me encantó!

Finalmente, la estancia volvió a iluminarse y todos los asistentes se dirigieron hacia la salida. En ese momento la magia se deshizo. Cuando escuché las conversaciones posteriores, tuve la impresión de estar pasando del país de las maravillas a un velatorio: la preocupación de los editores, la angustia de los libreros, la precarización de los escritores y los ilustradores... Por todas partes se mencionaba el «retroceso en la lectura» con esa especie de derrotismo tan característico de lo irremediable. Debería haber sentido compasión por aquel mundo en peligro, pero no tuve tiempo de hacerlo. Mi pensamiento se dirigió impulsivamente hacia todos esos niños que han dejado de leer o que ya no leen lo suficiente. Porque, en último término, son ellos las principales víctimas de este desastre.

Como demostré en *La fábrica de cretinos digitales*,[2] los actores de la industria electrónica del ocio llevan a cabo intensas campañas de publicidad y presión para defender los ilusorios beneficios de sus productos para el cerebro de nuestros hijos. Mientras tanto, los editores de literatura infantil y juvenil y el resto de los profesionales del sector del libro guardan silencio, como si la calidad —por lo general, elevada— de su abundante producción bastase por sí sola para resolver el problema. Como si, en el fondo, los beneficios de la lectura fuesen evidentes y, por tanto, no necesitasen ni divulgación ni promoción. Es cierto que están todos esos testimonios de escritores, periodistas y filósofos que proclaman que leer los ha «salvado»,[3-5] «construido»,[6] «liberado»,[7] protegido «de la desesperación, de la estupidez, de la cobardía, del tedio»[8] y permitido vivir en una hora «todos los gozos y las desgracias posibles, algunos de los cuales tardaríamos años en conocer en la vida».[9] «Francamente —explicaba, por ejemplo, la novelista Amélie Nothomb en una entrevista reciente—, estoy segura de que, si no fuera por todos los libros que he leído desde que era adolescente, me habría muerto.»[10] Y también está ese sinfín de títulos de ficción que rinden homenaje al maravilloso tesoro que representan los libros,[11-21] y esa montaña de obras sabias que hablan, con una arrebatada erudición, de lo mucho que nos aporta la literatura.[1, 22-30] Miles de páginas repletas de profundas reflexiones e íntimos sentimientos. Páginas en las que queda patente que los libros nos hacen mejores gracias a su capacidad para cultivar el espíritu, enriquecer el imaginario, reparar la mente, deshacer la soledad, desmoronar el oscurantismo, fecundar el lenguaje, preservar las memorias colectivas...

Sin embargo, como es lógico, todos estos textos cuajados de humanismo y bellas palabras giran más en torno a experiencias personales y especulaciones intelectuales que a demostraciones fácticas. Por eso, si los analizamos tomando cierta distancia, es posible que sintamos la tentación de creer que la lectura es esencialmente una experiencia esotérica y selectiva, cuyos posibles beneficios tal vez no sean una mera especulación, pero sí que están reservados, en cualquier caso, a una restringida casta de supuestos espíritus cultivados o, peor aún, de tristes intelectuales (un sustantivo que para nuestros hijos se ha convertido prácticamente en un insulto).[31-33] Ya a principios de los años cincuenta del siglo pasado Ray Bradbury, autor de la mítica obra *Fahrenheit 451*, aludía a esta evolución como un proceso inevitable, poniendo en boca de uno de sus personajes las siguientes palabras: «¿Por qué aprender algo, excepto apretar botones, enchufar conmutadores, encajar tornillos y tuercas? [...] Como las universidades producían más corredores, saltadores, boxeadores, aviadores y nadadores, en vez de profesores, críticos, sabios y creadores, la palabra 'intelectual', claro está, se convirtió en el insulto que merecía ser».[11]

Esta obra abordará precisamente esas renuncias. Ha llegado el momento, si se me permite expresarlo así, de devolverle al libro el lugar que le corresponde y de demostrar que la lectura «por placer»* no es en modo alguno una práctica elitista, reservada tan solo a unos cuantos eruditos privilegiados,

---

* La expresión «lectura por placer» se refiere a una lectura personal, practicada durante el tiempo de ocio, fuera del contexto de las tareas escolares y con un único objetivo: satisfacer el propio deseo.[34] En aras de la sencillez, y salvo que se indique lo contrario, en adelante el término lectura se utilizará como sinónimo de lectura por placer.

sino una necesidad acuciante para el desarrollo de nuestros hijos. Ya a principios del siglo xx Marius Roustan, profesor de Letras y ministro de Educación Pública, advertía esta realidad. Así, en 1906, en una brillante obra dedicada al «arte de escribir», observó lo siguiente: «Razón, sensibilidad, imaginación: la lectura desarrolla todas estas facultades y, al mismo tiempo, las agudiza; les proporciona más amplitud y también más fineza. A ella le debemos tesoros incalculables. [...] Lee, lee mucho, nunca conseguirás leer lo suficiente. [...] Hay que leer cuando se es joven. Hay que leer cuando se envejece».[35]

Hoy en día está demostrado que todos estos planteamientos son plenamente válidos. De hecho, ya lo constató Stephen Krashen hace casi treinta años, tras realizar una exhaustiva revisión de la literatura científica existente hasta ese momento. Este lingüista apuntaba que «cuando los niños leen por placer, cuando se convierten en "adictos a los libros", adquieren de manera involuntaria y sin un esfuerzo consciente casi todas esas habilidades que se conocen como *competencias lingüísticas* y que preocupan a tantas personas: se convierten en lectores eficaces, aprenden un amplio vocabulario, desarrollan su capacidad de comprender y utilizar estructuras gramaticales complejas, adquieren un estilo de escritura adecuado y presentan una buena (aunque no necesariamente perfecta) ortografía. Aun cuando la lectura libre y voluntaria no garantice por sí misma que se alcancen las cotas de alfabetización más elevadas, sí que proporciona, cuanto menos, un nivel aceptable en este sentido. Además, facilita las habilidades que se requieren a la hora de abordar textos exigentes. Sin ella, me temo que, sencillamente, los niños no tendrían ninguna posibilidad de hacerlo».[36] Desde el momento en que Krashen escribió este fragmento, nada ha cambiado. Como señala un texto mucho más reciente, «hay que animar a los niños a leer por placer. Es importante desde el punto de vista social, porque aquellos menores que leen por placer tienen más éxito en la vida. Es así de simple. Se sienten mucho mejor. Alcanzan logros mayores en todos los ámbitos. La lectura alimenta el conocimiento y la imaginación y desarrolla la empatía, y de ese modo ayuda a que los niños sean cada vez más humanos. Lo que está aquí en juego son las oportunidades de los menores. Nada menos que eso».[37]

Hechas estas observaciones, debo advertir que mi intención al escribir este libro no ha sido, desde luego, elaborar un compendio universitario tedioso y complejo, sino divulgar (en el principal sentido del verbo: «poner al alcance del público») los principales datos científicos que se han ido recopilando en los últimos cincuenta años.[38] Así pues, en las páginas que siguen no habrá verborreas grandilocuentes ni oscuros y sutiles argumentos. Tan solo explicaciones, ejemplos y hechos. Evidentemente, muchos guardianes quisquillosos del templo literario censurarán mi planteamiento, argumentando que defiende una visión abyectamente materialista de la lectura. De hecho, ya he escuchado a esos cantores del bello lenguaje afirmar que «leer no sirve de nada y, precisamente por eso, es algo grande».[27] Los he escuchado explicar que hay que dejar «de ver en la lectura una inversión para un futuro más rentable, [porque,] a base de dar siempre prioridad a un enfoque utilitarista y angustiado de aquello que podría ser una fiesta, hemos acabado convirtiéndolo en un tedioso castigo».[*,1] Lo que en cambio no he oído aún es en qué se apoyan estas protestas. De hecho, cuando un niño lee por placer extrae mecánicamente de esta actividad beneficios sólidos y concretos, como tendré ocasión de demostrar a lo largo de esta obra. Dicho de otro modo: que la lectura constituya «un espacio en

---

* La palabra exacta que se utilizó en la cita original es *pensum*, derivado del participio del verbo latino *pendere*, una de cuyas acepciones en francés es «examinar, evaluar». En este contexto se refiere a un «trabajo aburrido, que se realiza de mala gana».[39]

el que vivir un presente más amplio, más intenso, en el que conectar con el mundo y con los demás»[1] no significa que no pueda representar también una inversión rentable en el futuro académico, intelectual, emocional y social del niño. Sobre todo porque, como abordaré también más adelante, el placer de leer amplifica la práctica y, en último término, el alcance de los beneficios acumulados.

Además, existe un gran número de estudios que demuestran que el fomento de los objetivos utilitarios (con argumentos del tipo «es bueno para el colegio», «mejora el vocabulario», etc.) tiene un impacto en el aprendizaje y la motivación significativamente menor que el del mero placer de leer.[40-44] Sin embargo —insisto una vez más—, dar prioridad al placer no impide disfrutar de los beneficios que se obtienen de paso. Llamémoslo, como proponía el filósofo italiano Nuccio Ordine, «la útil inutilidad de la literatura».[45] Es justo lo que hace la biología humana cuando recurre a los placeres del juego para alcanzar sus objetivos de desarrollo más utilitaristas. Por lo demás, seamos sinceros: cuando veo leyendo a mi hija adolescente, me siento pletórico... Y no solo porque le guste esta actividad, sino porque sé que con ella está enriqueciendo su vida, sus emociones, su imaginario, su creatividad y su inteligencia. Seguramente me sentiría menos feliz si la viera atiborrándose de pantallas en su tiempo de ocio, por mucho que estos dispositivos le puedan proporcionar el mayor de los placeres.

En cierto modo, esta obra constituye una declaración de utilidad pública de los beneficios de la lectura por placer. En ella me propongo explicar, de la manera más sencilla posible, qué provoca el libro en el cerebro de los niños y por qué es fundamental que los menores lean desde su más tierna infancia. Eso me obliga necesariamente a renunciar al terreno subjetivo del testimonio personal y de la elucubración filosófica para concentrarme en las aportaciones científicas validadas. Es así como llegaremos a una conclusión clara, cuyo mensaje puede sintetizarse de la siguiente forma: desde que surgió el lenguaje, la humanidad no ha inventado una herramienta mejor que la lectura para estructurar el pensamiento, organizar el desarrollo del cerebro y civilizar nuestra relación con el mundo; el libro construye al niño literalmente en su triple dimensión (intelectual, emocional y social). Por tanto, la brutal reducción de esta actividad que se está observando entre las nuevas generaciones representa un verdadero desastre para la riqueza colectiva de nuestra sociedad, sobre todo porque la lectura está cediendo terreno a una cultura digital lúdica, que, aunque aporte ingentes beneficios económicos a los diferentes actores de su industria, también provoca un efecto idiotizante —como han demostrado ya de manera irrefutable numerosos estudios científicos— y genera consecuencias negativas probadas, por ejemplo para el lenguaje, la concentración, la impulsividad, la obesidad, el sueño, la ansiedad o los resultados académicos.[2, 46-50]

En definitiva, el problema de la lectura que abordaremos aquí se resume en una palabra: la apetencia. ¿Cómo cultivar en los niños el amor por los libros? Es evidente que ese amor no es en absoluto innato. Se inculca y se transmite lentamente. Para los padres es un legado que transmitir; para los hijos, un derecho a recibir una herencia. Sin embargo, como muestra una investigación reciente, «sabemos que muchos padres y muchas madres no leen con sus hijos porque no son conscientes de que es necesario hacerlo. No son conscientes de los enormes beneficios y del placer que proporciona esta actividad. También sabemos que los especialistas en lectura temen que, si les advierten de esta necesidad, las familias se sentirán culpables por no leer suficientemente junto con sus hijos. Por eso se tiende a mantener con los padres y las madres una comunicación más oblicua, más cercana a la incitación».[37]

Este tipo de pudor resulta incomprensible. Que la realidad no nos guste no significa que debamos silenciarla o disimularla. Evidentemente, ningún padre o madre es perfecto, pero todos intentan hacerlo lo mejor que pueden, según sus recursos, su disponibilidad y sus conocimientos. Educar a un hijo es un prodigio. Se trata de una labor de equilibrista. Exige hacer malabarismos constantemente entre lo deseable y lo posible. Sin embargo, dentro de la rigidez que nos impone la vida cotidiana, siempre queda un margen de maniobra. Y precisamente en ese margen deben interpretarse las líneas de la presente obra.

Al afirmar la importancia fundamental de la lectura para el desarrollo del niño y destacar lo mucho que este necesita de un armazón familiar sólido para convertirse en lector no pretendo en absoluto estigmatizar a los padres y madres, y mucho menos criticarlos, culpabilizarlos o indicarles cómo deben educar a sus hijos. Simplemente quiero proporcionarles elementos para que puedan tomar decisiones y disfrutar de una mayor libertad como educadores. Se ha demostrado que los adultos que poseen conocimientos generales acerca de los mecanismos del desarrollo del lenguaje actúan de una manera más eficaz y positiva.[51-54] Por supuesto que la tarea es más sencilla cuando el niño es pequeño. Por supuesto que algunas familias lamentarán no haber hecho lo suficiente, ya sea por ignorancia o —algo más habitual— por imposibilidad. Todos experimentamos sentimientos amargos de este tipo. Pero, por fortuna, en el reino de los libros nunca hay que dar nada por perdido: independientemente de la edad, del género, de las posibles reticencias o de los problemas académicos, la puerta de acceso a los beneficios (y a los placeres) de la lectura siempre está abierta, incluso para los supuestos «malos lectores». Baste tan solo un dato: un estudiante de educación secundaria obligatoria lee unas 145 palabras por minuto,[55] lo que supone más de un millón de palabras al año si ese adolescente dedica a esta actividad 20 minutos al día. Y esa cantidad equivale aproximadamente a los 7 volúmenes, 199 capítulos y casi 3.500 páginas de Harry Potter.[56-57] ¡No es una cifra menor, precisamente!

En 2019, tras la publicación de la edición original de *La fábrica de cretinos digitales*,[2] se me reprochó que me hubiese limitado a presentar «una constatación no acompañada de soluciones».[58] Cada vez que daba una conferencia, al final el público siempre me planteaba la misma pregunta: todo el mundo está de acuerdo en el diagnóstico, pero ¿qué podemos hacer? Este nuevo libro responde a ese interrogante. He rastreado la literatura científica de arriba abajo y en ella no he encontrado mejor antídoto contra la idiotización de las mentes que la lectura: se trata de una verdadera máquina de configuración de la inteligencia en su dimensión cognitiva (que nos permite pensar, reflexionar y razonar) y también, y sobre todo, en su dimensión socioemocional (que nos permite comprendernos a nosotros mismos y a los demás, lo que facilita las relaciones sociales). ¡Un lector es lo contrario de un cretino digital! Para demostrarlo, la presente obra se estructura en cinco grandes partes. La primera de ellas («La lenta agonía de la lectura») presenta el inexorable declive del libro entre las nuevas generaciones y sus efectos sobre el rendimiento académico. La segunda («El arte de leer») muestra que la lectura es una competencia compleja, que se construye lentamente, que gira en torno a la comprensión y cuya descodificación —entendiendo como tal la capacidad para identificar las palabras a partir de las letras: *p/a/p/á* → *papá*— constituye un pilar necesario, pero también claramente insuficiente. La tercera («Las raíces de la lectura») ilustra la importancia fundamental de la exposición temprana a la hora de construir esta competencia y, por consiguiente, evidencia el papel insustituible del entorno familiar en el proceso, así como la incapacidad orgánica de la escuela para compensar las carencias de un ambiente demasiado poco estimulante. La cuarta («Un mundo sin libros») subraya la capacidad única de los libros para estructurar el pensamiento, desarrollar la memoria y favorecer la asimilación de conocimientos complejos. La quinta («Unos beneficios múltiples y duraderos») describe las ventajas —científicamente demostradas— que aporta la lectura para el desarrollo intelectual, emocional y social de nuestros hijos y, en último término, su crucial impacto en el éxito académico. El epílogo («Convertir al niño en un lector») aborda de una manera más práctica las principales herramientas de las que podemos ayudarnos para afianzar la lectura como uno de los hábitos de nuestros pequeños.

PRIMERA PARTE

LA LENTA AGONÍA DE LA LECTURA

Tal vez ya te hayas dado cuenta (o tal vez no) de que hay un elefante en la habitación. Y no es un elefante cualquiera. Se trata de una bestia gigantesca, peligrosamente accesible, seductora y traicionera, con múltiples rostros y totalmente hipnótica. Estamos hablando, claro, de las pantallas en nuestras vidas [...], que se encuentran en cualquier lugar al que miremos. También se encuentran en cualquier lugar al que mire tu hijo, aun cuando evites poner en sus manos estos objetos pequeños y tentadores.[1]

PAMELA PAUL y MARIA RUSSO, autoras y editoras
de *The New York Times Book Review*

Desde hace ya más de cincuenta años, los hábitos de lectura de las jóvenes generaciones de todo el planeta se escrutan y se examinan exhaustivamente. Es casi una obsesión que demuestra —como si aún hiciera falta— que este tema preocupa. En todas partes se plantean las mismas preguntas: ¿a los niños les gusta leer? ¿Leen? ¿Qué leen? ¿Es cierto que cada vez leen menos? ¿De verdad aumenta el número de lectores «frágiles»?... Se podría esperar que el inmenso corpus científico que se ha ido constituyendo hasta hoy fuese un frustrante guirigay de respuestas dispares. Pero no es así. Sea cuales sean los protocolos de estudio empleados, el veredicto siempre es más o menos el mismo, al menos en el caso de los países que se califican de desarrollados. Y eso es lo que pretendo ilustrar en esta parte.

En aras de la claridad, dividiré mi argumentario en tres capítulos. El primero de ellos se centrará en los mecanismos tempranos de impregnación y analizará los hábitos familiares de lectura compartida* y el modo en que los niños más pe-

---

* Casi todos los estudios de hábitos utilizan el término lectura compartida en su sentido más general. Aquí seguiré esta línea y propondré emplearlo para referirse a cualquier interacción en la que un adulto lea un libro con un niño, independientemente del tipo de obra que sea (solo con texto, solo con imágenes, etc.) y de las condiciones en las que se comparta la actividad (mera lectura, planteamiento activo de preguntas, etc.), factores que analizaré en la tercera parte, centrada en las raíces de la lectura.

queños (bebés y alumnos de educación infantil) se aculturan*
activamente con respecto al libro mucho antes de que sepan
leer. El segundo analizará las prácticas autónomas en niños de
primaria y adolescentes, que, en principio, son capaces de leer
solos. Aquí confirmaremos el proceso continuo de reducción
del tiempo de ocio destinado a la lectura que se ha producido
en los últimos decenios. El tercero, finalmente, analizará los
efectos que esta reducción provoca en la calidad del lenguaje,
el dominio de la ortografía, la comprensión de los textos escritos y, de un modo más general, el rendimiento académico
de las nuevas generaciones.

---

* En el sentido de un lento proceso de impregnación por el que el niño
asimila la «cultura del libro» y la hace suya.

I

Libros antes de saber leer

La mayoría de los niños se encuentran con los libros antes de saber leer. Lo hacen a través de múltiples vías, como, por ejemplo, la lectura compartida, el juego simbólico (el pequeño hace como si estuviese leyendo)* o la manipulación de obras gráficas (libros ilustrados o interactivos, álbumes sin texto,** etc.). Como veremos en la tercera parte de esta obra, estos encuentros marcan de forma duradera y profunda el desarrollo del menor. De entrada, sientan las bases de los hábitos posteriores, incorporando el libro y la lectura a las actividades cotidianas. Además, preparan el cerebro para la complejidad de los futuros aprendizajes formales, familiarizando a la máquina neuronal con las exigencias y particularidades del mundo escrito.

Así pues, para entender cómo el niño se hace (¡o no se hace!) lector, es imprescindible analizar de qué manera y en qué medida se expone al libro a edades tempranas, lo que supone preguntarse, en concreto, cómo varía esta exposición

---

* Es algo que ocurre sobre todo con libros que el niño ya conoce y ha visto (¡y vuelto a ver!) con un adulto durante los momentos de lectura compartida.

** En estos libros, se cuenta una historia sin recurrir a las palabras, a través de una sucesión de imágenes. Este tipo de obras permiten a los niños «leer» solos. También se pueden utilizar para la lectura compartida, con el fin de animar al menor a que tome la palabra y fomentar así su interacción verbal con el adulto.

en función de sus características familiares (nivel socioeconómico, educación de los progenitores, etc.) e individuales (género, edad, lugar que ocupa entre los hermanos, etc.). Este es el objetivo del presente capítulo.

A LOS NIÑOS LES GUSTA QUE LES LEAN HISTORIAS

Empezaremos por una excelente noticia: independientemente de la edad que tengan y del país en el que residan, a nuestros hijos les gusta que les lean historias.[2-6] Esto es, al menos, lo que asegura una aplastante mayoría de ellos (entre el 85 y el 95 %), y en eso coinciden con lo que afirman sus padres. Incluso la proporción de adolescentes que dicen adorar esta práctica también alcanza niveles sorprendentes, por lo general superiores al 75 %.

Este amor universal por la lectura compartida está anclado a dos raíces:[2-5] la primera de ellas, de tipo emocional, tiene que ver directamente con los niños, y consiste en la sensación de estar viviendo un momento «especial» que aporta un placer mutuo, un momento de risas, palabras, calidez y complicidad; la segunda, más utilitarista, está ligada a los padres y a su aspiración de obtener beneficios concretos, como el desarrollo del lenguaje, el enriquecimiento de la imaginación, la iniciación a la lectura y la mejora de los resultados académicos. No obstante, estas convicciones de las familias van evolucionando a medida que los hijos cumplen años.[7] Aunque se mantienen firmes hasta mediados de la educación primaria, que es cuando (en teoría) concluye el aprendizaje formal del código escrito y el alumno es ya (supuestamente) capaz de leer por sí solo, a partir de ese momento se desmoronan con una inusitada celeridad. Así, cuando el menor tiene menos de seis o siete años, casi todas las familias (aproximadamente el 90 %) consideran que la lectura compartida es «esencial» o «importante». En cambio, en la franja de entre ocho y diez años los padres que dan importancia a esta actividad son más o menos la mitad (55 %) y después, entre los once y los trece años, son ya claramente una minoría (25 %). Para explicar estas tendencias, las familias declaran que dejan de leer historias a sus hijos principalmente porque estos ya han «crecido lo suficiente como para leer solos» (en torno al 70 %) y añaden que, al interrumpir este hábito, lo que pretenden es «fomentar la lectura autónoma» (alrededor del 40 %).[2-5] Lo cierto es que en muchos casos esta búsqueda de «autonomización» adopta la forma de un desentendimiento evidente: muchos padres, cuando abandonan la lectura compartida, también renuncian a supervisar y alentar las actividades de sus hijos en torno a los libros.[8] Una doble pena que numerosos niños parecen llevar mal. De hecho, la proporción de menores decepcionados que aseguran que «les habría gustado continuar» es importante, tanto entre los más pequeños de la educación primaria (entre seis y ocho años, en torno al 50 %) como entre los preadolescentes (entre nueve y once años, alrededor del 30 %) o incluso, algo más sorprendente, entre los adolescentes (entre doce y diecisiete años, más o menos un 20 %).

UNA PRÁCTICA EFÍMERA Y DESIGUALMENTE DISTRIBUIDA

A la luz de estos datos, cabría pensar que la lectura compartida constituye una práctica generalizada, sobre todo entre los niños en edad preescolar. Pero no es así. De media, en la franja de edad de entre cero y cinco años, el número de pequeños que se expone a esta práctica «a diario o casi a diario» apenas supera la mitad del total (aproximadamente un 55 %). Como se aprecia en la figura 1, a partir de esa franja el porcentaje baja rápidamente hasta hacerse minoritario (entre seis y ocho años, 42 %) y, finalmente, marginal (entre nueve y once años, 20 %; entre doce y catorce años, 11 %).

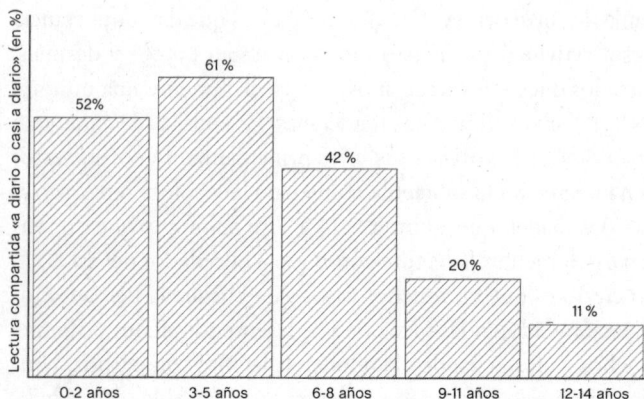

Figura 1. Porcentaje de niños que se exponen a diario o casi a diario a la lectura compartida, distribuido en función de la edad. Valores medios de un conjunto de estudios representativos.[2-5, 7, 9-11]

Como era de esperar, estos valores medios varían en función de las características individuales y familiares del menor. Entre los factores que, según se ha demostrado, tienen un mayor peso en ese sentido se encuentran principalmente el nivel socioeconómico (cuanto más desahogada sea la situación del hogar y mayor sea su cultura más frecuente será la práctica de la lectura compartida), la edad y el sexo de los padres (las mujeres y los adultos de más edad leen más libros a sus hijos) y las características de los hermanos (los hijos únicos y los primogénitos se exponen más a esta actividad, probablemente porque sus padres no tienen que repartir su atención entre varios niños).[6-7, 9-16] El sexo del menor también desempeña un papel importante en este sentido. De hecho, varios estudios sugieren que la lectura compartida es significativamente mayor entre las niñas que entre los niños.[9, 17] Una amplia investigación incluso ha demostrado que el hecho de ser varón resta en un tercio la probabilidad de beneficiarse a diario de esta práctica.[18] Esta diferencia se explica, al menos en parte, por la existencia de estereotipos de género más o menos conscientes según los cuales el lenguaje y la lectura son más bien competencias femeninas,[18-23] una creencia que podría basarse en factores como la segregación de las prácticas parentales y, de un modo más concreto, en el hecho de que las madres lean más para sí mismas y para sus hijos y mantengan discursos más positivos y alentadores en torno a la lectura.[6, 24-25] Parece que estas particularidades podrían dar lugar a que, desde la más tierna infancia, se transmita «la idea de que la lectura es una actividad femenina».[25]

Estos estereotipos de género son especialmente persistentes porque surfean con alegría la ola de las profecías autocumplidas. El mecanismo es sencillo: cuanto más se considere que la lectura es una actividad «femenina» y más se piense que leer no es «una cosa de tíos», que los niños «son activos», «necesitan moverse» y «no se quedan sentados» atiborrándose de libros... menos tiempo se pasará leyéndoles y hablando con ellos, más difícil le será al lenguaje encontrar aquí un terreno abonado para su pleno desarrollo y más se autoconfirmará el estereotipo. En este sentido, puede ser interesante mencionar una amplia investigación internacional (con la participación de Estados Unidos, Canadá y el Reino Unido) que se llevó a cabo con niños de edad preescolar (entre cero y cinco años).[26] Los datos indican que desde los primeros meses se expone a las niñas a más actividades cognitivas que a los niños: leer y contar cuentos, observar números y letras, cantar, ir a la biblioteca... Como señalan los científicos, esta diferencia no es anodina: explica una parte significativa de las diferencias observadas universalmente en el rendimiento académico de niñas y niños en lectura y matemáticas durante la etapa de educación infantil. Si en el análisis tenemos en cuenta estas disparidades en la estimulación cognitiva temprana, las desigualdades en el rendimiento entre los sexos se reducen de una manera considerable: según las diversas muestras y materias, esta reducción oscila entre un 16 y un 50 %. ¡No es un cambio menor, precisamente!

Un «elefante digital» omnipresente

A todo ello hay que añadir, como es lógico, el peso del «elefante digital». Hoy en día está sobradamente demostrado que cuanto más se expongan los miembros del hogar (niños y/o padres) a las pantallas durante su tiempo de ocio, menos tiempo dedicarán a las actividades de interacción intrafamiliar, entre ellos la lectura compartida.[27-29] En el caso de la población de entre cero y cinco años, por ejemplo, un estudio ha demostrado que cada hora diaria de consumo de televisión (que es, de lejos, el tipo de pantalla más utilizado en esta edad)[27] reduce en 45 minutos las interacciones humanas.[30] También se ha probado que entre los alumnos del segundo ciclo de educación infantil (de tres a cinco años) el tiempo de lectura compartida disminuye en un tercio en aquellos individuos que pasan más de dos horas al día delante de una pantalla.[31] Recientemente, una investigación de gran alcance en la que se realizó un seguimiento de varios miles de niños durante tres años ha confirmado la validez general de esta observación.[32] En ese trabajo se llegó a dos conclusiones: en primer lugar, cuanto mayor sea el consumo de pantallas a los veinticuatro meses de vida, menor será la exposición a la lectura compartida a los treinta y seis meses; en segundo lugar, cuanto menor sea la exposición a la lectura compartida a los treinta y seis meses, mayor será el consumo de pantallas a los sesenta meses.

Esta primacía de lo digital frente a la lectura vuelve a aparecer, claro está, cuando se analiza el tiempo de consumo diario. Entre los cero y los cinco años, el uso lúdico de las pantallas absorbe cuatro veces más tiempo que los libros.[9] No obstante, la diferencia entre una y otra actividad va variando en función de la edad de los individuos. Entre los más pequeños, la distancia es de aproximadamente media hora (de cero a un año, 49 minutos de pantallas frente a 26 minutos de lectura compartida). Entre los mayores, supera alegremente las dos horas (de dos a cuatro años, dos horas y media frente a 28 minutos). El mensaje es sencillo: el uso lúdico de los dispositivos digitales roba un tiempo significativo a la lectura compartida.

LA LECTURA COMPARTIDA FAVORECE LA LECTURA INDIVIDUAL

Como acabamos de ver, muchas familias explican que han dejado de leer cuentos a sus hijos para fomentar la autonomía de los pequeños y estimular su lectura individual. Sin embargo, los datos revelan que este argumento, por muy sensato que pueda parecer, no se sostiene. En realidad, el consumo solitario y el consumo compartido, en lugar de mutilarse el uno a otro, tienden a reforzarse y a acrecentarse mutuamente. Dicho de otro modo: cuanto más se expone un niño a la lectura compartida, más tiende a leer por sí mismo, sea cual sea su edad.[5, 7, 17] Como demuestra, por ejemplo, la figura 2, entre los cinco y los siete años el porcentaje de lectores solitarios se incrementa del 4 al 33 % cuando la frecuencia de la lectura compartida pasa de ser «puntual» (menos de una vez por semana) a «diaria» (todos o casi todos los días). En el caso de los preadolescentes (de ocho a trece años), estos valores se sitúan, respectivamente, en un 25 y en un 63 %. Incluso los niños de entre cero y cuatro años, que, evidentemente, aún no saben leer, tienden más a coger álbumes o libros interactivos para hojearlos ellos solos, como si estuviesen leyendo, cuando se les expone a diario a la lectura compartida (un 33 %) que cuando solo la practican de forma puntual (4 %). Conclusión: si quieres que tus hijos lean solos, léeles libros, sea cual sea su edad, ¡incluso cuando ya se estén acercando a la adolescencia!

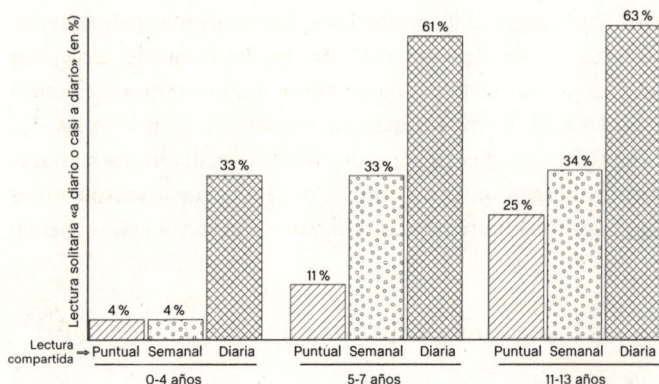

Figura 2. Porcentajes de niños que leen solos (eje vertical) en función de su exposición a la lectura compartida (eje horizontal). «Puntual»: menos de una vez por semana; «semanal»: al menos una vez por semana; «diaria»: todos o casi todos los días. *Fuente*: [7]

En resumen

Este capítulo evidencia que casi todas las familias reconocen la importancia fundamental de la lectura compartida. Sin embargo, solo una reducida mayoría de los niños se exponen a esta actividad a diario o casi a diario, y en este sentido se observa un claro sesgo a favor de las niñas (que practican este hábito con una frecuencia significativamente mayor que los varones). Además, esa reducida mayoría se convierte en minoría cuando los menores entran en primero de educación primaria:* a par-

---

* En cada país la denominación que reciben los cursos dentro del sistema educativo es diferente (por ejemplo, de primero a duodécimo, en Estados Unidos). En aras de la claridad, aquí hablaremos de educación infantil (tres, cuatro y cinco años), educación primaria (de primero a sexto), primer ciclo de educación secundaria, es decir, el ciclo obligatorio (de primero a cuarto) y bachillerato (primero y segundo).

tir de este curso, se observa una marcada desvinculación por parte de los padres, que, según indican, quieren que el menor se acostumbre a leer solo (idea esta que se desmiente por la existencia de una relación positiva entre la lectura individual y la compartida). En la mayoría de los hogares, lo que coloniza y acapara el tiempo libre de los pequeños no son tanto los libros como el consumo lúdico de las pantallas, a pesar de que son mucho menos beneficiosas para su desarrollo. Se trata de un hecho lamentable y seguramente también preocupante, porque, como resume una reciente investigación, «el lugar que ocupa la lectura en la infancia tiene un importante peso en la edad adulta».[33]

2

El niño lector

Centrémonos ahora en los menores en edad escolar, es decir, de seis o más años, que ya son capaces de leer por sí solos (aunque de manera aún balbuceante en el caso de los más pequeños). ¿Cuáles son, de media, el volumen, la naturaleza y la evolución de sus hábitos de lectura? Para evitar cualquier ambigüedad, debo precisar que los estudios realizados sobre este tema se basan casi en su totalidad en una visión muy amplia de los contenidos considerados (se incluyen libros clásicos,* cómics en general, periódicos, revistas, blogs, etc.) y de los soportes (papel, ordenador, *smartphone*, tableta, lector de libros electrónicos, etc.). Dicho de otro modo: cuando la mayoría de las investigaciones disponibles hablan de «lectura», lo que evalúan en realidad es un amplio abanico de prácticas heterogéneas, en las que el libro no es, ni mucho menos, el único elemento.

---

* La expresión *libro clásico* se refiere aquí a un volumen impreso, encuadernado y constituido básicamente por texto, lo que incluye novelas, ensayos, biografías... En lo sucesivo, cuando en esta obra utilice la palabra *libro*, deberá entenderse en este sentido «clásico», salvo que especifique lo contrario.

LOS NIÑOS Y LOS ADOLESCENTES ASEGURAN QUE LES GUSTA LEER

Una vez más, empezaremos, aparentemente, por una excelente noticia: a nuestros niños les gusta leer. O, en todo caso, eso es lo que indican muchas investigaciones que se han llevado a cabo recientemente en casi todo el planeta. Como muestra la figura 3, la proporción de menores de entre seis y diecisiete años a los que leer les gusta «mucho» o «muchísimo» oscila entre el 60 % (en Australia) y el 84 % (en Francia). Si en este grupo incluimos también a los que, aunque muestren poco entusiasmo por esta actividad, declaran que leer les gusta «un poco», estos valores aumentarán entre un 15 y un 20 %, hasta llegar, en China, a un asombroso 99 %. En definitiva, es incontestable que a las jóvenes generaciones les apetece leer.

En vista de estas observaciones, resulta fácil vilipendiar a esa insoportable tropa de críticos catastrofistas y proclamar, como hizo una periodista de *The Huffington Post*, que «¡la lectura ocupa un lugar central en la vida de los niños! [...] Por mucho que les pese a algunos, los niños adoran leer y consideran la lectura como una actividad plena».[34] La verdad es que es un discurso reconfortante. Justo lo que se necesita para tranquilizar a las preocupadas familias. Pero, por desgracia, también es engañoso y omite una realidad fundamental: a menudo media un largo trecho entre el deseo y su materialización.

Dicho de otro modo: que a los niños les guste leer no significa que realmente lean.

Veamos la encuesta que da pie a las entusiastas palabras de nuestra periodista. No se puede negar que el estudio al que alude demuestra que a una abrumadora mayoría de alumnos franceses de educación primaria les gusta leer (entre siete y once años, el nivel es del 84 %).[35] Sin embargo, también señala que esta actividad no es, ni de lejos, la preferida de los encuestados, para los que el libro va después de la televisión y

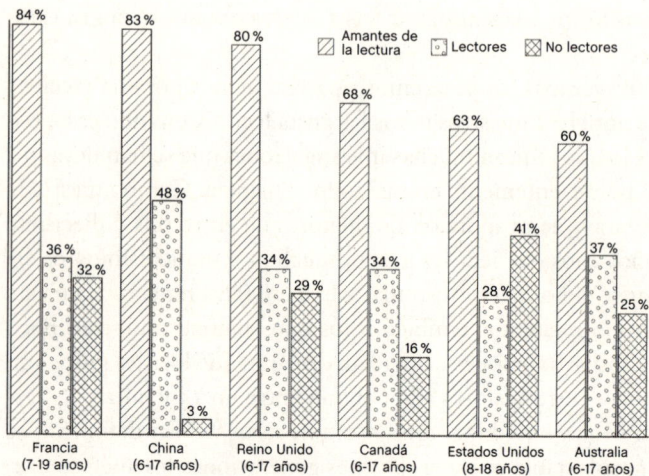

Figura 3. Porcentaje de niños a los que leer les gusta muchísimo o mucho («Amantes de la lectura»), leen a diario o casi a diario («Lectores») o leen una vez por semana o menos («No lectores»). Datos correspondientes a seis países: Francia,[6] China,[3] Reino Unido,[4] Canadá,[5] Estados Unidos[37] y Australia.[2]

los videojuegos. Esta preponderancia de las pantallas no tiene nada de sorprendente. De hecho, está sólidamente probada.[27] Por ejemplo, en un estudio francés se preguntó a una serie de niños y adolescentes (de entre seis y diecisiete años) por qué no leían más. El 59 % de ellos declararon que preferían optar por otras actividades y el 36 % aseguraron que no tenían tiempo para la lectura.[24] La conclusión de los autores: «El principal obstáculo con el que se topa la lectura entre los jóvenes no es tanto una falta de interés como la competencia que representan otras actividades y la falta de tiempo que generan». Estos resultados son compatibles con los datos de otro estudio más reciente en el que se ha observado que «entre los jóvenes [franceses], el primer obstáculo para la lectura es su preferencia por otras actividades».[6] Obviamente, esta tendencia no es exclusiva de nuestro país. La mayoría de los niños británicos de tres o más años prefieren las pantallas a los libros, y la proporción aumenta a medida que crecen, hasta alcanzar casi el 75 % entre los menores de entre ocho y diecisiete años.[17] Se trata de cifras elocuentes, cuyo alcance es aún mayor si pasamos del terreno de las declaraciones al de los hechos concretos: en una investigación estadounidense se analizaron los gustos de más quinientos estudiantes de entre nueve y diez años. El resultado no necesita más comentarios: «Todos los niños prefieren ver [la televisión] a leer».[36]

Los niños y los adolescentes leen (muy) poco

Volvamos a detenernos en la figura 3. Si comparamos las dos primeras barras de cada país comprobaremos fácilmente que en todos los casos el número de niños «amantes de la lectura» es muy superior al reducido grupo de niños que realmente leen. De media, el porcentaje de «lectores» (que practican esta actividad a diario o casi a diario) se mueve penosamente entre un cuarto y un tercio del total, lo cual significa que la mayoría de los niños a los que les gusta leer... no leen. La única excepción en este sentido es China, que presenta un nivel de «lectores» cercano al 50 %. En cuanto al grupo de «no lectores» (quienes leen una vez por semana o menos), cabe decir que es más variable. También aquí destaca China, que, con su 3 %, se encuentra en las antípodas de Francia y Estados Unidos, países con un 32 y un 41 %, respectivamente.

Estas tendencias medias enmascaran la existencia de una serie de factores de diferenciación sistemáticos. Tres parecen ser particularmente sólidos: se trata del género, del nivel socioeconómico y de la edad. El más destacado es este último: como ilustra la figura 4, cuanto más crecen nuestros niños, menos leen. Así, el número de «lectores» pasa en promedio del 50 %, en el caso de los alumnos de primaria, al 20 %, en el de los estudiantes de secundaria, sin grandes diferencias entre los países analizados, con excepción de China, que, una vez más, se distingue por su capacidad para mantener un elevado nivel de practicantes. Mientras los demás países experimentan a largo plazo una caída masiva y unánime del porcentaje de lectores, la potencia asiática presenta una curva mucho más estable.

La influencia del género es menor, aunque significativa, y beneficia a las chicas: el número de lectoras suele ser mayor que el de lectores. De media, la diferencia se sitúa en una horquilla de entre un 5 y un 15 %. El Reino Unido, por ejemplo, presenta un 41 % de lectoras frente al 27 % de lectores.[4] En Estados Unidos estos valores se sitúan, respectivamente, en un 30 y en un 25 %.[37] En Francia, en un 35 y en un 27 %.[6] También en este caso cabe destacar que se observa una rela-

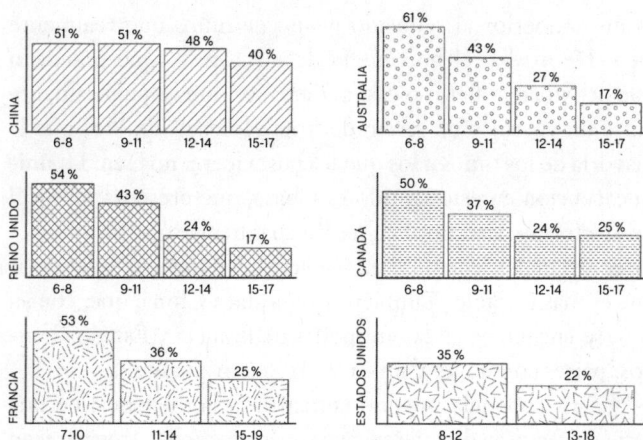

Figura 4. Evolución del porcentaje de «lectores» (personas que leen a diario o casi a diario) en función de la edad, en seis países: China,[3] Australia,[2] Reino Unido,[4] Canadá,[5] Francia[6] y Estados Unidos.[37]

ción inversa entre la lectura y el consumo lúdico de pantallas. Según confirman varios estudios recientes, este último tiende a ser mayor entre los niños que entre las niñas.[9, 37] Sea como fuere, el peso del género no es un factor inexorable. Como hemos visto, constituye el reflejo de una diferenciación precoz en los hábitos familiares como consecuencia de un estereotipo sexuado (y en buena medida inconsciente) según el cual la lectura es «una cosa de chicas». En las primeras etapas, los padres dedican más tiempo a leer y a contar cuentos cuando su hijo es de sexo femenino. Más adelante, perpetúan esta dinámica animando en mayor medida a las niñas a leer, aun cuando de media los varones dediquen menos tiempo a la lectura y presenten más dificultades en esta actividad.[38]

También el estatus socioeconómico desempeña un papel importante. Así —como, en cierto modo, era de esperar—, hay más lectores en los entornos favorecidos. Pero la diferencia no parece depender tanto del patrimonio económico como del capital cultural (si bien hay que reconocer que ambos aspectos suelen ir de la mano). Los datos más precisos en este terreno llegan de Estados Unidos, gracias a la investigación *Common Sense*,[37] donde se observó que la proporción de lectores disminuye considerablemente en función del nivel de formación de los padres (educación universitaria: 34 %; educación secundaria: 20 %). En Francia se aprecia una tendencia similar, aunque menos marcada: en las categorías socioprofesionales calificadas de «superiores», la cifra de lectores es del 36 %, frente al 29 % de los entornos desfavorecidos.[6] En el caso de las prácticas digitales de ocio, en cambio, se observa una dinámica inversa, ya que su consumo se incrementa enormemente cuando el hogar presenta un nivel sociocultural bajo.[27, 37] De hecho, varios estudios recientes han demostrado que un importante rasgo distintivo de las familias de medios favorecidos es que en ellas se limita de manera estricta el uso lúdico de los dispositivos digitales en beneficio de las actividades extraescolares consideradas más «enriquecedoras» en términos intelectuales, principalmente la lectura.[39-41]

El «elefante digital» (siempre) omnipresente

Algunos estudios de Francia y de Estados Unidos han ido más allá del porcentaje de personas que leen «a diario o casi a diario»[6, 37] y se han interesado por conocer el tiempo que se destina cada día a esta actividad. La media de estos dos países se sitúa, respectivamente, en 28 y 29 minutos entre los alumnos de primaria y secundaria (bachillerato incluido),[*] aunque estos valores dependen en buena medida de los marcadores socioeconómicos que vimos en el apartado anterior. El tiempo de lectura es mayor en las niñas y en las familias culturalmente privilegiadas: en ambos casos, se destina a la lectura de cinco a diez minutos más al día. Pese a lo que cabría esperar, en vista de la reducción progresiva del número de lectores entre los estudiantes de secundaria (véase la figura 4, p. 42), lo cierto es que a medida que se cumplen años el tiempo medio de lectura diaria se mantiene o incluso aumenta ligeramente (en nueve minutos al día entre la educación primaria y el bachillerato).[6] No obstante, este fenómeno es bastante fácil de explicar. Se debe a un sencillo mecanismo de vasos comunicantes: el número de lectores se reduce, pero cada «superviviente» pasa cada vez más tiempo leyendo a medida que crece.

Seguramente, habrá quien considere que 30 minutos diarios de lectura no está tan mal, después de todo. Por desgracia, esta valoración es errónea, como demuestran, una vez más, los exhaustivos datos del estudio estadounidense *Common Sense*:[37] si eliminamos de la ecuación a la minoría de los «lecto-

---

[*] De siete a diecinueve años en el caso del estudio francés[6] y de ocho a dieciocho años en el del estudio estadounidense.[37]

res» (un 28 %, como se aprecia en la figura 3, p. 40), el tiempo diario caerá hasta quedar por debajo de los 10 minutos. Esta cifra no debe sorprendernos. En realidad, no es más que un reflejo del escaso porcentaje de personas que cultivan la lectura cada día: un 44 % entre los individuos de ocho a doce años y un 30 % entre quienes tienen de trece a diecisiete años.* En otras palabras: ¡cada día seis de cada diez preadolescentes y siete de cada diez adolescentes no leen casi nada! Resulta tentador oponer esta escalofriante escasez a la omnipresencia de lo digital. Si, de hecho, lo hacemos, veremos con claridad que el libro ha perdido la batalla del ocio. Pisoteado por las todopoderosas pantallas lúdicas, agoniza en el callejón sin salida de las opciones periféricas.

La figura 5, en la página siguiente, ilustra la envergadura de este desastre. Los adolescentes dedican catorce veces más tiempo a sus juguetitos digitales que a la lectura; los preadolescentes, casi diez veces más. Los chicos de entre ocho y doce años que se exponen a diario a los contenidos audiovisuales (telerrealidad, videoclips, series, películas, vídeos...) son dos veces más que los que se exponen a la lectura (un 84 % frente a un 44 %). En la franja de edad de entre trece y diecisiete años, son incluso casi tres veces más (un 86 % frente a un 30 %). Cada año, el consumo lúdico de pantallas devora 112 días de la vida de un alumno de segundo de educación secundaria obligatoria, es decir, 3,7 meses o casi 2.690 horas, el equivalente a tres cursos escolares. En cambio, la lectura solo ocupa siete días, esto es, 168 horas, el equivalente a 0,2 cursos escolares.

Podríamos continuar largo y tendido esta enumeración, pero la esencia del asunto apenas cambiaría: las nuevas generaciones ya no invitan a Victor Hugo, Thomas Mann, Stefan Zweig, John Steinbeck, Marguerite Duras, Virginia Woolf o Si-

---

* Los porcentajes son mayores que en el caso de los «lectores» (quienes leen a diario o casi a diario; consultar la figura 3, p. 40) porque incluyen cierto número de lectores ocasionales (aquellos que leen de cuando en cuando).

mone de Beauvoir a ocupar el lugar central de su desarrollo intelectual, sino a Cyril Hanouna, *House*, Grand Theft Auto, Koh Lanta y TikTok.* Seguramente siempre habrá personas de buena voluntad que rechazarán este tipo de paralelismos y argumentarán que las herramientas digitales también se pueden utilizar para leer *Guerra y paz* en su versión electrónica, para estudiar Wikipedia o para darse un atracón de vídeos pedagógicos sobre la resolución de las ecuaciones diferenciales.[42-44] Y es cierto... en teoría. Porque en la práctica esos usos potencialmente positivos constituyen una anomalía estadística, anegada en medio del océano de las prácticas lúdicas más nocivas.[27, 37, 45]

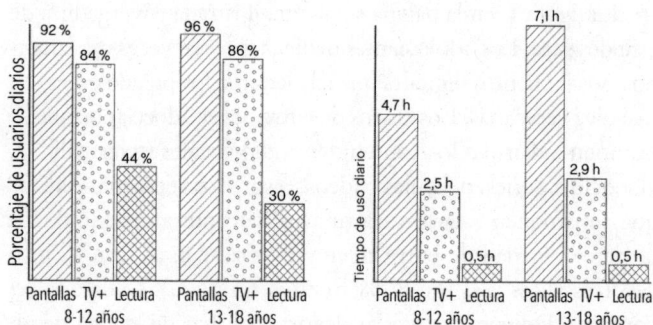

Figura 5. Predominio del ocio digital frente a la lectura. Gráfico de la izquierda: comparación entre el porcentaje de preadolescentes («8-12 años») y el de adolescentes («13-18 años») que utilizan a diario al menos una pantalla lúdica («Pantallas»), consumen contenidos audiovisuales («TV+»: telerrealidad, series, películas, etc.) y leen («Lectura»: en un sentido amplio, que incluye libros en formato papel o electrónicos, revistas impresas o en línea, blogs, etc.). Gráfico de la derecha: mismos parámetros, pero en relación con el tiempo de uso diario. *Fuente:* [37]

* Por orden de aparición: un presentador francés de un programa de entrevistas, una serie de televisión, uno de los videojuegos más vendidos (también conocido por las siglas GTA), un programa francés de telerrealidad y una red social especialmente popular entre los adolescentes.

Este impacto dañino del consumo lúdico de pantallas sobre el tiempo de lectura se viene constatando desde hace casi cincuenta años.[27-28] Ya en 1972, un informe del Ministerio de Salud Pública de Estados Unidos indicaba que la compra de un televisor provocaba una reducción inmediata (de en torno a un 40%) del tiempo que los adultos destinaban a leer libros.[46] Unos años más tarde, en 1980, un trabajo experimental extendía esta observación también a los niños, concluyendo que los alumnos de educación primaria a los que se limitaba el consumo de productos audiovisuales pasaban menos tiempo delante de la televisión que sus compañeros (50 minutos, frente a 1 hora y 40 minutos) y que la consecuencia de esta restricción era un incremento significativo del tiempo de lectura (1 hora y 10 minutos, frente a 35 minutos).[47] A finales de los años noventa se publicó una investigación, muy citada posteriormente, que confirmó esta conclusión[48] y evidenció dos hechos: en primer lugar, el porcentaje del tiempo libre dedicado a la lectura experimentó una drástica reducción entre 1955 y 1995 en todos los grupos de edad, pasando, en el caso de la población de entre doce y diecisiete años (el sector más joven incluido en el estudio) de un 21 a un 5%; en segundo lugar, esa reducción fue inversamente proporcional al movimiento de penetración de la televisión en los hogares. Conclusión de los autores: «La competencia de la televisión ha resultado ser la causa más evidente del declive de la lectura». Un investigación más reciente, con sujetos de entre diez y diecinueve años, ha confirmado este proceso de «captación» del tiempo de ocio, constatando que, por cada hora que se destina a jugar a videojuegos, el tiempo de lectura (de libros, revistas o periódicos) se reduce en un 30%.[49] Otro estudio llevado a cabo con una amplia población de escolares de entre ocho y doce años ha confirmado este resultado y, en palabras de sus autores, ha demostrado que «la frecuencia de lectura disminuye cuando los niños tienen un mayor acceso a los dispositivos digitales, incluso si estos dispositivos presentan funciones de *e-reading* [es decir, aun cuando permitan leer libros electrónicos, como es el caso de los lectores, las tabletas, los ordenadores, los *smartphones*, etc.]».[50]

Existen multitud de estudios de este tipo.[51-59] De hecho, podríamos apilarlos casi hasta el infinito, pero, en cualquier caso, la conclusión general sería siempre la misma: el consumo lúdico de pantallas constituye un enemigo feroz y ancestral de la lectura.

Cómics en general, mangas, revistas... y algunos libros

Contemplados en su conjunto, estos datos resultan aún más impactantes si se tiene en cuenta que para obtenerlos se ha utilizado —recordémoslo— un concepto prodigiosamente vasto de la lectura, tanto desde el punto de vista de los contenidos (libros, cómics, periódicos, revistas, blogs, etc.) como desde el de los soportes (formato papel, electrónico e incluso sonoro, en ordenadores, *smartphones*, tabletas y lectores). Dicho de otro modo: cuando se afirma que un joven lee, no significa necesariamente que lea libros en el sentido clásico de la palabra. Se puede estar haciendo referencia, simplemente, a que navega por diferentes blogs en busca de «consejos sobre cómo cuidarse e inspiración para peinarse»[60] o a que le gusta enfrascarse en diferentes revistas de sociedad que hablan de las extravagancias sexuales y morales de nuestras *celebrities*. Por eso cabe plantear la siguiente pregunta: ¿qué leen exactamente nuestros hijos?

Curiosamente, existen pocos datos sobre este tema, pero los estudios disponibles confirman de manera bastante generalizada que la lectura no está necesariamente unida al libro. En la mayoría de los casos, este último no es ni de lejos el principal recurso consumido. De hecho, cuando se pregunta a los estudiantes estadounidenses de entre diez y catorce años qué les gusta leer, el 72 % señala las revistas (sobre todo de deportes, moda, belleza, videojuegos o música), el 44 % opta por los cómics y el 30 % elige los libros.[61] Del mismo modo, cuando se interroga a los preadolescentes de ese país sobre qué han leído en la última semana, el 87 % menciona revistas o cómics; el 54 %, novelas, y el 33 %, libros de no ficción.[62] Hay otros estudios internacionales, realizados en el contexto del programa de evaluación PISA,* que demuestran que, «varias veces por semana»,[64] el 26 % de los adolescentes leen revistas; el 13 %, novelas; el 6 %, libros de no ficción, y el 10 %, cómics. Recientemente se ha llevado a cabo una investigación en Francia con una muestra representativa de individuos de entre siete y diecinueve años para averiguar qué tipo de obras leen «con más frecuencia». El cómic en general se encuentra a la cabeza (55 %), seguido por las novelas (46 %) y el cómic tipo manga (40 %).** Sin embargo, como subrayan los autores de este estudio, afloran importantes diferencias en función del sexo y la edad: «Las chicas y los estudiantes de bachillerato leen más novelas, mientras que los chicos, los estudiantes de primaria y los del primer ciclo de secundaria prefieren los cómics en general y el manga». De hecho, entre el sector femenino el

* El informe PISA (Programme for International Student Assessment o Programa para la Evaluación Internacional de Alumnos) es un estudio internacional realizado por iniciativa de la Organización para la Cooperación y el Desarrollo Económicos (OCDE) que, cada tres años (con excepción de 2021, debido a la pandemia de la covid-19), y sobre la base de unas pruebas estandarizadas, compara el rendimiento escolar en matemáticas, lenguas y ciencias de los estudiantes de secundaria (a la edad de quince años) de diversos países. La primera edición de este programa se realizó en el año 2000. La última data de 2018 y en ella participaron 79 países [63] (en 2022 se llevó a cabo un estudio sobre 85 países, cuyos datos deberían de haberse publicado a finales de 2023).

** El total es superior al cien por cien porque se permitía escoger varias opciones por cada pregunta.

podio está ocupado por las novelas (58 %), los cómics en general (52 %) y el manga (31 %), mientras que entre el sector masculino el podio es para los cómics en general (59 %), el manga (49 %) y las novelas (34 %). Lo mismo ocurre con la edad. Por ejemplo, los estudiantes del primer ciclo de secundaria prefieren los cómics (70 %) al manga (54 %) y a las novelas (45 %), mientras que los estudiantes del segundo ciclo optan por las novelas (67 %), el manga (51 %) y los cómics (46 %). Estas observaciones coinciden en líneas generales con las de otro estudio, también francés, en el que se evidencia que más de la mitad (en concreto, el 54 %) de las obras que leen los chicos de entre siete y quince años a lo largo del año son cómics.[65]

En definitiva, podemos afirmar que nuestros hijos leen poco y que, cuando lo hacen, evitan conscientemente el libro para centrarse en las revistas, el manga o los cómics en general. Al realizar esta observación no pretendo establecer una jerarquía de valor entre estas diversas posibilidades: cada cual lee lo que quiere. Mi intención simplemente es subrayar que estos contenidos no presentan ni las mismas características ni el mismo impacto: lo que pueden aportar una novela, una revista de moda o un manga es estructuralmente distinto. Numerosos estudios, sobre los que volveremos en las dos últimas partes de esta obra, han demostrado que los libros (especialmente los de ficción) influyen en el desarrollo intelectual y lingüístico del niño de una forma mucho más profunda y positiva que los demás tipos de contenidos (revistas, cómics, blogs, etc.).[64, 66-67]

UNA REALIDAD ABSURDAMENTE CUESTIONADA

Sobre la base de los elementos que he expuesto hasta ahora, podemos afirmar sin demasiadas dudas que la lectura es una de las prácticas que han salido peor paradas. Esta conclusión parece incuestionable. Y, sin embargo, se cuestiona. A pesar del volumen y la coherencia de las observaciones disponibles, en los principales medios de comunicación seguimos encontrando un importante flujo de proclamaciones discordantes. «Cada época tiene sus tópicos —podemos leer, por ejemplo, en un editorial reciente—. Uno de los tópicos de nuestros días es el que sostiene que los "jóvenes" ya no leen.»[68] Para muchas personas, de hecho, este asunto tiene un tufo rancio y no es más que, a lo sumo, el fruto de una antigua «cantinela catastrofista que lleva lustros entonándose [...]. Ya en la Antigüedad Séneca aseguraba que los viajes apartaban a los jóvenes de la lectura».[69]

En ocasiones, estos argumentos parten de estudios cuantitativos. Descubrimos entonces, por ejemplo, que «sí, los jóvenes leen. ¡Hasta trece libros al año, incluso! [...] Este resultado contradice muchas ideas preconcebidas»;[70] «a los jóvenes les gusta leer y siguen leyendo libros en formato papel. El 86 % de la población de entre quince y veinticinco años ha leído al menos un libro en los últimos doce meses, y de media ha leído casi trece libros a lo largo del año;[71] «el 86 % de los jóvenes de entre quince y veinticinco años han abierto un libro recientemente, de acuerdo con un estudio. El formato papel sigue siendo el mayoritario, aunque el 35 % de los jóvenes lectores también devoran libros en sus tabletas o *smartphones*»,[72] etc.

Ante este entusiasmo mediático,[*] es interesante ir al contenido real del estudio fuente,[75] que llevó a cabo en 2008 la empresa de consultoría y estudios de opinión Ipsos por encargo del Centro Nacional del Libro (CNL) de Francia, una «entidad pública administrativa del Ministerio de Cultura [...] al servicio del libro y la lectura».[76] La conclusión, que en el informe

---

[*] Un entusiasmo expresado mediante fórmulas a menudo muy parecidas entre sí, lo que lleva a pensar que muchos medios de comunicación se limitan a adornar un poco las notas de prensa que reciben, sin tomarse apenas el tiempo necesario para leer por sí mismos el estudio correspondiente. Este tipo de prácticas no es nada infrecuente.[27, 73-74]

aparece destacada en el apartado de resultados, es indiscutible: hay un «86 % de lectores», lo que significa que prácticamente toda la población (con excepción de las personas analfabetas o con graves dificultades para la lectura) es lectora.[77] Dicho de otro modo: todo joven que no sea analfabeto (o casi analfabeto) se considera un lector. Esta simplificación da por sentado, en cualquier caso, que la proporción de analfabetos lectores es insignificante (porque todo analfabeto* que «lee» audiolibros se convierte, de acuerdo con la definición elegida para el término, en un lector). Llegados a este punto, es obvio que aquí hay algo que rechina. Y ese algo es, claramente, la definición de lo que es (o no es) un «lector». Para el común de los mortales, un lector es alguien que lee asiduamente libros clásicos. Sin embargo, para los encuestadores un lector es alguien que lee cualquier cosa, con cualquier frecuencia y en cualquier soporte. El estudio que tomo aquí como ejemplo lo expresa de manera explícita, indicando que los lectores de libros lo son «independientemente de la manera en la que hayan leído los libros (total o parcialmente o solo para una consulta), independientemente del género, independientemente del formato (libro en papel, libro electrónico, audiolibro) e independientemente de que lean por ocio, por estudio o por trabajo».[75] Dicho de otro modo: todo el mundo es lector de libros, sobre todo si tenemos en cuenta, además, la variedad de los géneros admitidos (novelas, cómics en general, manga, diccionarios, recetas de cocina, obras sobre bricolaje o turismo, etc.). Así pues, el adolescente que consulte una vez al año un diccionario en su *smartphone* para descubrir el significado de una palabra desconocida o que busque una receta de cocina en su tableta para averi-

---

* Evidentemente, no pretendo estigmatizar el analfabetismo ni burlarme de él. Se trata de un fenómeno que responde a múltiples causas y que provoca consecuencias dramáticas. Mi intención aquí simplemente es delimitar el concepto de *lector* que manejan la mayoría de los encuestadores.

guar qué tiempo de cocción requiere un huevo pasado por agua alcanzará milagrosamente el estatus de «lector que ha leído al menos un libro en los doce últimos meses». Lo mismo ocurre con cualquier estudiante de bachillerato que tenga que analizar una obra o un capítulo de una obra para una asignatura (algo que, desde luego, es lo mínimo que cabría esperar en esta etapa educativa; da la impresión de que cualquier joven que no haya abandonado el sistema escolar queda clasificado automáticamente en la categoría de lectores). Sin embargo, el panorama cambia drásticamente cuando nos apartamos del escaparate del *marketing* y nos centramos en los detalles de la investigación. Descubrimos entonces que la proporción de personas que leen «a diario o casi a diario en su tiempo de ocio» es del 18 %, una cantidad reveladoramente famélica y muy alejada de esas arengas pronunciadas a bombo y platillo a las que hice referencia al principio de este apartado.

En definitiva, si para ser considerado como un «lector» basta con abrir un libro de recetas o un diccionario una vez al año, podemos concluir que todos (o casi todos) los jóvenes son lectores. En cambio, si decidimos que un lector es, de entrada, una persona que lee con asiduidad (aunque admitamos una amplia gama de materiales: libros, cómics, revistas, etc.), tendremos que reconocer que entre las nuevas generaciones el porcentaje de elegidos es sumamente minoritario. Afirmar esto no es en absoluto caer en un tópico catastrofista, sino constatar una realidad trágica.

UN DECLIVE HISTÓRICO Y DURADERO

A veces no se cuestiona la situación, sino lo novedoso del problema. La idea es muy sencilla: vale, los jóvenes leen poco, pero esto no es ni una primicia ni un colapso; en realidad, sus predecesores no leían más que ellos. Por desgracia, la mayoría de los argumentos que se elaboran para apoyar esta tesis carecen de sustancia. Un buen ejemplo en este sentido es el de un editorial reciente que ya he mencionado en páginas anteriores.[68] Su autor, novelista y profesor de universidad, escribe: «Cuando se asegura que los "jóvenes" ya no leen, se da a entender que antaño sí que leían, lo cual constituye, evidentemente, una ficción». Por desgracia, esta afirmación —como suele suceder con este tipo de ocurrencias— no se sostiene en ningún elemento tangible. Y es engorroso, porque resulta que hay muchísimos datos cuantitativos que contradicen este discurso, al menos con respecto a los países occidentales, a los que se califica de «desarrollados».

En Francia hace ya cincuenta años que el Estado evalúa los hábitos culturales de los ciudadanos. El último informe del Ministerio de Cultura, publicado en 2020, destaca que «la lectura —tanto de libros como de cómics— constituye una práctica que sigue reduciéndose entre la ciudadanía. Estamos ante un proceso antiguo, que se observaba ya en las generaciones posteriores a los *baby-boomers* y que hoy en día se traduce en el hecho de que la lectura se ha convertido en un hábito particularmente infrecuente entre las nuevas generaciones».[78] Así, cuando las personas nacidas entre 1945 y 1954 tenían entre quince y veintiocho años, el 84 % de ellas leía al menos un libro al año (sin contar los cómics). En cambio, este porcentaje apenas llega al 58 % entre los conocidos hoy como *millennials* (los nacidos entre 1995 y 2004). En el caso del cómic, los valores son, respectivamente, del 59[*] y del 39 %. En cuanto a los lectores asiduos (aquellos que leen al menos veinte libros al año, excluyendo los cómics), la proporción ha pasado del 35 al 11 %, con una caída significativamente mayor entre los varones (del 38 al 8 %) que entre las chicas

---

[*] Este porcentaje se refiere a los individuos nacidos entre 1955 y 1964. No existen datos disponibles sobre las generaciones anteriores.

(del 33 al 14%), y también superior entre los más jóvenes con respecto a los mayores. En este último aspecto, en 1973 la proporción de lectores asiduos entre las personas de quince a veinticuatro años era dos veces superior a la proporción registrada entre las que tenían sesenta años o más, mientras que en 2018 esa proporción era casi dos veces inferior. Por supuesto, habrá quien piense —como me dijo en cierta ocasión un estudiante que estaba cursando un máster en psicología— que leer veinte libros al año es «¡muchíííííííííísimo!», pero en realidad para ello no hacen falta más que entre 20 y 30 minutos de lectura al día, si tomamos como referencia obras de un volumen medio, como *Bel Ami** o *Un mundo feliz*.** Esto significa que si nuestros adolescentes dedicasen cada día a la lectura la mitad del tiempo que emplean en el consumo de videojuegos y contenidos audiovisuales (telerrealidad, series, películas, etc.),

---

* En su versión original en francés, este clásico de Guy de Maupassant contiene aproximadamente ciento diez mil palabras (según la versión en PDF disponible en gallica.bnf.fr). A una velocidad media de 230 palabras por minuto,[79] un adolescente con «buena competencia» lectora (que, con toda probabilidad, poseerá si de verdad lee asiduamente) necesitará 458 minutos para leer esta obra, es decir, 1 minuto y 19 segundos al día durante un año. Esto significa que para leer 20 obras deberá emplear 26 minutos al día. Si comparamos la versión sonora del texto obtendremos un resultado parecido (10 horas y 23 minutos, texto disponible en audible.fr): la lectura en voz alta es más lenta (de media, 1,4 veces más)[80] que la silenciosa. Así pues, podemos concluir que se necesitan 24 minutos diarios para leer veinte obras. Si volvemos a realizar el cálculo tomando como base la velocidad lectora de un adolescente con una «competencia aceptable» (170 palabras por minuto), se requerirán 35 minutos al día para completar 20 obras en un año.

** Si utilizamos como base este clásico de Aldous Huxley y aplicamos la misma fórmula que hemos empleado para *Bel Ami*, llegaremos a la conclusión de que un adolescente con «buena competencia» lectora necesitará 18 minutos diarios para leer 20 libros al año, mientras que un adolescente con una «competencia aceptable» requerirá 24 minutos al día.

podrían leer unas ciento veinte novelas de un tamaño medio al año o más de cincuenta «tochos» como *Germinal, El capitán Fracaso* o *Notre-Dame de París*.*

Esta tendencia al abandono progresivo de la lectura también se observa en Estados Unidos. Entre 1976 y 2016, la proporción de alumnos del último curso de bachillerato que no había leído «por placer» ningún libro en el último año subió del 11 al 34 %.[58] En paralelo, la proporción de lectores diarios (de libros o revistas) bajó del 60 al 16 %. Al contrario de lo ocurrido en Francia, aquí la caída fue parecida entre los chicos (del 58 al 12 %) y las chicas (del 62 al 18 %).

Encontramos una dinámica similar en el Reino Unido, donde se ha realizado un estudio muy amplio sobre el tipo de formatos que se leen. Entre 2005 y 2021, el número de estudiantes (de entre ocho y dieciocho años) que leía a diario «algo en papel o en una pantalla» (ya fuesen libros, revistas, letras de canciones, cómics, blogs u otros soportes) pasó del 38 al 30 %.[81] Lo mismo puede decirse de los Países Bajos. Aquí, entre 1955 y 1995 la proporción del tiempo libre que la población adolescente (de doce a diecisiete años) dedicaba a la lectura se dividió por cuatro.[48] En este caso, una vez más, el fenómeno es más pronunciado entre los chicos (del 22 al 3 %) que entre las chicas (del 20 al 6 %).

Recientemente, un estudio noruego se centró no ya en el porcentaje de usuarios, sino en el tiempo diario destinado a leer.[59] Se examinaron dos cohortes. En la más joven (de nueve a dieciocho años), se observó una caída del 45 % entre 1991

---

* Estas cifras corresponden a un lector con «buena competencia» (230 palabras por minuto). En el caso de un lector con «competencia aceptable» (170 palabras por minuto), se obtendrían unas 90 novelas de tamaño medio y 40 «tochos» al año. Dicho esto, lo más probable es que un estudiante de primer o segundo ciclo de secundaria que cada año lea varias decenas de novelas no se quede mucho tiempo anclado en la categoría de lectores que apenas tienen una «competencia aceptable».

(51 minutos al día) y 2004 (28 minutos al día). En la de más edad (de dieciséis a veinticuatro años), se identificó una reducción del 65 % entre 1970 (35 minutos) y 2010 (12 minutos).

A todos estos elementos se pueden añadir los datos más recientes del programa PISA, absolutamente pavorosos. En 2018, el 49 % de los estudiantes del primer ciclo de secundaria de la OCDE aseguraban que solo leían si se los obligaba, un porcentaje ocho puntos superior al obtenido en 2009. Y algo aún peor: más de una cuarta parte de ellos (el 28 %) estaban convencidos de que leer es una pérdida de tiempo, lo que supone cinco puntos más que en 2009.[63]

En definitiva, el declive de la lectura no es un cuento alarmista, sino una realidad contrastada. Pero ¿acaso deberíamos sorprendernos? El tiempo es un recurso limitado. De alguna manera había que compensar el crecimiento disparatado del ocio digital. Todas esas horas regaladas a Netflix, Fortnite y TikTok no han caído del cielo. Ha habido que arrebatárselas a otras actividades, como el sueño, las interacciones familiares, las tareas escolares y, por supuesto —como ya hemos visto—, la lectura.[27-28] Lo milagroso habría sido que esta última hubiese salido indemne de la centrifugadora digital que desde hace treinta años erosiona cada vez en mayor medida la vida de nuestros hijos.

Los no lectores de hoy son los profesores de mañana

Nada evidencia de una forma más clara el retroceso generalizado de la lectura que el mundo universitario. Como indica una encuesta reciente, «los estudiantes saben que es importante leer, saben que el profesor espera que lean y saben que esta actividad tendrá un peso en sus notas, pero, a pesar de todo, la mayoría de ellos no leen su manual».[82] Es una conclusión especialmente válida en el caso de las lecturas obligatorias, que entre el 70 y el 80 % de los estudiantes ignoran total o parcialmente.[67, 83] También aquí la evolución es impactante: a principios de los años ochenta, ese porcentaje de insumisos apenas era del 20 %, es decir, cuatro veces menos que hoy.[84] En el ámbito de las lecturas personales la caída, aunque menos drástica, resulta igualmente impresionante: entre 1994 y 2015, la proporción de alumnos que accedían a la educación superior sin haber leído «por placer» absolutamente nada en el último año subió del 22 al 33 %.[85-86] Al mismo tiempo, el número de grandes lectores (aquellos que dedican más de seis horas semanales a esta actividad) cayó del 12 al 8 %. Como no podía ser de otra manera, el sistema académico ha tenido que adaptarse a este desplome.[67] En el transcurso de los últimos cinco o diez años, una elitista universidad privada estadounidense ha visto cómo el 49 % de sus profesores han reducido el volumen de lecturas obligatorias, el 20 % han disminuido su complejidad porque se han dado cuenta de que los estudiantes «no comprendían lo que leían» y el 32 % han optado por proponer más vídeos para compensar esta evolución. En Noruega, en un centro público menos selectivo, se han observado tendencias globalmente similares: el 41 % de los docentes han limitado el volumen de lecturas, el 56 % han reducido la complejidad de las obras y el 24 % las han sustituido por vídeos.[67]

Aquí estamos ante la pescadilla que se muerde la cola, porque los estudiantes de hoy son los profesores de mañana. Dicho de otro modo: como subrayan los autores de un artículo científico sobre este tema, «el escenario más alarmante que dibujan los investigadores remite a la posibilidad de que se genere un ciclo recursivo de enseñanza que dé lugar a un alto número de estudiantes carentes de inspiración, muchos de los cuales, sin embargo, se convertirán después en profesores que lucharán por despertar en sus estudiantes un amor por la lectura que ellos mismos no han experimentado jamás».[87]

En línea con este temor, se ha demostrado que los profesores que más valoran la literatura son también los más aptos para enseñar y transmitir a sus alumnos el gusto por la lectura.[88-90] Además, se ha probado que el declive generacional de esta actividad también tiene consecuencias en el ámbito educativo, en general.[91] Para comprobarlo, un equipo de investigadores comparó los hábitos de un grupo de profesores titulares (de una edad media de cuarenta años), por una parte, y de un grupo profesores en prácticas (de veinticinco años de media). Pues bien, los resultados muestran que los primeros habían leído 1,3 veces más obras infantiles y juveniles y 2,7 más novelas que sus homólogos. Entre estos últimos, de hecho, un 30 % aseguraban que no les gustaba leer. El porcentaje era quince veces menor (2 %) entre los titulares.

Los resultados de los candidatos franceses que se presentan a las oposiciones de educación primaria confirman estas inquietantes tendencias. Las síntesis de los diferentes tribunales de evaluación de la convocatoria de 2022 son estrepitosas, aun cuando sus análisis sean de carácter cualitativo. El informe que publicó el Distrito Académico de Lille ilustra muy bien la tendencia general:[92] en el caso de la prueba escrita de francés, denuncia la existencia de «discursos pueriles o más propios de una conversación entre amigos o de una autobiografía que carece de reflexión o de una altura que vaya más allá de la mera evocación de relaciones familiares personales. Son muy pocos los candidatos que citen fuentes que evidencien un nivel cultural personal. Algunos incluyen citas, pero se equivocan de autor o remiten a programas de telerrealidad o a dibujos animados de Disney. Solo una pequeña minoría es capaz de citar ciertas lecturas personales. En cuanto a la forma, muchos correctores siguen sorprendiéndose de la falta de dominio de la lengua francesa y detectan una ingente cantidad de errores ortográficos básicos, de fallos de sintaxis y de expresiones familiares».[92] En el plano léxico, «hay pocos candidatos que sean capaces de explicar la palabra "titubeante" [*chancelant*, en francés], para gran sorpresa de los correctores, dado que el contexto ayudaba en buena medida a deducir su significado. Una amplia mayoría de los candidatos creyeron ver en esta palabra la raíz *chance* (suerte) o *chant* (canto), así que pensaron que unos niños *chancelants* son unos niños afortunados, alegres, inocentes o despreocupados». Este punto resulta especialmente sobrecogedor si se tiene en cuenta que el verbo *chanceler* (titubear) no es en absoluto infrecuente. De hecho, en la lengua escrita aparece una vez por cada 130.000 palabras, es decir, una vez por cada uno o dos libros.[93] No en vano, se encuentra en diversas formas (*chanceler*, *chancela*, *chancelait*, *chancelèrent*, *chancelant*, etc.) en todas las obras que he mencionado hace unas líneas (con excepción de *Bel Ami*), es decir, en las ediciones en francés de *Notre-Dame de París* (trece veces), *Germinal* (nueve veces), *El capitán Fracaso* (ocho veces) y *Un mundo feliz* (dos veces).* Estos datos no inspiran mucha tranquilidad, que digamos, sobre todo si se tiene en cuenta que —tal vez sea conveniente recordarlo— en este caso estamos hablando de personas con un título de educación superior a las que el Estado se dispone a confiarles la educación de nuestros hijos.

En RESUMEN

Este capítulo demuestra que a los niños y a los adolescentes les gusta leer por placer, pero, a la hora de la verdad, no solo leen muy poco, sino que también lo hacen mucho menos

---

* En el caso de las obras en francés, las cifras proceden de los textos electrónicos disponibles en formato PDF en la página web de la cadena de televisión TV5 monde;[94] en el de *Un mundo feliz*, el valor se ha calculado a partir del escaneo del libro en formato papel (traducción de Jules Castier).[95]

que las generaciones anteriores. Esta dinámica se debe principalmente a la inexpugnable competencia de las pantallas en el tiempo de ocio. Además, hoy en día la lectura se concentra más en las revistas, el cómic en general y el manga que en los libros clásicos. Este abandono de la lectura es un fenómeno tan marcado que tiene eco incluso en la cúspide de la pirámide educativa: también los estudiantes de enseñanza superior leen cada vez menos, hasta tal punto que sus profesores tienden en mayor medida a sustituir el material pedagógico escrito por contenidos sonoros y visuales. Esta parece una espiral aciaga si tenemos en cuenta que entre los estudiantes de hoy se elegirá a los profesores que en el día de mañana tendrán que transmitir a nuestros hijos el arte de la lectura y el amor por ella.

3

Un rendimiento alarmante

Para aprender a leer hay que leer. O, más exactamente —como veremos en la segunda parte de este libro—, para aprender a leer hay que trabajar más allá de las tareas escolares. Un niño que no lee en casa durante su tiempo de ocio jamás se convertirá en un verdadero lector. Acabará dominando la descodificación y la comprensión de los textos más comunes, pero será irremediablemente incapaz de penetrar en la inmensa riqueza de los contenidos complejos. Este «discapacitado lingüístico —como se refiere a él Fanny Capel, profesora de Letras Modernas— jamás podrá desarrollar de manera plena su inteligencia».[96] Sin embargo, como acabamos de ver en detalle, nuestros hijos leen poco. Lo que me dispongo a demostrar aquí es que esta desafección no es inocua. Se trata de un desastre personal para el niño y de una catástrofe social para la colectividad.

UN 80% DE LECTORES EFICACES Y OTROS CUENTOS QUE NO HAY QUIEN SE TRAGUE

De acuerdo con las cifras oficiales de la DEPP,[*] el 21% de los jóvenes franceses (de entre dieciséis y veinticinco años) presen-

---

[*] DEPP: Dirección de la Evaluación, la Prospectiva y el Rendimiento, organismo que, según sus propias palabras, «ejerce sus competencias de

tan dificultades a la hora de leer, y el 10 % de ellos son analfabetos funcionales.[*, 77] Este último valor se eleva al 44 % en el caso de los estudiantes que han superado la educación secundaria obligatoria (en Francia, una vez cumplidos los dieciséis años) y deciden no seguir estudiando. En otras palabras: un menor puede pasar más de diez años en la educación primaria francesa y acceder incluso a la secundaria aun siendo incapaz de entender los textos más sencillos. Y lo peor es que esto no es ni mucho menos lo más preocupante: en los departamentos y regiones de ultramar el panorama es aún más dramático. Allí, el porcentaje de analfabetismo funcional alcanza niveles realmente indignos de un país que se presenta a sí mismo como desarrollado: 25 % en la Reunión, 28 % en Guadalupe y Martinica, 47 % en la Guayana Francesa y 71 % en Mayotte. Pero esto no es todo: las cifras evidencian también que el 28 % de los jóvenes que superan una formación profesional de grado medio pertenecen a este grupo de analfabetos funcionales. En el caso de los estudiantes que optan por un bachillerato profesionalizante —donde se alternan la formación teórica y las prácticas laborales—, la proporción es del 16 %, mientras que en el de aquellos que eligen un bachillerato general o tecnológico el valor es del 4 %. Hay un artículo de *Le Monde* que aporta a los más escépticos motivos para creer en la validez de estas observaciones.[99] Su autor empieza explicando que, por lo general, a los alumnos que han obtenido el título del bachillerato profesionalizante se les suele descartar cuando intentan acceder a itinerarios de estudios superiores selectivos, así que acaban eligiendo una formación universitaria «cualquiera». Vanessa, que

---

evaluación y de medición de resultados en los ámbitos de la educación y la formación, contribuyendo a la evaluación de las políticas del Ministerio francés de Educación».[97]

* El término debe entenderse aquí en su sentido más general: «Persona incapaz de leer y comprender un texto sencillo».[98]

da su testimonio en el artículo, es un buen ejemplo de ello. Su deseo era estudiar Comercio, pero acabó en Letras Modernas, «aunque no me gusta mucho el francés, la escritura. [...] Leer no es lo mío. Menos las revistas. Pero en esta vida no siempre podemos hacer lo que queremos. [...] ¿Los comentarios de texto? No sé muy bien de qué va eso». ¿Y las clases? «Mejoran... ¿Cómo se dice? Mejoran cómo me expreso.» En definitiva, en Francia es posible estar en una facultad del ámbito de las humanidades aunque no se lea, aunque se emplee una sintaxis nada elaborada y aunque no se haya redactado en la vida un comentario de texto.

Evidentemente, mi intención aquí no es burlarme de Vanessa ni dar a entender que el suyo sea un caso representativo de todos los estudiantes de letras, sino hacer hincapié, a través de su historia, en lo desconectados que están hoy en día el saber y la formación. Como explica François Dubet, socióloga y especialista en cuestiones educativas, hay que evitar confundir «el nivel de los títulos y su utilidad».[96] Dicho de otro modo: que la población tenga cada vez más títulos no significa necesariamente que los jóvenes posean cada vez más competencias, sobre todo en el ámbito lingüístico. Emmanuel Todd resumió maravillosamente esta realidad en una reciente entrevista. Según este antropólogo, «actualmente asistimos a una verdadera disociación entre el título y las competencias intelectuales». Por eso, el constante crecimiento del número de diplomas que expiden los centros de educación superior no supone en absoluto que nuestros hijos cada vez sean más cultivados. Lo único que indica, en realidad, es que «el nivel de cretinos titulados no deja de aumentar».[100] En este sentido, cabe señalar, por ejemplo, que la proporción de personas con título de bachiller ha pasado en el transcurso de una generación del 4 % (en 1946) al 87 % (en 2020), es decir, se ha multiplicado por 22.[101] Si nos centramos exclusivamente en los estudiantes que obtienen el título del bachillerato general (dejando aparte los itinerarios más orientados a la inserción temprana en el mercado laboral), constataremos una evolución menor, pero, aun así, inmensa: un 4 % en 1946 (por aquella época aún no existían los bachilleratos tecnológicos y profesionalizantes) frente a un 46 % en 2020. Como era de esperar, este espectacular crecimiento también ha afectado a la proporción de buenas notas, es decir, a las calificaciones por encima del mero aprobado, que pasaron del 24 % en 1997 al 47 % en 2019,[102] una subida de la que no se ha librado el bachillerato general, donde hoy en día las calificaciones superiores al aprobado son del 53 %, frente al 23 % de hace veinte años. En concreto, en estos dos decenios los sobresalientes se han multiplicado casi por diez (1 % en 1997, 12 % en 2019). Esta evolución se puede abordar desde un punto de vista psicométrico: si el 87 % de la población obtiene el título de bachillerato, eso significa que el cociente intelectual (CI)* necesario para que se abra esta puerta es inferior a 85,** es decir, inferior al nivel que en

---

* El CI es, por decirlo de una forma sencilla, un test de rendimiento intelectual que mide nuestra capacidad de razonamiento y resolución de problemas. Haré referencia a este test a lo largo de toda la obra. Para evitar cualquier confusión, debo dejar claro, en cualquier caso, que el CI constituye una medición restringida de la inteligencia humana y no basta por sí solo para determinarla. No es mi intención en modo alguno reducir aquí al ser humano (y menos aún al niño) a su cociente intelectual. Sin embargo, el valor del CI no es anodino. Aunque no lo diga todo, sí que proporciona ciertos datos importantes. Su utilidad para predecir el éxito escolar, la salud y el bienestar, sobre todo, es fundamental.[103-106]

** El CI medio es de 100. El 13 % de la población presenta un CI inferior a 83, lo cual significa que, partiendo de una proporción de personas que superan el bachillerato del 87 %, el límite inferior del CI en este grupo es de 83 (aunque en realidad es probable que ese límite sea aún menor, porque no todos los adolescentes que poseen un CI de más de 83 aprueban este ciclo educativo).

la literatura científica se suele contemplar como el umbral por debajo del cual las personas se consideran de «escasa inteligencia».[107-110] A propósito de este tema, recientemente un médico mediático, cofundador del sitio web Doctissimo, escribía en un artículo publicado en una revista francesa que en 1950 «se necesitaba un cociente intelectual (CI) superior a 125 para conseguir el título de bachillerato. Hoy en día, en cambio, es posible hacerlo con un CI de 80, cociente con el que no es posible controlar el razonamiento hipotético-deductivo».[111] La segunda parte de la afirmación es un poco abrupta, pero globalmente aceptable. En cambio, la primera es engañosa, porque parte de la hipótesis —altamente improbable— de que hace setenta años el título se expedía tan solo al 5 % de las personas que presentaban los CI más altos. Nadie niega que el factor inteligencia sea un elemento importante del éxito académico,[103-104] pero no es el único. El esfuerzo, la autodisciplina, el trabajo personal, las aptitudes sociales y emocionales o el volumen de la cuenta bancaria familiar (para pagar posibles clases de apoyo y actividades culturales), entre otros elementos, también desempeñan un papel fundamental en este sentido.[27, 112-119] Dicho esto, un estudio que realizaron recientemente dos investigadores de la DEPP confirma que, a una misma edad y con un mismo nivel educativo, «las generaciones más antiguas son las que muestran un mejor rendimiento [en comprensión del texto escrito y en cálculo]», datos estos que «sugieren que los títulos están sufriendo una cierta pérdida de valor».[120] «¡Ah, con qué galantería las cosas habéis dicho!», exclamaría el Filinto de Molière en una versión contemporánea de *El misántropo*.[121]

Naturalmente, esta evolución no es exclusiva de Francia. Se encuentra también en la mayor parte de los países occidentales, entre ellos Estados Unidos. Así, en la patria del Tío Sam muchos estudios han demostrado que existe un importante movimiento de «inflación de las notas»[122-123] y que, en paralelo, está disminuyendo el tiempo que se dedica a estudiar[124] y también está empeorando el rendimiento intelectual efectivo de los estudiantes (medido con pruebas estandarizadas).[125-126] Ante este proceso, algunos centros educativos elitistas han puesto en marcha políticas «antiinflación»,[127] algo que no debe sorprendernos, si tenemos en cuenta que cuando se inflan de manera artificial las notas tanto los estudiantes como los profesores tienden a realizar un menor esfuerzo académico.[128]

Si queremos contemplar la situación de una manera optimista, podríamos pensar que, al fin y al cabo, las cosas no van tan mal. Después de todo, si un 21 % de los jóvenes (de entre dieciséis y veinticinco años) presenta dificultades para leer, eso significa que el otro casi 80 % va bien. Eso es, de hecho, lo que insinúa el estudio de la DEPP que mencioné en páginas anteriores cuando subraya, ya en su resumen, que «cerca de ocho jóvenes de cada diez son lectores eficaces».[77] Sin embargo, por desgracia también en este caso el diablo se esconde en los detalles. El adjetivo «eficaz» parece emplearse aquí de una forma cuanto menos abusiva, si tenemos en cuenta su definición: «Que produce el efecto esperado, que tiene éxito».[129] No en vano, existe una enorme diferencia entre no presentar dificultades para realizar una actividad y ser eficaz en ella. Los resultados detallados del estudio lo demuestran con claridad. Tomemos, por ejemplo, la prueba de descodificación con la que se pretende medir la automaticidad de la lectura. Se trata de un ejercicio lo suficientemente fácil como para que una parte sustancial de lectores deficientes («con capacidades muy escasas»: 43 %; «con dificultades severas»: 28 %) consigan realizarla, pero también es demasiado complejo como para que lo realice una amplia proporción de «lectores eficaces» (20 %). Dicho de otro modo: un lector puede ser considerado eficaz «a pesar de una mala automatización de los mecanismos básicos de la lectura (descodificación, identificación de las palabras)».[77] Todo esto resulta sumamente curioso, por no decir absurdo.

En definitiva, los elementos analizados aquí permiten llegar a tres conclusiones: en primer lugar, el número de jóvenes que presentan graves dificultades a la hora de leer es elevado en la Francia continental y absolutamente espantoso en los territorios y regiones de ultramar; en segundo lugar, no es posible juzgar las capacidades lingüísticas (o intelectuales) de un individuo en función de los títulos académicos que posea: un joven puede ser analfabeto funcional y, aun así, superar el bachillerato o una formación profesional de grado medio; en tercer lugar, nada en los datos que he presentado aquí nos permite determinar cuál es la proporción de lectores realmente «eficaces», y resulta de lo más extravagante situarla en el 80 %.

UN 10 % DE LECTORES «VERDADEROS» Y OTRAS INQUIETANTES REALIDADES

A la luz de estos datos, el lector habrá comprendido ya que el número de lectores eficaces (frente al de lectores deficientes) puede variar enormemente en función de las escalas de medición que se empleen. Hace unos años, Diane Ravitch, especialista estadounidense en educación, lo puso de manifiesto de una forma clamorosa en *The New York Times*.[130] En este periódico denunció que las pruebas de evaluación locales a las que se sometía a los alumnos daban resultados mucho mejores que las nacionales.[131] Por ejemplo, en cuarto de primaria, «Georgia asegura que el 87 % de sus escolares son competentes en lectura, pero solo el 26 % alcanza este nivel en el examen nacional. Alabama sostiene que el 83 % de sus estudiantes son competentes, pero solo el 22 % cumple los criterios previstos en la normativa federal».[130] Del mismo modo, en segundo del primer ciclo de educación secundaria, «Texas declara que el 83 % de los alumnos cumplen los criterios de la normativa nacional, pero la prueba federal indica que solo el 26 % de ellos son competentes. Tennessee y Carolina del Norte aseguran que el 88 % de sus estudiantes son lectores competentes, pero en el examen federal solo alcanzan este nivel el 26 y el 27 %, respectivamente». Por impactantes que parezcan estos desfases, son fáciles de comprender: la institución nacional de evaluación es impermeable a las vicisitudes políticas; en cambio, los políticos locales reciben un duro castigo por parte de su electorado si este percibe abiertamente los fallos del sistema educativo de su estado, un riesgo que lleva a nuestros magníficos políticos a evitar ser demasiado exigentes en cuanto al rigor de las evaluaciones. Es mucho más fácil (y más barato) manipular un examen que construir un sistema educativo que funcione bien.

Desde aquel artículo de Diane Ravitch publicado en 2005 la situación apenas ha cambiado. En cuarto de primaria, las evaluaciones federales evidencian que solo el 35 % de los escolares estadounidenses alcanzan el umbral de competencia establecido.[*, 132] Si consultamos los datos del programa internacional PIRLS[**] para cuarto[133] y el dispositivo francés

---

* Sobre este umbral se encuentran los niveles «competente» (*proficient*) y «avanzado» (*advanced*). Se excluyen los niveles «básico» (*basic*) y «por debajo de básico» (*below basic*).

** PIRLS es la sigla de Progress in International Reading Literacy Study (Estudio Internacional de Progreso en Comprensión Lectora), un programa de evaluación de las competencias lectoras de los alumnos de cuarto de primaria (nueve años de edad) en diferentes países (57, en el caso de la última edición, realizada en 2021).[133] Este estudio se lleva a cabo cada cinco años desde 2001 por iniciativa de una entidad internacional, la IEA (International Association for the Evaluation of Educational Achievement).

CEDRE* para quinto,[134] comprobaremos que los pequeños franceses se encuentran en una situación parecida, con una media de alumnos competentes de en torno a un 30 %,** un porcentaje que, en general, se mantiene sin grandes cambios al final del primer ciclo de educación secundaria. En Estados Unidos, las evaluaciones nacionales cifran en un 34 % la proporción de alumnos competentes.***, [132] En Francia, el estudio CEDRE habla de un 26 %.****, [135] Evidentemente, esto no significa que entre dos y tres cuartas partes de los alumnos del primer ciclo de educación secundaria sean analfabetos, sino que en la mayoría de ellos el conocimiento no va más allá del procesamiento de enunciados relativamente sencillos, concretos y explícitos. En Francia, por ejemplo, un 74 % de los adolescentes de tercero del primer ciclo de secundaria saben «proporcionar uno o varios datos si se les formula una pregunta abierta sobre ellos [...], identificar al narrador y a los personajes de un texto [...], identificar el género o el objetivo principal de un texto y argumentar su opinión personal sobre la base de textos relacionados con situaciones de la vida cotidiana». Además, estos adolescentes son «capaces de leer una tabla de doble entrada y de realizar deducciones sencillas».[135] Sin embargo, solo a partir de los niveles superiores, que en este estudio se califican como «competentes», los estudiantes «son capaces de extraer datos no

* CEDRE son las siglas de Cycle des évaluations disciplinaires réalisées sur échantillon (Ciclo de Evaluaciones por Materias Realizadas a partir de Muestras).

** PIRLS: suma de los niveles «alto» (*high*) y «avanzado» (*advanced*). Quedan excluidos los niveles «medio» (*intermediate*) y «bajo» (*low*). CEDRE: suma de los dos niveles más elevados (4 y 5).

*** PIRLS: suma de los niveles «competente» (*proficient*) y «avanzado» (*advanced*). Quedan excluidos los niveles «básico» (*basic*) y «por debajo de básico» (*below basic*).

**** Suma de los dos niveles más elevados (4 y 5).

inmediatamente identificables, de explicitar las principales ideas de un texto al contestar a una pregunta que requiere una respuesta en forma de texto redactado, de deducir el sentido de una palabra infrecuente o especializada en un contexto literario o científico [...], de argumentar su opinión sobre un texto [...], de formular una hipótesis a partir de una tabla y de un gráfico y de comprender un procedimiento experimental». Una descripción interesante, aunque, todo hay que decirlo, no especialmente tranquilizadora, porque evidencia que, en realidad, los lectores calificados de «competentes» no lo son tanto. De hecho, los lectores verdaderamente competentes son los de otro grupo, que «identifican y comprenden los elementos implícitos de un texto. Captan la organización lógica y temporal de un texto y reconocen las etapas de un razonamiento o de un relato. Son capaces de resumir o sintetizar un texto, incluso en forma de mapa mental, así como de proponer una continuación para el mismo o de imaginar sus consecuencias». En Francia, solo el 10 % de los estudiantes de secundaria corresponden a esta categoría.[135]

En definitiva, para las tres cuartas partes de los adolescentes leer no es más que un ejercicio de comunicación pragmática. Esta función utilitaria es importante, desde luego, pero ¿cómo no preocuparse si su hegemonía se ha convertido ya prácticamente en un monopolio? Leer sirve, sobre todo (¡!), para pensar y reflexionar, para descubrir e imaginar, para comprender y explicar. Si consideramos la situación desde esta perspectiva, la mayoría de nuestros hijos son, por retomar el título de una magnífica obra del filósofo François-Xavier Bellamy, «desheredados».[136] Como indica Vanessa, a la que cité en páginas anteriores, son capaces de absorber revistas y poseen la base mínima para indignarse en Twitter a través de doscientos ochenta caracteres, espacios incluidos, así como para leer el menú de un restaurante o para captar a grandes líneas el lenguaje corporativo tan en boga en el mundo empresarial, pero son incapaces de acceder a la complejidad de los contenidos más ricos. Para ellos, la lectura ya no es un viaje, sino un castigo. Son los gammas de *Un mundo feliz,*[*] una casta maleable de diligentes ejecutores con el alma seca, saturados de diversiones, encantados con el destino que les ha tocado, que hablan una lamentable neolengua corporativa y adulan a los dioses consumistas. ¿Cómo no recordar aquí las palabras, tan rabiosamente actuales, de Rad Bradbury, el autor visionario de *Fahrenheit 415*?[137] «Para destruir una cultura no es necesario quemar libros: basta con que la gente deje de leerlos.»[138]

PISA O LA ENCARNACIÓN DEL DESASTRE

De entre todos los instrumentos de evaluación escolar, el programa PISA es, de lejos, el más completo y el mejor elaborado. En materia de lectura se basa en una escala de seis niveles.[63] Para evitar abrumar al lector con una avalancha de detalles secundarios, aquí reagruparé esos seis niveles en cuatro categorías: el grupo «deficiente» correspondería a los niveles 1 y 2; el «básico», al nivel 3; el «competente», al nivel 4, y el «avanzado», a los niveles 5 y 6.

Como era de esperar, los datos de PISA confirman y concretan las conclusiones de los programas nacionales que ya he expuesto. Eso significa que los resultados no son buenos. Como se aprecia en la figura 6, que aparece en la página 74, en Francia existen muchos lectores deficientes (44 %) y pocos

---

[*] En esta célebre novela de Aldous Huxley ya citada, que se adelantó a su tiempo,[95] la sociedad se divide en castas, creadas mediante un sofisticado sistema de manipulación mental e ingeniería genética.

lectores avanzados (9 %). Entre ambos extremos, hay un 27 % de lectores básicos y un 21 % de lectores competentes. Estos porcentajes son similares a los de Estados Unidos y a la media de los países de la OCDE.

Para muchos observadores, el problema aquí es que no resulta sencillo hacerse una idea precisa de las aptitudes específicas que corresponden a cada nivel PISA. Para sortear esta dificultad lo más sencillo es que hagamos la prueba de responder a algunas preguntas representativas de los ejercicios planteados en estos niveles.* Empecemos por la pregunta 2 del cuadro de la página 77. «En el último párrafo del blog, la profesora escribe: "Aún quedaba otro misterio...". ¿A qué misterio se refiere?» La respuesta aparece en el lugar indicado, de una forma, cuanto menos, transparente: «Sin embargo, aún quedaba otro misterio. ¿Qué pasó con esas plantas y los grandes árboles que una vez se usaron para trasladar los moáis?». Esta pregunta se considera de nivel 3, es decir, de un nivel al que llegan los lectores «básicos», pero no los «deficientes». En otros términos: el 44 % de los estudiantes franceses del primer ciclo de educación secundaria carecen del nivel suficiente para responder a este tipo de preguntas. ¡Casi uno de cada dos!

Pasemos ahora a la pregunta número 1 del cuadro que aparece en la página 77. Los participantes deben indicar cuándo empezó la profesora su trabajo de campo. También aquí la respuesta aparece al principio del texto (segundo párrafo): «Más tarde, iré a dar un paseo por las colinas y a despedirme de los moáis que he estado estudiando durante los últimos nueve meses». Según los autores, esta pregunta es más difícil que la anterior porque «existen otros datos

---

* En la página web de la OCDE se facilita un listado de preguntas representativas de los diferentes niveles PISA, en distintos idiomas (www.oecd.org/pisa/test/; acceso: 06/2023).

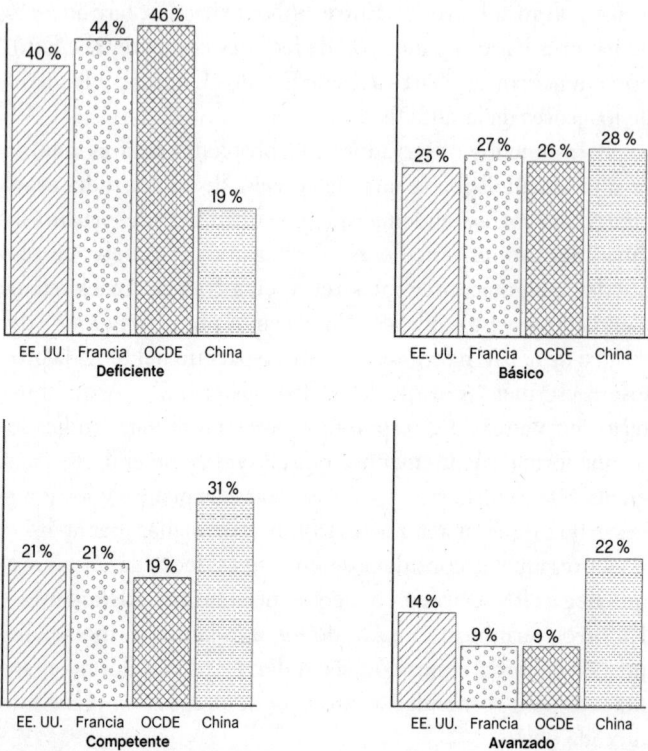

Figura 6. Resultados de lectura en las evaluaciones PISA de 2018. En el gráfico se indica el porcentaje de estudiantes de secundaria (quince años) de Francia, Estados Unidos (EE. UU.), la OCDE (media de sus países) y China en función de su nivel de competencia: «deficiente» (niveles PISA 1 y 2), «básico» (nivel PISA 3), «competente» (nivel PISA 4) y «avanzado» (niveles PISA 5 y 6). *Fuente*:[63]. Para más información, consúltese el cuerpo del texto.

temporales en el blog, concretamente la fecha en la que se publicó y el periodo en el que se resolvió el primer misterio de los moáis (los años noventa)». Por eso la pregunta se considera de nivel 4, un nivel por debajo del cual se encuentra el 71 % de los estudiantes franceses del primer ciclo de educación secundaria.

La pregunta número 4 también es propia de los lectores competentes. Sin embargo, en vista de que reproduce con gran fidelidad la formulación del texto de referencia, no parece tan insalvable (pregunta: «¿Qué prueba presentan Carl Lipo y Terry Hunt para justificar su teoría [...]?». Texto: «Para justificar su teoría, Lipo y Hunt señalan los restos de nueces de palma que muestran las marcas roídas hechas por las ratas»). Misma conclusión que en el caso anterior: la pregunta es de un nivel superior al que alcanza el 71 % de los estudiantes franceses del primer ciclo de secundaria.

Nos queda la pregunta 3, que corresponde a los lectores avanzados (nivel 5). Para los autores, «la dificultad de este ítem reside probablemente en el hecho de que en el párrafo relativo a la llegada de los seres humanos existen informaciones que interfieren y que resultan plausibles (pese a ser incorrectas)». Dicho de otro modo, el lector debe entender que el debate científico que se evoca aquí tiene que ver con las causas de la desaparición de los grandes árboles y que, en este debate, existe unanimidad en torno al hecho de que esos árboles han desaparecido. Pues bien, solo el 90 % de los estudiantes franceses del primer ciclo de secundaria poseen la competencia suficiente para responder a preguntas de este nivel.

El blog de la profesora[*]

Esta mañana, mientras miro por mi ventana, veo el paisaje que he aprendido a amar aquí en Rapa Nui, conocida en algunos lugares como la Isla de Pascua. La hierba y los arbustos son verdes, el cielo es azul y los viejos volcanes extintos se alzan en el horizonte.

Me siento un poco triste por ser esta mi última semana en la isla. He terminado mi trabajo de campo y vuelvo a casa. Más tarde, iré a dar un paseo por las colinas y a despedirme de los moáis que he estado estudiando durante los últimos nueve meses. Esta es una foto de algunas de estas enormes estatuas.

Si has estado siguiendo mi blog durante este año, sabrás que los habitantes de la Isla de Pascua esculpieron estos moáis hace cientos de años. Estos impresionantes moáis se han esculpido en una sola cantera de la parte oriental de la isla. Algunos de ellos pesan toneladas. Aun así los habitantes de la Isla de Pascua pudieron trasladarlos a lugares que quedaban lejos de la cantera sin grúas ni maquinaria pesada. Durante años, los arqueólogos no supieron cómo se trasladaron estas estatuas enormes. Fue un misterio hasta los años 90, cuando un equipo de arqueólogos y habitantes de la Isla de Pascua demostraron que los moáis habrían podido transportarse y levantarse usando cuerdas hechas de plantas, rodillos de madera y rampas hechas de los grandes árboles que en otra época florecían en la isla. El misterio de los moáis al fin pudo resolverse.

Sin embargo, aún quedaba otro misterio. ¿Qué pasó con esas plantas y los grandes árboles que una vez se usaron para trasladar los moáis? Como digo, cuando miro por mi ventana, veo hierba y arbustos y uno o dos árboles pequeños, pero nada que hubiera podido utilizarse para trasladar estas enormes estatuas. Es un misterio fascinante, y lo estudiaré en futuras publicaciones y clases.

---

[*] La versión en castellano del texto de estos ejercicios se ha extraído de la página web del Ministerio español de Educación y Formación Profesional (https://www.educacionyfp.gob.es/inee/publicaciones/items-liberados/pisa-ocde/pisa-2018-items-liberados.html). *(N. de la t.)*

Hasta entonces, quizás quieras investigar el misterio por ti mismo. Te recomiendo que empieces con un libro llamado *Colapso* de Jared Diamond. Esta reseña de *Colapso* es un buen punto para comenzar [enlace de hipertexto hacia el documento en cuestión].

Pregunta 1	Pregunta 2
Consulta el blog de la profesora que aparece arriba.	*Consulta el blog de la profesora que aparece arriba.*
Pulsa en una opción para responder a la pregunta.	*Pulsa en una opción para responder a la pregunta.*
Según el blog, ¿cuándo empezó la profesora su trabajo de campo?	En el último párrafo del blog, la profesora escribe:
• Durante los años noventa.	«Aún quedaba otro misterio...»
• Hace nueve meses.	¿A qué misterio se refiere?
• Hace un año.	
• A principios de mayo.	**Respuesta**: Se dará por bueno cualquier texto en el que se haga referencia a la desaparición de los elementos que se emplearon para mover las estatuas.
Respuesta: Hace nueve meses. (Párrafo 2)	
Nivel: 4, competente.	**Ejemplos**:
	– ¿Qué pasó con esas plantas y los grandes árboles que una vez se usaron para trasladar los moáis? (Cita literal)
	– ¿Dónde están los grandes árboles?
	– ¿Dónde están las plantas?
	– ¿Adónde se fueron los recursos?
	– ¿Qué pasó con los recursos necesarios para transportar las estatuas?
	– Ya no existen los grandes árboles que en su momento pudieron utilizarse para mover los moáis.
	– Etc.
	Nivel: 3, básico.

NOTICIAS CIENTÍFICAS

¿Fueron las ratas polinesias las que destruyeron los árboles de la Isla de Pascua?

Por Marcos Kamat, periodista científico

En 2005, Jared Diamond publicó *Colapso*. En el libro, describió el asentamiento humano de la Isla de Pascua (también llamada Rapa Nui).

El libro provocó una tremenda polémica poco después de su publicación. Muchos científicos cuestionaron la teoría de Diamond de lo que pasó en la Isla de Pascua. Coincidían en que cuando los primeros europeos llegaron a la isla en el siglo XVIII, ya habían desaparecido los enormes árboles, pero no estaban de acuerdo con la teoría de Jared Diamond sobre la causa de la desaparición.

Ahora bien, dos científicos, Carl Lipo y Terry Hunt, han publicado una nueva teoría. Ellos creen que la rata polinesia se comió todas las semillas de los árboles, evitando que crecieran otros nuevos. La rata, según creen, llegó allí accidentalmente o con algún propósito en las canoas que los primeros colonizadores humanos usaron para llegar a la Isla de Pascua.

Los estudios muestran que una población de ratas puede duplicarse cada 47 días. Eso son muchas ratas que alimentar. Para justificar su teoría, Lipo y Hunt señalan los restos de nueces de palma que muestran las marcas roídas hechas por las ratas. Por supuesto, reconocen que los humanos jugaron un papel fundamental en la destrucción de los bosques de la Isla de Pascua, pero creen que la rata polinesia fue la principal culpable entre una serie de factores.

Pregunta 3	Pregunta 4
Consulta el artículo «¿Fueron las ratas polinesias las que destruyeron los árboles de la Isla de Pascua?» que aparece arriba. Pulsa en una opción para responder a la pregunta. ¿En qué coincidían los científicos mencionados en el artículo y Jared Diamond? • Los humanos se asentaron en la Isla de Pascua hace cientos de años. • Han desaparecido grandes árboles de la Isla de Pascua. • Las ratas polinesias se comieron todas las semillas de los grandes árboles de la Isla de Pascua. • Los europeos llegaron a la Isla de Pascua en el siglo XVIII.	*Consulta el artículo «¿Fueron las ratas polinesias las que destruyeron los árboles de la Isla de Pascua?» que aparece arriba. Pulsa en una opción para responder a la pregunta.* ¿Qué prueba presentan Carl Lipo y Terry Hunt para justificar su teoría de la razón por la que los grandes árboles de la Isla de Pascua desaparecieron? • Las ratas llegaron a la isla en las canoas de los colonizadores. • Los colonizadores pudieron haber llevado las ratas con algún propósito. • Las poblaciones de ratas pueden duplicarse cada 47 días. • Los restos de nueces de palma muestran las marcas roídas hechas por las ratas.
Respuesta: Han desaparecido grandes árboles de la Isla de Pascua. (Párrafo 2) **Nivel**: 5, avanzado.	**Respuesta**: Los restos de nueces de palma muestran las marcas roídas hechas por las ratas. (Último párrafo) **Nivel**: 4, competente.

Cuadro. Ejemplos de preguntas planteadas a los estudiantes de secundaria en las evaluaciones PISA para tres niveles de referencia (3, 4 y 5). *Fuente*: [139]. Para más información, consúltese el cuerpo del texto.

Así pues, parece que más del 70% de los estudiantes franceses del primer ciclo de la educación secundaria presentan un nivel mediocre en lectura y, entre ellos, el 44% tiene incluso un nivel dramáticamente bajo. Podemos tranquilizarnos diciéndonos que, en líneas generales, estos porcentajes son similares a los de los adolescentes estadounidenses e incluso algo mejores que la media de los países de la OCDE. Sin embargo, también deberíamos preocuparnos por las consecuencias culturales, cívicas y económicas de esta carencia de aptitudes. Por ejemplo, se ha demostrado que las competencias intelectuales de la población tienen una repercusión positiva y clara en la salud económica de un país.[140-142] Como indica un reciente artículo de revisión, «el capital de conocimientos de los trabajadores genera un fuerte impacto en el crecimiento económico».[143] Una conclusión bastante inquietante, a la luz de los tristes resultados de numerosos países occidentales... sobre todo si los comparamos con los de ciertas naciones asiáticas competidoras, con China a la cabeza.

El momento Sputnik

En 1957, la Unión Soviética lanzaba el primer satélite de la historia: el Sputnik 1. Aquel acontecimiento supuso un verdadero trauma para Estados Unidos. Como se explicó en un informe parlamentario, «hasta ese momento, los estadounidenses se sentían protegidos por su superioridad tecnológica. De repente, el país descubrió que iba a la zaga de los rusos en la carrera espacial, y los ciudadanos se inquietaron al constatar que su sistema educativo no producía suficientes científicos e ingenieros».[144] La respuesta se estructuró en torno a dos ejes: en primer lugar, un abrumador incremento de los fondos destinados al programa espacial norteamericano, sobre todo a través de la creación de la National Aeronautics and Space Administration (la famosa NASA);[145] en segundo lugar, la desaparición de las reticencias políticas a la financiación nacional de la educación superior, un proyecto al que se habían opuesto durante largo tiempo los partidos conservadores porque lo consideraban demasiado «socialista».[144] El impacto de aquel segundo eje fue considerable. De él salió beneficiado todo el sistema estadounidense de investigación y formación, especialmente en el ámbito de las ciencias y las matemáticas.

En 2009 varios países asiáticos se sumaron al programa PISA. El impacto de aquella noticia fue tan brutal que muchos especialistas hablaron de un nuevo «momento Sputnik para el sistema educativo estadounidense».[146-147] Hay que decir que en aquella comparación la patria del Tío Sam no salía bien parada. De hecho, en el caso de la lectura la proporción de estudiantes de secundaria con nivel «deficiente» era del 17 % en China, frente al 42 % en Estados Unidos (41 % en Francia).[*,148] En cambio, la proporción de lectores «avanzados» era, respectivamente, del 20 y del 10 % (9 % en Francia).[**] Por desgracia, cuando se produjo este segundo momento Sputnik, los dirigentes que por aquel entonces tomaban las principales decisiones sobre el destino de Norteamérica (y de Francia) carecían, a todas luces, de la talla de sus predecesores. Las promesas y los estridentes llamamientos cayeron rápidamente en el cementerio de los deseos irrealizables. En realidad, desde 2009 nada ha cambiado (véase la figura 6 de la p. 74). China vuela insolentemente en lo más alto de la clasificación PISA, mientras que Francia y Estados Unidos se arrastran

---

[*] En las pruebas PISA de 2009, el 47 % de los participantes españoles presentaban un nivel 1 o 2, es decir, «deficiente»: https://www.educacionyf p.gob.es/dctm/ministerio/horizontales/prensa/notas/2010/20101207-pisa 2009-informe-espanol.pdf?documentId=0901e72b806ea35a (N. de la t.)

[**] En España, 3 %. (N. de la t.)

por el barro de la mediocridad, no muy lejos de la media de los países de la OCDE.[*, 63]

Para nuestros políticos y para nuestros supuestos expertos en educación, es más fácil sembrar la duda sobre la validez de estos datos que enfrentarse a la debacle que evidencian. Uno de los argumentos que esgrimen con más frecuencia es que China hace trampas, ya que presenta solo a sus estudiantes más favorecidos y adelantados. Ese argumento podría haber sido admisible en 2009, cuando únicamente se evaluó a los alumnos de Shanghái, una ciudad bastante próspera. Sin embargo, hoy en día ya no es así. Como explica Andreas Schleicher, impulsor y supervisor del programa PISA, las cuatro provincias incluidas en la última evaluación «no son ni mucho menos representativas de China en su conjunto, pero su tamaño es comparable al de un país medio de la OCDE y sus poblaciones sumadas dan un total de más de ciento ochenta millones de habitantes. Lo que da un valor aún más notable a su éxito es que el nivel de ingresos de esas cuatro regiones chinas es muy inferior a la media de la OCDE».[149] A ello hay que añadir que el sesgo de selección que se le reprocha a China no se aplica, en cambio, a otros países asiáticos como Singapur, una pequeña nación con una población y un producto interior bruto (PIB) por habitante comparables a los de Irlanda,[150-151] pero que, al igual que la media de los Estados miembros de la OCDE, presenta resultados bastante peores

---

* De acuerdo con la OCDE, en las pruebas de 2018 «los estudiantes españoles puntuaron por debajo de la media de la OCDE en matemáticas (481 puntos) y ciencias (483)» (https://www.oecd.org/pisa/publications/PISA2018_CN_esp_ESP.pdf). En cuanto a la lectura, el Ministerio español de Educación y Formación Profesional señala que «la puntuación media estimada de los estudiantes de España alcanza los 477 puntos, significativamente inferior a la de la media OCDE (487) y al Total UE (489)» (https://sede.educacion.gob.es/publiventa/pisa-2018-resultados-de-lectura-en-espana/organizacion-y-gestion-educativa/24124). (N. de la t.)

que los de su homólogo asiático: en Singapur, el porcentaje de lectores deficientes es del 25 %, frente al 34 % de Irlanda y al 46 % de la OCDE. En el caso de los lectores avanzados, los valores se sitúan, respectivamente, en un 26, en un 12 y en un 9 %. En definitiva, explicar la superioridad de las naciones asiáticas que han llegado más recientemente al programa PISA aludiendo a un sesgo muestral parece un tanto falaz.

La mediocridad de los estudiantes del primer ciclo de secundaria de la OCDE (y la futilidad de los argumentos que se emplean para cuestionar el dominio chino) resulta aún más evidente cuando incorporamos el factor socioeconómico al modelo explicativo: descubrimos entonces que el 10 % de los alumnos chinos que se encuentran en una situación más desfavorecida obtienen mejores resultados en lectura que los adolescentes de clase media de la mayoría de los países occidentales (Francia, Estados Unidos, el Reino Unido, Alemania, Suecia, Noruega, Suiza, media de los Estados de la OCDE, etc.).[149] Del mismo modo, constatamos que los estudiantes chinos de clase media obtienen resultados académicos iguales o superiores a los del 10 % de los estudiantes más privilegiados de buena parte de los países de la OCDE (por ejemplo, tienen el mismo rendimiento que los de Bélgica, Francia o Estados Unidos, y mayor que los de Italia, Suecia, el Reino Unido y Canadá). En materia de desigualdad social, mientras Europa queda en ridículo con sus palabras huecas, sus indignaciones grandilocuentes y sus buenas intenciones, China actúa. En este último país, el impacto de la pobreza sobre los resultados escolares es considerablemente menor que en el Viejo Continente. La puntuación que obtienen el 10 % de los estudiantes chinos más pobres se sitúa en el 92 % de la puntuación nacional media (511/555), un porcentaje muy superior al de Francia (79 %, 389/493), Alemania (81 %, 404/498), Italia (81 %, 387/476) o la media de los países de la OCDE (82 %, 400/487).

En definitiva, de estas observaciones se desprende que las competencias en lectura de nuestros adolescentes no solo son de una debilidad demoledora, sino también de un nivel muy inferior al de los estudiantes de China (o de Singapur). Podemos fingir que lo lamentamos, pero lo que no podemos hacer, desde luego, es proclamar que no nos lo esperábamos. Desde hace cuarenta años, los países occidentales se han ido reorientando poco a poco hacia una economía basada en el ocio, el bienestar y el consumo.[152-153] Como ya hemos visto, nuestros hijos cada vez leen menos y cada vez pasan más tiempo atiborrándose de pantallas con fines lúdicos, lo cual, repitámoslo, provoca consecuencias enormes en sus habilidades en materia de lenguaje y atención y, por tanto, en su rendimiento académico.[27] La calamidad que suponen los resultados de las evaluaciones PISA que he expuesto aquí no hace sino corroborar esta realidad.

Frente a nuestro declive, China parece haber mantenido el rumbo del rigor y de la disciplina. Son muchas las observaciones transculturales que confirman que la exigencia de rendimiento académico e intelectual es hoy mucho mayor en ese país —y, de un modo más general, en Asia— que en nuestras naciones occidentales, empezando por Francia y Estados Unidos.[112, 154-157] Recientemente, un especialista en educación de la OCDE ha señalado que «en numerosos países asiáticos la educación de los niños es la prioridad número uno, los profesores reciben una formación de calidad y se ha decidido invertir en aquellos centros que se encuentran en una situación difícil».[158] Así lo confirman los datos PISA, que evidencian que, «a diferencia de lo que se suele pensar, los sistemas [educativos] de alto rendimiento no gozan de un privilegio natural porque tradicionalmente hayan mostrado un gran respeto por sus docentes, sino también porque han sabido construir un cuerpo de profesores de alta calidad gracias a una serie de apuestas políticas deliberadas y cuidadosamente aplicadas de forma duradera».[159] Unas apuestas que, además, no se limitan al sistema escolar, sino que también se amplían a las políticas globales de salud pública: del mismo modo que los países occidentales adoptan medidas para reducir, por ejemplo, el consumo de tabaco y alcohol entre los menores porque se trata de productos perjudiciales para la salud, China (y también otros Estados asiáticos, como Taiwán) ha impuesto una fuerte restricción en el acceso a los dispositivos digitales de ocio, que considera (¡y con razón!) dañinos para la salud y el rendimiento escolar de los niños.[27, 160-163]

Pese a todo, sería un error creer que la hegemonía académica de China se debe en exclusiva a las características de su enfoque educativo o al carácter totalitario de su régimen político. Como ha demostrado brillantemente Amy Chua, profesora de Derecho en la Universidad de Yale, el problema es, ante todo, cultural. A diferencia de sus homólogas occidentales, las familias chinas inculcan desde muy pronto a sus hijos valores personales exigentes y centrados en el rigor, el trabajo, la autodisciplina y la excelencia,[112, 154] lo que explica sobre todo que ellos lean más que los nuestros (véanse las figuras 1 y 2, en las páginas 32 y 36, respectivamente). Por eso también los menores que emigran desde China —y, de un modo más general, desde todas las naciones asiáticas que participan en el programa PISA— a otros países, especialmente a los anglosajones, presentan en su mayoría mejores resultados académicos.[154, 164] Por ejemplo, como demuestra un estudio realizado en Australia, «aunque hayan nacido y crecido en un país occidental con un sistema educativo "medio", los menores australianos que proceden del Este de Asia* obtienen en las pruebas PISA resultados similares a los de los países mejor clasificados».[164] En otras palabras: independientemente del

---

* En este caso se trata de niños inmigrados de segunda generación, es decir, de menores cuyos padres no han nacido en Australia.

régimen político y de la estructura académica, los menores asiáticos que se han criado con las normas familiares de exigencia, rigor y autodisciplina están muy por encima de sus competidores occidentales.

En resumen, ni la insolente superioridad de los estudiantes chinos (o singapurenses) ni la inquietante incompetencia de nuestros propios hijos son una sorpresa. En vista del entorno de hiperocio en el que se encuentran sumidas las sociedades occidentales, lo milagroso sería que nuestros estudiantes obtuviesen mejores resultados de los que consiguen ahora. Pero no nos pongamos nerviosos: por lo visto, la envergadura de este naufragio debe ser «matizada», porque, como explicaba hace poco una profesora de Economía de la Universidad París-Dauphine, en el modelo chino «lo que se recompensa es el sudor, más que el talento».[158] Gloria a Dios en las alturas: nuestros niños presentan un rendimiento deplorable, pero resulta que en su interior albergan esa genialidad natural propia de los grandes espíritus. Más allá del tufo un tanto racista que desprenden este tipo de palabras,* hay que decir que es una pena que el sudor constituya el principal ingrediente con el que se construye este supuesto «talento»...[114-115, 168-170] Parece que muchos de nuestros niños carecen justo de ese ingrediente, si nos atenemos a las palabras de un profesor de

---

* En el fondo, esta frase no es más que una versión un tanto enmendada del axioma que me acompañó durante buena parte de mi juventud, según el cual los japoneses, primero, y después los chinos no constituían un peligro para nuestras industrias porque lo único que sabían hacer era copiar. Evidentemente, la inteligencia y la creatividad nos estaban reservadas a nosotros, los occidentales. Según parece, la historia no ha tomado los derroteros previstos y en muchos ámbitos se diría que, en efecto, el sudor está enterrando lentamente a ese supuesto talento...[165-167] Y a todas las personas que duden de la naturaleza amargamente racista de las palabras citadas, se les podría proponer que sustituyesen «chinos» por «negros», «árabes», «judíos» o incluso «mujeres» (puestos a ser imbéciles, seamos también sexistas).

la Universidad de Bretaña Occidental que, en un encendido mensaje de correo electrónico, calificó recientemente a los estudiantes de «casi retrasados, en el caso de algunos de ellos, que son incapaces de entender el sentido de un texto sencillo y leen balbuceando».[171] ¡Huelga decir que este señor se llevó un buen tirón de orejas de sus superiores jerárquicos y de las asociaciones de estudiantes! Aunque sus palabras puedan parecer groseras y desafortunadas, lo cierto es que oigo constantemente a mis compañeros profesores universitarios o investigadores decir este tipo de cosas (a veces de una forma aún más brutal). El fenómeno no es nuevo. Hace años que los docentes, desde la educación infantil hasta la superior, están dando la voz de alarma. Y no todos ellos son peligrosos reaccionarios frustrados. Muchos, de hecho, son personas amables y comprometidas con el futuro de sus alumnos. Si hoy ponen el grito en el cielo no es por desprecio, sino por preocupación, porque nadie quiere escucharles. Estos profesionales conocen los datos que he expuesto aquí, si no en sus detalles estadísticos, sí al menos en sus efectos cotidianos. El nivel de lectura de nuestros menores es realmente «débil», por decirlo con suavidad.

Hace ya casi quince años que los sistemas educativos occidentales vivieron su momento Sputnik. Desde entonces, nada ha cambiado. Entre negación y campañas de comunicación, en este terreno la acción política ha expirado antes incluso de nacer. Los resultados de nuestros chicos son alarmantes, pero nadie mueve ficha. En lugar de velar por el desarrollo de su inteligencia, les ofrecemos títulos de menos valor para mantener la ilusión. Peor aún: consolidamos el desastre en una especie de trampa irremediable por la que los miembros de toda una generación de lectores deficientes se convertirán en profesores.

Pero ¿de verdad las cosas iban mejor antes? ¿Es cierto que, como se dice a menudo, «el nivel está bajando»? Para responder a estas preguntas es necesario ir más allá del balance del estado actual. Hay que examinar la dinámica de esta devastación. Dicho de otro modo, hay que responder a la siguiente pregunta: ¿estamos ante una situación crónica o reciente?

UNA PÉRDIDA DE LENGUAJE

El programa PISA proporciona un primer elemento para responder a estas preguntas, ya que identifica una evolución globalmente negativa del rendimiento de los alumnos. En el caso de Francia, los datos muestran una bajada de catorce puntos entre 2000 (puntuación: 505) y 2018 (puntuación: 493), es decir, algo más que la media de la OCDE, que en ese periodo perdió siete puntos (500 frente a 493).[*][**] Recientemente, una investigación ha ampliado estos datos añadiendo los estudios que se han venido haciendo en los últimos cincuenta años sobre la evolución en lectura de los estudiantes del primer ciclo de secundaria.[172-173] Los análisis indican una clara mejora entre 1970 y 1990-1995, pero a partir de esta fecha se observa una inversión progresiva de la tendencia, especialmente visible en los últimos veinte años. En este periodo, el retroceso en el rendimiento de los adolescentes franceses ha alcanzado una

---

[*]   Este resultado solo corresponde a los veintitrés países que participaron en la primera edición de PISA (en el año 2000) y su interpretación sigue siendo delicada, porque la media refleja en parte una importante mejora de determinados sistemas escolares cuyo rendimiento inicial era especialmente bajo (por ejemplo, Polonia, con 33 puntos más; Letonia, con 21 puntos más, o Portugal, con 22 puntos más).

[**]   España pasó de 485 puntos en matemáticas en 2003 a 481 en 2018, y de 488 puntos en ciencias en 2006 a 483 en 2018. Fuente: https://www.epdata.es/datos/espana-pisa-datos-graficos/484. En lectura, la puntuación evolucionó de 493 en 2000 a 477 en 2018 (con un pico de 496 en 2015). Fuente: https://blog.intef.es/inee/2020/08/04/lecturapisa2018-es/ *(N. de la t.)*

proporción equivalente a un curso escolar (es decir, los alumnos de quince años tenían en 2020 resultados similares a los de los alumnos de catorce años en 2000). Una caída comparable a la de la media de la OCDE. Otros trabajos han llegado a conclusiones parecidas en grupos de estudiantes de educación superior, de más edad. Por ejemplo, la puntuación en el SAT (*Scholastic Aptitude Test*), una de las principales herramientas de selección tras el bachillerato en Estados Unidos, pasó de 508 a 494 entre 2005 y 2016 (después de ese año el examen se sometió a una profunda remodelación), lo que supone un descenso de catorce puntos.[174] Por su parte, el ACT (*American College Testing*), otro importante examen de selección, demostró que el porcentaje de estudiantes que presenta un nivel de lectura suficiente para entrar en la universidad bajó en un 8 % entre 2009 (53 %) y 2019 (45 %).[175]

Más allá de las pruebas estandarizadas, el contenido de los manuales escolares ofrece otra interesante perspectiva de estudio. La lógica es indirecta, pero plausible. Sugiere que, para adaptarse a la reducción del nivel de los alumnos, los sistemas escolares están bajando su propio nivel de exigencia, lo que implica simplificar los manuales que se encargan a los editores y, en último término, intensificar el declive inicial. Esta espiral negativa ha sido denunciada principalmente por los impulsores de la iniciativa Common Core,* por la que hoy en día se rigen los sistemas educativos de más de cuarenta estados norteamericanos.[176] El objetivo de la Common Core, presentada en 2010, era definir qué era lo que los alumnos de primaria y secundaria debían saber en las materias de lengua, matemáticas y ciencias. En relación con la lectura, los autores hacían la siguiente reflexión: «A lo largo de los últimos cincuenta años, aproximadamente, los textos escolares, desde infantil hasta el último curso del bachillerato, se han ido vol-

---

* Se podría traducir como «tronco común».

viendo cada vez menos exigentes. Por eso en los estándares se pone el acento en el incremento de la complejidad de estos textos como requisito indispensable para la lectura». Varias investigaciones recientes no niegan la validez de este planteamiento, pero sí proponen matizarlo, dado que el movimiento de simplificación de los textos no se ha producido en primaria,[177-178] sino sobre todo en secundaria, y de manera especial en el bachillerato,[179-180] es decir, en el último eslabón de la cadena educativa (ya que en él se refleja la eficiencia acumulada de todo el sistema escolar).

Como cabía prever, también se ha constatado un lento proceso de empobrecimiento del lenguaje en los libros de literatura infantil y juvenil fuera del ámbito escolar.[181] Aun cuando sea lícito cuestionar hasta qué punto es representativa esta observación, ya que el número de muestras de texto empleadas para llegar a ella es relativamente limitado, no puedo por menos que asociarla a la nuevas versiones de ciertas obras emblemáticas, como las de la célebre saga de *Los cinco*. Como demostré en un libro mío anterior, lo menos que se puede decir es que en estas versiones los editores hacen todo lo posible por evitar abrumar al lector.[27] Baste tan solo un ejemplo. Tomemos al azar uno de los capítulos de *Los cinco y el tesoro de la isla*. Si en una de las versiones antiguas se decía «no os desaniméis. [...] Creo que he encontrado otro sitio donde también lo podréis pasar magníficamente»,[182] la versión posterior enuncia este contenido de una manera muy tonta: «¡Ánimo! [...] Encontraremos otro sitio que también os gustará».[183] Lo más jugoso de este asunto es que, como explica Donald Hayes, profesor de Sociología en la Universidad Cornell, los docentes de los años sesenta «odiaban profundamente» las novelas de la británica Enid Blyton por su pobreza de vocabulario.[179]

La norteamericana Maryanne Wolf, profesora universitaria especializada en lectura, ha llegado a conclusiones similares a partir del estudio de un pequeño número de libros superventas recientes, que ha elegido al azar y que ha comparado con novelas de la primera mitad del siglo xx. Sus resultados evidencian que las frases actuales son, de media, dos veces más cortas, «con una reducción considerable del número de subordinadas relativas y de proposiciones por oración».[184] Es cierto que esto no es un elemento concluyente, pero sí una piedra más en un edificio que, visto en su conjunto, acaba por resultar desesperadamente coherente.

El temor se confirma si añadimos a este panorama la profusión de obras abreviadas con respecto a su versión original. En Francia, la editorial Livre de poche jeunesse, por ejemplo, se lanzó sobre este nicho a partir del año 2012, una apuesta que «responde directamente a una demanda de los profesores, que, en línea con las instrucciones oficiales del Ministerio de Educación, se esfuerzan por motivar a sus alumnos. De ese modo, se evita intimidar a aquellos estudiantes que tienden a leer menos cuando se les proponen obras demasiado voluminosas».[185] Menos mal que nuestros pobres pequeños, condenados al trabajo forzado de la lectura, son menos impresionables cuando se trata de enfrentarse a la inagotable avalancha de las series de Netflix, los vídeos de TikTok, los programas de telerrealidad o los juegos multijugador masivo en línea.* Con un pelín más de esfuerzo, se podría conseguir que todas las grandes obras, como *El conde de Montecristo*, *Orgullo y prejuicio* o *Los miserables*, estuviesen disponibles en el formato inicial de Twitter: ciento cuarenta caracteres, todo incluido. En el caso de la inmensa obra maestra de Victor Hugo, el resultado podría ser más o menos el siguiente: «Valjean roba pan para su hambrienta hermana, va a la cárcel, se escapa, se hace rico, cambia,

---

* Los famosos MMO (*Massively Multiplayer Online Games*). Se trata de juegos en el que un elevado número de personas pueden participar al mismo tiempo a través de Internet.

salva a una niña, la cría, la casa y muere». Todo está ahí, las cuentas salen. ¿Para qué perder el tiempo leyendo los dos interminables tomos de la versión completa?

Quienes consideren que esta acusación es un tanto extrema harían bien en tener en cuenta que en el momento en el que escribo estas líneas hay monumentos de la literatura mundial de valor incalculable que ya ni siquiera están disponibles en su versión íntegra. En Francia, por ejemplo, hoy en día solo es posible encontrar en el mercado una versión abreviada de *Archipiélago Gulag*.[186] Ya en 1985 el propio Alexandr Solzhenitsyn se lamentaba de la posibilidad de que su texto fuese despezado con la excusa de que el volumen original, publicado por primera vez doce años antes, se había convertido en una obra inaccesible para los estudiantes. «¿Qué quieres que haga? —le preguntaba a su hija—. En vista de que ya no pueden leerla entera, pues que tengan esta, por lo menos.»[186] ¡El problema es que «esta» es ya la única versión que se puede encontrar ahora mismo en Francia! ¿Es necesario recordar que no estamos hablando de un texto menor, sino de una de las obras más importantes del siglo XX?

Como era de esperar, la castración de los textos que describo aquí ha sobrepasado alegremente las fronteras del espacio literario, entrando, por ejemplo, en el terreno musical. Entre 1958 y 2016, las canciones que lideraban la lista de éxitos en Estados Unidos experimentaron un profundo proceso de simplificación.[187] De hecho, algunas obras han llegado a alcanzar un nivel léxico tan famélico que hasta un periodista de la revista *Time* ha decidido escribir una carta abierta a Rihanna bajo el título «Por favor, utiliza más palabras».[188] Lo cierto es que los dos últimos éxitos de esta cantante, *Diamonds* y *Where have you been*, tienen en total 67 y 40 palabras, respectivamente. Dicho esto, *Time* habría hecho bien en enviar este mismo tipo de petición a nuestros gobernantes, como demuestran varios estudios recientes. No en vano, en los últimos sesenta años los discursos políticos en Estados Unidos, sobre todo los presidenciales, se han ido haciendo cada vez menos complejos y más caricaturescos,[189-191] hasta llegar finalmente al dramático Donald Trump, cuyo lenguaje resulta accesible para niños de cuarto o quinto de primaria[192] (aunque hay que decir que el nivel de sus adversarios en la campaña presidencial de 2016 no era mucho mejor: su retórica correspondía a tercero de educación secundaria obligatoria). Se trata de una tendencia similar a la que observaron por primera vez Louis-Jean Calvet y Jean Véronis en Francia: hace unos quince años, estos dos profesores de Lingüística analizaron los discursos de los presidentes de la Quinta República, desde Charles de Gaulle hasta Nicolas Sarkozy.[193] Los resultados indican una reducción progresiva de la riqueza léxica y de la longitud de las frases, así como una explosión de los giros egocéntricos en torno al «yo». Nada sorprendente, si damos crédito a esta asombrosa declaración de Jean-François Copé, político de primer plano, alcalde, diputado y ministro, durante la campaña en la que trató de hacerse con la presidencia de su partido: «No vamos a enredarnos en florituras haciendo frases tan largas que ya nadie entienda lo que decimos. Yo opto por un sujeto, un verbo y un complemento».[194] Por contraposición, unos decenios antes, Georges Pompidou, que acabaría convirtiéndose en presidente de la República, publicó una magnífica *Anthologie de la poésie française* («Antología de la poesía francesa»).[195] ¡Se ha producido un verdadero desplome! Tal vez Joseph de Maistre tenía razón cuando, en 1810, escribió al conde Razumovski, ministro ruso de Educación, que «la experiencia demuestra, del modo más patente, que cada nación tiene el gobierno que se merece».[196]

En definitiva, si observamos estos datos en su conjunto, concluiremos que en los últimos cincuenta o sesenta años se ha producido un movimiento generalizado hacia la simplificación de los textos en los manuales de los estudiantes de secundaria, las obras de literatura juvenil, las letras de las canciones y los discursos políticos. La explicación más plausible es que esta evolución es el resultado mecánico de un largo proceso de empobrecimiento del lenguaje, que el programa PISA ha puesto en evidencia. Sin embargo, también hay que tener en cuenta que este programa no es ni mucho menos perfecto, ya que sus protocolos de evaluación y sus puntuaciones varían de una edición a otra, lo que obliga a aplicar procedimientos estadísticos de corrección que pueden afectar en buena medida a la amplitud de los efectos descritos:[63] un punto débil del que, en cambio, carecen otros datos basados en mediciones de eficiencia estrictamente estandarizadas, fácilmente cuantificables y homogéneas en el tiempo.

Unos lectores cada vez menos competentes

Hace ya decenios que los científicos se interesan por la fluidez de los hábitos de lectura en silencio. En este terreno existen diversas variables que se pueden medir (duración y distribución de las fijaciones oculares, frecuencia del retroceso de la mirada en el texto, etc.). La que proporciona una visión más amplia es el número de palabras leídas por minuto. Técnicamente, este parámetro se calcula teniendo en cuenta que, sea cual sea la velocidad, el requisito es que el texto leído se comprenda bien, como es obvio. Desde el punto de vista cuantitativo, su valor aumenta con la edad y el nivel de competencia.[79] De media, un estudiante del último curso de bachillerato lee 1,2 veces más rápido que un alumno del último curso de primaria (192 frente a 165 palabras por minuto). Además, el 25 % de los estudiantes del último curso de bachillerato que presentan un mayor rendimiento leen dos veces más rápido que el 25 % de los estudiantes del mismo curso cuyo rendimiento es menor (277 frente a 129 palabras por minuto). Pues bien, lo sorprendente es que en los últimos cincuenta años la velocidad de lectura se ha reducido considerablemente, un fenómeno que se observa sobre todo en educación secundaria. De media, en 2011 un estudiante del último curso de bachillerato leía 192 palabras por minuto, es decir, 45 palabras menos que un mismo estudiante en 1960 (237 palabras, lo que representa una caída del 19 %. Este hecho resulta especialmente significativo si se tiene en cuenta que la fluidez de lectura constituye un marcador global de la comprensión de los textos,[197-200] del éxito académico[201] y del nivel educativo.[202] La explicación más plausible es que este declive es una consecuencia directa de la disminución del tiempo de lectura entre las nuevas generaciones.[79]

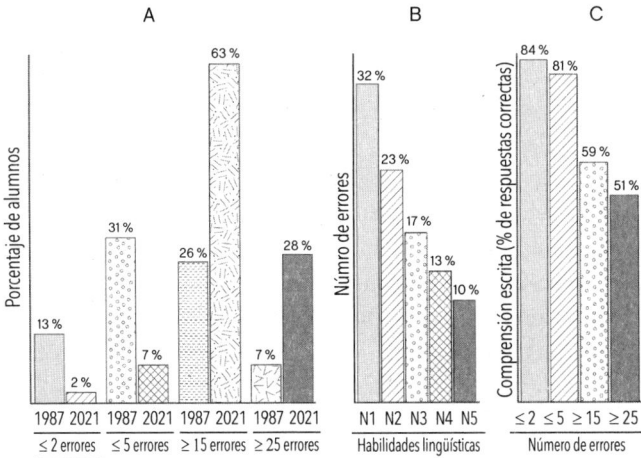

Figura 7. Evolución de las competencias ortográficas de los alumnos de quinto de primaria entre 1987 y 2021. (A) Distribución de los alumnos en función del número de errores. (B) Relación entre las competencias lingüísticas (con cinco niveles, donde N1 corresponde al nivel más bajo y N5 al más alto) y los resultados en ortografía (número de errores). (C) Relación entre la comprensión de los textos escritos (evaluada sobre cien puntos) y los resultados en ortografía (número de errores). *Fuente de gráficos A y B:* [203]. *Fuente de gráfico C:* [204]. Para más información, consúltese el cuerpo del texto.

La DEPP nos proporciona otra observación pertinente. En el marco del estudio CEDRE que ya hemos visto, este organismo decidió someter a varios alumnos de quinto de primaria de diferentes generaciones a un mismo dictado.[203] Lo mínimo que se puede decir es que los resultados son tristemente inquietantes, sobre todo si se tiene en cuenta que el texto propuesto era bastante básico: «La noche estaba cayendo. Papá y mamá, preocupados, se preguntaban por qué no habían regresado sus cuatro hijos. Seguro que se han perdido, dijo mamá. Si a esta hora todavía no han conseguido encontrar el camino de vuelta, cuando lleguen a casa estarán muy cansados. ¿Y si llamamos por teléfono a Martina? ¡A lo mejor los ha visto! ¡Dicho y hecho! En ese momento, el perro empezó a ladrar».

Entre 1987 y 2021, el número medio de errores se incrementó en más de un 80 % (10,7, frente a 19,4). Además, el número de ejercicios de nivel excelente (con dos faltas o menos) bajó drásticamente, pasando del 12,9 al 1,9 %. En cambio, el número de dictados de nivel pésimo (con veinticinco errores o más) se disparó, llegando al 27,5 % frente al 6,9 % del pasado, es decir, casi cuadruplicándose. En 2021 el 63 % de los alumnos cometía más de quince faltas. En 1987, esa proporción era de tan solo el 26,2 % (véase la figura 7A). Como cabía esperar, en todas las épocas los niños que se encuentran en una situación social privilegiada presentan resultados claramente mejores que sus compañeros más desfavorecidos, cuestión esta que el informe de evaluación del periodo 1987-2015 abordó de una manera más exhaustiva.[204] Los análisis que se realizaron en aquel momento demostraron —y es una conclusión bastante sorprendente, todo hay que decirlo— que esta superioridad de los estudiantes de posición acomodada desaparecía cuando se realizaban comparaciones entre los diferentes periodos: ¡los alumnos en peor situación económica de 1987 obtenían mejores resultados que los estudiantes con más recursos en 2015! Dicho de otro modo: de media, los hijos de los agricultores y los obreros de 1987 cometían menos faltas que los descendientes de los altos cargos de 2015 (10,8 y 12,6 errores, respectivamente, frente a 13,2). Curiosamente, todos nuestros grandes maestros del oportunismo político y demás propagandistas de lo irremediable no parecen sentirse interpelados por estos datos.

Frecuentemente vemos a los progresistas de buena voluntad burlarse de este tipo de observaciones con la excusa de que la ortografía es una competencia «elitista»[205] o «discriminatoria»,[206] cuando no incluso abiertamente «tiránica».[207] Denuncian que existen ejércitos de *grammar nazis* (sic; literalmente, «nazis de la gramática») que recorren Internet en busca de las faltas más inofensivas.[208] ¿Por qué tomarse la molestia de adquirir un saber tan anticuado ahora que los correctores digitales se están volviendo tan eficaces? Bueno, lo diré de una forma clara: aquí no se trata de sacralizar la ortografía ni de indignarse ante una mayúscula olvidada, una concordancia incorrecta o un despiste léxico. Este tipo de errores son comunes y, sin duda alguna, inofensivos. Sin embargo, el problema adquiere una nueva dimensión cuando un célebre rapero tuitea algo así como «dizculpen me»[209] o cuando un estudiante escribe en un mensaje de correo electrónico que «el futuro dira zi tengo razón». Aunque no es peor que lo que podemos descubrir en los trabajos de los alumnos de máster: «Tenemos 4 condisiones casi higuales, agrupadas por parejas. Ay que mezclarlas al azar, sino no es seguro que funcione», o «Gale,* se equibocó, su visión de los echos no era correcta». Estos errores, cometidos por hablantes nativos, no evidencian un problema ortográfico superficial, sino una «incapacidad grave para la lógica».[96]

---

    * Se refiere, en realidad, a Franz Joseph Gall, al que se considera el padre de la frenología, una teoría del siglo XIX que proponía averiguar el carácter de las personas a partir de las protuberancias y relieves de sus cráneos.

Constituyen el signo de un daño estructural mayor. De hecho, es el corazón sintáctico mismo de la lengua lo que está en peligro. Dicho de otro modo: una ortografía que se maltrata de esta forma pierde su estatus de obsesión estética y se convierte en un síntoma de trastornos más profundos.

Muchos estudios, en línea con estas conclusiones, demuestran que existe una importante correlación entre las competencias en ortografía y las competencias de comprensión del texto,[210-215] debido a diversas razones, algunas de ellas bastante evidentes. En primer lugar, estas dos aptitudes van de la mano: cuando el niño lee, está construyendo ambas.[214] Además, una es un fundamento de la otra: para leer de manera fluida, es necesario poseer un sólido dominio de la ortografía.[214] Los lectores expertos son capaces de identificar la mayoría de las palabras no ya de manera indirecta, a través de una especie de picadora fonológica (que transforma los signos en sonidos, por ejemplo *p/a/p/á* → *papá*), sino «reconociéndolas» directamente a través de una vía calificada de «léxica» (la cadena de letras que forman la palabra se asocia al significado de esta sin pasar por los sonidos).[215-217] Pe rosisi guespensan do kelaor togra fi ahes un aobse sionmun da na, inten tahen ten deres tafra se.*

Volveremos en detalle a estas cuestiones en el capítulo 5, en la segunda parte del libro. De momento, la idea es simplemente hacer hincapié en que el hundimiento de la capacidad ortográfica de los alumnos que se ha producido en los últimos treinta y cinco años no es en absoluto venial: refleja un deterioro general de las competencias lingüísticas. El estudio de la DEPP al que me he referido en páginas anteriores demuestra que los errores que cometen los estudiantes son principalmente de tipo gramatical.[203-204] También indica, de manera

---

* Pero si sigues pensando que la ortografía es una obsesión mundana, intenta entender esta frase.

más explícita, que los «resultados en ortografía [se encuentran] ligados al nivel global de dominio de la lengua».[203] Podemos encontrar un primer elemento que permite confirmarlo si cruzamos, en el informe de 1987-2021,[203] los resultados de las evaluaciones lingüísticas con los resultados en los dictados. En este cotejo se evidencia que cuanto mayores son las aptitudes para el lenguaje, mejor es el rendimiento en ortografía (véase la figura 7B de la p. 95).

Una segunda corroboración radica en el examen comparativo —esta vez en el informe de 1987-2015 ya citado— de un mismo ejercicio de comprensión textual.[204] En 1987, el índice medio de superación de esta prueba era del 65,1 %, pero en 2015 el nivel era del 71,3 %. Estos valores hacen pensar que la prueba de comprensión era probablemente bastante poco exigente* y, en cualquier caso, mucho menos eficaz que el ejercicio de dictado a la hora de identificar diferencias entre unos alumnos y otros. Pero eso es lo de menos. Lo que de verdad cuenta aquí es la conclusión de que «los alumnos con peor ortografía en el texto dictado también son los que presentan mayores dificultades para la lectura, sea cual sea el año que se considere». En 2015, el nivel de aprobados en el ejercicio de comprensión era del 84,2 % entre aquellos escolares que cometían menos de dos faltas en el dictado. En cambio, entre los desheredados de la ortografía, con más de veinticinco errores en su contador, el porcentaje se estancaba en el 50,8 % (consúltese la figura 7C de la p. 95). Unos datos compatibles, según confirman los autores, con «numerosos estudios [que] sugieren la existencia de una contribución específica de las competencias ortográficas a la comprensión del texto escrito».

---

* De acuerdo con los datos de PISA y PIRLS previamente mencionados, un 65 % de aprobados nos situaría, en el mejor de los casos, en un nivel «básico» (véase principalmente la figura 6 de la p. 74).

En definitiva, cuanto más competente es un lector, mayor será su velocidad de lectura y más fiable será su ortografía. Sin embargo, en los últimos decenios estas variables, que se pueden medir de manera fácil y precisa, han experimentado una evolución verdaderamente negativa. De media, nuestros niños leen con más lentitud y cometen más faltas ortográficas que sus predecesores, datos estos que respaldan con claridad la tesis de que en los últimos treinta o cincuenta años el nivel de lengua y de lectura ha ido bajando.

En resumen

En el capítulo anterior vimos que nuestros niños y adolescentes cada vez leen menos, lo cual es un signo —y también una inevitable consecuencia— de que también leen cada vez peor. Desde hace cincuenta años, el nivel de lectura de nuestros hijos se ha hundido de una manera incontestable, hasta alcanzar cifras alarmantes en la actualidad. La sociedad se ha adaptado reduciendo las expectativas académicas, la complejidad de los manuales y la riqueza léxica de las obras de la literatura infantil y juvenil. También ha intentado tapar sus miserias mediante herramientas semánticas, disimulando la devastación con métodos como calificar de «eficaz» a cualquier lector que no sea un analfabeto funcional. Estas observaciones son aplicables a todos los países de la OCDE. En cambio, otros Estados, como China, salen mucho mejor parados. En esta nación asiática, evaluación tras evaluación, los estudiantes del primer ciclo de educación secundaria dejan en ridículo a sus compañeros no asiáticos, y en unas proporciones asombrosas, además. Esta superioridad es el fruto, por una parte, de ciertas decisiones políticas drásticas y autoritarias (como la estricta regulación del uso de los dispositivos digitales para actividades de ocio) y, por otra (como demuestra el hecho de que los menores chinos emigrados a otros países mantengan un rendimiento mucho mejor que el de la población general), de la persistencia de valores culturales firmemente anclados en el rigor, la excelencia, el trabajo y el éxito académico. Unos valores cada vez más alejados de nuestros estilos de vida occidentales, centrados en el ocio, el consumo y el beneficio (incluso si ello va en detrimento de los menores y de su desarrollo).

¿Es demasiado tarde? ¿Hemos perdido irremediablemente la batalla de la inteligencia? Sinceramente, no lo sé. Sin embargo, una cosa es segura: nunca podremos invertir esta tendencia si no conseguimos, en primer lugar, dar marcha atrás a la actual orgía de pantallas en el tiempo de ocio, que está maltratando hasta la náusea la inteligencia de nuestros niños, y, en segundo lugar, restablecer la lectura, cuyas propiedades educativas son tan profundas como insustituibles. En la quinta parte sentaré las bases para este segundo punto. El primero ya lo he abordado en otras obras.[27-28]

Segunda parte

EL ARTE DE LEER

No es posible hacerse bueno en algo si no se practica muchísimo. No puedes convertirte en un buen músico si solo tocas un instrumento en tu clase semanal, cuando alguien te está vigilando y obligándote a practicar. Nadie se ha convertido jamás en un buen atleta si previamente no se ha entrenado con regularidad. Del mismo modo, aquellos niños que solo leen cuando no tienen más remedio que hacerlo no se convertirán nunca en buenos lectores.[1]

PAT CUNNINGHAM,
profesora de Ciencias de la Educación

Hace casi cincuenta años ya (¡!), Richard Allington, profesor de Ciencias de la Educación en la Universidad de Nueva York, se preguntaba por los decepcionantes efectos de los numerosos programas de apoyo, facilitación o corrección que se habían puesto en marcha para acelerar el aprendizaje de la lectura en los alumnos con dificultades.* En vista del esfuerzo realizado —planteaba este autor—, ¿cómo era posible que «un alto número de malos lectores [siguieran] siendo malos lectores»?[3] Según Allington, la respuesta no se encontraba muy lejos. En la mayoría de los centros educativos, aseguraba, «la enseñanza de competencias aisladas** se [había] convertido en el principal objetivo de las clases», de manera que, aunque no cabía concluir que el trabajo llevado

---

* Aquí estoy hablando de menores que no padecen trastornos psiquiátricos, neurológicos o del comportamiento. En las próximas páginas me abstendré de repetir esta precisión, pero quiero que quede claro que, cada vez que escriba «menores» o «niños», me estaré refiriendo (salvo que indique expresamente lo contrario) a «menores neurotípicos», es decir, que no presentan problemas clínicos que puedan suponer un obstáculo para el aprendizaje de la lectura. En esta obra no abordaré el caso de las personas con este tipo de anomalías (como es el caso de la dislexia).[2]

** Por ejemplo, identificar las vocales de una palabra, rellenar con la letra adecuada los espacios en blanco de un vocablo para completarlo o para crear una rima, localizar una palabra entre varias en un juego de cartas, etc.

a cabo fuese necesariamente inútil, «los alumnos [leen] muy poco». Sin embargo, «para convertirse en un lector competente, es imprescindible tener la posibilidad de leer». Formulada así, la observación parece trivial... pero responde a una realidad ampliamente desconocida. Se nos suele decir que, si nuestros estudiantes presentan resultados tan mediocres en lectura, es porque sufren las consecuencias de un sistema escolar desigual, de un cuerpo de profesores insuficientemente comprometido, de una falta crónica de disciplina en las aulas o de métodos de evaluación que se centran en el castigo y generan ansiedad.[4-6] Es cierto que estos elementos son importantes, pero ¿no se podría reconocer de vez en cuando que el desastre procede también (¡y fundamentalmente!) de un escaso nivel de compromiso personal? ¿No se podría admitir que el mejor de los profesores, equipado con las pedagogías más perfeccionadas, no conseguirá gran cosa si el alumno jamás abre un libro en casa? ¿No se podría dejar por un momento de atizar a los docentes —algo que, por cierto, sale muy barato— y optar más bien por movilizar e informar a las familias?

En esta parte abordaremos estas cuestiones. El objetivo es muy sencillo: demostrar que para convertirse en un lector competente es necesario leer; y leer mucho, además. En este terreno no existen los milagros, y no sirve de nada que la aptitud descienda de repente del cielo sobre la cabeza del niño, como el Espíritu Santo descendió en su momento sobre las de los apóstoles. Lo pondré de manifiesto a lo largo de dos extensos capítulos. En el primero de ellos expondré la complejidad biológica del problema, subrayando, por utilizar las palabras de Stanislas Dehaene, profesor de Psicología Experimental, que «nuestro cerebro no está hecho para la lectura».[7] En el segundo detallaré las cualidades que debe tener un buen lector y demostraré que es imposible alcanzarlas sin una amplia práctica. La conclusión general es muy simple: un menor que no lee más allá de sus tareas escolares obligatorias jamás superará la etapa de comprensión «básica», que, por fuerza, es poco retributiva* desde el punto de vista académico, intelectual y humano. Resulta desolador, lamentable y tal vez incluso insoportable para quienes cantan los dones del igualitarismo doctrinario, pero es así. A la biología le importan poco las efervescencias buenistas.

---

* Este término no debe entenderse en un sentido pecuniario, sino del modo más general posible: «Que recompensa».[8]

4

«Nuestro cerebro no está hecho para la lectura»

En la Europa Occidental y en Norteamérica es fácil desplazarse en coche. Toda la infraestructura necesaria para ello se encuentra disponible. Sin embargo, no ocurre lo mismo en pleno corazón de una selva virgen. En ese lugar no hay nada preparado. Para desarrollar la automoción habría que construir carreteras, excavar túneles, desplegar viaductos, levantar estaciones de servicio... La tarea sería colosal y requeriría un tiempo considerable.

Los aprendizajes tempranos comparten esta asimetría. De hecho, no todos los logros humanos (la marcha, la prensión, el dibujo, el violín, las matemáticas, etc.) cuentan con las mismas facilidades de partida. Algunas competencias, inscritas en lo más profundo de nuestro patrimonio genético gracias a la evolución, pueden apoyarse en una organización neuronal previamente establecida. En cambio, otras, más recientes, no estaban previstas y tienen que ir cavando su propio surco en los meandros de una árida arborescencia cerebral. En este segundo caso, evidentemente, el proceso de adquisición es más largo, más difícil y más aleatorio. Esta disparidad de las condiciones biológicas iniciales explica, por ejemplo, por qué a los niños les resulta tan fácil aprender a caminar y tan difícil aprender a tocar el violín.

El lenguaje: redes cerebrales preexistentes

El lenguaje forma parte de nuestra herencia milenaria. Como indica una reciente revisión, «no existe ningún fenómeno equivalente en el resto del reino animal»; solo «los recién nacidos humanos se encuentran provistos de una predisposición innata para adquirir el lenguaje».[9] Esta observación se apoya principalmente en un importante número de estudios de neuroimagen que demuestran que en el tratamiento del lenguaje por parte del cerebro están implicadas una serie de redes cerebrales* que son muy similares en adultos y bebés,[10-13] incluso en los grandes prematuros.**, [14] En otras palabras: aunque los cimientos cerebrales del lenguaje tengan que ejercitarse para expresarse en toda su plenitud (como veremos en detalle en la siguiente parte), «ya vienen de fábrica», por decirlo de forma sucinta, con el bebé.[15-19] Sobre todo porque las lenguas han ido adaptando progresivamente sus características a las limitaciones del funcionamiento neuronal,[20] en una especie de matrimonio perfecto que Thomas Schoenemann, profesor de Antropología, resume así: «El lenguaje se ha adaptado al cerebro humano (evolución cultural), mientras que el cerebro humano se ha adaptado para ser más útil al lenguaje (evolu-

---

* Los comportamientos humanos dependen de la actividad coordinada de un conjunto de áreas cerebrales especializadas, distintas entre sí, pero conectadas por haces de fibras. A este conjunto se le suele conocer como *red cerebral*, *red neuronal* o *red de neuronas*. Cada tarea (leer, contar, dibujar, jugar al tenis, etc.) implica la participación de redes diferentes, aunque se den superposiciones cuando una misma región es responsable de varias funciones o dos comportamientos requieren procesamientos comunes (por ejemplo, el control preciso del movimiento de la mano para sostener un bolígrafo o servirse de un tenedor).

** Este término se refiere a los bebés nacidos entre las semanas 28 y 32 de embarazo (es decir, aproximadamente tres meses antes de la fecha «normal»). En esta fase, el cerebro del niño es aún muy inmaduro.

ción biológica)».[21] En último término, esta dinámica explica la impresionante facilidad con la que los niños aprenden a hablar, incluso varias lenguas,[22] siempre y cuando, obviamente, su cerebro no padezca problemas neurológicos[23] y su entorno no presente carencias destructivas.[24]

LA LECTURA: REDES CEREBRALES POR CONSTRUIR

La lectura, en cambio, no disfruta de unas condiciones tan favorables como el lenguaje. Nació hace algo más de cinco mil años, con la aparición de la escritura.[25-26] El objetivo estaba claro: había que sentar las bases de una memoria física que ni el tiempo ni la muerte pudiesen poner en peligro. En ese momento se crearon diferentes códigos gráficos para representar, con una forma visual materialmente perenne, un lenguaje oral que, por fuerza, era efímero. Como explica la lingüista Amalia Gnanadesikan, aquel fue, sin lugar a dudas, un giro decisivo en la historia de la humanidad. La escritura es «uno de los inventos humanos más importantes de todos los tiempos. [...] Un mundo sin escritura se parecería poco al mundo en el que vivimos hoy».[26] Al principio, la idea era cubrir unas necesidades meramente pragmáticas, relacionadas sobre todo con la administración de los Estados, el desarrollo del comercio y la conservación de los dogmas religiosos. «La literatura, que en la actualidad tendemos a considerar como la esencia del lenguaje escrito, no empezó a desarrollarse hasta mucho más tarde», en forma, fundamentalmente, de relatos épicos e históricos.[26] Los ejemplos más antiguos, grabados en tablillas de barro,* se remontan a hace casi cuatro mil años.[27]

---

* Supuestamente el relato escrito más antiguo es la *Epopeya de Gilgamesh*, anotado en caracteres cuneiformes en tablas de arcilla entre los siglos XVIII y XVII a. C.

En la escala de la evolución de los seres vivos, cinco mil años son poco tiempo; demasiado poco, de hecho, para dar lugar a una adaptación genética (sobre todo si se tiene en cuenta que en un pasado muy reciente solo una ínfima parte de la humanidad dominaba el código escrito).[28] La mayoría de los especialistas reconocen que «el ser humano no nació para leer»[29] y que «desde el punto de vista lógico, es imposible que las regiones del cerebro humano hayan evolucionado específicamente para hacer posible la lectura».[30] Esto significa que las redes neuronales sobre las que se asienta esta capacidad deben dibujarse a brochazo limpio dentro de la arborescencia ya existente. Mi objetivo aquí no es presentar los detalles anatómico-funcionales de este dibujo, que se basa en la formidable plasticidad del cerebro (es decir, en su capacidad para dibujar y redibujar incesantemente su organización y sus conexiones, a medida que se suceden los aprendizajes y las experiencias vitales):[31-32] una presentación de ese tipo no solo iría más allá del ámbito de esta obra, sino que tampoco tendría gran interés, en vista de los numerosos libros de divulgación que existen ya sobre este tema.[7, 33-35] Lo que pretendo, tanto en este capítulo como en los siguientes, es simplemente corroborar la envergadura del reto biológico que supone para un niño la lectura y subrayar la extremada complejidad de las reconfiguraciones en la organización neuronal que se requieren hasta dominar el código escrito.[36-39]

Es cierto que esta conclusión casa poco con la imagen un tanto mágica que los científicos y los periodistas suelen dar del concepto de plasticidad cerebral en los medios de comunicación generalistas: es habitual que los artículos indiquen, en términos bastante vagos, que «el cerebro evoluciona constantemente a lo largo de la vida»,[40] que «se encuentra en una permanente reorganización»[41] o que «las conexiones neuronales se modifican y es posible desarrollar nuevos conocimientos y habilidades».[42] No es que estas afirmaciones sean falsas, pero están omitiendo una dimensión crucial del problema: ¡el coste! Por supuesto, cuando la tarea sea sencilla, el precio que habrá que pagar será modesto. Un buen ejemplo de ello son los malabarismos con tres pelotas, un caso ampliamente estudiado por su sencillez:[43-44] en apenas unas semanas, la mayoría de los humanos novatos son capaces de alcanzar un nivel satisfactorio en esta actividad, lo que indica una adaptación neuronal rápida y eficaz dentro de las áreas visuales y motoras.[45-46] Ahora bien, creo que no escandalizaré a mucha gente si añado que los conocimientos de este tipo no son, por lo general, ni los más gratificantes ni los más fundamentales. Hace casi cinco siglos, el filósofo jesuita Baltasar Gracián supo capturar la esencia de esta realidad en apenas unas sucintas palabras: «Poco vale lo que poco cuesta».[47]

Tras esta sencilla fórmula se oculta un principio esencial de la plasticidad del cerebro: cuanto más complejo es el aprendizaje, más energía se requiere para cincelar los entramados neuronales. Aprender a hacer malabarismos con tres pelotas, a orientarse en una gran ciudad sin recurrir al GPS[48] o a jugar a *Super Mario* en una videoconsola[49] modela puntualmente el cerebro, pero no cambia una vida. En cambio, ¡aprender a leer sí lo hace! Eso sí, esta última actividad no se consigue en unos pocos meses. Hacen falta años de entrenamiento paciente y perseverante para crear un lector.[39] Así lo recuerda, de hecho, un artículo publicado recientemente en una revista científica de primer orden por dos profesores de Psicología de la Universidad de Stanford, donde se confirma que «los niños solo aprenden a leer a base de miles de horas de enseñanza y práctica».[36] ¿Acaso deberíamos sorprendernos? Desde el punto de vista fisiológico, aquí no estamos hablando de modificar de manera marginal algunos circuitos limitados dentro de las áreas cerebrales motoras, visuales o mnésicas, sino de modelar en profundidad una vasta red neuronal que se extiende desde las áreas visuales posteriores más primitivas hasta las estructuras cognitivas anteriores más sofisticadas.[36-38]

Para referirse a este gigantesco trabajo de reorganización, los especialistas hablan a menudo de la creación de la o de las «red/es de la lectura».[50-52] Esta expresión es práctica, pero hay que tener cuidado con su faceta engañosa: estas supuestas «redes de la lectura» cubren básicamente las redes del lenguaje. La única diferencia entre lo oral y lo escrito es la puerta de entrada. En un caso, las palabras penetran a través del oído; en el otro, a través de la retina. Sin embargo, una vez superada esta etapa sensorial, todas ellas acaban generando respuestas similares dentro de los mismos circuitos neuronales.[36, 53-54] Como señala el lingüista Alain Bentolila en un informe ministerial, «aprender a leer no es aprender un idioma nuevo: es aprender a codificar de una forma diferente un idioma que ya se conoce».[55] Eso puede darnos pie a pensar que aprender a leer no es tan complicado. Después de todo, parecería que se trata de incorporar una nueva vía de acceso a la ruta auditiva ya existente. Pero, por desgracia, en la práctica esta incorporación entraña una dificultad infernal.

Un primer obstáculo, de tipo biológico, es la naturaleza extremadamente técnica del módulo de descodificación que hay que desarrollar. Un lector experto conseguirá identificar con seguridad, en menos de un cuarto de segundo,[56] un elemento concreto de su diccionario mental, compuesto por decenas de miles de ellos,[57-59] y lo hará, además, independientemente de la tipografía empleada (por ejemplo, soso, *soso*, soso, **SOSO**, **SOSO**) y de la frecuente existencia de palabras parecidas, pero de sentido diferente* («hombre», «hambre», «hombro»), de homónimos** («vaca», «baca»), de homógrafos*** («río» del verbo «reír» y «río» como corriente de agua), de palabras con géneros irre-

---

* En ese caso se habla de parónimos.[60]

** «Se dice de palabras de pronunciación idéntica y significado diferente.»[61]

*** «Se dice de palabras, homónimas o no, que tienen la misma forma escrita.»[62]

gulares («hombre»-«mujer», «caballo»-«yegua») o con varias ortografías posibles («psicología», «sicología»)...

Pero eso no es todo. Y, para ser claros, probablemente ni siquiera es lo más importante, porque hay que tener en cuenta que más allá de la descodificación se encuentra el problema fundamental (y tan a menudo olvidado) de la comprensión. Como veremos de manera exhaustiva más adelante, en los libros existe una riqueza léxica y sintáctica infinitamente más amplia que la de casi cualquier repertorio oral, sobre todo audiovisual.[39, 59, 63-65] El lector asiduo va inoculando esta riqueza, progresivamente y a base de práctica, en las estructuras cerebrales del lenguaje. Dicho de otro modo: en las personas alfabetizadas, lo escrito no es solo una alternativa a lo auditivo. Es casi una segunda lengua que conviene adquirir, una lengua más copiosa, sutil, potente, reflexiva y precisa. Una de mis amigas logopedas solía decir que su hija era «bilingüe en lengua oral-lengua escrita». De entrada, este chiste parece estúpido, pero en realidad es brillante, por su capacidad para expresar que un lector es algo más que un descodificador. Un lector es ante todo alguien que ha adquirido suficiente vocabulario y conocimiento general como para enfrentarse fructíferamente a una amplia gama de libros, textos y artículos escritos para «una persona de mundo».[*, 67-69] Seguramente no se espera que un ciudadano de a pie sea capaz de leer estudios científicos sobre astrofísica o neurofarmacología, salvo que se trate de un especialista. En cambio, sí que se espera que posea suficientes competencias lingüísticas y culturales como para entender un editorial de la prensa nacional, un ensayo político o una obra literaria galardonada con el premio Goncourt, por ejemplo. Como explica de una hermosa forma Daniel Willingham, profesor de Psicología en la Universidad de Virginia, los padres

---

* Esta expresión «designa, desde la edad clásica, a las personas que combinan altas dosis de cultura, ingenio y cortesía».[66]

«no piden a sus hijos que lean revistas profesionales destinadas a los coleccionistas de mariposas, pero sí que sean capaces de leer *The New York Times*, *National Geographic* u otros documentos escritos para lectores con un cierto nivel educativo, aunque no sean especialistas. Un redactor de *The New York Times* no dará por sentado que estas personas conocen en profundidad la geografía africana o los dramaturgos isabelinos,* pero sí que poseen cierto conocimiento de ambos temas. Para ser un buen lector generalista, tu hijo tiene que poseer un conocimiento del mundo de un millón de kilómetros de anchura y de unos pocos centímetros de profundidad».[70] Pues bien, el cerebro solo puede adquirir este bagaje enfrentándose lenta y pacientemente al mundo escrito.

LA COMPRENSIÓN: EL GIGANTE OLVIDADO

Da la impresión de que muchos padres, por lo que parece poco conscientes de estas realidades, creen que un niño sabe leer cuando sabe descodificar, es decir, cuando consigue, como ya hemos visto, transformar en palabras ('papá') una sucesión de símbolos alfabéticos arbitrarios (*p/a/p/á*). El otro día oí en el autobús cómo una madre explicaba a todo aquel que quisiera escucharla que su hijo había «aprendido a leer solito con tres años». Este tipo de ideas son especialmente habituales, porque los medios de comunicación se hacen gran eco de ellas a través de fórmulas como «el aprendizaje de la lectura se realiza en primero de educación primaria»,[71] «el aprendizaje de la lectura empieza a principios de primero de primaria y

* Los autores del teatro isabelino (el más conocido de todos ellos es William Shakespeare) forman parte del bagaje literario estándar de los estudiantes estadounidenses y británicos, del mismo modo que los autores del teatro clásico francés (Corneille, Racine o Molière) están presentes en el bagaje literario estándar de los estudiantes de Francia.

continúa en segundo»[72] o «los alumnos más frágiles necesitan treinta y cinco horas de trabajo individual para aprender a leer».[73] Estas simplificaciones son falaces. Una descodificación competente no garantiza en modo alguno el acceso a una comprensión precisa,[39, 67-68, 74] como ilustra este comentario que una maestra deslizó en el expediente escolar de un niño de quinto de primaria: «Lee fluidamente, pero no entiende lo que lee».[75] Una verdad en la que probablemente nadie ha insistido con más fuerza que el filósofo alemán Hans-Georg Gadamer: «Leer —declaraba en un libro de entrevistas— es comprender; quien no comprende no lee».[76]

Por lo demás, si nos salimos del terreno de las consideraciones teóricas para entrar en el espacio de los impactos concretos, comprobaremos que mezclar lectura y descodificación no solo es engañoso, sino también nocivo. Lleva a los padres a sobrevalorar la competencia de sus hijos y a creer que saben leer cuando, en realidad, no hacen más que rozar los rudimentos del «b.a.-ba.». Esta sensación de cualificación conduce a muchas familias a relajarse en sus esfuerzos por ayudar al niño, convencidas, por ejemplo —como ya vimos en la primera parte—, de que la lectura compartida se vuelve inútil a partir de primaria porque es entonces cuando, supuestamente, el alumno ya lee solo. El caso de una señora (la llamaré la «señora X») lo ilustra bien. Recientemente, esa señora X se acercó a mí al final de una conferencia sobre el impacto de las pantallas para explicarme que su hijo, de ocho años, empezaba a tener importantes dificultades en la escuela, sobre todo en lectura. Ella era consciente de que el pequeño pasaba mucho tiempo jugando con su videoconsola y, de hecho, se proponía corregir este exceso en el futuro. Sin embargo, no entendía por qué este punto débil podía ser la causa del problema. El pequeño siempre había mantenido los mismos hábitos y hasta cuarto de primaria todo había ido bien. De hecho, el niño iba un curso por delante de lo que le correspondía.

Lo que esa madre no sabía es que su experiencia no es en absoluto un caso excepcional. De hecho, los expertos estadounidenses en educación incluso le han puesto un nombre: *the fourth-grade slump*, que podríamos traducir como «el hundimiento de cuarto». El principio es el siguiente: hasta el tercer curso de primaria, muchos alumnos, principalmente de entornos desfavorecidos, presentan un nivel de lectura más o menos satisfactorio y conforme a las expectativas; sin embargo, llegados a ese punto el tren descarrila de repente y los estudiantes empiezan a mostrar un retraso importante, que con el tiempo no hace sino agravarse.[67-68, 77] La explicación más extendida para este fenómeno sugiere que los primeros años de la enseñanza se dedican al aprendizaje de la descodificación, mientras que los siguientes se orientan cada vez en mayor medida hacia la comprensión. Esto significa que al principio se utilizan intencionadamente palabras sencillas, presentadas por separado o bien integradas en frases breves. Más adelante, en cambio, la cosa se va complicando lentamente, el vocabulario se sale del terreno ordinario, las frases se alargan y los enunciados ganan en complejidad.[78] En cuarto de primaria, el ritmo se vuelve demasiado acelerado y los niños procedentes de entornos desfavorecidos ya no disponen de las condiciones culturales y lingüísticas que necesitan para salir adelante. Es en ese momento cuando sus dificultades salen a la luz. Jeanne Chall y Vicki Jacobs, a quienes debemos la popularización del concepto de *fourth-grade slump*,[79] describen así este fenómeno: «Las palabras que se utilizan a partir de cuarto son menos familiares. Aunque el lenguaje de los niños parecía haber sido suficiente para los tres primeros cursos, en realidad los alumnos no estaban preparados para responder al reto de un mayor número de vocablos abstractos, técnicos y literarios, que caracterizan los materiales de lectura empleados a partir del cuarto curso».[77]

Esta constatación coincide con los resultados de numerosos estudios, que muestran que al principio de la educación primaria, cuando se pone el foco en el dominio de la descodificación, el rendimiento de los alumnos depende muy poco de sus aptitudes para el léxico y la comprensión oral.[78, 80-83] Más adelante, sin embargo, todo cambia. Cuanto más avanza el niño a través del sistema escolar, más dependerá su comprensión de su bagaje lingüístico y cultural, como veremos pormenorizadamente en el siguiente capítulo. A partir del final del primer ciclo de secundaria, la relación entre comprensión escrita y descodificación tiende a cero, y no porque la descodificación se haya vuelto repentinamente inútil para la lectura, sino porque todos los estudiantes saben ya más o menos descifrar las palabras (en algunos casos no sin esfuerzo, es verdad) y el umbral de la comprensión se sitúa en otra parte, concretamente a la altura de los conocimientos previamente adquiridos.[70] En este sentido, se ha demostrado que el peso de la descodificación en la comprensión pasa del 27 % en segundo de primaria al 13 % en cuarto de primaria y al 2 % en tercero del primer ciclo de secundaria.[84] En cambio, el peso de la capacidad de comprensión oral presenta una dinámica inversa: un 6 % en segundo de primaria, un 21 % en cuarto de primaria y un 36 % en tercero de secundaria obligatoria.

Resulta tentador sintetizar estos datos (y, de hecho, muchos lo hacen) a través de un célebre aforismo: primero, aprender a leer; después, leer para aprender.* Se trata de una fórmula bonita, pero incorrecta. Una vez más, el hecho de que un niño sepa descifrar no significa que sepa leer.[85-87] Es un error afirmar que un escolar de primero de primaria que aprende a descodificar está aprendiendo a leer, porque en realidad importa poco que sea capaz de desentrañar «el ruido de una

---

* Es el eco de un célebre lema anglosajón: *first learning to read; then reading to learn.*

palabra»: lo que cuenta es que encuentre el rastro de ese «ruido» en su cerebro, dentro de las estructuras del lenguaje.[55] Si la «vía de acceso» visual de descodificación desemboca en un desierto léxico y cultural, resultará tan inútil como una lámpara para un ciego. Por tanto, parece fundamental activar a menudo las redes del lenguaje desde la más tierna infancia con el fin de prepararlas para las particularidades del mundo escrito.[37, 64] Es necesario mantener estas redes conectadas al gotero y nutrirlas abundantemente a través de la vía auditiva de las comunicaciones orales. Hay que leer al niño (insisto en ello), hay que contarle historias, hay que acompañarlo cuando empiece a leer por sí mismo. Solo así, como veremos en detalle en la tercera parte, nuestros hijos podrán hacerse autónomos de manera progresiva y sin sufrir daños por el camino. Si no se lleva a cabo esta tarea, el fracaso a largo plazo está garantizado. No hay mejor método para alejar a un menor de los beneficios de la lectura que hacer que la aborrezca en etapas tempranas,[88-89] por ejemplo poniéndolo ante textos demasiado complicados o demasiado ñoños para él.

Un niño de diez u once años que lea poco fuera del ámbito escolar probablemente será capaz de enfrentarse a libros no demasiado complejos, previstos para alumnos de seis o más años (por ejemplo, *El diario de un gato asesino*),[90] pero difícilmente este tipo de literatura le resultará apasionante ni fomentará en él un amor incondicional por la lectura. De hecho, a ese niño le costará enormemente penetrar en textos más complejos, adecuados para la curiosidad y las inquietudes propias de su edad. Dicho de otro modo: lo que hay que entender aquí es que cualquier obra de interés puede ser demasiado complicada para aquellos menores que no se hayan expuesto previamente —a través de la experiencia de la lectura compartida— a las convenciones y dificultades específicas del lenguaje escrito.[59, 91-92] Hace poco, mientras esperaba a que llegase mi tren, me dediqué a curiosear en la librería de la estación de ferrocarril de Ginebra. Una mujer estaba allí buscando un libro «entretenido» para su sobrino, al que «no le gusta leer». Se detuvo en un clásico: *El león mariposa*, de Michael Morpurgo, adecuado «a partir de nueve años» y que, según el vendedor, le iba a encantar al chiquillo.[93] Es cierto que el texto es soberbio... pero también que está plagado de expresiones herméticas, ajenas a los corpus orales estándares y contra las que un niño no lector se estrellará sin remedio.[*] Si el objetivo aquí es despertar el amor por la lectura en un niño reticente, me temo que el remedio será peor que la enfermedad.

En definitiva, lo que quiero decir es que lo escrito es un lenguaje aparte, más rico, diverso y sutil que lo oral. El aprendizaje inicial de la descodificación suele basarse en contenidos demasiado sencillos y familiares, con idea de facilitar que el alumno haga suyo ese lenguaje. Pero para llegar a la meta es imprescindible multiplicar los momentos de lectura compartida. Ahí es donde interviene el entorno familiar. Si este ambiente no fomenta las experiencias necesarias, si no crea las condiciones lingüísticas que se requieren para el paso a la lectura personal, si no activa generosamente las estructuras neuronales responsables, al niño le costará muchísimo salir adelante. Porque, por desgracia, la escuela no tiene ni el tiempo ni los recursos que se precisan para esta labor formadora, paciente, masiva y acumulativa. Los maestros se ocupan del descifrado y, por lo general, lo hacen muy bien... pero, para todo lo demás, o bien los padres se encargan de la tarea o bien el menor se queda estancado. La escuela sabe crear descodificadores. Es la familia la que, en buena medida, forja lectores.

[*] Por ejemplo, solo el primer capítulo de *El león mariposa*, de unas seiscientas palabras, contiene una plétora de palabras poco conocidas, como «vislumbrar», «embadurnar», «desdichado», «atenazado» (por el miedo), «carreras campo a través», «gloriosas», «reluciente», «arrestos», «sabañones», «budín»...[93]

En resumen

Este capítulo defiende una idea sencilla, pero esencial: si aprender a leer es un proceso largo y difícil, se debe, en gran parte, a que la evolución humana no ha tenido tiempo de integrar la lectura en el núcleo duro de las transmisiones hereditarias. Para reestructurar sus esquemas neuronales y construir redes adecuadas, el cerebro necesita absorber cantidades industriales de datos.[64, 94-95] A quienes no acaben de entender esta idea, les recomiendo que tengan en cuenta que aquí no estamos hablando de una tarea anodina: lo que hay que modificar es toda la organización cerebral, desde las regiones primitivas de la descodificación hasta las áreas superiores de la comprensión.[96-97] Y esto es solo el principio. De hecho, la información no se mantiene durante largo tiempo atrapada en sus redes específicas: casi de manera instantánea riega todo el cerebro, desde las zonas emocionales[98-101] hasta las regiones de la inteligencia social,[102-103] pasando por las áreas sensoriales[104-106] y por las responsables del control motor.[107-108] Porque los libros, sobre todo los de ficción, sumergen al lector en una historia y, al hacerlo, le permiten experimentar todo tipo de sentimientos (empatía, ira, alegría, etc.), estimulando las mismas zonas cerebrales que se activarían si estuviese ante ese tipo de situaciones en la «vida real». Por ejemplo, un estudio británico ha demostrado que leer palabras sencillas, como *lick* (lamer), *pick* (coger) o *kick* (dar una patada), activa específicamente las zonas motoras implicadas en la realización efectiva de estas tareas, aunque la persona no tenga conciencia de ello.[107] Volveremos en detalle sobre estos aspectos en la quinta parte de este libro.

En este mundo, para bien o para mal, todo o casi todo puede comprarse:* los amigos, los hijos, el acceso a la universidad,

---

* Una afirmación que seguramente sorprenda, pero que Michael Sandel, profesor de Filosofía Política en la Universidad de Harvard, demuestra en su interesante obra *Lo que el dinero no puede comprar: los límites morales del mercado.*[109]

la ciudadanía, los escritores fantasma,* el permiso para asesinar a especies animales protegidas, el derecho a contaminar...[109, 111-113] pero la lectura no. La lectura hay que ganársela. Esta regla básica no admite excepciones, dispensas ni tratos de favor. «Al fin y al cabo, por retomar las palabras de una reciente revisión científica, los factores más determinantes para la transición de los niños hacia el dominio de la lectura son, sin lugar a dudas, la amplitud, la variedad y la riqueza de sus experiencias en este terreno.»[39] No hay atajo posible. Y eso no debe sorprendernos en absoluto: ocurre lo mismo con todas nuestras herencias culturales complejas, desde el violín hasta las matemáticas, pasando por la escultura, el béisbol o el ajedrez. En todos estos ámbitos, como ha demostrado tan hermosamente Anders Erickson, profesor de Psicología en la Universidad de Florida, la adquisición de un elevado nivel de competencia depende menos de la existencia de un supuesto talento que del volumen, la calidad y la diversidad de las experiencias acumuladas.[114] Esto no significa que Mozart, por poner un ejemplo, no contase con un sustrato genético excepcionalmente favorable, más allá de que, aparte, tuviese que realizar un ingente trabajo.[114] Lo que quiero decir, sencillamente, es que un patrimonio hereditario «ordinario» permite alcanzar niveles importantes de conocimiento en multitud de ámbitos, siempre y cuando se trabaje con asiduidad y obstinación.[115-116]

---

   * En francés se utiliza el término *prête-plumes* como estándar,[110] que el Ministerio de Cultura recomienda emplear en lugar de la antigua expresión de *nègres littéraires* (negros literarios),[111] una profesión para la que Bruno Tessarech, que también es *plume fantôme* o escritor fantasma (otra fórmula frecuente para referirse a la misma realidad), propone esta jugosa definición: «Oficio que consiste en dar ideas a los idiotas y proporcionar estilo a los impotentes».[112]

5

Nuestro cerebro está diseñado
para aprender

La evolución humana, por tanto, no ha podido anticipar todas nuestras eclosiones culturales, pero, en el fondo, no se trata de un problema demasiado grave, porque, en cierto modo,
ella misma ha previsto su incapacidad de previsión. Nuestro
cerebro no está hecho para leer, tocar el piano, pintar *La
Gioconda* o golpear con una raqueta una pelota de tenis, pero
sí que está hecho para aprender, aunque, evidentemente, no
en cualquier tipo de condiciones. Para desarrollarse, necesita un entorno sumamente favorable. Dicho de otro modo:
la plasticidad cerebral solo puede alcanzar todo su potencial
si el niño se encuentra inmerso en un mundo óptimo. En
cambio, si se halla en un entorno insuficientemente estimulante o incluso tóxico, jamás llegará a expresar por completo
sus capacidades.[114, 117-118]

La lectura es un claro ejemplo de esta ley intangible. Es
fácil olvidarlo cuando uno mismo ha alcanzado ya un nivel de
conocimientos importante, porque a esas alturas todo se ha
automatizado y todo parece sencillo. El descifrado deja de ser
entonces una constante guerra y, salvando el caso de ciertos
textos particularmente herméticos o hiperespecializados, la
comprensión emerge de manera natural. En el lector veterano solo queda una sensación subjetiva de fluidez e inteligibilidad. De forma gradual, la persona va olvidando el esfuerzo
de atención que le exigían los primeros pasos y la lentitud a la

que realizaba sus avances lingüísticos. Llegados a ese punto, resulta fácil subestimar los progresos del niño y confundir con pasotismo la actitud de algunos menores, que lo que en realidad está indicando es que existe alguna dificultad. Y esta situación es un fastidio, porque da lugar a tensiones recurrentes, poco propicias para que se mantenga una motivación positiva. Pero sin motivación todo se bloquea; el placer se esfuma, la lectura se convierte en un castigo y el rechazo se consolida de forma duradera. Para evitar la eclosión de esta destructiva cadena e impulsar al niño por el camino del éxito, es imprescindible que cada familia sepa en líneas generales qué es un lector y cómo se va forjando la aptitud a medida que pasa el tiempo.[119-121]

Unos rendimientos espectaculares

En el lenguaje oral, las palabras se emiten de forma sucesiva. El oyente no clasifica nada: se adapta al flujo que le llega y va descifrando el discurso sobre la marcha, un vocablo después del otro. Sin embargo, cuando recibe la información por escrito las cosas son diferentes. En ese caso, el mensaje aflora de repente sobre la página y cientos de palabras bombardean simultáneamente la retina. Absorber todo eso es imposible. Para conseguirlo, el lector no tiene más remedio que dividir el texto de modo que presente el mismo carácter secuencial que los discursos orales. Quienes se encargan de esta labor son los ojos, que no recorren de un modo continuo el enunciado, sino que llevan a cabo una sucesión de pequeños y rápidos saltos, denominados «movimientos sacádicos».[33, 56, 122] Al principio, la aproximación al texto es titubeante, pero después el cerebro va aprendiendo progresivamente dónde debe posar la mirada para optimizar la captación de la información, al tiempo que minimiza la cantidad de movimientos ejecutados.[123-124] A esas alturas, el problema residirá ya fundamentalmente en la estructura anatómica del ojo. Cuanta más lejanía existe con respecto a su parte central (la fóvea), menor es la agudeza visual. Cuando el sensor de la vista se centra en un punto, solo distingue un número reducido de letras, entre siete y nueve, para ser exactos (tres o cuatro a su izquierda y cuatro o cinco a su derecha)*.[33, 36-56, 122] Todo lo demás queda envuelto en brumas, aunque eso no signifique que sea inútil, porque en realidad proporciona información que permite localizar el límite de las siguientes palabras y, en consecuencia, anticipar la respuesta ocular.

Por lo general, un movimiento sacádico dura unos treinta milisegundos y desplaza la mirada hasta una distancia que se corresponde aproximadamente con la ventana de agudeza de la fóvea (entre siete y nueve letras). Por eso muchas veces somos capaces de saltarnos las palabras breves (de dos o tres letras) y, aun así, leerlas, pero necesitamos pasar los ojos varias veces por las palabras largas (de ocho o más letras) para captarlas.[56, 122] Una vez que el ojo se posa sobre su objetivo, el sistema necesita entre un quinto y un cuarto de segundo para analizar la información. Dicho de otro modo: un lector experto mueve su mirada entre doscientas cuarenta y trescientas veces por minuto. En ocasiones extraordinarias (entre un 10 y un 15 % de las veces), la mirada recorre el texto hacia atrás en lugar de hacia delante, bien porque sea necesario corregir un movimiento sacádico anterior mal calibrado, bien porque no se ha entendido un determinado elemento. En tal caso, la regresión suele realizarse hacia la palabra precedente, aunque también pueden darse desplazamientos más lejanos, sobre todo cuando el contenido es complejo.[56, 122]

---

* Aún no se sabe con seguridad cuál es el origen de esta asimetría, pero parece que se debe a la lateralización de los procesos lingüísticos, de los que se encarga el hemisferio izquierdo del cerebro.[36]

Doscientas ochenta palabras por minuto... pero no más

Sin embargo, estos datos no deben inducirnos a pensar que la velocidad de lectura está restringida por los límites funcionales del sistema generador de movimientos sacádicos. El ojo podría aumentar sin problema sus cadencias de desplazamiento, pero ese incremento tendría brutales consecuencias para la comprensión. Como han demostrado diversos experimentos realizados con pantallas, si una palabra procesada se borra entre sesenta y setenta milisegundos después de su procesamiento, la duración de la fijación visual permanecerá intacta y la lectura continuará casi con total normalidad,[56, 122] lo que significa que lo que más tiempo nos lleva no es captar y ver la palabra, sino descodificarla y desentrañar su significado. Es ahí donde se encuentra nuestro límite, que, por desgracia, es imposible superar: ni siquiera el lector más avezado podrá sobrepasar la velocidad de entre 280 y 300 palabras por minuto.* Soy muy consciente de que el floreciente negocio de la lectura «rápida» cuestiona obstinadamente esta horquilla. «El cerebro puede ir más allá», claman profusamente los buhoneros del sector. Para ellos, todo es cuestión de método: una vez que nuestras neuronas dejen atrás sus malos hábitos, serán sobradamente capaces de alcanzar velocidades de 1.000, 1.500 o hasta 10.000 pala-

* Si partimos de 300 movimientos sacádicos por minuto, 263 de ellos (en torno al 87,5 %) hacia delante y 37 (aproximadamente el 12,5 %) hacia atrás, obtendríamos lo siguiente: (263 movimientos sacádicos × 8 letras por movimiento ÷ 6 caracteres por palabra [de media, 5 letras y 1 espacio en blanco]) - (37 movimientos sacádicos × 8 letras por movimiento ÷ 6 caracteres por palabra) = 301 palabras. Mark Seidenberg, profesor de Neurociencia Cognitiva en la Universidad de Wisconsin-Madison, obtiene una velocidad comparable de 280 palabras por minuto aplicando una lógica similar (240 movimientos sacádicos por minuto, 7 letras por fijación ocular, 5 letras por palabra más 1 espacio en blanco), pero sin tener en cuenta los movimientos sacádicos regresivos.[33]

bras por minuto. Sin embargo, todos los estudios serios que se han llevado a cabo hasta ahora demuestran lo absurdo de estas afirmaciones.[33, 56] Algunos lectores hipereficientes, capaces de reconocer un mayor número de letras en cada fijación ocular, pueden rozar las 350 o 400 palabras por minuto,[125] seguramente, pero nada más. Una vez superada esta barrera, el nivel de comprensión se hunde sin remedio.[33, 56] Lo máximo a lo que podemos aspirar si aplicamos este tipo de técnicas es a captar el tema central y el tono general del enunciado, siempre y cuando se trate de un texto poco exigente. El director y guionista estadounidense Woody Allen resumió maravillosamente esta realidad: «He hecho un curso de lectura rápida y he conseguido leerme *Guerra y paz* en veinte minutos. Va sobre Rusia».[126]

El umbral teórico de 280 o 300 palabras por minuto del que he hablado está muy cerca de los valores medidos experimentalmente.[125, 127] Por ejemplo, una revisión recientemente publicada demuestra que la velocidad de lectura en la población adulta de cierto nivel cultural es, de media, de 260 palabras por minuto en el caso de las obras de ficción (novelas, relatos, etc.) y de 240 en el caso de los textos de divulgación (ensayos, artículos de prensa, etc.).[128] Sin embargo, este nivel óptimo tiene un precio.[127] Para llegar a él se necesitan años y, en realidad, solo una minoría de individuos lo alcanza. Para demostrarlo, una serie de investigadores dividieron sistemáticamente sus datos en cuartiles, es decir, en tramos de un 25 %. De ese modo, averiguaron, como ilustra la figura 8, que solo los estudiantes más competentes del cuarto cuartil (C4) conseguían, al final de su trayectoria escolar, tocar con la punta de los dedos el grial de las 280 palabras por minuto (más exactamente, 277 palabras por minuto; por cierto, quizás no esté de más recordar que aquí estamos hablando, en todo caso, de personas que realmente entendieron el texto). Los otros tres grupos se quedaban muy por debajo de esta cifra, con velocidades de 201 (C3), 164 (C2) y 129 (C1) palabras por minuto, respectivamente. Como era de esperar, estas diferencias de eficiencia lectora ya estaban presentes al principio de la educación primaria. El problema es que con el paso del tiempo no habían hecho sino agravarse. Entre segundo de primaria y segundo de bachillerato, el cuarto cuartil había aumentado su velocidad de lectura en 107 palabras por minuto, mientras que el primero solo la había incrementado en 56 palabras, el segundo en 67 y el tercero en 79. También aquí se materializa el célebre refrán popular según el cual «a perro flaco, todo son pulgas». Pero volveremos a él más adelante. Por ahora, me limitaré a señalar que estas observaciones van en la línea de los datos que aporté en la primera parte de este libro: solo algo más de la cuarta parte de los alumnos franceses (y, de un modo más general, de los países de la OCDE) superan el nivel básico de lectura.

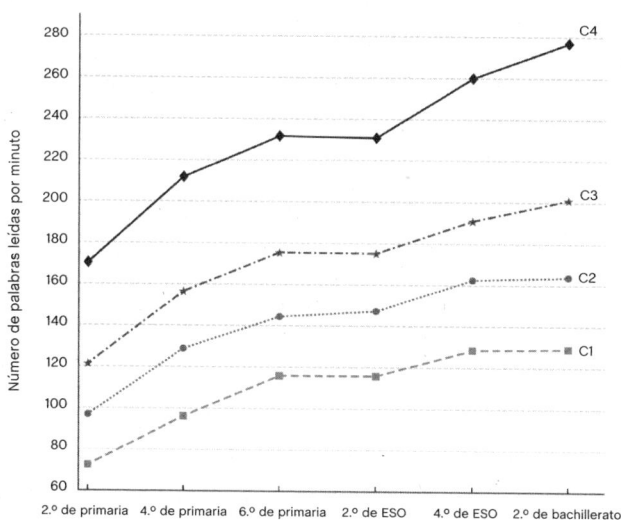

Figura 8. Velocidad de lectura según el curso y el nivel de competencia. Los datos aparecen divididos en cuartiles (de C1 a C4), es decir, en tramos de un 25 %. Para más información, consúltese el cuerpo del texto. *Fuente para la modificación:* [127]

Leer, una aptitud irrefrenable

¡Doscientas ochenta palabras por minuto! Es una proeza que debemos valorar como tal. Para el cerebro, se trata de una hazaña. A este ritmo, se necesita menos de un segundo para leer y entender frases como «la inteligencia es invencible»[129] o «el odio es santo».[130] También se necesita menos tiempo para leer una palabra como «negro» que para indicar cuál es el color de una imagen negra (un círculo, un cuadrado, una mancha o cualquier otro objeto), o para leer la palabra «triángulo» (o cualquier otra que designe una forma geométrica) que para señalar una imagen que corresponda a esa figura, o para leer el nombre de un objeto («llave», «gato», «casa»...) que para identificar un dibujo o una foto que represente ese objeto.[131-134] Una vez modelado, el sistema cerebral es tan eficaz que acaba incluso por funcionar de manera mecánica, sin que seamos conscientes de ello. Se ha demostrado, por ejemplo, que la exposición subliminal a palabras escritas (es decir, a palabras que se muestran durante un tiempo demasiado breve como para que se perciban de manera consciente) activa las estructuras neuronales de descodificación[135] y puede afectar tanto a nuestras emociones como a nuestros comportamientos.[136-137] Hay un estudio que se cita a menudo en este sentido. En él se pidió a los participantes que apretasen un pomo cada vez que aparecía en una pantalla el verbo «apretar». El truco era que, justo antes de que se visualizase esa orden, se presentaba durante unos cortísimos instantes otra palabra, bien neutra («blanco», «tela», etc.), bien con un significado en ese contexto («fuerte», «vigorosamente», etc.). Pues bien, cuando se proyectaban estas últimas, los sujetos del estudio apretaban el pomo con más fuerza sin darse cuenta de lo que estaban haciendo.[138] Otros trabajos han confirmado este fenómeno, corroborando la existencia de un procesamiento involuntario de las palabras escritas. En un experimento pionero, varios estudiantes tenían que atrapar con la mano una serie de paralelepípedos idénticos y colocados en el mismo lugar, pero que se diferenciaban entre sí porque en algunos de ellos se había impreso el adverbio «lejos» y en otros, el adverbio «cerca».[106] Pues bien, la velocidad de sus gestos era mayor en el primer caso que en el segundo, como ocurre, en realidad, cuando la amplitud del movimiento aumenta.* No solo habían leído las palabras, aunque no fuese necesario ni obligatorio hacerlo, sino que esos vocablos les habían «contaminado» el proceso cerebral de planificación de la orden motora.

Pero esto no es lo más impresionante. Desde hace más de cien años, decenas y decenas de investigaciones han demostrado que las redes neuronales de la lectura no se limitan a funcionar sin que seamos conscientes de ello, sino que incluso actúan contra nuestra voluntad.[140] El efecto Stroop (denominado así en honor a su descubridor)[141] es un excelente ejemplo de ello. El ejercicio que se utiliza más habitualmente para ilustrarlo consiste en indicar, a la mayor velocidad posible, cuál es el color en el que está escrita una palabra sin prestar atención a su significado. El truco es introducir una incoherencia entre la palabra y su color, escribiendo, por ejemplo, el adjetivo «negro» en color rojo. La identificación requerirá entonces más tiempo que durante la situación de control, en la que la palabra presenta el color correcto («negro» escrito en negro) o se sustituye por una serie de símbolos no alfabéticos (como cruces negras o rojas). Evidentemente, este tipo de confusiones no se limita a las asociaciones entre palabras y colores: también se ha observado en muchas otras circunstancias, sobre todo cuando existe una incongruencia entre las palabras y las imágenes (por

* Imagina que tienes la mano apoyada en una mesa justo delante de ti y que te propones atrapar un objeto (por ejemplo, un paralelepípedo). La velocidad y la duración de tu movimiento serán mayores si ese objeto se encuentra más alejado de tu mano (por ejemplo, si en lugar de estar a quince centímetros de ella está a treinta centímetros).[139]

ejemplo, cuando el sustantivo «manzana» aparece escrito sobre el dibujo de una pera).[142] Todos estos datos confirman que el cerebro, una vez modelado por la costumbre, ya no puede evitar leer las palabras con las que se topa, incluso en situaciones inesperadas. Recientemente se ha analizado el sustrato cerebral de este automatismo en un grupo de escolares (de entre siete y doce años:[143] una vez considerado el nivel de competencias, se constató que la edad, en cualquier caso, no tenía importancia). Los resultados de esta investigación revelan que si a un lector competente se le presenta una palabra, se producirá en él una intensa activación de las áreas de la corteza temporal asociadas al lenguaje, incluso cuando la atención esté plenamente centrada en otra tarea perturbadora.* En cambio, esta activación no se observa en los lectores deficientes.

En definitiva, aunque el ser humano no esté hecho para la lectura, es capaz de alcanzar un nivel de aptitud espectacular. Por eso debemos preguntarnos cuáles son los mecanismos implicados en este fenómeno. Dicho de otro modo: ¿cómo consigue nuestro cerebro leer 280 palabras por minuto entendiendo el texto y, sobre todo, cómo se desarrolla este conocimiento?

Descodificar para empezar

Ya lo hemos visto arriba: leer es comprender. Pero para comprender primero hay que descodificar, es decir, convertir los signos alfabéticos en un lenguaje comprensible. Es cierto que esta etapa no es suficiente por sí misma, pero sí necesaria.[39] Nadie puede captar un texto si no distingue los elementos

* En el centro de una pantalla se mostraban al mismo tiempo una palabra y un pequeño círculo de color. El sujeto veía entonces algo así como los caracteres «able». La tarea que tenía que ejecutar era mirar el círculo y pulsar lo más rápidamente posible un pequeño interruptor en cuanto esa circunferencia se volvía de color rojo.

que lo componen o, dicho de un modo más llano, si tiene que pelearse con cada palabra del enunciado. Sin una descodificación adecuada, a la atención no le queda más remedio que centrarse en extraer palabras en lugar de en analizar el significado, lo que acaba con cualquier posibilidad de lectura competente.[144-145] Lo fastidioso, como ya hemos visto, es que la evolución no ha visto venir este problema. En la arquitectura cerebral del recién nacido no se ha integrado ninguna interfaz de descodificación. ¿Qué hacer, entonces? La respuesta es muy sencilla: «piratear», dentro del laberinto neuronal ya establecido, una red preexistente. Por fortuna, esta red no solo existe, sino que también es funcional desde etapas tempranas. Para comprobarlo, basta con observar a un bebé. Ya desde los dieciséis o dieciocho meses el pequeño consigue reconocer y nombrar diferentes objetos o rostros de su entorno.[146-148] Aunque a esta edad su dicción aún no sea perfecta, esta capacidad demuestra que existe un área de reconocimiento de las formas, intercalada entre las regiones cerebrales responsables de la visión y del lenguaje. Es justo eso lo que la lectura necesita y es justo esto lo que va a servir de herramienta para su desarrollo.[149-150]

Dicho de otro modo: la lectura empieza por colonizar, dentro del área cerebral de reconocimiento de las formas, un subterritorio importante e íntimamente interconectado con las redes visuales y lingüísticas;[151] más adelante, convierte a ese subterritorio en un área de reconocimiento de las letras y las palabras,[38, 152] que se suele denominar por sus siglas en inglés (VWFA, de *Visual Word Form Area* o área visual de la forma de la palabra). Esta zona y sus principales propiedades han sido objeto de numerosos estudios en el transcurso de los últimos veinticinco años, por lo que hoy en día sus principales propiedades se conocen bien.[7, 36, 38, 50] En los lectores expertos, la VWFA: (1) ocupa, independientemente de la lengua y del nivel cultural, una posición muy precisa, en la parte inferior trasera del hemisferio cerebral izquierdo[*] (una región a la que los especialistas se refieren como la corteza ventral occipito-temporal); (2) reacciona de manera selectiva a los enunciados escritos (pero no a los orales;[**] (3) es significativamente más sensible a las palabras reales ('mesa', 'rojo') y a las pseudo-palabras[***] ('tonejo', 'fastel') que a las palabras inventadas ('rxshqt', 'pmzh'), y (4) descodifica las palabras extremadamente rápido (en menos de doscientos milisegundos), sea cual sea su tipografía[****] y su longitud.[*****] Para evitar cualquier ambigüedad, conviene precisar que este último punto no indica que la cadena alfabética se procese en su conjunto, como creyeron durante mucho tiempo los fundadores del método de aprendizaje conocido como *global*, sino que existe un proceso paralelo que, durante la fase inicial de la descodificación, analiza de manera simultánea todas las letras.[7, 36]

[*]   En la mayoría de las personas los procesamientos lingüísticos se lateralizan en el hemisferio izquierdo, que, de hecho, se considera «dominante» en el caso del lenguaje.

[**]   Salvo en situaciones especiales que requieren activar la imagen de las letras (para decidir, por ejemplo, si una palabra contiene jambas, como ocurre con la g, la j, la q, la p o la y).

[***]   También conocidas como *falsas palabras*. Se construyen a partir de sílabas que resultan creíbles y pueden parecer vocablos reales, pero en realidad no significan nada y, de hecho, no existen.

[****] No importa el tamaño ni la forma exacta de las letras, y tampoco tiene importancia que sean mayúsculas o minúsculas (RABIA, RaBia, *rabia*, **rabia**): siempre y cuando los caracteres no estén anormalmente estilizados (es decir, siempre y cuando no resulten difícilmente reconocibles, como ocurre en *rabia*, *rabia*), la velocidad de reconocimiento se mantendrá constante.

[*****] En condiciones «normales», la lectura de las palabras familiares y de una longitud estándar (de entre tres y ocho letras, como 'azul', 'posible', 'nunca', 'cocina', etc.) requiere un tiempo similar. Sin embargo, ese tiempo aumenta considerablemente si las palabras son largas (con más de ocho letras) o poco frecuentes ('zoilo', 'analepsis', etc.), si su visibilidad es escasa (por bajo contraste, caracteres poco legibles, orientación no horizontal, etc.) o si se encuentran en una zona de visión periférica.

El big data *y el camino de las palabras*

Evidentemente, estas propiedades neuronales no surgen de la nada. Son el fruto de un entrenamiento constante, durante el cual la VWFA se lateraliza,[153] aprendiendo a optimizar su red de conexiones[154-156] y su capacidad para reconocer letras y palabras.[53, 157] No hay que dejarse engañar por la precocidad de las primeras adaptaciones del cerebro del niño:[151, 158-159] entre los signos iniciales de plasticidad y la consolidación de una lectura experta tienen que pasar forzosamente años y años de práctica perseverante.[39, 149, 160] Es cierto que esta afirmación puede parecer descabellada, pero eso no la convierte en intangible ni en incompatible con la complejidad de los mecanismos implicados. Para entenderlo, hay que ser conscientes de que la capacidad de descodificación deriva directa y exclusivamente de la experiencia. Descodificar no es generar un saber, sino reconocerlo. Por eso, cada vez que el individuo se enfrente con el mundo escrito mejorará su rendimiento, ya que permitirá a la VWFA ampliar su algoritmo de identificación de las palabras. En el fondo, como indica Mark Seidenberg, profesor de Neurociencia Cognitiva en la Universidad de Wisconsin-Madison, todo esto se resume en un simple problema de *big data*.[33] Es algo parecido a esas inteligencias artificiales a las que se entrena para que diagnostiquen tumores a partir de radiografías mamarias o cerebrales. El principio es sencillo: primero, hay que acostumbrar al sistema a reconocer ciertos contrastes patológicos, saturándolo con imágenes previamente interpretadas; a continuación, hay que presentarle nuevas tomas, que él «descodificará» a partir de los datos que haya adquirido con anterioridad. Pues bien, el caso de la lectura es similar, con la salvedad de que lo que se analiza en él no son las variaciones de luminosidad, sino las configuraciones ortográficas, es decir, las regularidades en la «manera de escribir las palabras»,[161] que tienen que ver —si nos quedamos solo en los elementos que se mencionan más frecuentemente— con las letras aisladas (a, t, l, etc.), los fonemas* ([p]: 'policía', 'papá'; [o]: 'hoja', 'ojo', etc.), los dígrafos** (ll, ch, etc.), las sílabas ('ma', 'to', 'pri', etc.), los morfemas*** ('orto-', '-mente', etc.) y, por último, las palabras ('un', 'sombrero', 'casa', 'reír', etc.).[7, 33, 165-170]

Evidentemente, nada de esto sería posible si la ortografía no constituyese, más allá de sus particularidades puntuales, un espacio sumamente predecible y repleto de redundancias.[171] En este espacio, algunas letras y cadenas de caracteres son frecuentes ('e', 'a', 're', 'les', 'en', 'tre'),**** mientras que otras son más raras ('k', 'y', 'xc', 'bom', 'cum') y otras, rarísimas ('xk', 'jn', 'vbm', 'zpq'). Del mismo modo, algunos patrones suelen aparecer al principio de las palabras ('pre', 'cha', 'imp'), otros en el medio ('ll', 'rr', 'ei', 'ia') y otros al final ('eau', 'ette', 'ais', 'mente'). Estas regularidades son sutiles, y localizarlas no es tarea fácil. Por eso la VWFA debe absorber una enorme cantidad de textos diferentes. Cuanto más amplia sea la base de la que se alimente, más avanzado será su modelo estadístico y más agudas serán sus facultades de identificación. En línea con esta constatación, hoy en día se considera ya probado que la velocidad y la precisión de la descodificación dependen estrechamente

---

* Fonema: «La unidad sonora más pequeña de una lengua determinada». La palabra 'llave' cuenta con cuatro fonemas, la palabra 'la', con dos, la palabra 'y', con uno.[162]

** Dígrafo: «Grupo de dos letras que se emplea para transcribir un único sonido».[163]

*** Morfema: «Elemento de la lengua que no se puede dividir en unidades significantes más pequeñas».[164] Dicho de otro modo: el morfema es la unidad de sentido más pequeña que existe en una palabra. Se suele distinguir entre morfemas derivativos (prefijos y sufijos) y flexivos (género, número, conjugación). Por ejemplo, la palabra «antimonárquicos» contiene cuatro morfemas: 'anti-' (prefijo) + 'monarc-' (raíz) + '-ico' (sufijo) + 's' (plural).

**** Estos ejemplos se han extraído de la lengua francesa, pero su lógica es aplicable a todos los sistemas alfabéticos. Aun cuando los patrones de regularidad sean diferentes en inglés, español, italiano, polaco, portugués, alemán, finés o francés, son siempre detectables en todos y cada uno de esos idiomas.

del volumen de lectura,[56] cuyo impacto es importante, incluso entre los estudiantes supuestamente alfabetizados: los lectores asiduos descodifican las palabras a una velocidad significativamente superior a la de los lectores menos diligentes,[172-174] de lo que se puede deducir que «la lista de las ventajas cognitivas que cabe atribuir a la lectura incluye no solo la ampliación del vocabulario y de los conocimientos generales [...], sino también la mejora de los procesos de reconocimiento de las palabras».

En la práctica, los procesamientos estadísticos que he descrito aquí son especialmente importantes en la medida en que compensan de una manera fundamental los límites de nuestra agudeza visual. Para el cerebro resulta fácil —sobre todo cuando la señal no procede del centro del ojo, sino de las zonas periféricas, y cuando la duración de las fijaciones oculares no supera los doscientos o doscientos cincuenta milisegundos—* confundir una c con una e y un 'o' con un 'no'.[171, 175] Así, en las primeras etapas del procesamiento, la palabra 'masticación' es más o menos igual de probable que sus formas degradadas 'mastiea-tion', 'mastieatino' o 'masticatjom'. Sin embargo, los lectores experimentados nunca «ven» estas versiones fraudulentas o, mejor dicho, nunca las ven cuando están relacionadas con palabras reales (como 'cadete'), pero las detectan frecuentemente cuando van ligadas a palabras inventadas (como 'ajtdc').[171, 176-178] Esta diferencia es fácil de comprender si se tiene en cuenta que las palabras familiares se reordenan de manera automática a partir de una base estadística, a diferencia de lo que ocurre con las secuencias aleatorias, cuya falta de regularidad formal convierte en irrecuperables. Tomemos la siguiente frase: «Según uan investigación recinete, parce que ls edficios *púrbura tienen vn aspecto extraño*». Si la VWFA no dispusiera de un eficaz modelo predictivo, la oración sería totalmente ilegible. No en vano, algunas letras aparecen en orden invertido,

---

* Véanse las pp. 127 y ss.

otras ni siquiera aparecen, otras adoptan diferentes formas (la e se representa mediante una e en «*extraño*» y mediante una c en «*aspecto*»; la u, mediante una u en «*púrbura*» o mediante una v en «*un*» y la a, mediante una a en «*extraños*» o mediante una o en «*aspecto*»). Y, pese a todo, la frase es fácil de descodificar, lo que confirma que los errores del enunciado se corrigen automáticamente gracias a los conocimientos ortográficos interiorizados. La combinación 'pcc', por ejemplo, no se corresponden con nada que el lector conozca, a diferencia de la secuencia 'pec', por la que el lector se decanta, sobre todo si el resultado final ('aspecto') se corresponde con una palabra existente. Este tipo de resolución explica que nos cueste tantísimo identificar las erratas menores cuando leemos o releemos una frase. De hecho, si el sistema se topa con un error, no sabe si el problema se debe a sus deficiencias perceqtivas o al propio enunciado. En consecuencia, elige, por defecto, la respuesta más plausible (¿cuántos lectores se habrán dado cuenta de que la ortografía de la palabra «perceqtivas», que acaba de aparecer, es incorrecta?).

El mensaje con el que nos tenemos que quedar a partir de estas observaciones es que la calidad de la descodificación depende de la amplitud del modelo estadístico disponible, que se deriva, a su vez, de la cantidad de práctica. En este sentido, podemos imaginarnos la VWFA como una especie de gigantesca caja de letras, pacientemente construida, en la que se almacenan todos los conocimientos que hemos ido adquiriendo acerca de los caracteres y sus posibles combinaciones ortográficas. Este bagaje nos permite optimizar la velocidad y la precisión del proceso del reconocimiento visual de las palabras. Pero esta no es su única ventaja. Hay algo más. A medida que acumula experiencia, la VWFA no hace sino mejorar sus modos de funcionamiento. Los transforma hasta añadir un nuevo camino en su arquitectura inicial. El lector cualificado no solo descifra las palabras más rápido que su homólogo principiante, sino que, en buena medida, también las descifra de una forma diferente. Para demostrarlo, vamos a intentar trazar brevemente el camino que lleva al niño desde los inicios de su aprendizaje hasta el dominio de la lectura.

Todo empieza con la vía «fonológica», que, como su propio nombre indica, permite pasar de los signos (*m/a/m/á*) a los sonidos ('mamá').* Esta vía de los sonidos es el camino primordial del aprendizaje, y lo es por dos razones: en primer lugar, constituye el único canal de identificación de las palabras desconocidas (que, para un neófito, son todas) y, en consecuencia, es el único camino de acceso a la lectura;[7, 33, 39] en segundo lugar, sienta las bases del desarrollo del conocimiento respaldando la construcción de un segundo eje de descodificación más rápido, calificado de *léxico*,[179-181] que asocia la palabra directamente a su significado, sin pasar por su pronunciación (verbal o mental). Las características anatómicas de la VWFA desempeñan en esa fase un papel fundamental. De una forma (muy) esquemática, podemos decir que esta estructura presenta dos grandes haces de salida. El primero da sostén a la vía de los sonidos. Sale de la VWFA, atraviesa las regiones fonológicas (las que extraen el sonido de las palabras) y desemboca en las áreas semánticas (las que identifican el significado de las palabras). El segundo haz, más corto, sirve de apoyo a la vía léxica. Parte de la VWFA y llega directamente a las áreas semánticas.

Imaginemos que unos niños se encuentran, por primera vez en sus vidas, con la palabra «conejo». En ese momento, para salir airosos solo pueden recurrir a esa pesada herramienta que es la vía fonológica. Esta vía empieza por captar el orden y la identidad de las letras; a continuación, convierte en sonidos la cadena de caracteres así obtenida (*c/o/n/e/j/o* → /co/ne/jo/ → conejo) y, finalmente, comprueba que esta sucesión se corresponde con una palabra conocida. Si es así, se establece

---

* En concreto, los especialistas suelen decir que la vía fonológica convierte los grafemas (o letras) en fonemas (o sonidos).

un emparejamiento directo, a través de la vía léxica, entre la forma visual de la palabra (esto es, su ortografía) y su significado. Cuanto más se repita este encuentro, más se consolidará el emparejamiento. De ese modo, se creará a largo plazo una asociación estable entre las representaciones ortográficas (probablemente almacenadas en el sector anterior de la VWFA[182-184]) y las semánticas* de las palabras.

Con el paso del tiempo, la ruta léxica va aumentando progresivamente su importancia hasta convertirse en la dominante.[39, 144, 186] Sin embargo, esto no quiere decir que el itinerario fonológico desaparezca, sino que, sencillamente, en la mayoría de los casos la vía léxica es más rápida que la de los sonidos (aun cuando los procesos fonológicos de conversión se automatizan y se aceleran considerablemente con la práctica). También en este caso todo comienza en la VWFA. Cuando esta región descodifica una palabra, no selecciona una salida en detrimento de otra, sino que transmite la señal a todas partes. Las dos vías —la léxica y la fonológica— se convierten entonces en competidoras, y saldrá ganando la que actúe con mayor rapidez.[7, 56, 67] En el caso estándar de las palabras familiares, lleva ventaja claramente la liebre léxica. En cambio, en el caso de las palabras nuevas, de los vocablos menos usuales, de las pseudopalabras y de los neologismos, será la tortuga fonológica la que se haga con el premio, siempre y cuando, claro está, la ortografía sea regular. De hecho, cuando deja de haber una correspondencia entre grafemas** y fonemas, como ocurre en francés, la vía de

* Es decir, las representaciones «relacionada[s] con el sentido, con el significado de los elementos de la lengua».[185]

** Grafema: «Signo gráfico formado por una o varias letras que transcribe un fonema [en francés, por ejemplo, (o) en *vélo*, *rideau*, *préau*, *drôle*] o que aporta una información morfológica [por ejemplo, también en francés, la x o la s de plural: *bateaux*, *chiens*] o etimológica [por ejemplo, la h de *orthodoxe*, que procede del griego *orthos*, "recto"]. Los grafemas 'c', 'k' y 'qu' pueden representar el mismo fonema».[187]

los sonidos deja de estar operativa. Así pues, las palabras solo podrán descodificarse por el camino léxico de los vocablos familiares. Si la cadena ortográfica no se ha almacenado, no será posible leer la palabra, aunque se conozca.

La ortografía: un perfecto chivo expiatorio

Estos resultados, vistos en su conjunto, parecen más bien alentadores. No en vano, como subraya Anne Cunningham, profesora de Psicología del Desarrollo en la Universidad de California, demuestran que la vía fonológica proporciona al cerebro un mecanismo «de autoenseñanza» gracias al cual, «en último término, lo único o casi lo único que el lector tiene que hacer [para dominar la lectura] es leer».[144] El problema, como ya vimos en la primera parte de esta obra, es que nuestros hijos no solo leen bastante poco, sino que también leen cada vez menos, lo que explica, particularmente, la reducción tan notable en la velocidad de lectura que se ha venido observando entre los estudiantes de secundaria durante los últimos cincuenta años.[127] Por ejemplo, entre los alumnos de último curso de bachillerato esa velocidad bajó entre 1960 y 2011 cerca de un 20 %, pasando de media de 237 a 192 palabras por minuto. Evidentemente, este tipo de constataciones no son muy del agrado de los progresistas idólatras. A menudo estos espíritus buenistas prefieren la compasión de fachada a la actitud crítica. ¡Que ni se nos ocurra hacer referencia —ni siquiera con la boca pequeña— al inmenso espacio que está ocupando lo digital o a la apatía intelectual de nuestros menores! No, el culpable es otro. Ni a nuestros chicos ni a nosotros mismos, los adultos, se nos puede considerar responsables de nada. En este contexto, la ortografía resulta ser un perfecto chivo expiatorio: se convierte en ese «juego cruel [y] arcaico» cuya adquisición «provoca años de sufrimiento a nuestros hijos».[7] Seguramente podríamos objetar que el sufrimiento suele ser la consecuencia de un déficit de uso y que, en realidad, no parecen ser tantas las personas traumatizadas por la tortura ortográfica. De acuerdo con una encuesta de Harris Interactive, solo el 12 % de los franceses declaran haber tenido serios problemas con la ortografía durante sus años de escuela y el 82 % se muestran en contra de que se apruebe una reforma para la simplificación ortográfica.[188] Estas cifras sugieren que nuestros compatriotas se sienten apegados a su lengua y que ven en la complejidad histórica del idioma no ya un calvario del que haya que librarse, sino una riqueza que se debe preservar. Y, más allá de los prejuicios ideológicos y de los falsos pretextos políticos, la ciencia parece darles la razón. En cierto modo, es como tocar el violín: podemos denunciar la dureza casi sádica del aprendizaje que se impone a nuestros pobres hijos y exigir que se supriman un par de cuerdas de este instrumento para facilitarles el trabajo; o bien podemos considerar que las dificultades de este instrumento constituyen un factor esencial de su riqueza artística. ¿Acaso es casualidad que Francia sea el país que presenta el mayor número de premios nobel de literatura, 16 de los 119 que se han concedido hasta el momento en que redacto estas líneas?[189] ¿Acaso es casualidad que en esta clasificación la sigan Estados Unidos y el Reino Unido (cada uno de ellos con 13 premiados), dos países que también presentan una ortografía muy poco previsible? Tal vez sí. O tal vez no, como sugieren los datos que he expuesto hasta ahora.

El italiano, el griego y el finés, entre otros, son idiomas transparentes, lo cual quiere decir que a cada fonema (a cada sonido elemental) le corresponde un grafema (una única manera de formular el sonido), y solo uno. En cambio, el inglés, el danés y el francés son lenguas opacas, debido a su propensión a la irregularidad. El problema, pues, se expresa en dos niveles.[190-191] En primer lugar, una misma letra o sucesión de letras puede representar sonidos diferentes (por ejemplo, 'er': *fer*, *manger*), en ocasiones incluso dentro de una misma palabra (por ejemplo, 'ent': *ils entrent*). En segundo lugar, un sonido determinado puede transcribirse de varias maneras (por ejemplo, [ε]: *gèle, seigle, met, mais, merci, volley, crayon, est*), también en este caso incluso dentro de una misma palabra (por ejemplo, *[o]: roseau*). Es evidente que estas particularidades dificultan el aprendizaje.[192] Como se muestra en la tabla de la siguiente página, al final del primer curso de primaria los pequeños italianos, griegos y finlandeses descifran casi a la perfección las letras, las palabras habituales y las pseudopalabras, a diferencia de sus compañeros franceses, daneses y británicos, cuyo rendimiento en este sentido es mediocre. Los escolares de la Francia continental, por ejemplo, identifican menos de un 80 % de las palabras habituales que se les exponen. Con todo, se trata de un resultado mejor que el de los pequeños británicos, que ni siquiera superan la barrera del 35 %. Los finlandeses ostentan un nivel del 98 %.

Obviamente, estas desigualdades son frustrantes para los perdedores de esta lotería ortográfica internacional, pero, pese a todo, no estamos en absoluto ante un drama. En un curso más, los pequeños franceses alcanzan los niveles del primer año de primaria de los finlandeses, los griegos y los italianos (véase la tabla). Los daneses y los británicos corren peor suerte: necesitan entre veinticuatro y treinta meses para compensar su retraso.[192] Eso sí, pasado ese tiempo, las ortografías «transparentes» ya no ejercen ningún efecto facilitador en el rendimiento de los alumnos, como evidencian las evaluaciones internacionales que se llevan a cabo al final de la educación primaria y del primer ciclo de la secundaria (véase la tabla). Las medias en las pruebas PISA de Grecia e Italia, por ejemplo, son significativamente inferiores a las de Dinamarca y a las de muchas zonas francófonas (Francia, Quebec) o anglófonas (Estados Unidos, Inglaterra, Irlanda, Canadá, Australia). Es cierto que Finlandia presenta resultados mejores, pero no por encima de los de Irlanda o Quebec.

Lenguas	Ortografía	PRIMARIA, 1.ᵉʳ curso			PRIMARIA, 2.º curso			País	PIRLS al final de primaria	PISA al final del 1.ᵉʳ ciclo de secundaria
		Letras	Palabras	Pseudo-palabras	Letras	Palabras	Pseudo-palabras			
Francés	Opaca	91 %	79 %	85 %	98 %	99 %	97 %	Francia Canadá (Quebec)	514 551	493 519
Danés	Opaca	95 %	71 %	54 %	98 %	93 %	81 %	Dinamarca	539	501
Inglés	Opaca	94 %	34 %	29 %	96 %	76 %	64 %	Estados Unidos Inglaterra Irlanda Australia Canadá (Alberta)	548 558 577 540 539	505 505 518 503 532
Finés	Transparente	94 %	98 %	95 %	Datos no disponibles			Finlandia	549	520
Griego	Transparente	96 %	98 %	92 %				Grecia	-	457
Italiano	Transparente	95 %	95 %	95 %				Italia	537	476

Tabla. Resultados en pruebas estandarizadas de lectura de niños de edades diferentes: letras aisladas (a, b, c, etc.), palabras habituales (en francés, por ejemplo, *beure* [hora], *monsieur* [señor], *avec* [con], *souvent* [frecuentemente], *image* [imagen], etc.) y pseudopalabras de una o dos sílabas (por ejemplo, en francés, *ur, ja, nita, apuf, jotu*, etc.). Los porcentajes indican el nivel de respuestas correctas. En comparación con las lenguas «opacas», los idiomas de ortografía «transparente» facilitan la descodificación por parte de los alumnos de los dos primeros cursos de primaria. *Fuente:* [192]. Los datos de PIRLS y PISA evidencian que este efecto desaparece a partir de finales de la educación primaria. *Fuente:* [193-194].

Por desgracia, es difícil extraer conclusiones definitivas de estos datos. De hecho, las medias en las evaluaciones de PIRLS y PISA no solo dependen de los idiomas, sino que también varían en función de las características socioeconómicas y escolares de los países implicados. Por eso, lo único que se puede decir es que la opacidad ortográfica no es un obstáculo insuperable a largo plazo,[67] lo que constituye, en sí mismo, una excelente noticia. Para salir de este estadio de relativa incertidumbre, sería necesario comparar la evolución de los resultados en lectura de dos grupos de alumnos que vivan dentro del mismo país, se encuentren dentro del mismo sistema educativo y tengan la misma edad, pero no hablen el mismo idioma. Y eso fue exactamente lo que hicieron varios científicos británicos a principios de este siglo. «En algunas regiones de Gales —escribieron—, los niños pueden acudir a colegios de primaria en los que las clases se impartan en galés o en inglés. Si van al primer tipo de escuela [cuyos alumnos, por lo general, tienen como lengua materna el galés], aprenden a leer en galés [un idioma que posee una ortografía muy transparente]. Si van al segundo tipo de escuela [cuyos alumnos, por lo general, tienen como lengua materna el inglés], aprenden a leer en inglés [un idioma que posee una ortografía muy opaca]. Los menores hablantes de galés o de inglés que participaron en este estudio vivían en la misma región del norte de Gales, habían empezado a aprender a leer a la misma edad y habían estado expuestos a métodos de enseñanza similares.»[195-196] Los primeros resultados fueron los que cabía esperar: al principio del primer curso de primaria,* todos los niños presentaban, si se me permite decirlo así, el mismo nivel de incompetencia.[195] Sin embargo,

---

* Recordemos que a lo largo de este libro, independientemente del país al que nos refiramos, siempre hablaremos de educación primaria (desde primero hasta sexto) y de educación secundaria (con un primer ciclo obligatorio y un segundo ciclo o bachillerato). Véase la nota al pie de la p. 36.

a partir de ahí los hablantes de galés empezaron rápidamente a superar a sus compañeros anglófonos, tanto en la lectura de palabras como en la de pseudopalabras. La diferencia alcanzó su grado máximo al final de segundo de primaria, antes de empezar a reducirse lentamente hasta desaparecer en quinto de primaria.[196-197] En este curso, la única dificultad que tenían los anglófonos eran las palabras irregulares poco frecuentes, lo cual parece bastante lógico, ya que se trata precisamente del tipo de vocablos que, por sus singularidades ortográficas, solo se pueden descodificar bien si ya se conocen. Pero esto no es lo más interesante. En la evaluación final, que se llevó a cabo en quinto de primaria, los autores decidieron añadir una prueba de comprensión. Pues bien, los resultados de los hablantes de galés fueron inferiores a los de los hablantes de inglés en dos aspectos: los angloparlantes no solo cometieron menos errores de comprensión (20 %, frente al 28 %), sino que, además, leyeron más rápido los textos propuestos (98 palabras por minuto, frente a 83).

De entrada, este vuelco puede parecer sorprendente, pero en realidad es fácil de explicar. La complejidad de las ortografías opacas no es estéril: contiene todo tipo de informaciones lingüísticas de los que, en cambio, carecen las ortografías más transparentes.[33, 198] En un principio, estas informaciones complican el aprendizaje de la descodificación, pero, una vez digeridas, favorecen en buena medida el proceso de comprensión. Los homófonos (es decir, las palabras que se pronuncian de la misma forma, pero se escriben de manera diferente) representan un buen ejemplo de ello. Son muy abundantes en francés, donde, por ejemplo, es posible escribir el sonido «so» de diferentes maneras: «*le seau à côté du sot qui prépare un saut porte un sceau étrange*» (el cubo junto al tonto que se prepara para un salto tiene un sello extraño). Si este sonido se escribiese solo de una forma, seguramente su descodificación sería más sencilla, pero la comprensión se vería profundamente afectada, porque «*le so à côté du so qui prépare un so porte un so étrange*» sería bastante más difícil de interpretar. Lo mismo cabe decir de los acentos circunflejos, tan denostados por su naturaleza «elitista y estéril».[199] En la vida real, resultan bastante prácticos: «*le charpentier est entouré de forets*» (el carpintero está rodeado de brocas) no es lo mismo que «*le charpentier est entouré de forêts*» (el carpintero está rodeado de bosques), y algo similar ocurre con «*c'est un beau matin gris*» (es una bonita mañana gris) y con «*c'est un beau mâtin gris*» (es un bonito mastín gris) o con «*quel joli rot*» (qué buen eructo) y con «*quel joli rôt*» (qué buen asado). Si eliminamos el acento, incrementamos mecánicamente la complejidad, porque nos veremos obligados a buscar en el entorno contextual de la frase el significado de la palabra. Es cierto que las lenguas transparentes, como el italiano, poseen pocos homófonos, precisamente porque de esa manera limita las incertidumbres del contexto. La ambigüedad del sonido «so», por ejemplo, se resuelve en este idioma utilizando una palabra diferente para cada concepto: «*Il secchio (seau) accanto al pazzo (sot) che si prepara a saltare (saut) reca uno strano sigillo (sceau)*». Pero no siempre es así, y, de hecho, la transparencia ortográfica dificulta la comprensión en frases como «*é una pesca molto buona*», porque solo el contexto permite saber si se está hablando de una pesca excelente o de un melocotón excelente. La opacidad ortográfica acaba inmediatamente con la incertidumbre.

Pero admitamos a pesar de todo que es necesario dar transparencia al francés. ¿Cómo proceder? ¿Deberíamos convertir la lectura en un infierno absoluto transcribiendo fonéticamente todos los homófonos? No parece que vaya a ser una tarea fácil: ¿es una cuestión de *èr* (*air* [aire]/*aire* [área]/*ère* [era])? ¿Es un *konte* del montón (*conte* [cuento]/*comte* [conde]/*compte* [cuenta])? ¿A ella le gusta su papel de *mèr* (*mère* [madre]/*maire* [alcaldesa])? ¿O deberíamos crear una retahíla de nuevas palabras para eliminar los homófonos (lo que, en el caso del sonido *so*, podría resolverse así: «*Le sil à côté du sotus qui pré-pare un salt porte un map étrange*»)? Sin embargo, si lo hiciése-mos, todo nuestro patrimonio literario se haría ilegible, a me-nos que reescribiésemos todas las obras publicadas. Además, el proceso autoritario de borrado de las palabras antiguas y de integración de los vocablos nuevos en la lengua cotidiana probablemente no sería sencillo de organizar. En definitiva, simplificar la ortografía no es solo un asunto complicado, sino también —como comprenderemos si hacemos el esfuerzo de reflexionar con un poco de seriedad— un asunto imposible, porque para lograrlo habría que modificar la lengua en su to-talidad. Por supuesto, los «progresistas» siempre podrán en-salzar las virtudes del corrector ortográfico y reclamar que se supriman, en el caso del francés, la norma de la concordancia del participio pasado con el auxiliar *avoir*...[200] Pero no estoy seguro de que una modificación como esta supusiese un gran cambio, porque, lo repito una vez más, el problema no reside tanto en algún desafortunado despiste a la hora de concordar, sino en el estrecho vínculo que la ortografía mantiene con su lengua y con la lectura. Tendemos en exceso a olvidar que la ortografía no solo es útil para los escritores: también resulta imprescindible para los lectores. De hecho, si tiene que evo-lucionar, no será por el empuje de una imposición simplifi-cadora artificial, sino en respuesta a la evolución del idioma, como siempre ha ocurrido.

Estas observaciones también son aplicables a los indicios morfológicos. El francés y el inglés priorizan la transparencia de las raíces* a la estabilidad de los sonidos. Para el debu-tante es un fastidio, pero para el veterano resulta ventajoso,

---

* La raíz es «el elemento común a varias palabras de una misma fa-milia y a varias formas de un mismo verbo, que es posible aislar retirando de esas palabras sus diversos prefijos, sufijos, infijos y desinencias. *Livrer* (entregar), *délivrer* (expedir, parir) y *livraison* (entrega) se han formado a partir de la raíz *livr*-».[201]

porque de esa forma se hacen patentes comunidades semánticas que de otro modo serían invisibles. Si *'femme'* (mujer) se escribiese con a en su primera sílaba (siguiendo su pronunciación), se perdería su vínculo con los demás miembros de su familia (*'féminin'* [femenino], *'féministe'* [feminista], *'féminicide'* [feminicidio], etc.). Este tipo de similitudes proporcionan al lector una información preciosa acerca del sentido de las palabras, del mismo modo que muchas letras mudas resultan sumamente útiles para comprender enunciados como *«je viendrai/viendrais avec plaisir»* (vendré/vendría encantado) o *«c'est un problème de foi/foie»* (es un problema de fe/hígado). Tomemos la siguiente frase: *«Laura Austerlitz a fait [...] une déposition relative à un crime perpétré en 1944 dans une rizerie»*[202] (*«*Laura Austerlitz [...] dio testimonio sobre los crímenes cometidos en 1944 en un [rizerie]*»*). La última palabra no es habitual y la frase no proporciona ningún elemento contextual que permita al lector deducir su significado. Sin embargo, la compleja ortografía del francés permite resolver el problema de una manera bastante sencilla. En efecto, *'rizerie'* está formado por la raíz *'riz'* (arroz), cuya z final es muda, y por el sufijo *'-erie'*, que se suele utilizar para formar «sustantivos que designan industrias artesanales» (*'crêperie'* [crepería], *'boiserie'* [recubrimiento de las paredes con maderas], *'boucherie'* [carnicería], *'cimenterie'* [cementera], etc.).[203] Así pues, de la estructura de la palabra podemos deducir que esos crímenes se produjeron seguramente en una empresa encargada del cultivo o del procesamiento del arroz.* Este tipo de deducción no es posible en las ortografías transparentes. Por supuesto, esto no siempre funciona, como evidencia el triste ejemplo de nuestros candidatos de las oposiciones al cuerpo de profesores, que creyeron que la palabra *'chancelant'*

---

* En la edición al castellano de la obra citada, traducida por Miguel Sáenz, el término se ha traducido por «molino de arroz». (*N. de la t.*)

procede de '*chance*' o de '*chant*'. Pero funciona mejor cuando la ortografía contiene letras «inútiles» (o mudas: '*riz*', '*rizerie*'; '*soie*' [seda], '*soierie*' [sedería]; '*quart*' [cuarto], '*quartilage*' [conjunto o cálculo de cuartiles], etc.), porque estas irregularidades, una vez más, transmiten información.

En definitiva, como escribe Mark Seidenberg, «en materia de ortografía no hay nada gratuito. La sencillez en un aspecto se paga a través de la dificultad en otro».[33] Los pequeños franceses e ingleses tardan años en adquirir un dominio satisfactorio de la descodificación, pero, al contrario de lo que dan a entender todos esos exaltados defensores de la ley del mínimo esfuerzo, esta inversión no es ni vana ni absurda. De hecho, refleja una riqueza ortográfica que, aunque sea complicada de asimilar, contiene indicios estructurales sumamente favorables para la comprensión de un texto. Los estudios más sólidos confirman que a corto plazo las lenguas opacas dificultan la adquisición de la descodificación, pero a largo plazo facilitan la fluidez de la lectura.[33, 195-197] Aquí, como en otros muchos terrenos, no se puede querer estar en misa, repicando y, de paso, hasta participando en la procesión. «Por decirlo con palabras de Marie-Claude Blais, profesora de Ciencias de la Educación, parece que lo que se quiere es que los niños adquieran conocimientos sin necesidad de enseñárselos.»[204] Es una empresa tan inviable con la lectura como con el violín, el piano, el tenis o la neuroanatomía. Una vez más, todo es cuestión de entrenamiento y de volumen. Para aprender a descodificar correctamente, hay que leer, y leer mucho, desde primero de primaria hasta la universidad. Y esta no es una postura reaccionaria, ¡es un hecho probado experimentalmente!

Dicho esto, no se trata, por supuesto, de sostener que los padres deban (suponiendo que puedan) sustituir a los profesores. El aprendizaje de «b.a.-ba» corresponde a la escuela, como veremos de manera más extensa en la siguiente parte. Sin embargo, las familias pueden prestar ayuda en este terreno. De entrada, pueden consolidar la adquisición volviendo a leer junto con el alumno los textos que haya visto en clase. A continuación, una vez que se hayan asentado las primeras bases, pueden alentar al niño para que lea o, mejor aún, pueden acompañarlo leyendo junto con él.

Es cierto que el camino es largo. Pero es imprescindible comprender que, si es así, no se debe a alguna deficiencia o estupidez intrínseca del niño. El problema reside esencialmente en las complejidades de la lengua. Los pequeños franceses e ingleses necesitan tiempo para asimilarlas. Se necesita, forzosa e irremediablemente, tiempo. Los padres deben ser conscientes de ello y no confundirse con las dificultades que presentan sus hijos. Son problemas normales y esperables. En ese momento, la paciencia y el apoyo son, plagiando la famosa expresión del duque de Sully,* las dos ubres de las que se alimenta el éxito. En el fondo, todo esto puede resumirse en unas pocas y sencillas palabras: cuanto más lee el niño, más se desarrollan y automatizan sus habilidades de descodificación (sobre todo a través de una consolidación de las representaciones ortográficas), lo que permite a los recursos cerebrales centrarse progresivamente en la comprensión y en el placer de leer.

Leer es comprender

El problema es que, a fuerza de concentrarse en la identificación de las palabras, la escuela ha acabado por olvidarse de la captación del significado.[68, 206] Pero ¿acaso resulta esto sorprendente para cualquier persona que haya hecho el esfuerzo de comparar ambas necesidades? Por una parte, está la descodifi-

---

* «La labranza y el pasto son las dos ubres de las que se alimenta Francia».[205] (1638).»

cación: un saber hacer delimitado, fácil de definir, cuyo aprendizaje sigue una progresión relativamente rápida y, al mismo tiempo, fácil de desarrollar en el contexto escolar.[7, 34] Por otra, tenemos la comprensión: una aptitud difusa, sin contornos claros,[39, 207] cuya adquisición requiere una dinámica tan terriblemente paciente y necesita tantísimo tiempo que la contribución de la escuela en este terreno no es sino accesoria.[64, 68-69] Y, sin embargo, es la comprensión la que, a fin de cuentas, lo decide todo. No es que sea el objetivo prioritario de la lectura, es que es su único objetivo. Leer, como ya hemos visto, no consiste en descodificar, sino en comprender, y a la hora de comprender hay dos elementos particularmente importantes: el lenguaje y los conocimientos.

Como es obvio, en la vida real estos pilares surgen a partir de un lento proceso circular. Las herramientas que permiten la lectura emanan de la propia lectura. En otras palabras: cuanto más lee el niño, más se amplían su lenguaje y sus saberes y más crece su capacidad para enfrentarse a textos variados y difíciles. En aras de la claridad, aquí abordaremos este círculo virtuoso en dos etapas. La primera será el objeto de las siguientes líneas, en las que se pondrán de manifiesto las complejidades lingüísticas y culturales con las que se encuentra el lector competente y que este suele resolver de manera mecánica, sin ser consciente de ello. La segunda, que se apoyará en esos datos, se expondrá más adelante y en ella analizaremos la construcción del conocimiento desde el doble prisma de los requisitos previos (tercera parte) y de los beneficios (cuarta y quinta parte) de la lectura.

Un lenguaje indispensable

La escritura necesita el lenguaje. Se trata de un aspecto fácil de entender: sin palabras, no pueden existir ni obras, ni autores ni lectores. Lo que ya no resulta tan sencillo de comprender es que este fenómeno es reversible: sin libros, el lenguaje jamás habría alcanzado su nivel de refinamiento e inteligibilidad.[208-210] Esta aportación ha ido adoptando dos formas. La más general puso en marcha un movimiento necesario de estabilización y normalización de las lenguas. El francés es un buen ejemplo de ello.[211] Como explican nuestros académicos, «a principios del siglo xvii, [la] lengua aún se encontraba en plena evolución y fluctuaba enormemente en determinados aspectos: verbos que pasaban de una conjugación a otra (*'recouvrer'/'recouvrir'* [recubrir]), palabras que no tenían un género fijo, morfología inestable (*'hirondelle'*, *'arondelle'* o *'erondelle'* [golondrina]), pronunciación variable... El siglo xvi no tenía problemas para adaptarse a estas variantes y oscilaciones, pero en el siglo xvii se tendió a la unificación en un lenguaje "medio", que fuese comprensible para todos los franceses y también para todos los europeos que, cada vez en mayor medida, adoptaban el francés como idioma común. Este propósito, que ya expresó el poeta Malherbe, aparece también en numerosos gramáticos y eruditos (como Vaugelas), que se unieron para trabajar en este sentido».[212] El desarrollo de la escritura (y, más concretamente, de la imprenta), al favorecer la estandarización del vocabulario, de la ortografía, de las normas de expresión y de las reglas gramaticales, supuso un firme apoyo para la materialización de este proyecto.[28, 208-209, 211]

Pero esto no es todo: para dar mayor riqueza a la lengua, la escritura supo también, si se me permite decirlo así, sacar partido de sus límites. Independientemente de lo que intente representar, transmitir o formular, solo puede contar consigo misma. No importa la naturaleza del relato, no importa que el texto hable de paisajes, batallas, sentimientos, emociones, intrigas, deportes, ciencias o vidas ordinarias: la transmisión únicamente puede realizarse a través de las pa•

labras. Si estas se equivocan o carecen de precisión, toda la narración se volverá rudimentaria, en el mejor de los casos, o imposible, en el peor de ellos. Dicho de otro modo: para la escritura, la fineza lingüística, especialmente en el terreno léxico, constituye una necesidad vital. Imaginemos que un desconocido se dirige a ti. Más allá de las palabras que te diga, su aspecto físico y su entonación te proporcionarán todo tipo de datos fundamentales sobre él: su edad, su sexo, su estado de ánimo, su nivel educativo y social, su grado de ironía, etc. Todos estos indicios, sin embargo, se escapan a la escritura. Para capturarlos, el autor tiene que transcribirlos, y solo podrá hacerlo si dispone de una lengua lo suficientemente rica, precisa y diversificada. Lo mismo ocurre con los paisajes. Para describir de manera minuciosa lo que la vista, el oído y el olfato perciben espontáneamente (edificios, panorámicas, flores, estatuas, perfumes, sonidos, colores, luces, etc.) y para transmitir no solo los elementos físicos, sino también los movimientos, las emociones y la vida, se necesita una increíble cantidad de palabras. Esta necesidad se ilustra en el cuadro de la siguiente página, a través de la riqueza lingüística de un breve texto de Victor Hugo en el que se describe un campo de hierba ordinario y todo el universo que se esconde en él.

Las lenguas han ido creando progresivamente todas esas palabras sin las que sería imposible la transmisión escrita, y lo han hecho de múltiples maneras: creando derivados a partir del léxico existente, recuperando expresiones del pasado que se habían quedado obsoletas, tomando elementos de los vecinos (del latín, del griego, del italiano, del árabe, etc.) o, más directamente, acuñando nuevos términos.[210-211] Entre 1500 y 1650, por ejemplo, el inglés añadió más de 10.000 nuevas palabras.[210]

«La hierba en Guernesy es la hierba que se ve en todas partes, pero un poco más rica; un prado en Guernesey es casi el mismo césped de Cluges o de Géménos. En él encontrarás festuca y poa, que son las primeras hierbas que brotan, pero también grama común y esteba, y barbas de macho, con sus espigas en forma de huso, y alpiste de Canarias, el agróstide que proporciona un pigmento verde, y ballica inglesa, lupino amarillo, holco, que tiene lana en su tallo, grama de olor, que desprende un agradable aroma, corazón, que tiembla, margarita de la lluvia, ajo de oso, cuya flor es tan suave y su olor, tan áspero, fleo de los prados, aciano, cuya espiga parece un pequeño garrote, estípites para elaborar canastas y barrón, tan útil para fijar las arenas movedizas. ¿Eso es todo? No, también hay dactilo, cuyas flores se apelotonan, panizo y, según ciertos agrónomos locales, hasta andropogón. Hay camarroja con hojas parecidas a las del diente de león que marcan la hora, y cerraja que anuncia el tiempo. Todo esto es hierba, pero nadie tiene una hierba como esta. Es la hierba característica del archipiélago. Se necesita granito en el subsuelo y océano para regarla. A continuación, haz que corran dentro de ella y que vuelen por encima miles de insectos, algunos, espantosos, otros, encantadores; bajo la hierba, escarabajos longuicornios, longuinasos, calandrias, hormigas ocupadas en ordeñar a los pulgones, sus vacas, saltamontes babosos, la mariquita, animal de Dios, y el elátero, animal del diablo; en la hierba, en el aire, la libélula, el icneumón, la avispa, los escarabajos de la rosa, los abejorros de terciopelo, los hemeróbidos de encaje, los crisídidos de panza roja, las ruidosas moscas de las flores, y así tendrás una idea del espectáculo de ensueño que en junio, a mediodía, ofrece la colina de Jerbourg o de Fermain-Bay a un entomólogo un tanto soñador y a un poeta un tanto naturalista.

Victor Hugo, *Los trabajadores del mar*,
«El archipiélago del canal de la Mancha», capítulo IV.[129]

Cuadro. Se necesita una cantidad enorme de palabras para describir un prado que, en cambio, físicamente se percibe con tanta facilidad, como ilustra este texto de Victor Hugo, publicado en 1866.

Desde hace unos treinta años, numerosos estudios cuantitativos han comparado la fineza de los contenidos lingüísticos en función de la edad de los sujetos participantes (preescolar: de dos a seis años; escolar: de seis a doce años; adolescentes o adultos) y de los soportes de comunicación (soporte impreso: libros, periódicos, artículos científicos, etc.; audiovisual: programas de televisión, películas, dibujos animados, etc.; conversación oral: entre dos adultos, entre un adulto y un niño, entre expertos, etc.; lectura compartida...).[39, 63-65] Pues bien, los resultados indican de manera unánime y consensuada que la generosidad lingüística de los mundos escritos es claramente superior a la de los universos orales,[*, 213] y esta superioridad se evidencia tanto en la gramática[214-218] como en el vocabulario.[59, 219-222] Empecemos por este segundo punto. La mayoría de los estudios se basan en extensas listas de palabras, clasificadas por su mayor o menor uso, que se denominan *diccionarios de frecuencia*.[**] La elaboración de estas listas pasa por dos etapas. En primer lugar, hay que reunir gigantescas bases de datos lingüísticos (conversaciones, novelas, periódicos, películas, dibujos animados, etc.). Después es necesario ordenar las palabras que figuran en esas bases, organizándolas desde las más comunes hasta las más raras. En el caso del francés, '*le*' (el) es el número 1 (es decir, la palabra que se utiliza más a menudo); '*pour*' (para), el número 10; '*livre*' (libro), el número 358; '*héros*' (héroe), el número 1.883; '*racisme*' (racismo), el número 4.044, y así sucesivamente.[223] En el caso del

---

* Muchos de los estudios a los que me refiero aquí son anglófonos. Sin embargo, no parece que extender sus conclusiones al francés suponga problema alguno, dado que la semejanza de resultados obtenidos en una y otra lengua es clara y manifiesta.[59]

** Para evitar cualquier ambigüedad, debo precisar que el concepto de palabra se utiliza en este caso en el sentido estricto de lema, que es la forma estándar de una palabra variable, por ejemplo el infinitivo de un verbo o el masculino singular de un sustantivo. De un modo sencillo, podemos decir que los lemas se corresponden con las entradas de un diccionario.

inglés, '*the*' (el, la, los las) es el número 1; '*for*' (para), el número 13; '*book*' (libro), el número 245, '*hero*' (héroe), el número 1941; '*racism*' (racismo), el número 3.924, etcétera.

Mediante estos inventarios se pueden elaborar varios índices de complejidad. El que se cita más a menudo muestra que, de media, durante una conversación informal entre adultos de cierto nivel cultural (con título universitario), la proporción de palabras que no forman parte del repertorio básico de las cinco mil más utilizadas* llega, como máximo, al 6%, un nivel idéntico al que se registra en el caso de los programas televisivos de las franjas horarias de mayor audiencia. En las novelas y los periódicos, esa proporción asciende al 12 y al 16%, respectivamente;[219] dos porcentajes que, a primera vista, pueden parecer bastante bajos. Sin embargo, si se extrapolan al número de palabras de una obra estándar, la cifra resultante es colosal. Tomemos el ejemplo de *Bel Ami*, del que hablábamos en la parte anterior: un 12% supondría en esta obra más de 12.500 palabras no básicas. En el caso de *Germinal* o *Notre-Dame de París*, también mencionadas ya, la suma superaría las veinte mil unidades. En cuanto a los periódicos, un editorial clásico de media página contiene entre 1.000 y 1.200 palabras, aproximadamente, por lo que entre 160 y 200 de ellas no pertenecerían al repertorio habitual.

Estos resultados coinciden en gran medida con los valores que arrojan otros análisis que incluyen el medio rango de las palabras, es decir, el punto situado en medio, que permite dividir el léxico en dos partes iguales: un medio rango igual a cien significa que el enunciado está formado por una mitad correspondiente a las cien palabras más habituales de la lengua y por otra mitad que engloba las palabras que se encuentran más allá de esa frontera. Este parámetro permite obtener la estimación cuantitativa más global gracias a su capacidad para captar la complejidad media del corpus estudiado. Durante una conversación entre

---

* En el sentido de lemas (véase la nota anterior). En adelante, no seguiré precisando que ese es el significado con el que se utiliza aquí este término.

adultos de nivel cultural alto, el 50% de las palabras sale de las quinientas más frecuentemente utilizadas (véase la figura 9, en la p. 161), que es un umbral idéntico al que presentan los programas de televisión emitidos en horario de máxima audiencia. En el caso de los libros, el rango medio sería de más de mil, lo que significa que la base léxica es dos veces más amplia. Los periódicos rozan el nivel de mil setecientos (debido principalmente a la elevada presencia de términos especializados de los ámbitos de la economía, el deporte, la geopolítica...).[219]

Es interesante extrapolar estos marcadores generales a la distribución de las palabras consideradas «raras», es decir, de aquellas que se ubican más allá del nivel básico (el de los 5.000 vocablos más habituales) y del regular (entre 5.000 y 10.000), para situarse en el repertorio de los 10.000 vocablos más infrecuentes. De media, las conversaciones entre personas de nivel cultural alto contienen 17 palabras raras por cada 1.000 vocablos. Los programas televisivos de las franjas horarias de mayor audiencia presentan 23. Las novelas, 54; los periódicos, 68. Dicho de otro modo: en estos dos últimos soportes hay entre dos y cuatro veces más palabras raras que en los entornos verbales habituales.[219] Para evitar confusiones, precisaré que el calificativo de «rara» no solo se aplica, ni mucho menos, a palabras refinadas, anecdóticas o en desuso. Además de estas tres categorías, en el caso del francés existen otros vocablos estadísticamente «raros», algunos de ellos tan poco insignificantes como *'baroque'* (barroco), *'exaction'* (extorsión), *'litanie'* (letanía), *'famélique'* (famélico), *'drastique'* (drástico), *'grabataire'* (convaleciente), *'latrine'* (letrina), *'poulie'* (polea), *'aparté'* (aparte, en el sentido empleado en el teatro), *'incongru'* (incongruente), *'rustique'* (rústico), *'fluet'* (endeble), *'véniel'* (venial) o *'victuaille'* (víveres). Debo precisar también que las palabras «raras» lo son mucho menos en la lengua escrita que en la oral.[91] La tabla que aparece en la página 160 recoge algunos casos característicos. A pesar de su escasa prevalencia oral, todas las palabras indicadas en ella aparecen en los cuatro clásicos de la literatura francesa que mencioné en la primera parte de este libro: *Notre-Dame de París, Bel Ami, Germinal* y *El capitán Fracaso*. Tomemos por ejemplo el adjetivo '*saillant*' (sobresaliente, prominente): se encuentra en los cuatro textos citados, a pesar de que prácticamente no consta en los corpus verbales (menos de una aparición por cada 5,5 millones de palabras pronunciadas).

Como era de esperar, la superioridad lingüística del mundo escrito también se manifiesta en la literatura infantil y juvenil. En todas las franjas de edad, los libros presentan un vocabulario más rico y denso que los enunciados verbales cotidianos. El análisis del medio rango de las palabras lo indica con precisión, mostrando que el promedio de complejidad léxica de las obras para niños (de entre dos y cinco años) es mayor que el de los principales soportes orales, ya sean conversaciones o materiales audiovisuales, e independientemente de la edad (véase la figura 9, p. 161). Dicho de otro modo, y por resumir: hay más riqueza lingüística en los libros para preescolares más básicos (lectores de dos a cinco años) que en los discursos verbales más preponderantes. Evidentemente, esta excelencia se mantiene más allá de las edades más tempranas (en concreto, en obras para lectores de seis a doce años). El análisis de las palabras raras arroja en este caso resultados especialmente impactantes: estos vocablos son entre dos y cuatro veces más frecuentes en los libros destinados a los alumnos de primaria (31/1.000) que en los diálogos orales entre adultos (17/1.000), entre adultos y niños en edad escolar (12/1.000) o entre adultos y niños en edad preescolar (9/1.000). A título de anécdota, cabe señalar que la palma del corpus más miserable se la llevan los programas audiovisuales «educativos», que, de acuerdo con una persistente mitología,[117] pretenden enseñar el lenguaje a nuestros hijos: resulta que presentan dos palabras raras por cada mil (¡!), es decir, ocho veces menos que la media de los libros más elementales (para lectores de dos a cinco años: 16/1.000).

Palabras	Frecuencia oral (inferior a...)	Frecuencia escrita (superior a...)	Presentes/Ausentes
Pêle-mêle (revoltijo)	1/50 millones	8/1 millón	Notre-Dame de París (10) Bel Ami (2) Germinal (0) El capitán Fracaso (1)
Saillant (sobresaliente, prominente)	1/5,5 millones	10/1 millón	Notre-Dame de París (1) Bel Ami (3) Germinal (1) El capitán Fracaso (4)
Fagot (manojo, fardo)	1/5 millones	10/1 millón	Notre-Dame de París (11) Bel Ami (0) Germinal (1) El capitán Fracaso (10)
Faïence (loza)	1/3,5 millones	9/1 millón	Notre-Dame de París (2) Bel Ami (3) Germinal (1) El capitán Fracaso (3)
Laiteux (lechoso)	1/3 millones	10/1 millón	Notre-Dame de París (0) Bel Ami (0) Germinal (1) El capitán Fracaso (4)
Rauque (ronco)	1/2 millones	18/1 millón	Notre-Dame de París (8) Bel Ami (0) Germinal (7) El capitán Fracaso (4)
Hagard (hosco)	1/2 millones	13/1 millón	Notre-Dame de París (10) Bel Ami (1) Germinal (1) El capitán Fracaso (9)
Sérail (serrallo)	1/2 millones	13/1 millón	Notre-Dame de París (1) Bel Ami (0) Germinal (0) El capitán Fracaso (1)
Chanoine (canónigo)	1/2 millones	11/1 millón	Notre-Dame de París (9) Bel Ami (0) Germinal (0) El capitán Fracaso (1)
Âcre (acre, irritante)	1/2 millones	11/1 millón	Notre-Dame de París (1) Bel Ami (4) Germinal (1) El capitán Fracaso (3)

Tabla. Algunos ejemplos de palabras «raras» que son más frecuentes en el discurso escrito que en el oral. *Fuente*: [225]. La última columna indica el número de veces en las que estas palabras aparecen en cuatro obras clásicas.

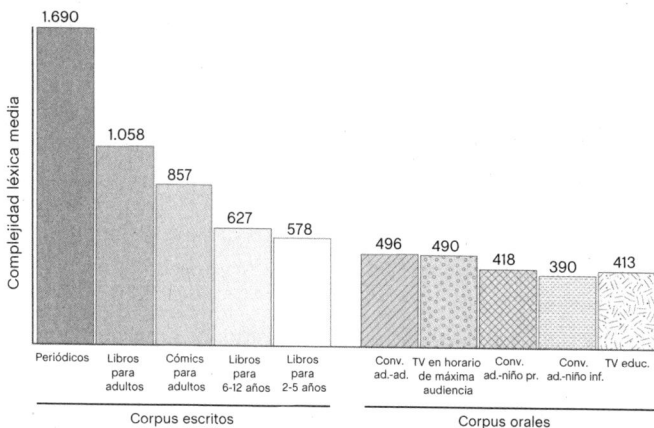

Figura 9. Complejidad léxica media (calculada a partir del medio rango de las palabras) de diferentes corpus lingüísticos escritos (gráfico de la izquierda) u orales (gráfico de la derecha). «Conv.»: conversaciones. «TV»: televisión. «Ad.»: adulto. «Niño pr.»: niño de educación primaria (de seis a doce años). «Niño inf.»: niño de educación infantil (de dos a cinco años). «Educ.»: programas educativos. *Fuente*: [221]

Recientemente un estudio se interesó por los soportes de lectura compartida para niños.[220] En este tipo de materiales, los textos, por lo general breves, se ilustran gráficamente. Por ejemplo, he seleccionado de entre las estanterías de la librería de mi barrio un pequeño álbum recomendado para niños de tres o más años, que se titula *¡Soy el más fuerte!* Lo abro por una página al azar y veo el texto siguiente, justo al lado de un lobo que camina por un bosque: «"Adoro los cumplidos, no me canso de oírlos"», dice, feliz, el lobo».[226] Los análisis indican que este tipo de obras, extremadamente sencillas y pensadas para los críos más pequeños, contienen una imponente riqueza léxica, muy superior a la de los repertorios verbales ordinarios. Para demostrarlo, los autores se centraron en las palabras raras, definidas como aquellas que no pertenecen al léxico de los 5.000 vocablos más frecuentes (y no ya de 10.000, como vimos arriba, lo que explica que las medias obtenidas sean más altas). Resultado: hay más palabras raras en los álbumes ilustrados (64/1.000) que en las conversaciones entre adultos (39/1.000), en las palabras que los adultos dirigen a sus hijos pequeños (27/1.000) y, de un modo más general, en el ambiente verbal en el que se encuentran inmersos estos últimos (37/1.000).*

Por supuesto, como ya he subrayado, la superioridad del lenguaje escrito no solo se manifiesta en el vocabulario, sino que también se evidencia en la gramática.[214, 218-225] De media, en comparación con los corpus orales, los impresos acogen frases más largas y complejas, contienen estructuras sintácticas de un registro más elevado y recurren en mayor medida a la forma pasiva. También en este caso el fenómeno es generalizado. Está presente tanto en las creaciones más sofisticadas para adultos como en los textos más elementales para niños. Por ejemplo, en el sector de los menores en edad preescolar (de dos a cuatro años), los álbumes ilustrados con textos en francés contienen, con respecto a las interacciones verbales diádicas cotidianas (entre un padre o una madre y un hijo o una hija), dos veces más frases simples organizadas de acuerdo con un modelo canónico de sujeto, verbo y complemento («escalaron la escarpada ladera de la montaña»),[227] tres veces más frases complejas («cuando llamaron a la puerta, fue su padre quien, loco de alegría, les abrió, por-

---

* Ese ambiente incluye una gran cantidad de conversaciones que inician los adultos (familiares, profesores, niñeras, etc.), en presencia de los niños pequeños (de entre siete meses y siete años y medio), dirigidas o no a ellos (por ejemplo, conversaciones entre adultos que se mantienen delante del menor) y en situaciones diversas (juego libre, comida familiar, etc.). El corpus empleado incluye más de 2,5 millones de palabras, con un total de 24.150 raíces.

que la madrastra había muerto hacía ya algún tiempo»);[228] doce veces más proposiciones principales en voz pasiva («todos fueron sorprendidos por su esplendor»)[229] y siete veces más proposiciones subordinadas relativas («Ulises pide limosna a los comensales, que lo insultan sin reconocer su identidad»[230]).[214, 216]

Hay un interesante estudio que sintetiza maravillosamente estos datos. Su título es evocador: «De la página a la pantalla: cuando una novela se lleva al cine, ¿qué se pierde en esta transferencia?».[231] La respuesta es muy sencilla: «La película emplea menos palabras polisílabas [...]. La película utiliza frases con estructuras menos complejas [...]. La película presenta menos diversidad léxica [...]. La película reduce la complejidad de los diálogos, de la trama, de los personajes y del tema». Pero tampoco en este caso debemos concluir que la imagen carezca de riqueza y que el cine constituya un arte secundario. Lo que estas conclusiones indican, sencillamente, es que la transición de lo escrito hacia la pantalla empobrece considerablemente la variedad léxica de las obras. Pensemos, por ejemplo, en *Cumbres borrascosas*, un tesoro literario de Emily Brontë que se publicó por primera vez en 1847.[232] Por su vocabulario, la obra corresponde al nivel de bachillerato (primer curso), pero su adaptación cinematográfica de William Wyler (1939), nominada a ocho premios Óscar tras su estreno[233] y que hoy en día forma parte del patrimonio cultural del cine estadounidense,[234] no supera el nivel de primaria (quinto curso). Desde el punto de vista de su dificultad léxica, la versión audiovisual contiene 1,7 veces más palabras monosílabas que la novela, una relación que se invierte en el caso de las formas en plural, que comprenden dos o más de tres sílabas. En definitiva, más allá de su creatividad gráfica (que nadie discute), las películas se caracterizan por una impresionante estrechez lingüística en comparación con los textos escritos.

A todas estas diferencias, la lengua francesa añade su amplia gama de tiempos narrativos,* algunos de ellos casi exclusivos de la escritura. Por ejemplo, el pretérito indefinido y el pretérito anterior, el imperfecto y el pluscuamperfecto de subjuntivo se encuentran ampliamente representados en los corpus impresos.[225] Tomemos el verbo *pencher* (inclinar) en tercera persona del pretérito indefinido: *il/elle pencha*. Aunque esta forma prácticamente no figure en el universo oral (en torno a una aparición por cada diez millones de palabras), es relativamente familiar en los espacios literarios (aproximadamente 1/30.000), incluidos los álbumes infantiles («*elle se pencha dans l'ouverture pour regarder*»,[235] se inclinó sobre la rendija para mirar). Lo mismo ocurre con la tercera persona del plural del pluscuamperfecto de subjuntivo del auxiliar *être*: *ils/elles eussent*. Se trata de una forma muy poco frecuente en la lengua oral (aproximadamente 1/10 millones), pero relativamente común en la escrita (en torno a 1/50.000), incluso en las obras de literatura juvenil («*pas de bibliothèque, pas de livres, qui eussent été sans utilité pour M. Fogg*»,[236] «no había ni biblioteca, ni libros, que no hubieran tenido utilidad alguna para Mr. Fogg»). Lo mismo ocurre con las formas del imperfecto de subjuntivo *'fissent'*, *'sentisse'*, *'voulussent'* o *'dormîmes'*, todas ellas mucho más presentes en la lengua escrita (más de 1/3 millones) que en la oral (menos de 1/100 millones).

Por elocuentes que sean estos datos, a veces es difícil que sirvan para superar las trabas de las reticencias de las familias. Una madre, maestra de profesión, me comentó recientemente, al final de una de mis conferencias, que estas observaciones le parecían «muy alarmistas» (expresión fetiche de las negaciones

---

* Esos elementos determinan los tiempos que el autor maneja para contar su historia (presente de indicativo [*je lis*], pluscuamperfecto de subjuntivo [*que j'eusse lu*], etc.).

huecas). Estaba «convencida» de que una abundante exposición verbal, basada en conversaciones diferentes y en programas audiovisuales variados, proporciona bases suficientes para garantizar una comprensión adecuada de las obras ordinarias, al menos en el caso de los niños. Además, sostenía, «unas cuantas palabras desconocidas no van a impedir que se entienda una historia; el niño es capaz de adivinar muy fácilmente el sentido de las palabras que ignora a partir del contexto». El argumento es interesante y varios estudios se han propuesto determinar su validez. Pero, por desgracia, sus resultados confirman que bastan «unas cuantas palabras desconocidas» para bloquear el sistema. Más concretamente, basta que el lector ignore entre el 3 y el 4 % de los vocablos de un texto para alterar de manera significativa la comprensión. Y, como es lógico, cuanto más se incremente el nivel de desconocimiento, más aleatorio será el acceso al sentido.[67, 237-239] Aunque de entrada pueda sorprendernos lo bajos que son estos porcentajes, en realidad el fenómeno es fácil de entender. Si eliminamos los pronombres ('él', 'tú', etc.), los determinantes ('un', 'la', etc.), las conjunciones ('y', 'pero', etc.), las preposiciones ('en', 'por', etc.), los verbos auxiliares ('ser', 'haber') y los verbos, sustantivos, adverbios y adjetivos comunes ('enseñar', 'señor', 'poco', 'grande', etc.), las palabras raras son las que condensan el espíritu y el pensamiento que están detrás del texto, lo cual explica su desproporcionado impacto sobre la comprensión. El cuadro que aparece en las páginas siguientes permite adquirir conciencia de este fenómeno. En él se reproducen las primeras palabras de una de las ediciones de la obra de Charles Perrault *Les Contes*, de finales del siglo XVII.[240] Aquí proponemos tres versiones. En la primera se falsifican ocho palabras (sustituidas por pseudopalabras, lo que equivale a introducir de manera artificial un 3,9 % de palabras desconocidas); en la segunda, se modifican cuatro (1,9 % de palabras desconocidas); en la tercera, ninguna.

**Ocho palabras sustituidas por pseudopalabras
(menos del 4 % del total)**

«Permítaseme, hablando de cuses, que relate aquí una breve historia. Cierto día, mi amigo Jacques entró en una pimanería para comprar un murco pequeñito que había visto al pasar por delante del establecimiento. Quería ofrecer aquel murco a un niño que había perdido el mifrago y al que los mayores solo convencían para que rafiese un poco a base de juegos. Pensó que un murco tan bonito tenía por fuerza que tentar hasta a un repiro. Mientras esperaba el cambio, un niño pequeño, de unos seis u ocho años, vestido con ropa modesta, pero limpia, entró en la pimanería. "Señora —dijo a la pimanera—, mi madre me manda a buscar murco..." La pimanera se subió al mostrador (esta historia transcurre en una ciudad de provincias), sacó de la caja de grunas de cuatro libras el mejor murco que encontró y lo depositó en brazos del crío. Mi amigo Jacques contempló entonces el rostro rutito y con aire pensativo del pequeño comprador. Contrastaba con la imagen abierta y rechoncha de la gran pieza de murco que él sostenía como si le pesase demasiado. "¿Tienes dinero?", le preguntó la pimanera al niño. Los ojos del pequeño se llenaron de tristeza. "No, señora", respondió él mientras apretaba con más fuera su gruna contra su camisa.»

**Cuatro palabras sustituidas por pseudopalabras
(menos del 2 % del total)**

«Permítaseme, hablando de cuses, que relate aquí una breve historia. Cierto día, mi amigo Jacques entró en una pimanería para comprar un pan pequeñito que había visto al pasar por delante del establecimiento. Quería ofrecer aquel pan a un niño que había perdido el mifrago y al que los mayores solo convencían para que comiese un poco a base de juegos. Pensó que un pan tan bonito tenía por fuerza que tentar hasta a un enfermo. Mientras esperaba el cambio, un niño pequeño, de unos seis u ocho años, vestido con ropa modesta, pero limpia, entró en la pimanería. "Señora —dijo a la pimanera—, mi madre me manda a buscar pan..." La pimanera se subió al mostrador (esta historia transcurre en una ciudad de provincias), sacó de la caja de grunas de cuatro libras el mejor pan que encontró y lo depositó en brazos del crío. Mi amigo Jacques contempló entonces el rostro demacrado y con aire pensativo del pequeño comprador. Contrastaba con la imagen abierta y rechoncha de la gran pieza de pan que él sostenía como si le pesase demasiado. "¿Tienes dinero?", le preguntó la pimanera al niño. Los ojos del pequeño se llenaron de tristeza. "No, señora", respondió él mientras apretaba con más fuera su gruna contra su camisa.»

Versión exacta

«Permítaseme, hablando de cuentos, que relate aquí una breve historia. Cierto día, mi amigo Jacques entró en una panadería para comprar un pan pequeñito que había visto al pasar por delante del establecimiento. Quería ofrecer aquel pan a un niño que había perdido el apetito y al que los mayores solo convencían para que comiese un poco a base de juegos. Pensó que un pan tan bonito tenía por fuerza que tentar hasta a un enfermo. Mientras esperaba el cambio, un niño pequeño, de unos seis u ocho años, vestido con ropa modesta, pero limpia, entró en la tienda. "Señora —dijo a la panadera—, mi madre me manda a buscar pan..." La panadera se subió al mostrador (esta historia transcurre en una ciudad de provincias), sacó de la caja de hogazas de cuatro libras el mejor pan que encontró y lo depositó en brazos del crío. Mi amigo Jacques contempló entonces el rostro demacrado y con aire pensativo del pequeño comprador. Contrastaba con la imagen abierta y rechoncha de la gran pieza de pan que él sostenía como si le pesase demasiado. "¿Tienes dinero?", le preguntó la panadera al niño. Los ojos del pequeño se llenaron de tristeza. "No, señora", respondió él mientras apretaba con más fuera su hogaza contra su camisa.»

Cuadro. No es necesario enmascarar muchas palabras para alterar la comprensión de un texto. Aquí, un breve fragmento de los cuentos de Charles Perrault. Para más información, consúltese el cuerpo del texto.

Resulta fácil constatar que el nivel de comprensión disminuye a medida que aumenta el número de palabras sustituidas. El primer texto no permite hacerse una idea exacta de la escena descrita. El segundo resulta más accesible: proporciona bastante contexto para que el lector deduzca el sentido de las palabras falseadas. A partir de «cierto día, mi amigo Jacques entró en una pimanería para comprar un pan pequeñito» es posible adivinar que la «pimanería» es un lugar donde se fabrica pan (o sea, una panadería). Igualmente, la oración «quería ofrecer aquel pan a un niño que había perdido el mifrago y al que los mayores solo conseguían convencer para que comiese un poco» sugiere que el «mifrago» debe referirse a las ganas de comer (el apetito). En cuanto a las «grunas de cuatro libras», está claro que se refieren a un tipo de pan (hogazas). En cambio, «cuses» (cuentos) no permite adivinar su significado, porque carece de contexto. Para entender esta palabra habría que preguntar a otra persona o consultar un diccionario.

En definitiva, la lengua escrita constituye un mundo aparte, repleto de sintaxis complejas, palabras raras y conjugaciones poco frecuentes. Hay más riqueza lingüística en los álbumes para lectores preescolares más básicos que en casi todos los corpus verbales ordinarios, incluidas las conversaciones entre adultos de nivel cultural elevado, las interacciones entre padres e hijos, los programas televisivos emitidos en los horarios de máxima audiencia o los programas audiovisuales educativos. Por eso es indispensable contar con un bagaje lingüístico sólido y opulento para leer y aprender a leer,[39, 63-64, 80] lo cual hace aún más preocupante el hecho de que, como hemos visto en la primera parte, los libros para niños se estén empobreciendo desde el punto de vista del idioma.

Unos conocimientos necesarios

Dicho esto, el lenguaje, por importante que sea, no es omnipotente. Con él ocurre lo mismo que con la descodificación: no basta por sí solo para garantizar una comprensión adecuada. Así lo demuestra de manera inequívoca un estudio internacional para el que se contó con varios centenares de estudiantes universitarios de trece países (entre ellos, China, Francia, Alemania, Suecia o Estados Unidos).[241] En el caso de algunos, el inglés era su lengua materna. Otros lo habían estudiado durante diez años, de media, y habían alcanzado un nivel entre «satisfactorio» y «avanzado». Se seleccionaron dos textos generales, escritos para un público no especializado. Uno versaba sobre el cambio climático (757 palabras), mientras que el otro hablaba de los beneficios de la actividad física (582 palabras). Para cada participante y para cada texto, los investigadores midieron conjuntamente el número de palabras desconocidas y el nivel de comprensión (determinado a través de treinta preguntas). Los resultados revelaron que esta segunda variable pasaba del 50 al 75 % cuando la primera bajaba del 10 al 0 %. Dicho de otro modo: incluso aquellos estudiantes que conocían todas las palabras de ambos textos estaban lejos de lograr una comprensión óptima. Es interesante tener en cuenta que entre los sujetos nativos y los no nativos apenas se observaron diferencias. En ambos grupos, entre los individuos que conocían el cien por cien del vocabulario propuesto, la comprensión se elevaba al 78 y al 75 %, respectivamente, lo que confirma que el problema residía en parte en una falta de conocimientos, y no en carencias lingüísticas generales de tipo sintáctico o gramatical, más allá de los aspectos léxicos (que eran unas carencias mucho más habituales entre los no nativos[16, 242-243]).

Estos resultados se explican bastante bien a la luz de las principales hipótesis teóricas actuales: aunque entre ellas haya elementos de desacuerdo, coinciden unánimemente en que la comprensión se basa en la construcción de una representación interiorizada de los contenidos textuales.[67, 244-246] Esta representación, que se suele conocer como *modelo de situación*, organiza en un marco coherente los principales elementos del enunciado (personajes, acontecimientos, lugares, etc.) y sus respectivas relaciones (temporales, espaciales, familiares, causales, etc.). En este sentido, son fundamentales los conocimientos de base, ya que muy pocos textos escritos son autosuficientes. «Annie salió y caminó tranquilamente por el camino» es un ejemplo de texto autónomo: basta conocer sus palabras para entender la frase. Sin embargo, este tipo de casos son poco frecuentes, incluso en las obras sencillas. Tomemos el álbum *¡Soy el más fuerte!*, que ya he mencionado. En el corazón del bosque, el lobo se cruza con Caperucita Roja, a la que le pregunta quién es el más fuerte. «¡Es usted, usted y nadie más que usted! ¡Seguro, Gran Lobo! Nadie puede negarlo: el más fuerte es usted", responde la pequeña.»[226] Es imposible entender del todo el sentido de esta respuesta si no se movilizan saberes y estereotipos implícitos de todo tipo, inherentes a la literatura infantil: el lobo es malo, es peligroso, aterroriza hasta a los más valientes, así que más vale decirle lo que quiere escuchar, aunque sea mentira. Además, Caperucita Roja ya se ha cruzado antes con este personaje y en aquel momento el asunto terminó bastante mal... Estos conocimientos enriquecen, sin que seamos conscientes de ello, el modelo de situación que construye el niño. Si no existen, el sentido del texto se limitará a la pobreza de su significado literal. En otras palabras: la mayor parte del tiempo el lector interpreta lo que lee en función de lo que ya ha leído (o escuchado). Si no ha leído (o escuchado) lo suficiente, su comprensión se estrellará sin remedio contra el arrecife de sus lagunas.

A título ilustrativo, veamos el siguiente pasaje, extraído de una crónica deportiva: «Con las bases completadas y una *eli-*

minación en la novena, Edwin Encarnación golpeó una pelota baja en la tercera base. Después de recibir el lanzamiento defensivo de Evan Longoria, Logan Forsythe volvió a efectuar un *wild pitch* en la primera base, lo que permitió a los Jays ponerse por delante en el marcador con un 4-3. Al menos, en apariencia. El mánager de los Rays, Kevin Cash, pidió que se revisara el vídeo. [...] ¿El desenlace de la historia? Un doble *play*».[247] La sintaxis y, en parte, también el vocabulario son cristalinos. Y, sin embargo, para la mayoría de los adultos, sea cual sea su nivel cultural, este mensaje es totalmente enigmático debido a que desconocen por completo las normas y el funcionamiento del béisbol, y este desconocimiento les impide construir un modelo de situación coherente. En línea con esta afirmación, un equipo de investigadores presentó a un grupo de estudiantes estadounidenses del primer ciclo de secundaria un texto de 625 palabras en el que se describía, con la máxima sencillez posible, una parte de una entrada (la mitad de cada uno de los nueve juegos en los que se divide un partido de béisbol).[248] Se clasificó a los participantes en función de dos criterios: su conocimiento de la actividad (alto o bajo, según la evaluación en un test previo específico) y su dominio de la lectura (alto o bajo, de acuerdo con una prueba estandarizada). La principal tarea que tenían que realizar era reproducir los movimientos que describía el texto, desplazando unas figuritas situadas en una maqueta. Pues bien, los malos lectores que poseían un sólido conocimiento del béisbol obtuvieron puntuaciones mucho mejores (28/40) que los buenos lectores cuyas nociones sobre este deporte eran vagas (19/40). Al final del estudio, se invitó a los miembros de estos dos grupos a resumir el documento inicial. Resulta que también en este caso los malos lectores que estaban familiarizados con los secretos del béisbol lograron resultados claramente superiores, gracias, sobre todo, a su mayor capacidad para identificar los elementos clave de la descripción (9/19 frente a 4/19).

Evidentemente, se puede argumentar que el béisbol constituye una disciplina hiperespecializada y poco representativa. Y es cierto. Pero en realidad no es eso lo esencial. Lo que importa aquí es la demostración: sea cual sea el ámbito en el que nos movamos, sin un conocimiento suficiente será imposible alcanzar una comprensión eficaz. El lector puede desplegar toda la magia deductiva de cualquier estrategia analítica o metarreflexión crítica y heurística de síntesis que se le ocurra (estas son solo algunas de las expresiones con las que me encontré cuando mi hija iba al colegio): si no conoce en absoluto el terreno al que se hace referencia, se quedará con un palmo de narices.[68-69] El siguiente texto, que es una adaptación de un artículo científico, proporciona un ejemplo de la vida cotidiana.[249] «El procedimiento es muy sencillo. Primero, clasifica los elementos en diferentes grupos. Por supuesto, es posible que solo se necesite un grupo. Todo depende de los artículos que haya que tratar. Si tienes que desplazarte porque no cuentas con la instalación necesaria, hazlo. De lo contrario, ya estás listo para empezar. Es importante no cargar demasiado. Puede que de entrada te parezca una buena idea, pero si lo haces, te arriesgas a provocar complicaciones graves. Evidentemente, este no es el único problema. También los errores pueden costar caro. Al principio, el procedimiento te parecerá difícil, pero rápidamente se convertirá en una rutina más en tu vida.» No hay ninguna posibilidad de que un niño (o un adulto) que jamás haya puesto una lavadora entienda nada de este pasaje. Solo las personas acostumbradas a hacerlo captarán la secuencia, siempre y cuando, claro está, sean capaces de vincular lo que saben con lo que leen, lo cual no es en modo alguno una acción automática.

En un astuto estudio, unos científicos de la Universidad de Nueva York presentaron un pasaje similar al que acabamos de ver a tres grupos de estudiantes.[249] Al primero de ellos se le informó de antemano de que el texto explicaba el procedimiento que hay que seguir para poner una lavadora; el segundo recibía esta información tras la prueba; al tercero no se le proporcionaba nunca. Los participantes del primer grupo consideraron que el texto era más fácil y comprensible (4,5, en una escala de 7) que los de los otros dos grupos (2,2/7). También conseguían recordar dos veces más elementos del texto (un 32 %, frente a un 15 %), probablemente porque la información inicial, al ayudarles a movilizar sus saberes previos, les había permitido construir un modelo de situación más rico y pertinente. Estos resultados coinciden con los de otro estudio similar que se llevó a cabo con un grupo de alumnos de primaria y del primer ciclo de secundaria.[250] Como resumen con total claridad sus autores, «cada acto de comprensión recurre a conocimientos básicos sobre el mundo, y son las estructuras de los conocimientos preexistentes lo que se inyecta en el texto y permite al lector captar el significado de un enunciado».

Este impacto del saber memorizado sobre la comprensión se pone especialmente de manifiesto por la existencia de sesgos sistemáticos de retención.[251-253] Tomemos el siguiente fragmento: «Desde su nacimiento, Caroll Harris fue una niña problemática. Era salvaje, obstinada y violenta. Incluso con ocho años Caroll seguía siendo igual de difícil. Sus padres estaban muy preocupados por su salud mental. En su región no había ningún centro adecuado para tratar su problema. Finalmente, sus padres decidieron tomar medidas. Contrataron entonces a una profesora particular para Caroll».[252] El contenido se comprende con facilidad, sin necesidad de recurrir a una información contextual específica... pero se entiende de un modo muy diferente cuando esa información sí está disponible. Para darse cuenta de esto, basta con sustituir el nombre de Caroll Harris, un personaje imaginario, por el de la célebre Helen Keller, una niña que quedó sorda, muda y ciega con dieciocho meses y que vivió encerrada en sí misma, incapaz de interactuar con el mundo, hasta que su vida dio un vuelco cuando, con siete años de edad, se le asignó una institutriz, Anne Sullivan. Estamos a finales del siglo xix. Con una infinita paciencia, Anne enseñó a Helen a leer (en braille), a escribir y a hablar (de una forma tosca, pero comprensible para las personas de su entorno*).[254-255] A base de coraje, abnegación y trabajo en común, la niña consiguió comunicarse con el mundo, hasta acceder incluso a la Universidad de Harvard (o, más exactamente, a su departamento femenino en aquella época, el Radcliffe College), de la que salió con un título y sin haber disfrutado ni de una sola adaptación en razón de su discapacidad.** Una vez que se dispone de estos datos, los episodios de cólera, la violencia y los trastornos del comportamiento que Helen Keller y su *alter ego* Caroll Harris mostraron en etapas tempranas se comprenden de un modo muy diferente.

---

* Helen colocaba los dedos sobre el rostro y la tráquea de Anne Sullivan (o de otras personas) para percibir la vibración que provocaban las palabras e intentar reproducirlas.

** El escritor Mark Twain supo captar la esencia de esta extraordinaria mujer en apenas unas palabras: «Las dos figuras más importantes del siglo xix son Napoleón y Helen Keller. Napoleón intentó conquistar el mundo por la fuerza y fracasó. Helen intentó conquistar el mundo por la voluntad y triunfó» (citado en[254]). Sin embargo, si Helen Keller logró triunfar, fue gracias al amor y a la devoción de una profesora que también era excepcional: Anne Sullivan. Esta epopeya (y utilizo la palabra con plena conciencia de ella) es absolutamente prodigiosa. Constituye una fuente inagotable de inspiración, coraje, esperanza, humildad, altruismo y, en definitiva, humanidad. Permítaseme sentir tristeza y (cierta) desesperación cuando constato que, en tres clases de segundo de bachillerato y en un grupo de doce estudiantes de un máster en neurociencia, nadie (¡absolutamente nadie!) ha oído hablar jamás de Helen Keller. Pero, como los medios de comunicación repiten hasta la saciedad, todos estos jóvenes, por supuesto, tienen un conocimiento «diferente»: conocen a Nabilla, a McFly, a Hanouna y a las Kardashian. Eso sí, no estoy seguro de que hayan salido ganando con este cambio.

Pero esto no es lo más importante. En un estudio relativamente antiguo (de 1974),* pero verdaderamente pionero, una serie de investigadores de la Universidad de Kent (Estados Unidos) pidieron a un amplio grupo de estudiantes que realizaran dos tareas sucesivas: primero, leer una de las versiones del pasaje anterior (la mitad de los participantes trabajó con la variante «Harris» y la otra mitad, con la variante «Keller»); después, una semana más tarde, identificar en una lista de catorce frases aquellas que pertenecían al texto leído (para unos, «Harris»; para otros, «Keller»).[252] Siete de aquellas frases eran idénticas a las del original. Otras siete, en cambio, eran nuevas y contenían un mensaje neutro (como «le gustaba el chocolate») o bien evocador, es decir, coincidente con lo que se suponía que los participantes podían conocer de antemano acerca de la vida de Helen Keller (como que «era sorda, muda y ciega» o «ayudó a otras personas a superar las dificultades de su discapacidad»). La hipótesis de la que partían los autores era muy sencilla: si el cerebro construye un modelo de situación para entender los textos y ese modelo incluye conocimientos de base, entonces unos días más parte de la información memorizada y los elementos fácticos del enunciado acabarían mezclándose, al menos de forma parcial. En otras palabras: en la versión «Harris» (para la que no había conocimientos de base), el número de identificaciones erróneas (o sea, de asignaciones de una frase de la prueba al texto original, pese a que en realidad no formase parte de él) debería de ser el mismo en todas las nuevas oraciones. Y, a la inversa, en la variante «Keller» (que dependía en buena medida de los conocimientos de base), las identificaciones erróneas deberían de ser sustancialmente más numerosas en el caso de las nuevas frases evocadoras (esto es, los participantes deberían

---

*   Una época en la que la historia de Helen Keller todavía formaba parte del bagaje cultural estándar de los estudiantes universitarios.

tender a equivocarse con más facilidad en el caso de la oración «era sorda, muda y ciega» que en el de la oración «le gustaba el chocolate»). Pues bien eso es justo lo que evidenciaron los resultados. Cabe deducir, por tanto, que la comprensión se basa efectivamente en un modelo de situación, que incluye tanto los elementos del enunciado como los conocimientos del lector. Si estos últimos no existen (como ocurre en este ejemplo en el caso de los lectores que no han oído hablar de la historia de Helen Keller), la comprensión se vuelve tristemente literal, pobre y distorsionada.

Lo más habitual es que la movilización de los conocimientos memorizados tenga lugar sobre la marcha, casi de forma inmediata. Es algo fácil de determinar en el contexto de aquello que podríamos denominar las «operaciones de rellenado» (aunque es una expresión un tanto impropia, lo admito). Me refiero aquí a esos atajos y omisiones inevitables que se dan en los enunciados. Sea cual sea el tipo de texto (narrativo, documental, científico, epistolar, etc.), los autores no pueden decirlo todo. De lo contrario, sobrecargarían sus oraciones hasta llegar a la saturación. Para que su prosa siga siendo legible, tienen que asumir una serie de riesgos en relación con los conocimientos del lector. Un excelente ejemplo de ello es la siguiente frase, que apareció en un importante periódico regional francés durante el invierno de 2022: «Hielo: prohibida para este viernes la circulación de vehículos pesados».[256] Nada complicado. Y, sin embargo, el volumen de conocimientos que es necesario tener para procesar este breve mensaje es monumental. En una frase, el periodista ha condensado un párrafo entero. Corresponde al lector reconstruirlo, recreando —a partir de los indicios textuales disponibles y de la información que haya memorizado— la cascada de los elementos implícitos. Una posible versión desarrollada y exhaustiva podría ser la siguiente: «Debido a la humedad del aire y a las temperaturas invernales, aparecerán placas de hielo en las carreteras. El hielo es una sustancia deslizante que reduce la adherencia de los vehículos y, por tanto, dificulta que se agarren a la calzada. En consecuencia, el hielo incrementa la probabilidad de que se produzcan accidentes. También aumenta el riesgo de que los vehículos se queden inmovilizados, ya que pueden empezar a patinar, sobre todo cuando suben pendientes. Los accidentes y las inmovilizaciones podrían provocar una interrupción del tráfico. En ese caso, es posible que los conductores queden atrapados en sus vehículos en medio de un frío polar, lo cual, a su vez, podría facilitar los casos de hipotermia o, si los usuarios mantienen encendida la calefacción (y, por tanto, el motor), de peligrosas intoxicaciones (potencialmente mortales) por monóxido de carbono. Además, es posible que los vehículos de emergencia (necesarios cuando se produce un accidente) o de remolque (para despejar los automóviles en caso de inmovilización) queden bloqueados en atascos inmensos y, en consecuencia, no puedan intervenir. Los heridos no recibirían a tiempo la atención que necesitan. La probabilidad de pérdida del control de los vehículos y de inmovilización del tráfico depende de la masa y del tamaño de dichos vehículos, por lo que el peligro se incrementa significativamente en el caso de los camiones (que son más pesados y grandes). Por consiguiente, estos camiones aumentan el riesgo de que se produzcan accidentes, de que esos accidentes sean graves y de que aparezcan atascos. Las autoridades han decidido que este aumento de riesgo es un motivo justificado para prohibir el movimiento de camiones. Los coches pueden circular, pero con precaución».

Naturalmente, este desarrollo es alegórico: no hay que tomarlo de forma literal y pensar que el proceso cognitivo sigue un planteamiento tan analítico e intencionado. El razonamiento que he descrito tiene lugar en la sombra, de manera inefable y subliminal. Solo la compresión emerge a la superficie de la conciencia, mientras que la cocina permanece oculta en el patio trasero. Si no fuera así, el tiempo necesario para el procesamiento sería demasiado largo como para permitir una comprensión fluida, que, en la vida real, se produce a la asombrosa velocidad de casi 300 palabras leídas por minuto.[56, 246] El estudio que describiré a continuación lo ilustra perfectamente.[257]

Una serie de estudiantes se dividieron en dos grupos, a cada uno de los cuales se les presentaron varias frases muy parecidas, aunque con ligeras diferencias, del tipo (1) «hay tres moscas posadas en un caballo, un águila vuela sobre ellas» (grupo experimental) o (2) «hay tres moscas posadas junto a un caballo, un águila vuela sobre ellas» (grupo de control). La oración del primer tipo (grupo experimental) permite deducir que el águila también vuela sobre el caballo (dado que las moscas están posadas «en» él); en cambio, la oración del segundo tipo (grupo de control) no permiten realizar esta inferencia (porque las moscas están «junto al» caballo). Unos minutos después de la fase de exposición, en la que los participantes debían leer oraciones como estas, se les pidió que realizasen una prueba en la que se les mostraron cerca de treinta frases y se les pidió que indicaran si formaban o no parte de los textos que habían leído con anterioridad. Entre las nuevas frases había algunas, calificadas de «plausibles», que se podían deducir de manera lógica a partir de las afirmaciones del primer tipo, pero eran incompatibles con las del segundo (por ejemplo, «hay tres moscas posadas en un caballo, un águila vuela sobre ellos»). Los resultados evidencian que los estudiantes del grupo experimental («hay tres moscas posadas en un caballo»), comparados con los del grupo de control («hay tres moscas posadas junto a un caballo») tendían en mucha mayor medida a afirmar que habían visto las frases plausibles en los textos anteriores, lo que demuestra que los participantes habían integrado los datos espaciales en su modelo de situación sin ser en absoluto conscientes de lo que estaban haciendo.

Estos fenómenos no tienen nada de excepcional. «Domesticar [...] significa "crear vínculos"», explicaba Saint Exupéry en *El Principito*.[258] Y eso es exactamente lo que hacen los lectores competentes: domestican el texto creando vínculos en el lugar de aquellas cosas que no se dicen. Si no es posible formar esos vínculos, el documento no puede comprenderse. Veamos ahora, como último ejemplo, la novela más breve del mundo. La escribió Ernest Hemingway, maravilloso autor al que en 1954 se concedió el Premio Nobel de Literatura «por su dominio del arte de la narración [...] y la influencia que ha ejercido en el estilo contemporáneo».[259] Se cuenta* que una noche apostó con sus amigos que conseguiría escribir una historia en seis palabras en inglés.[261] Nadie creyó que fuera capaz. Todos pusieron unos cuantos dólares sobre la mesa. Hemingway anotó su obra en una servilleta de papel, se la mostró a sus amigos... y se llevó el dinero apostado. Había escrito: «*For sale: saby shoes, never worn*» (Se venden zapatitos de bebé sin estrenar). Si lo tomamos en su sentido literal, este enunciado no tiene mayor interés. Sin embargo, gracias a los conocimientos de base, se convierte en una historia terriblemente conmovedora. La versión desarrollada podría ser esta: «Una familia esperaba un bebé. Sus padres le habían comprado unos zapatos para cuando naciera. Si nunca se estrenaron esos zapatos y sus padres los revenden, eso quiere decir que son pobres y que tienen que ponerlos en venta porque, tras la muerte prematura de su hijo, los zapatos son ya inútiles». En una frase minimalista, Hemingway evoca no solo un suceso, sino también todo un universo social lleno de esperanzas rotas y de sucia pobreza. Sin embargo, para mi gran sorpresa, cuando expuse este ejemplo en una de las clases que imparto en la facultad, me encontré con una acogida de

---

* Aunque parece que Hemingway confirmó esta historia,[29] es posible que sea apócrifa.[260] En el fondo, da igual. Lo importante aquí es el potencial inductivo de la frase en cuestión.

lo más tibia, que se resume perfectamente en la exclamación de un estudiante: «¡Qué exagerado! Es como cuando alguien nos regala algo que ya tenemos. Lo vendemos en Internet. El bebé no tiene por qué estar muerto». Es difícil pensar en una ilustración más cruda del peso que tienen los conocimientos de base y de los límites de los que adolece el presentismo. La frase de Hemingway se enmarca en un contexto social e histórico. Ignorar ese contexto es perderse el mensaje. Para comprender todo lo que hay implícito en esta oración, hay que pensar en la miseria en la que se hallaban las clases populares en Occidente a principios del siglo xx, tener en cuenta lo elevadísima que era la mortalidad infantil en las familias pobres por aquel entonces[262] y comprender que jamás ningún burgués, comerciante o persona acaudalada de aquel tiempo se habría rebajado a vender los zapatos de su hijo muerto. Una secuencia de ideas que es mucho más fácil de recorrer si el lector puede apoyarse en un conocimiento, aunque sea vago, de las grandes obras maestras del naturalismo de entonces (*Los miserables*, de Victor Hugo, *Germinal*, de Émile Zola, *La gente del abismo*, de Jack London, *Las uvas de la ira*, de John Steinbeck, etc.) y, llegado el caso, de la obra de Hemingway, gran parte de la cual está profundamente marcada por el doble tema de la pérdida y la muerte.[263] Un ejemplo más del célebre refrán que reza «a perro flaco, todo son pulgas»: cuanto más limitada es la base literaria, más difícil resulta integrar materiales fragmentarios y desconocidos.

Comprender que no se ha comprendido

En definitiva, la conclusión está clara: la solidez lingüística y la riqueza cultural son dos características fundamentales del lector experto. Tan fundamentales que resulta tentador considerar que están por encima de todo. Se trata de un error: para comprender se necesita algo más que lenguaje y conocimientos. También hay que ser capaz de autoevaluarse, es decir, de comprender, llegado el caso, que no se ha comprendido algo. Este aspecto puede parecer trivial, pero no lo es.

Hace unos años impartí en la universidad un curso titulado «Analizar una publicación científica». A modo de evaluación, propuse a los estudiantes que leyeran un artículo sobre psicología cognitiva relativamente sencillo y después les pedí que realizasen un cuestionario de unas veinte preguntas de opción múltiple. Lo mínimo que se puede decir es que los resultados generaron un profundo escepticismo. Más de la mitad de los participantes pidieron una revisión de sus pruebas, convencidos de que los estaba engañando. Todos me explicaron, de buena fe, pero equivocados, que habían entendido muy bien el texto y que la única explicación posible es que yo me había equivocado. Por anecdótico que pueda parecer este episodio, no es anodino. De hecho, desde hace más de treinta años, muchos estudios comparan los resultados de la medición objetiva y de la evaluación subjetiva de los niveles de comprensión de diferentes tipos de textos (breves, largos, narrativos, informativos, etc.) en grupos de población diferentes. Lo observado demuestra que existe una relación positiva, pero sorprendentemente modesta.[264-266] Los individuos con bajo rendimiento presentan una mayor tendencia a sobreestimar sus logros.[267-268] En cambio, los lectores de mayor nivel educativo o expertos, aunque no son perfectos, realizan valoraciones mucho más precisas. A esta divergencia tan frecuente, que se constata en numerosos ámbitos (gramática, reflexión, razonamiento lógico, etc.), se la conoce hoy en día como el efecto Dunning-Kruger, en honor a los dos investigadores que fueron los primeros en identificar este fenómeno.[269-271] En palabras de estos pioneros, «las personas menos cualificadas en una materia sufren una doble desventaja: no solo llegan a conclusiones erróneas y cometen lamentables errores, sino que su incompetencia les priva también de la capacidad de darse cuenta de ellos».[269]

De entrada, estas observaciones pueden parecernos sorprendentes. ¿Cómo es posible que un individuo medianamente listo ignore que no está comprendiendo lo que lee? Esta anomalía es compleja y se debe a una combinación de diferentes factores. El más sencillo es la negligencia de los lectores, que, por pereza, pasotismo o falta de tiempo o interés, renuncian a iluminar aquellas zonas de sombra de las que, en principio, podrían ser perfectamente conscientes. Estos indolentes se conforman con hacer una lectura superficial, poco eficaz pero suficientemente verosímil para guardar las apariencias y dar la impresión de que dominan la materia. Tomemos el siguiente fragmento: «El historiador Ernst Kantorowicz escapó por muy poco de la Noche de los Cristales Rotos y huyó a Inglaterra, primero, y más tarde a Estados Unidos».[272] Es totalmente imposible captar el sentido de estas palabras si no se sabe nada acerca de la Noche de los Cristales Rotos* y, de un modo más general, del Holocausto. Una primera solución para resolver esta dificultad consiste en consultar el término en un motor de búsqueda o en una buena enciclopedia antigua. Esto requiere un esfuerzo, pero, al fin y al cabo, proporciona una doble ventaja: por una parte, el texto se vuelve inteligible (la urgencia vital de la huida) porque se contextualiza con claridad (la expresión «Noche de los Cristales Rotos» indica que la historia transcurre en Alemania, justo antes de la Segunda Guerra Mundial, y que Kantorowicz es judío); por otra, las reservas de conocimientos disponibles crecen gracias a una nueva incorporación, de tal modo que la expresión empleada no volverá a plantear problemas la próxima vez que el lector se encuentre con ella (aun cuando haya olvidado quizá los detalles concretos, como

---

* Primera gran manifestación de violencia extrema contra los judíos que los nazis cometieron en Alemania en la noche del 9 al 10 de noviembre de 1938.

la fecha del pogromo y el número de víctimas que causó). La segunda opción parece menos feliz, pero también más descansada. Consiste en conformarse con lo mínimo y «adivinar» que la Noche de los Cristales Rotos fue probablemente un acontecimiento peligroso y, en cualquier caso, lo bastante inquietante como para que Kantorowicz decidiera emprender la huida. Leyendo muy por encima esta frase, la persona tendrá la impresión de haber entendido lo fundamental.

Seguramente este proceso sea uno de los motivos del desconocimiento tan pavoroso que tienen los franceses de un acontecimiento tan crucial[273] y tan enseñado como el Holocausto.[274] Varias encuestas recientes coinciden en señalar que entre el 20 y el 25 % de los jóvenes de Francia (de entre dieciocho y treinta y cuatro años) aseguran no haber oído hablar jamás de esta tragedia.[275-278] Una ignorancia por pereza absolutamente monstruosa, pero terriblemente ordinaria. Detengámonos en los siguientes titulares, publicados en medios de comunicación de primer orden, en referencia a los discursos racistas de Donald Trump antes de que se convirtiera en presidente de Estados Unidos:[279] «Según la hermanastra de Ana Frank,[280] Donald Trump se comporta como Hitler» o la campaña de Trump es «*Sein Kampf*»[281] (Su lucha). Imposible entenderlos si no se sabe quién es Ana Frank,* si nunca se ha oído hablar de *Mein Kampf* (*Mi lucha*) —aterradora diatriba programática de Adolf Hitler que se publicó en 1926—, o, peor aún, si no se tiene ni idea de quién es Hitler. Naturalmente, semejante abismo de incultura puede parecer inverosímil para el común de los mortales. Y, sin embargo, una cuarta parte de los estadounidenses de diecisiete años no conoce a Hitler y

---

* Adolescente judía que murió con dieciséis años, durante su deportación, y cuya obra *Diario*, que escribió en el tiempo durante el que permaneció escondida junto con su familia, constituye un testimonio histórico tan fundamental como demoledor.[282]

casi un tercio de los jóvenes de dieciocho a veintinueve años no ha escuchado nunca nada acerca de Ana Frank.[284] En este sentido, las recientes declaraciones de una estrella del rap son trágicamente representativas de una ignorancia que se acerca al terreno del revisionismo. Hay que ser realmente cretino para atreverse a soltar fórmulas tan descabelladas como «me gusta Hitler», «veo cosas positivas en él», «ese tipo inventó las autopistas», «no mató a seis millones de judíos, es objetivamente incorrecto» o «me encantan los nazis».[285]

Más allá de estos sombríos ejemplos, puede ocurrir, por supuesto, que el lector se equivoque no por pereza, sino de buena fe, por falta de conocimientos o porque se le haya pasado por alto una información implícita fundamental, lo que lo lleva a realizar una interpretación literal que es especialmente engañosa porque, de entrada, resulta plausible. El pasaje sobre la vida de Helen Keller que veíamos antes es un excelente ejemplo de ello. La siguiente frase, extraída del álbum infantil *Les P'tites Poules* (para lectores a partir de tres años), es del mismo estilo: «De camino a París, el ilustre Coquelin y su compañía de actores hicieron una parada en el gallinero».[286] La frase se entiende bien sin necesidad de más información, pero lo cierto es que la comprensión será incompleta si no se sabe que tras este «ilustre Coquelin» se esconde, en realidad, el «ilustre Poquelin», de nombre de pila Jean-Baptiste, más conocido como «Molière», que durante años también recorrió los teatros de provincias antes de conocer el éxito en París.[*, 287] Imposible transmitir este guiño a un crío (que, evidentemente, será demasiado pequeño para captar por sí mismo esta sutileza) si el lector adulto no tiene pistas del binomio Molière-Poquelin en su almacén de cultura general. Tome-

---

* *Les P'tites Poules* puede traducirse como «Los pollitos». «Coquelin» sería un juego de palabras entre el apellido Poquelin y el sustantivo *coq*, que significa «gallo». *(N. de la t.)*

mos ahora otro ejemplo, el cómic *Astérix en Bélgica*, destinado a jóvenes y menos jóvenes.[288] Mientras se prepara una batalla decisiva, uno de los personajes se sienta a la mesa y ve cómo le traen un plato que a todas luces no atrae demasiado a sus papilas gustativas. Con aire compungido, declara: «¡Waterzooie! ¡Waterzooie! ¡Waterzooie! ¡Sombrío plato!».* Quienes saben que el *waterzooie* es un plato flamenco tradicional podrán interpretar sus palabras en este sentido estricto. Pero quienes hayan oído hablar de la batalla de Waterloo serán capaces de identificar una referencia histórica divertida, sobre todo si conocen el célebre verso de Victor Hugo: «¡Waterloo! ¡Waterloo! ¡Waterloo! ¡Sombría llanura!».**, [289]

Al final, cada cual comprenderá algo (o no), a veces sin ni siquiera adivinar que está pasando por alto lo fundamental. Pero el problema va mucho más allá del contexto de los juegos de palabras ordinarios, como evidencia el siguiente enunciado: «Jacqueline rio y se fue, llamándome idiota, cuando le expliqué que el hombre con el que acababa de encontrarme me había confesado que, si a menudo estaba ausente, era porque vivía en Ontario, en un lugar aislado, muy cerca del inmenso lago Hurón, cuyas aguas, en los momentos de pleamar, llegaban a rozar el borde de su casa».[290] Si eres como yo, al leer estas palabras probablemente habrás pensado que cabe la duda de que el relato sea cierto y que Jacqueline es solo una amiga un tanto resentida que ve en cada hombre a un mentiroso en potencia. Pero si eres más sagaz y cuentas con los conocimientos de base necesarios, llegarás a la conclusión opuesta y le darás la razón

---

* En realidad, en la edición en castellano, de Víctor Mora, se optó en su momento por una traducción que resultase más fácil de comprender (y, por tanto, más cómica) para el lector hispanohablante: «Este waterzooie no está muy bien hecho... El cocinero ha fracasado... ¡Qué derrota! ¡Es una derrota de waterzooie!».

** En el original, *«morne plaine»*, que fonéticamente se asemeja a *«morne plat»* (sombrío plato). *(Notas de la t.)*

a la dama, porque el hombre es un impostor: en realidad, en los grandes lagos no hay mareas detectables.[291] Otro ejemplo: «Me cae muy bien Samuel, mi vecino judío. Vivimos en la planta octava y muchos viernes por la noche, cuando salgo del ascensor, me cruzo con él, empapado en sudor, en lo alto de la escalera». O bien se sabe que en *sabbat** está prohibido utilizar el ascensor desde el viernes por la noche o bien no se entiende el enunciado... aunque en lo más profundo de nosotros estemos convencidos de que sí.

«Google it» *o el mito del saber inútil*

Los elementos que hemos visto hasta ahora —probablemente no esté de más señalarlo— demuestran el carácter caduco de todos los delirios de los teóricos de la pedagogía y de los grupos de presión que se han venido popularizando en los últimos veinte años bajo el famoso lema de *google it*, que podríamos traducir por «míralo en Google». La idea es rudimentaria. Sugiere que los conocimientos de base se han convertido en inútiles para el funcionamiento de la inteligencia, porque hoy en día es posible acceder ya a todos los saberes del mundo con tan solo un clic. Así pues, la mente puede prescindir de acumular un bagaje cultural fáctico obsoleto para centrarse plenamente en los mecanismos del pensamiento. En 2010, Marisa Mayer, por aquel entonces una importante ejecutiva en Google, aseguraba que «Internet ha relegado la memorización de los conocimientos a la categoría de mero divertimento o ejercicio mental»,[292] una idea que un decenio más tarde retomó Grégoire Borst, profesor de Psicología en la Univer-

---

* En el judaísmo el *sabbat* es el día de descanso que corresponde al séptimo día de la semana judía, el sábado, que empieza en la puesta de sol del viernes por la noche.

sidad de París Cité. En una cadena de televisión nacional, este señor declaró que «probablemente nuestra memoria está cambiando, es verdad. Ya no sirve en absoluto para lo mismo. Tal vez al final memoricemos los enlaces, los hipervínculos, el trazado que sigue la ruta de la información. Evidentemente, eso invita a reflexionar de un modo más general sobre cómo debe ser la educación actual. ¿Acaso la educación debe consistir en la transmisión de conocimientos si llevo en mi bolsillo un *smartphone* que me permite acceder en quince milisegundos a toda la información que se ha generado a lo largo de la historia de la humanidad?».[293] Dejando a un lado el hecho de que recordar la ruta de la información es seguramente más complicado que recordar la información en sí, este tipo de argumentos desafían las leyes de la lógica y del aprendizaje. Por ejemplo, ¿cómo puedo saber si tengo que consultar Google (o cualquier otro buscador) si ni siquiera sé, por falta de conocimientos, que no he comprendido algo? Y, de un modo más global, ¿qué nivel de ignorancia podemos tolerar? Si no se memoriza nada y hay que buscar en Internet cada palabra, cada hecho y cada elemento implícito, comprender el enunciado más minúsculo se convierte rápidamente en una empresa titánica. No podemos estar constantemente reinventando la rueda. Cada conocimiento requiere, para definirse, de saberes previos en los que es imposible remontarse hasta el infinito. Da igual que una información pueda descargarse en quince milisegundos. Lo importante es el tiempo que se requiere para asimilarla desde el punto de vista intelectual. Y eso, por no hablar de la valoración cualitativa de los datos. Para separar el grano del saber de la paja de las *fake news*, se necesitan conocimientos. Cuanto más escasos sean estos, menos podrá el ciberpaseante formular adecuadamente sus búsquedas, entender las respuestas que obtiene y, en definitiva, contestar con eficacia a los interrogantes que se plantea.[117, 294] Como subraya una reciente revisión sobre la literatura publicada al respecto, «lo que sabemos determina lo que vemos y lo que comprendemos, y no al revés».[295]

Para dar un poco más de concreción a estas observaciones, pongamos a prueba el procedimiento y veamos si esta promesa de externalización se sostiene de verdad. Partamos de una frase sencilla: «El Tratado de Versalles condujo a la Segunda Guerra Mundial». Primera etapa: preguntarle a Google qué es el Tratado de Versalles. Respuesta de una célebre enciclopedia en línea: «El Tratado de Versalles es un tratado de paz que firmaron el 28 de junio de 1919 Alemania y los Aliados al finalizar la Primera Guerra Mundial». Esta oración nos sitúa frente a dos nuevos espacios de conocimientos con los que no merece la pena saturar a nuestro pobre cerebro, dado que es posible acceder a ellos en un pispás: los Aliados, por una parte, y la Primera Guerra Mundial, por otra. Empecemos por el primero y preguntemos al amo del saber quiénes son los Aliados. Respuesta: «La expresión *Aliados de la Primera Guerra Mundial*, en ocasiones también conocidos como *potencias de la Entente* o *Triple Entente*, se refiere a la coalición que fueron constituyendo a lo largo de la Primera Guerra Mundial varios países, principalmente Francia, Italia (que se incorporó a la alianza en 1915), el Imperio británico, el Imperio ruso (que se retiró en 1917) y Estados Unidos (en 1917) contra la Triple Alianza». Esta explicación nos conduce a nuevas búsquedas, por ejemplo para averiguar qué es esto de la Triple Alianza. Y esa etapa nos lleva a explorar la cuestión de los Imperios Centrales, que a su vez remiten al Imperio otomano, que a su vez... Como vemos, la cascada es infinita. Resulta imposible salir de ella si no se posee un mínimo de conocimientos fácticos, que, lejos de haberse quedado obsoletos, ¡son absolutamente vitales! Pensar que en lo que se califica de *economía del conocimiento* o *de la información* podremos funcionar de manera eficaz transfiriendo las piedras fundamentales de nuestra inteligencia a Google o a Yahoo es sencillamente absurdo.[67-69, 206] De hecho, existen síntesis científicas que clasifican esta idea dentro de la categoría de los «mitos»[295] u otras «leyendas urbanas».[294]

Evidentemente, la cosa se complica aún más cuando salimos del terreno de la comprensión para pasar al de la reflexión. No en vano, comprender no lo es todo: también hay que pensar, y no es fácil hacerlo si no se dispone de ningún saber sobre el que apoyarse.

A menos, claro está, que consideremos que, de todas formas, dentro de poco nuestros hijos podrán abstenerse de pensar porque también esa característica fundamental de su esencia humana se podrá confiar a las inteligencias artificiales, de las que el famoso ChatGPT es un potente precursor. Tal vez los eruditos especialistas nos preguntarán si de verdad es necesario que la educación nos enseñe a reflexionar, ahora que llevamos un *smartphone* en el bolsillo —o, dentro de poco, un chip en el cerebro— capaz de hacerlo en nuestro lugar en quince milisegundos. ¡Qué hermoso proyecto! ¡Una sociedad de terneros descerebrados que habrá transferido a las máquinas su capacidad de comprender y pensar el mundo!

En fin, volvamos a la lectura: todo esto confirma que no es posible abordar eficazmente un texto si no se dispone de las condiciones culturales necesarias. Desde luego, esta dificultad es enorme. Y, sin embargo, no es la única. En muchos casos, la incapacidad del lector para comprender que no está comprendiendo no se debe tanto a una carencia de saber como a una deficiencia funcional, es decir, a una incapacidad para captar la estructura profunda de un texto a pesar de que se conocen todos sus componentes lingüísticos y fácticos. Es como si la persona no hubiese adquirido, por falta de práctica, la capacidad para relacionar los elementos distantes del enunciado. Las frases o las grandes ideas del texto se leen entonces por separado y se entienden de manera superficial, sin integrarlas en un modelo de situación unificado.

Para demostrarlo, existe un protocolo estándar, que consiste en introducir una incoherencia dentro de un texto más o menos largo y comprobar si los lectores advierten el fallo. En un estudio representativo se invitó a varios alumnos de bachillerato a leer seis párrafos relativamente breves, cuatro de los cuales contenían flagrantes contradicciones. Como ilustra el siguiente pasaje, esos elementos problemáticos se encontraban siempre en las últimas frases: «La superconductividad es la desaparición de la resistencia al paso de la corriente eléctrica. Hasta hoy, solo se ha conseguido enfriando determinados materiales a temperaturas bajas, cercanas al cero absoluto, lo que complica enormemente sus aplicaciones técnicas. En la actualidad, numerosos laboratorios están intentando producir aleaciones superconductoras. Recientemente se han descubierto muchos materiales que presentan esta propiedad y tienen aplicaciones técnicas inmediatas. Hasta hoy, la superconductividad se consigue aumentando considerablemente la temperatura de determinados materiales».[296] Solo algo más de un tercio de los participantes detectaron todas las incoherencias. La mitad no encontró ninguna.

En otro estudio similar, que se realizó con alumnos de entre nueve y once años, se utilizaron tres textos.[297] En cada uno de ellos la discordancia se presentó en dos versiones: (1) explícita: «Los peces necesitan luz para ver. En el fondo del océano no hay nada de luz. Allí abajo la oscuridad es total. En un entorno oscuro, los peces no pueden ver nada. Ni siquiera los colores. Algunos peces que viven en el fondo del océano pueden ver el color de su comida; así es como saben qué deben comer»; (2) implícita: «Los peces necesitan luz para ver. En el fondo del océano no hay nada de luz. Algunos peces que viven en el fondo del océano reconocen su comida por el color. Solo comen hongos rojos». También en este caso los resultados resultan dolorosos. En la versión explícita, el 45 % de los alumnos no consiguieron detectar al menos dos contradicciones de las tres presentadas (una por cada texto). En la implícita, el porcentaje alcanzaba el 96 %.

Una amplia literatura científica, sin embargo, evidencia que este tipo de déficit puede atenuarse de manera considerable mediante ciertas estrategias elementales y fáciles de aplicar.[70, 298] Como indica Daniel Willingham, profesor de Psicología, «estas estrategias no mejoran la competencia lectora, sino que constituyen más bien un conjunto de trucos que pueden facilitar de manera indirecta la comprensión. Esos trucos son fáciles de aprender y requieren poca práctica».[299] En realidad consisten en hacer perceptibles, a través de una serie de protocolos de cuestionamiento, determinados mecanismos básicos de comprensión, que en condiciones normales se interiorizan, con la esperanza de que el lector los asimile. Por ejemplo, se pedirá a la persona interesada que resuma oralmente un texto, que elabore un diagrama para sintetizar los elementos de una historia y sus relaciones lógicas, que explique el significado de las palabras infrecuentes, que indique los objetivos ocultos o explícitos del autor, etc. Seguramente estos ejercicios den la impresión de ser eminentemente formales y de estar reservados al espacio limitado del aprendizaje escolar, ¡pero no es así en absoluto! Todos los «trucos» que he indicado aquí son inherentes a los protocolos de la lectura compartida. Dicho de otro modo: los padres que, al leer un texto a sus hijos, les plantean preguntas sobre el significado de las palabras y el sentido de la historia no solo estarán ayudando al desarrollo del lenguaje y de la atención, sino que estarán introduciendo en el cerebro del niño toda una mecánica inconsciente de evaluación del proceso de comprensión. Tendremos ocasión de volver con detalle a esta afirmación en la próxima parte.

Pero antes seguramente es útil precisar que en los últimos años las dificultades de comprensión que describo aquí se han extendido al espacio digital. Por ejemplo, en una serie de estudios se utilizó una página web supuestamente ecologista desde la que se lanzaba un llamamiento para salvar de la extinción al pulpo arborícola del noroeste del Pacífico.[300] Evidentemente, se trata de una burda broma y lo mínimo que se puede decir sobre ella es que sus autores no se han esforzado en absoluto para disimularlo. En la página de inicio explican que este cefalópodo (animal marino por excelencia) se encuentra en peligro de extinción, debido a la depredación que sufre por parte de los gatos domésticos y... del Bigfoot.* Añaden también que nuestro buen animal, que suele ser de color marrón moteado, expresa sus emociones cambiando de color: rojo cuando se enfada, blanco cuando siente miedo (¿acaso no se suele decir que alguien se pone rojo de ira o que palidece cuando se lleva un susto?). El texto informa igualmente de que en la Antigüedad este pulpo arborícola vivía en Grecia, cuyos sabrosos olivos apreciaba mucho. De hecho, insisten los autores, escritores como Aristóteles o Plinio el Viejo hablaron ya de pulpos que se aventuraban a adentrarse en la tierra firme y contaron que uno de ellos incluso utilizó un árbol para cometer un robo. En fin, un encantador pastiche pseudocientífico hábilmente salpicado de datos eruditos y charlatanería grotesca, cuya naturaleza falaz resulta bastante ostensible. Y, sin embargo, independientemente de su edad (estudiantes de universidad[301] o de bachillerato[302-303]), una aplastante mayoría de quienes leyeron esta web (en torno a un 90 %) se tragó el cuento y pensó que el pulpo arborícola existía de verdad. Un resultado inquietante, aunque no del todo sorprendente, en vista de otros estudios recientes que ha llevado a cabo un grupo de científicos de la Universidad de Stanford y en los que se concluye que, «en general, la capaci-

---

* El Bigfoot (Pie Grande, en inglés) es una criatura humanoide de las leyendas de Norteamérica que, según se dice, vive en las grandes cordilleras y en las zonas de bosques densos y escasa presencia humana.

dad de los jóvenes [estudiantes de secundaria y universitarios] para razonar acerca de la información disponible en Internet puede describirse con una sola palabra: desconsoladora». Tan desconsoladora que acaba por convertirse en una «amenaza para la democracia»,[304] sobre todo porque también en este caso son los menores procedentes de los entornos socioeconómicos más desfavorecidos los que se llevan la peor parte.[305]

Evidentemente, nuestros jóvenes franceses (de entre once y veinticuatro años) no constituyen una excepción en este sentido, como ha demostrado una reciente investigación de la empresa Ifop.[306] Dos tercios de ellos se muestran dispuestos a creer las peores sandeces: el cambio climático que estamos viviendo actualmente es un fenómeno natural (29 %), los estadounidenses jamás han pisado la Luna (20 %), es posible que la Tierra sea plana (16 %)... No es un dato sorprendente, si tenemos en cuenta que «el 41 % de los *tiktokers* creen que si un creador de contenidos o *influencer* tiene una cantidad importante de suscriptores, lo normal es que sea una fuente fiable». Y esa proporción alcanza el 65 % en el caso de los jóvenes que se encuentran escolarizados en centros de zonas con mayores dificultades educativas.

En resumen

El cerebro del lector experto es una orfebrería de alta precisión. Su construcción se basa en una intensa y paciente práctica que, por sí misma, permite: (1) convertir la red neuronal, determinada genéticamente y dedicada, en el recién nacido, al reconocimiento visual de los objetos, en una vía de descodificación del lenguaje escrito; (2) proporcionar al principal actor de esa vía (el área cerebral de reconocimiento de las palabras) la cantidad de *big data* que necesita para automatizar sus procesamientos; (3) absorber conocimientos lingüísticos y culturales suficientes para enfrentarse a las complejidades (aunque algunas personas las calificarían más bien de riquezas) específicas del universo escrito. Cuanto más se incuba, mayor es la competencia del lector. Pero lo contrario también es cierto: cuando la experiencia es deficiente, el rendimiento se arrastra a duras penas y sin remedio entre el nivel mediocre y el lamentable. Es cierto que la mayoría de los niños y los adolescentes son capaces de descifrar un texto, en el sentido de que consiguen, aparentemente sin demasiadas dificultades, leerlo en voz alta. Sin embargo, por desgracia, ¡esto no quiere decir que sepan leer! La descodificación es para el lector lo mismo que la raqueta para el tenista: un elemento fundamental, pero incapaz por sí mismo para proporcionar el conocimiento. En este contexto, poner *Rojo y negro* (Stendhal), *La piel de zapa* (Honoré de Balzac), *El segundo sexo* (Simone de Beauvoir) o un editorial del periódico *Le Monde* entre las manos de un estudiante de bachillerato que hasta ese momento apenas haya leído nada es tan irracional como regalarle un xilófono a un manco. Hay que recorrer un largo camino antes de estar en condiciones de dominar este tipo de contenidos. Ningún alpinista empieza escalando el Everest. ¡Esta idea nos parece a todos una locura! Y, sin embargo, fingimos creer que un crío que no lee nada, más allá de algunos textos escolares y ciertas *stories* en Instagram o en TikTok, puede ascender, por obra y gracia de una circular del centro educativo o de un repentino ultimátum parental, a las cumbres más elevadas de la literatura. Nada de esto es serio. Sin un hábito, hasta las novelas más pueriles resultan inaccesibles. En el fondo, todo este discurso puede resumirse en unas pocas palabras: solo la lectura prepara para la lectura. En la próxima parte, trazaré los contornos de esa preparación.

TERCERA PARTE

LAS RAÍCES DE LA LECTURA

De nada sirve correr si no se sale a tiempo.[1]

JEAN DE LA FONTAINE,
escritor de cuentos, novelas y fábulas

Si el siglo xx nos ha enseñado algo en el terreno de la psicología evolutiva, sobre todo gracias a los trabajos de Henri Wallon[2] y de Jean Piaget,[3] es que el aprendizaje es un fenómeno acumulativo. Nada surge de la nada. Cada avance se apoya en las bases previamente establecidas.[4] Cuando el cerebro se encuentra ante un problema desconocido, empieza por seleccionar, de entre todo su repertorio de competencias disponibles, aquella que, como dirían los jóvenes de hoy, «es bien» para cumplir la tarea. Naturalmente, dado que se trata de un nuevo reto, esta competencia es imperfecta y, por tanto, hay que adaptarla, lo cual solo es posible si la novedad no es demasiado nueva, es decir, si no se encuentra demasiado lejos de las aptitudes ya existentes. Si, por el contrario, la distancia es excesiva, el proceso fracasa. En otras palabras: para que se produzca un aprendizaje, es necesario que la demanda supere aquello que el cerebro sabe hacer, pero no en exceso.

La lectura no es ajena a esta realidad. Si en el momento en el que el niño se lanza a esa aventura no ha sentado las bases imprescindibles, estará condenado a fallar. Por desgracia, este tipo de fracasos suele ser irremediable. El desdichado que se disponga a asaltar la lengua escrita sin contar con las armas necesarias jamás terminará de pagar este error. Al decir esto no pretendo culpabilizar a los padres, sino hacerles ver que, si cuentan con los conocimientos pertinentes, podrán, dentro de los límites de las obligaciones que les impone el día a día, adoptar mejores decisiones. La buena noticia es que no es tan difícil poner al niño en el camino adecuado. La mala es que eso exige tiempo, un recurso escaso para muchas familias, sobre todo las monoparentales. ¡Una razón más para tratar de utilizar del mejor modo posible las ventanas que están a nuestra disposición! El objetivo de esta parte es facilitar la consecución de este objetivo.

Sin embargo, antes de llegar a ese punto, es preciso hacer una advertencia para evitar cualquier confusión. Del mismo modo que no quiero culpabilizar a los padres, tampoco pretendo estigmatizar a la escuela insinuando que los profesores no hacen nada. Sería estúpido, inexacto e insultante. Todas las condiciones que voy a exponer a continuación figuran en el programa de la educación infantil, cuyas principales metas incluyen de manera explícita el desarrollo del lenguaje en su doble dimensión: oral y escrita.[5] No obstante, el colegio tiene límites, y no reconocerlo sería absurdo. Para empezar, los niños no acceden a él hasta que tienen tres años. Sin embargo, las experiencias que viven antes de ese decisivo momento son absolutamente cruciales. Si no se han sentado las bases cerebrales cuando el alumno llega a la educación infantil, su etapa escolar se convertirá rápidamente en una fase dolorosa. Los anglosajones recogen esta idea en el término *school readiness*,[6] para el que hasta ahora no he encontrado ninguna traducción satisfactoria, aunque, a grandes rasgos, significa «preparación para la escuela», en el sentido de disponerse a responder a las exigencias del colegio. Como es lógico, el entorno familiar contribuye de una forma esencial a esta preparación.

Por otra parte, la escuela está obligada a seguir programas extensos y a menudo la ratio por aula es alta, así que el tiempo de aprendizaje y la cantidad real de interacciones entre el alumno y el maestro suelen ser demasiado escasos como para garantizar una adquisición óptima del lenguaje, tanto en educación infantil como en primaria.[7-9] El tiempo disponible para las interacciones diádicas (cara a cara), ya sean en forma de diálogo o de lectura compartida, es mucho mayor en el contexto familiar que en el escolar (salvo casos excepcionales). Por eso, el entorno doméstico se convierte en un complemento imprescindible para los aprendizajes académicos formales. Sin embargo, esto no quiere decir que las familias tengan que convertir el salón de su casa en un aula. En primer lugar, enseñar es un oficio que requiere sólidas competencias, sobre todo en los cursos inferiores. Además, los niños ya salen cansados de su jornada escolar, así que añadir una capa más sería probablemente poco productivo. No, el mensaje que quiero transmitir aquí sugiere simplemente que los aprendizajes lúdicos que permite el marco familiar proporcionan un apoyo al desarrollo del lenguaje que no solo complementa al de la escuela, sino que incluso va bastante más allá. Esta afirmación no tiene nada de revolucionario. No hace sino corroborar la importancia —demostrada desde hace ya tiempo— de las prácticas intrafamiliares tempranas para el éxito académico y, a un plazo más largo, profesional.[10-13] La presente parte se centra en explicar estas prácticas. Se compone de dos capítulos. El primero se pregunta por los cimientos no verbales de la lectura, es decir, por el conjunto de elementos que permiten a los niños comprender la naturaleza más profunda de la escritura, las letras y los sonidos. El segundo aborda las bases orales que se construyen en el día a día, a través de los espacios de palabras y lecturas compartidas.

6

Preparar al cerebro

A la luz de las investigaciones que se vienen realizando desde hace más de medio siglo, podemos concluir que existe un consenso en torno a la idea de que, más allá de las habilidades lingüísticas, el acceso a la lectura se basa en tres pilares fundamentales: el dominio de las convenciones del mundo escrito, el conocimiento de las letras y la capacidad para identificar y manipular los sonidos de las palabras.[14-15] Evidentemente, no todos estos elementos tienen la misma importancia, es decir, el mismo peso a la hora de predecir si un niño cosechará éxitos (o, llegado el caso, presentará dificultades). Sin embargo, todos ellos desempeñan un papel significativo y su desarrollo depende considerablemente de las experiencias tempranas, sobre todo intrafamiliares.[16-19]

Comprender los mundos escritos

La lengua escrita es un constructo cultural elaborado a partir de convenciones arbitrarias, que la mayoría de los adultos tiene tan profundamente interiorizadas que acaba pareciendo que estas convenciones son «naturales». La impresión es errónea. El niño tiene que asimilarlas.[20-22] Su dominio al principio del primer curso de primaria es un importante predictor de la posterior adquisición de la lectura, sobre todo desde el punto de vista de la comprensión.[23-24] No es difícil entenderlo: sencillamente, interactuar de manera eficaz con un libro, por rudimentario que este sea, es imposible si no se sabe por dónde cogerlo, como también es imposible utilizar bien un sacacorchos si no se conoce el modo de empleo.

DESCUBRIR LAS NORMAS

Las convenciones textuales son múltiples y heterogéneas.[20] Desde el punto de vista formal, por ejemplo, en el caso de las lenguas que usan el alfabeto latino (el francés, el inglés, el alemán, el italiano, etc.), hay que aprender que la escritura se realiza de izquierda a derecha y de arriba abajo, que una vez llegados al final de una línea se debe saltar al principio de la siguiente y que las páginas se giran de derecha a izquierda. Desde el punto de vista funcional, es fundamental entender que los signos tienen un sentido en la página, que representan las palabras que oímos, que cada palabra se compone de un número variable de letras y se encuentra separada de las demás por dos espacios (uno a la izquierda, otro a la derecha), que las palabras se agrupan para formar frases, que estas frases, más o menos extensas, comienzan con una mayúscula y terminan con un punto, que son las palabras, y no las imágenes, las que contienen el relato. Poco a poco, hay que comprender también que los textos persiguen un objetivo. Algunos cuentan historias, otros explican cómo preparar una tarta, otros muestran cosas desconocidas que aún no podemos ver «en la vida real» (por ejemplo, que en África habitan animales increíbles).

De entrada, todo esto puede parecer trivial y, de hecho, resulta tentador pensar que al final estos conocimientos se adquieren de manera espontánea, sin necesidad de que sean objeto de una enseñanza deliberada. Por desgracia, varios estudios refutan este optimismo y señalan que existen pocos vínculos entre las prácticas tempranas de la lectura compartida y la asimilación de las regularidades textuales que he recogido aquí.[25-27] No debe sorprendernos. En realidad, cuando leemos un cuento a un niño, él no se preocupa por las partes redactadas. Sus preguntas y sus fijaciones oculares se concentran casi exclusivamente en las imágenes.[28-30] Como resumen Laura Justice y sus compañeros de la Universidad de Virginia, «cuando los niños pequeños observan los libros, muestran una clarísima preferencia por todo lo que no es escritura».[28] Una preferencia que, además, los adultos fomentan activamente, ya que en sus comentarios omiten en buena medida las características formales del texto en aras de la historia, los personajes y las ilustraciones.[31-34] Este sesgo de aumento del compromiso provoca que la adquisición de las convenciones escritas sea más difícil y más lenta.[27] En ese caso, la elaboración de todo aquello que entra en el orden de lo simbólico —que es una capacidad tan particular de nuestra especie—[35] se ve profundamente afectada. Hasta los seis años, a muchos niños les cuesta pensar que son las palabras, y no las imágenes, las que contienen la historia. Aun cuando reconozcan las letras del alfabeto, siguen sin comprender que las formas visuales escritas representan el lenguaje oral.[36] Dicho de otro modo: en esta etapa las secuencias de letras aún no representan para ellos abstracciones con significado. Por ejemplo, la mayoría de los pequeños (de entre tres y cinco años) que conocen el alfabeto (o sea, que consiguen identificar las letras) piensan que las palabras cambian de sentido en función de las ilustraciones que las acompañen o que modifican su longitud dependiendo del tamaño de los objetos que designen.[37-39] De un modo más general, cuando a los escolares de infantil (de tres y cuatro años) se les pregunta qué están leyendo los adultos, casi todos señalan las imágenes.[40] Los alumnos del último curso de este ciclo (cinco años) salen mejor parados en esta prueba, ya que «solo» un tercio de ellos se siente perdido en este terreno. Sin embargo, cuando a estos niños candidatos a acceder a primaria se les pregunta si es posible leer un dibujo, la mitad responde que sí, lo que confirma lo difícil que es para los pequeños entender qué es la lectura.[41] Con los garabatos se observan dificultades parecidas: la mitad de los niños de tres o cuatro años que conocen el alfabeto consideran que la secuencia: ᴍᴀ~ᴍᴍᴍ~ᴍ es legible, y un tercio de los alumnos de cinco años comparten esa convicción.[41] Como recuerda con mucha gracia un artículo científico que, por lo demás, es sumamente serio, «muchos padres han vivido ese delicado momento en el que su hijo les entrega sus preciosos garabatos y les pide que lo lean».[27]

Prestar atención a los códigos

En la práctica, para familiarizar al niño con las convenciones de la lengua escrita, hay que canalizar explícitamente su atención hacia las construcciones textuales.[25-26] La investigación ha demostrado que este enfoque es eficaz.[42-43] Por ejemplo, en los momentos de lectura compartida se pueden plantear preguntas como «¿Por dónde crees que debo empezar a leer?», despertar la curiosidad («¡Oooh! ¡Mira qué pequeñita es la palabra 'león'! ¡Y eso que el animal es muy grande!»), plantear retos («¡Anda! ¡Mira esta palabra [por ejemplo, 'el' o 'la']! ¿Eres capaz de encontrarla en otro sitio?»), etc. A veces ocurre que el niño finge leer por sí mismo los cuentos que conoce. Entonces es interesante proponerle que siga el enunciado con su dedo. Aunque señale un poco al azar y apunte hacia la palabra 'lobo' cuando en realidad está diciendo 'árbol', esta actividad le ayudará a descubrir que las palabras están separadas entre sí por espacios y que cada palabra escrita corresponde a un concepto. Los padres pueden aplicar esta misma técnica del seguimiento manual exagerando ligeramente el periodo de silencio entre palabra y palabra, para subrayar la conexión entre lengua escrita y lengua verbal, que —insisto en ello—, resulta difícil de captar para los niños.[36]

El problema es que, al contrario de lo que asegura una leyenda demasiado extendida, el cerebro humano no puede hacer dos cosas al mismo tiempo:[44] o bien aborda la forma o bien se ocupa del fondo. Por eso, el riesgo que existe cuando utilizamos los métodos explícitos que describo aquí es que acabemos por relegar la historia a un segundo plano y, en consecuencia, amputemos el placer.[45] Por suerte, existen varias soluciones para este problema. La primera de ellas consiste en limitar las alusiones textuales a algunas intervenciones menores (por ejemplo, al principio de la lectura) o recurrir a ellas de forma meramente puntual. En ese caso, podemos utilizar un libro que el niño nos pida a menudo (una inclinación sobre la que volveremos más adelante) y orientar una de las relecturas hacia el descubrimiento de las convenciones de la lengua escrita mediante las preguntas que he propuesto con anterioridad. Otro enfoque alternativo sería seleccionar aquellos álbumes cuyos dibujos resulte más sencillo tapar (hay muchas obras que separan con claridad los textos de las ilustraciones).[*] Esta solución es especialmente adecuada no solo para hacer hincapié en los aspectos textuales, sino también para estimular la imaginación.

En el primer caso, es preferible aplicar la técnica después de haber leído el cuento varias veces, cuando la riqueza de la historia empiece a agotarse. En ese momento se puede proponer, por ejemplo, «¿y si comprobamos si somos capaces de leer [o bien "¿y si comprobamos si la historia es la misma?"]

---

[*] Es lo que ocurre con series como *Amelia* (Domitille de Pressensé, Ediciones Jaguar y RM), *Osito Pardo* u *Oso Pardo* (Marie Aubinais, Bayard Revistas y Bestselia S. A.) o las obras dedicadas al conejo Simon (Stéphanie Blake, Editorial Corimbo S. L.).

sin las imágenes»? En el segundo caso, en cambio, es importante actuar en el primer contacto con el libro. Se puede leer el texto y dialogar con el niño sobre lo que imagina, sobre cómo cree que son los personajes y las situaciones, y pasar después a comparar sus ideas con las imágenes «verdaderas». En la quinta parte nos detendremos a analizar los efectos de la lectura sobre la imaginación.

Calles repletas de textos escritos

A todas estas posibilidades se añade un último terreno de juego que a menudo se pasa por alto: el entorno. Este espacio se encuentra lleno de contenidos no narrativos sumamente valiosos a la hora de demostrar al niño que los textos transmiten sentidos y sirven para objetivos diversos. Paneles en la carretera, folletos publicitarios, listas de la compra, menús de restaurantes, logotipos de marcas, envases de alimentos... Todos estos soportes son pertinentes y, según nos indica la literatura científica, eficaces.[46-48] Es verdad que no basta solo con ellos, ni mucho menos, pero sería una lástima desaprovecharlos, dado que, debido a su variedad y a su disponibilidad, nos brindan un sinfín de posibilidades, no solo para compartir, sin más, sino incluso (y si sabemos sacarles partido) para compartir de manera lúdica. Ya sea mientras esperamos a que llegue el metro, a que nos toque el turno en la cola del supermercado o a que el camarero nos traiga la *pizza*, estas palabras ociosas aportarán mucho más a nuestros hijos que todos los *smartphones* y las tabletas de la Tierra. El método es muy sencillo: consiste en preguntar a los niños, cada vez que podamos, por el contenido de los textos con los que se cruzan. «¡Anda, mira! ¿Qué es esto?», «¿Para qué puede servir?», «¿Cómo lo sabes?», «¿No se te ocurre nada?», «¿Ves semejanzas/diferencias?»...

¿Acaso hay alguna herramienta más barata que esta para nutrir a un cerebro? Alison, una pequeña estadounidense de tres años, nos ofrece un vívido testimonio al respecto.[49] En el coche, de camino al zoo con su familia, su padre le señala un panel en el que figura el texto «Oeste 465». A continuación le pregunta: «¿Qué quiere decir eso?». La pequeña reflexiona y responde: «Quiere decir... ¡Papá, gira ahí para ir al zoo!». Aunque pueda parecer trivial, esta respuesta no es en absoluto anodina. Demuestra que, por una parte, Alison ha comprendido que las palabras que aparecen en el cartel tienen un significado preciso y, por otra, que es capaz, ya a sus tres años, de adivinar el sentido del mensaje partiendo de esa comprensión y de los datos contextuales. Otra reveladora situación llegó un año más tarde, cuando la pequeña tenía cuatro años y participó en un estudio científico.[49] Sostenía en su mano una taza, en la que aparecía el nombre de una célebre cadena de comida rápida, Wendy's Hamburgers. «¿Qué quiere decir eso?», preguntó el experimentador. Pasando el dedo sobre la palabra «Wendy's», Alison, que conocía el logotipo de la marca, respondió «Wendy's», y después, continuando con la palabra «Hamburgers», contestó «cup» (taza, en inglés). A continuación, reflexionó y, tomando conciencia de que algo no terminaba de encajar, soltó: «Es un sonido corto para una palabra larga». Una reacción que demuestra que la niña estaba comprendiendo el vínculo fundamental que existe entre los signos y los sonidos (o, como dirían los especialistas, los morfemas y los fonemas). No es en absoluto un avance menor en el camino que conduce a la lectura.

En definitiva, para aprender a leer el niño debe contar con una cierta cantidad de conocimientos previos acerca de las convenciones de la escritura. Algunos son sencillos y se asimilan rápidamente (por ejemplo, se lee de izquierda a derecha), mientras que otros resultan complejos y requieren el esfuerzo de una lenta impregnación (por ejemplo, la naturaleza simbólica de la escritura). Atraer la atención del menor hacia todos estos elementos permite sentar ciertas bases imprescindibles para la adquisición posterior de otros saberes.

JUGAR CON LAS LETRAS

Aprender el alfabeto es algo sencillo. En el fondo, no es más que una cantinela.[50] Lo difícil es, por una parte, reconocer las letras (A, B, etc.) y, por otra, saber asociarlas a sus respectivos sonidos.[51] Hay que decir que nuestros antepasados no nos facilitaron esta tarea, precisamente. Aunque el número de símbolos sea limitado (26 letras, en el caso del alfabeto francés, que procede, como ya hemos visto, del alfabeto latino), cada una de ellas puede adoptar como mínimo cuatro formas: mayúscula de imprenta (A, B, etc.), minúscula de imprenta (a, b, etc.), mayúscula ligada ($\mathcal{A}$, $\mathcal{B}$, etc.) y minúscula ligada (a, b, etc.). Además, el nombre de las letras no siempre se corresponde exactamente con su sonido. En el caso de la a o de la o no hay problema, pero en el de la q sí: se dice «*cu*», pero se pronuncia «*k*»[/k/],* como en «quiosco». Por otra parte, algunas letras pueden representar varios ruidos. Por ejemplo, la c se dice «ce» y puede pronunciarse de diferentes maneras.** Nada de esto es sencillo ni intuitivo. Y, pese a todo, el cerebro consigue salir airoso, aunque para hacerlo necesitará absorber una gran cantidad de datos. En otras palabras: una vez más, todo se resume en una cuestión de *big data*.

---

  * Los signos /k/ o /s/ son del alfabeto fonético, que permite transcribir el «sonido» de las palabras (por ejemplo, «mamá» se escribiría /ma'ma/ en este alfabeto). En el anexo que aparece al final de este libro se facilita la tabla de este alfabeto (véase «Anexo A», p. 397).

  ** Por ejemplo, en castellano, puede pronunciarse como «*z*»[/θ/] o como «*k*»[k]. (*N. de la t.*)

Una condición previa fundamental

Es aquí donde interviene el entorno familiar. Vuelvo a insistir en ello: no se trata de convertir a los padres en maestros y la casa en un aula, sino de utilizar el inmenso vivero de las interacciones cotidianas para apoyar el aprendizaje del alfabeto. En este sentido, cuanto más ayuden las actividades informales del hogar a preparar y consolidar las aportaciones de la escuela, más eficaz e indoloro será el progreso para el niño. Los estudios demuestran de manera claramente unánime que el conocimiento de las letras al principio del primer curso de primaria es un predictor crucial de la posterior adquisición de la lectura, sobre todo desde el punto de vista de la descodificación.[23-24, 52] Por eso, es imprescindible saberse tanto el nombre (por ejemplo, b*[be]*) como el sonido (b*[be]* → b*[b]*).[53]

Una vez más, la contribución de la lectura compartida parece decepcionante por sí sola. La mayoría de las investigaciones no encuentran ninguna relación entre esta rutina y el dominio del alfabeto por parte de nuestros hijos.[25-26, 54] La razón es la misma que en el caso de las convenciones de la lengua escrita: cuando niños y padres comparten una historia, las letras les dan exactamente igual. Por eso, para favorecer el aprendizaje del alfabeto hay que adoptar un enfoque explícito.[25-26, 42-43, 54] Este dato es importante, porque la mayoría de las familias está o a una cosa o a otra, es decir, no establecen vínculos entre los intentos ostensibles de enseñar las letras (o, de un modo más general, los rudimentos de la descodificación) y las actividades informales de lectura compartida.[25-26, 54] Sin embargo, más allá de los efectos positivos unánimemente reconocidos de ambas prácticas, lo cierto es que cada una de ellas actúa de un modo distinto.[55] Las primeras apoyan la descodificación y su impacto, que se evidencia con claridad en las evaluaciones tempranas de primero de primaria y se va diluyendo progresivamente con el paso del tiempo. Las segundas nutren básicamente el lenguaje, y su influencia, que apenas resulta detectable en primero de primaria, se manifiesta vigorosamente a partir de tercero y cuarto de esta etapa educativa. Aquí se encuentran los cimientos de ese *fourth-grade slump* (o «hundimiento de cuarto») que vimos en la parte precedente. Es interesante señalar que existen algunas familias —pocas— que no eligen entre uno y otro andamiaje, sino que optan por explorar ambos en profundidad. Como era de esperar, sus hijos presentan las mejores trayectorias escolares, tanto a corto como a largo plazo.[55]

Avivar el interés

Antes de continuar, quiero volver a precisar, para evitar cualquier confusión, que no se trata de hacer sufrir a los niños una doble jornada escolar ni de transformar las vacaciones y los fines de semana en campamentos de alfabetización. Sería tan fastidioso como perjudicial. Sea cual sea el objetivo que se persiga, el hogar debe seguir siendo un espacio lúdico e inspirador. El fin no es provocar que el menor aborrezca esta actividad, sino que disfrute de ella. Cuanto más placer sienta, más rápido avanzará. En este sentido, la mejor solución es despertar su interés por el alfabeto y, a partir de ahí, convertir ese interés en un acicate para la interacción y el juego. Estés donde estés, enséñale al pequeño las letras, habla de ellas como hablarías de amigos (por ejemplo: «¡Anda, mira! ¡Es b*[be]*!»), reproduce sus sonidos (b*[be]* suena b*[b]*), pon ejemplos procurando aislar la letra en cuestión (b*[be]* suena b*[b]*, como en 'b-onito', en 'b-ueno', en 'b-ajo', etc.), pide al niño que repita y que te proponga, si puede, otras palabras «que empiecen igual». En casa, procura tener cubos y cartas con las letras impresas, puzles, imanes, patatas fritas y pasta en forma de letras, y aprovecha los paquetes de cereales, de productos de limpieza, de galletas o de caramelos. En la calle, muestra las letras en las vallas publicitarias, en las señales de tráfico o en los letreros de los comercios. En los momentos de lectura compartida, utiliza (a veces) abecedarios o selecciona una letra de la portada del libro con la que vayas a trabajar (por ejemplo, la m) y pregúntale al niño si sabe cuál es. En caso de que no sea así, nómbrala (es la *m[eme]*, que suena *m[/m/]*, como en 'm-oto'). Proponle que encuentre esa letra en otro lugar de la portada o del resto del libro, anímalo a reconocer otras letras... Y lo más importante: si el niño duda o se equivoca, no te impacientes (o, en todo caso, ¡que no se te note que lo haces!). Anímalo, sonríele, apoya sus tanteos. Asegúrate de que las actividades que realizáis no son demasiado difíciles, porque es importante que el pequeño no se equivoque sistemáticamente. Hay que fomentar el placer, no avivar la repulsión. Es mejor que el juego sea demasiado fácil a que sea demasiado arduo.

Si ves que realmente el niño se tropieza y se hunde, reduce el nivel de exigencia, desdramatiza la situación, haz una mueca divertida, ayúdalo de todas las formas posibles a salir de su embarazo. No te burles jamás de sus fallos ni te rías de sus despistes. Si su hermano mayor se mofa de él, explica lo buenos que son los errores, afirma con un tono erudito que son nuestros amigos porque, sin ellos, no podríamos aprender. En líneas generales, no olvides que algo que para nosotros, lectores adultos, es sencillo no lo es para un crío de dos, tres, cuatro o cinco años que está forjando sus primeras armas. Y sobre todo, sobre todo (¡!) no confíes este desarrollo fundamental a una de esas estúpidas aplicaciones digitales, porque ninguna de ellas conseguirá jamás realizar la tarea mejor que un ser humano (sea un familiar o el maestro).[44]

En la práctica, para favorecer el aprendizaje, regálale a tu hijo un abecedario plastificado que ocupe la cara de una hoja (todas las letras deberán figurar en una sola página y aparecer acompañadas de una palabra llamativa). Si el niño busca una letra en la caja de galletas, como por ejemplo la b, y no consigue encontrarla, anímalo a consultar su abecedario. Si no le sale el nombre de la letra que ha reconocido visualmente, ayúdalo («es una b*[be]*»), y hazlo también si no tenéis a mano el abecedario o si tu hijo no reconoce la letra. A continuación, pasa al sonido («la b*[be]* suena b*[b]*») y vuelve a la cuestión inicial (b*[b]* de 'bueno'). Por último, anima al pequeño a repetir el nombre de la letra, su sonido y la palabra propuesta. Llegado el caso, también puedes invitarlo a encontrar otra palabra que empiece igual ('b-alón'). Cuando expliques el sonido de una palabra, reprodúcelo de una forma seca y rápida para aislarlo con la mayor precisión posible. Y, cuando indiques su nombre, insiste en los elementos que, dentro de él, recuerdan el sonido (m*[eme]*, m*[m]*; f*[efe]*, f*[ff]*).

¡Esa es la clave! A partir de ahí, simplemente hay que aplicar el mismo esquema. Cualquier actividad vale. Personalmente, exploté este recurso al máximo con mi hija desde que tenía dos años. Teníamos una serie de juegos y rutinas que desenfundábamos sin previo aviso, según la ocasión. En la calle, por ejemplo, nos dedicábamos a la caza de la «?» (siendo «?» una letra que elegíamos sobre la marcha). El primero que encontraba «?» conseguía un punto, y el que reunía más puntos al final del paseo tenía derecho a elegir el postre o el cuento que se leería esa noche. En las comidas de los sábados librábamos la gran batalla del alfabeto de las patatas fritas. La pequeña cogía de su plato una letra al azar (por ejemplo, la r) y entonces tenía que decir su nombre (o, en una versión posterior, decir una palabra que comenzase por esa letra). Si no daba con la respuesta, yo le proponía dos opciones, asegurándome de que la letra incorrecta fuese alguna de las que ella ya conocía: ¿es la r$_{[ere]}$ de rueda o la v$_{[ube]}$ de Valentine? Cuando lo averiguaba, se la comía con una sonrisa de oreja a oreja y volvíamos a empezar. En otro juego, que comenzamos una Nochebuena, alineábamos aleatoriamente sobre la mesa veintiséis vasos de cartón, en los que habíamos escrito las letras del alfabeto. Valentine cerraba los ojos mientras yo escondía una golosina (o cualquier otra cosa) en uno de esos vasos. Después yo anunciaba solemnemente la letra elegida (por ejemplo, la a). Si ella no conseguía encontrarla, yo le repetía la letra, pero la acompañaba de la palabra a la que estaba asociada en su abecedario, que, por supuesto, tenía derecho a consultar (a de 'árbol'). Al encontrar la palabra ('árbol'), localizaba la letra, y al localizar la letra, se ganaba la sorpresa. Después le tocaba a ella esconder un caramelo y proponer tres letras. Entonces yo tenía que adivinar, por el gesto de su cara, cuál de esas letras era la correcta. Si acertaba, me quedaba con el caramelo. Si no, se lo quedaba Valentine.

Cada cual, a su ritmo

En definitiva, las posibilidades son infinitas. Cada familia inventará sus propias prácticas. Puede que a algunos padres esta carga les resulte un tanto pesada. Una doble buena noticia debería servir para animarlos. En primer lugar, a pesar de su sencillez, las estrategias que he descrito aquí dan unos resultados excelentes.[26, 42, 46] En segundo lugar, no hay prisa. El niño tiene por delante varios años para alcanzar su objetivo. Es tiempo de sobra. Dicho esto, no todos los caminos son iguales. Algunos son más placenteros y seguros que otros. Es útil saber, por ejemplo, que los pequeños memorizan mejor las mayúsculas,[51, 56] así que parece sensato empezar por ellas, sobre todo porque conocerlas facilitará el aprendizaje de las minúsculas. Cabe señalar que este efecto no se limita a los casos en los que una misma letra se presenta en sus dos formas (por ejemplo, «Cc», «Zz»), aunque, desde luego, esta configuración es la que mejor funciona, sino que también se extiende a las combinaciones de elementos diferentes (por ejemplo, «Aa», «Ee»).[57] Sin embargo, no esperes a que el niño conozca a la perfección todas las mayúsculas para introducir las minúsculas: incorpora estas últimas progresivamente, empezando por aquellas que más se parecen a su hermana mayor. También cabe señalar que los niños suelen reconocer con más facilidad las letras de su nombre de pila,[58] seguramente porque las ven con frecuencia, pero no solo por ese motivo: nuestros hijos también parecen interesarse y motivarse más por estas letras debido a que, en cierto modo, son «las suyas».[59] Así pues, puede ser sensato empezar por ellas en las primeras etapas del proceso de aprendizaje.

Cuando mi hija era pequeña, su maestra se negaba a designar las letras por su nombre, ya que consideraba que lo único importante era el sonido y, además, pensaba que la doble etiqueta podría ser contraproducente, especialmente en el caso de los símbolos que no presentaban una correspondencia directamente perceptible entre su nombre y su sonido (como ocurre con la q, con la h, etc.). La idea no es nueva.[60-61] Podría ser válida si los niños solo se expusieran a las etiquetas fonéticas, pero resulta que no es así. La mayoría de los escolares se encuentran a diario con el nombre de las letras, aunque solo sea cuando recitan la cantinela del alfabeto. Por eso, no es desacertado sugerir que tal vez utilizar exclusivamente los sonidos no solo no favorece el aprendizaje, sino que incluso lo obstaculiza, ya que, como indica un artículo reciente, constituye «una forma de etiquetado "no natural"».[62] En realidad, nadie sabe qué opción es la mejor. Pero lo que sí se sabe es que los resultados de los experimentos hablan claramente a favor del doble etiquetado de nombre y sonido (por ejemplo, de*[de]* — d*[d]*). Los niños que siguen este método presentan un mejor rendimiento que aquellos otros que solo han contado con la referencia sonora.[63] Es verdad, en todo caso, que la diferencia entre unos y otros no es brutal, pero ¿por qué dudar si no existe ningún elemento tangible que pueda acreditar que un doble etiquetado ralentiza el avance?[64] Todo lo contrario: los estudios disponibles coinciden en buena medida en señalar que el nombre de las letras constituye «un trampolín que permite a los niños aprender, recordar y reconocer los sonidos de las letras».[52] Hoy en día se considera probado que el conocimiento de los nombres facilita el aprendizaje de los sonidos.[65-67] Además, varias investigaciones revelan que estos dos aspectos del conocimiento del alfabeto favorecen, de manera independiente, la adquisición de la lectura.[53, 68]

De acuerdo con estas observaciones, por tanto, parece que lo ideal para favorecer el progreso del niño es llamar su atención sobre el nombre y, al mismo tiempo, sobre el sonido de las letras. Dicho de un modo concreto, esto confirma que el esquema estándar «¡anda, mira! ¡Una r*[ere]* que suena r*[r]*, como *r-ata*!» tiene fundamento. Sin embargo, lo más probable es que esta cadena se acorte rápidamente: no en vano, los niños memorizan mucho antes los nombres de las letras que sus sonidos. Para estos últimos suelen necesitar entre seis y doce meses más.[51] Con las palabras no van mucho más rápido. Entre el momento en el que el pequeño es capaz de nombrar una letra y aquel en el que consigue asociarla sin dificultad a una palabra (t de 't-utú') transcurren casi dos años.[51] Evidentemente, dentro de este marco general no todos los aprendizajes son iguales. Algunos resultan más sencillos que otros.[53, 58, 65, 69] Por ejemplo, entre todas las letras, las más fáciles de asimilar son las siguientes: (1) aquellas cuyo nombre contiene el sonido (por ejemplo, o*[o]*) o lo evoca (por ejemplo, m*[eme]*, m*[m]*), claramente mayoritarias frente a aquellas otras que no dan información sobre cómo suenan (por ejemplo, h); (2) aquellas cuyo nombre se corresponde con un único sonido (por ejemplo, b → b*[b]*) frente a aquellas que se pueden articular de diferentes formas (por ejemplo, g);* (3) aquellas que tienen una forma muy diferenciada (por ejemplo, r) frente a

---

* Con dos sonidos posibles (*[x]* o *[g]*) en castellano. (*N. de la t.*)

aquellas otras que se asemejan físicamente a otras (por ejemplo, u-v). Esto significa que el niño no adquiere estas letras de manera homogénea. La memorización de algunas de ellas es más lenta y más difícil. Pero no es un fenómeno preocupante ni un signo de que las cosas vayan mal. No te frustres. Insisto, no hay prisa. Establece adecuadamente el marco, asegúrate de que el niño disfruta toqueteando las letras y deja que el tiempo haga su efecto.

Son muchos los padres que se preocupan al ver que sus hijos invierten las letras. Es algo que puede ocurrir con algunas mayúsculas (la Z se convierte en S) o con ciertos números (el 2 se transforma en s), pero lo habitual es que el problema se dé sobre todo con las minúsculas. Las grafías simétricas suelen confundirse.[70] El fenómeno es particularmente común en torno al eje vertical (b, d; p, q), pero se observa en todas las letras de formas similares. Dicho de otro modo: la b, la d, la p y la q se confunden muchísimo, igual que la n y la u, la f y la t y, en menor medida, la m y la w. No es nada grave. De hecho, incluso es una etapa inevitable. El sistema visual se encuentra cableado para identificar los objetos independientemente del punto de vista:[71] da igual que mire mi teclado desde la izquierda, desde la derecha, desde detrás o desde delante; siempre será mi teclado. Sin embargo, esta constancia no funciona con las letras. Cuando ve una b, una p o una q, el sistema visual le dice al niño: «Es lo mismo». Sin embargo, papá o mamá insistirán en explicar que «son diferentes. ¿Pero no ves que son diferentes?». Pues no: precisamente eso es lo que pasa, que no lo ve. Ahí reside el problema. Para evitar caer en esta trampa, el niño tiene que empezar por darse cuenta de que las letras constituyen una excepción y reestructurar en consecuencia la red visual específica de la descodificación. Para ello, se requiere tiempo. Pero, aunque esto vaya más allá del tema de la presente obra, quiero apuntar que en ese caso la mano será una valiosa aliada, porque es ella quien, al seguir el contorno de las letras o intentar trazarlas con un lápiz, le dirá al cerebro que, efectivamente, la b y la p no son en absoluto lo mismo. De hecho, varios estudios han confirmado que no hay mejor modo de malograr el aprendizaje del alfabeto que eliminar la mano y sustituir la pluma por el teclado. Los niños que aprenden con el lápiz de toda la vida memorizan y reconocen las letras con mayor facilidad que sus compañeros que se dejan en manos del teclado de un ordenador.[72-75] Una ventaja que, como era de esperar, facilita, a su vez, el desarrollo de la lectura.[15, 76-77]

En definitiva, saber reconocer las letras por su nombre y por sus sonidos cuando se accede a primero de primaria favorece en gran medida el posterior aprendizaje de la lectura. A través de juegos y sencillas actividades, el entorno familiar, como complemento del centro de educación infantil, puede contribuir enormemente a dotar al niño de esta condición fundamental. Dicho esto, aquellos padres que no se sientan cómodos con las ideas que he propuesto aquí pueden, sencillamente, sujetarse a la barca escolar y repetir con el niño los ejercicios de su cuaderno, siempre que no los planteen como deberes, sino como juegos y como ocasiones para estar juntos. Es esencial asegurarse de que el menor no zozobre desde los primeros golpes de remo y de que las bases alfabéticas, sobre las que se sostendrán todas las operaciones de descodificación posteriores, sean robustas.

JUGAR CON LOS SONIDOS

En último término, la escritura no es más que una transcripción gráfica de los elementos sonoros del lenguaje oral. Para leer, el niño tiene que tomar conciencia de estos elementos necesariamente, es decir, aprender a aislarlos en el flujo verbal. Esta competencia experimenta una evolución que hoy en día conocemos con exactitud y que comienza en las unidades sonoras más amplias para llegar hasta los segmentos más cortos.[78-79] De ese modo, el cerebro empieza por distinguir las palabras, después las sílabas, más adelante el ataque y la rima dentro de cada sílaba* y, por último, los fonemas. Como muestra la figura 10, la tarea es más compleja de lo que parece. El gráfico representa la onda sonora que corresponde a la oración *maman est malade* (mamá está enferma). Puede apreciarse que no existe ninguna separación manifiesta entre las palabras. También dentro de cada vocablo resulta difícil identificar las sílabas (*ma-la*), por no hablar ya de los fonemas, que aparecen totalmente diluidos en medio de esa huella. Por eso, cuando un viajero llega a un país cuyo idioma no conoce, a menudo tiene la impresión de enfrentarse a un torrente lingüístico.

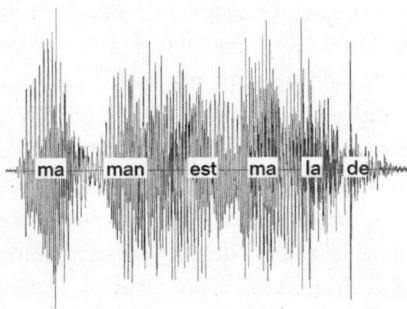

Figura 10. Onda sonora correspondiente a la oración «*maman est mala-de*» (mamá está enferma). Para más información, consúltese el cuerpo del texto.

* Los ataques y las rimas son unidades sonoras intrasilábicas. El ataque es la consonante o el conjunto de consonantes por las que comienza la sílaba, mientras que la rima sería el resto de fonemas. Por ejemplo, en la sílaba «mar», «m» sería el ataque y «ar», la rima. En la palabra monosílaba «tren», «tr» constituye el ataque y «en», la rima. En «mes», tendríamos «m», por un lado, y «es», por otro. Cada una de esas unidades silábicas puede dividirse a su vez en sonidos elementales, que son los fonemas.

Una transición fundamental

Los especialistas utilizan el término «conciencia fonológica» para referirse a la capacidad de percibir y manipular los sonidos de la lengua. La expresión «conciencia fonémica», en cambio, tiene un sentido más restringido: alude a la aptitud para extraer y manipular los fonemas. Los estudios demuestran que estas dos competencias constituyen elementos esenciales para predecir el éxito en el proceso posterior de adquisición de la lectura, tanto desde el punto de vista de la descodificación como desde el de la comprensión.[23-24, 80-81] También en este caso es fundamental el entorno, sobre todo porque el cerebro del niño pequeño parece particularmente receptivo al aprendizaje fonológico.[82-84]

Hay dos enfoques que son muy útiles para facilitar este aprendizaje. El menos específico recurre a los protocolos de lectura compartida, cuya influencia positiva sobre la conciencia fonológica se ha demostrado ya a través de varios estudios.[85-86] Es interesante señalar que el impacto será mayor cuanto antes se produzca la primera exposición. Estos resultados reflejan en gran parte el efecto beneficioso que la lectura compartida ejerce en el lenguaje (volveremos sobre esta cuestión en el capítulo siguiente).[26] De hecho, los estudios con niños pequeños, ya sean lectores o no, indican que la conciencia fonológica aumenta significativamente a medida que crece el vocabulario adquirido.[83, 87-89] Dicho de otro modo: cuantas más palabras conoce el niño, mejor maneja los sonidos de la lengua. Una explicación plausible para este fenómeno es que el aumento de las reservas léxicas podría ayudar al cerebro a tomar conciencia de las unidades sonoras que comparten las palabras, sobre todo en lo concerniente a sílabas, ataques y rimas.[90] En un ingenioso experimento se invitó a una serie de niños de cinco años a identificar, en un grupo de tres vocablos, cuál de ellos no rimaba con los demás (por ejemplo, 'lecho', 'techo' y 'leche', o 'casa', 'masa' y 'capa').[91] Las palabras de estas secuencias de tres elementos presentaban terminaciones frecuentes o raras. La hipótesis de los autores puede resumirse del siguiente modo: si la riqueza léxica afecta a la conciencia fonológica, aquellos participantes que cuenten con un sólido vocabulario deberían de responder con mayor rapidez y precisión cuando se les pregunte por palabras de terminaciones frecuentes, mientras que en los individuos menos avezados no se debería de observar ningún impacto. Los resultados coincidieron con estas predicciones. En definitiva, para los padres el mensaje está claro: cuanto más hablen a sus hijos y más cuentos les lean, más denso será su vocabulario, más se desarrollará su conciencia fonológica y más fácilmente aprenderán a leer.

Dicho esto, es evidente que este enfoque lingüístico no basta por sí solo: los estudios demuestran que sigue siendo necesario realizar actividades asociadas y explícitas para proporcionar a nuestros hijos una base óptima.[79, 84] En definitiva, las familias que combinan la lectura compartida con los juegos fonológicos estarán brindando a sus pequeños las mejores oportunidades de aprendizaje.[26, 92]

En concreto, las prácticas deliberadas de manipulación de los sonidos del lenguaje siguen una lógica bastante sencilla: hay que atraer la atención del niño hacia los sonidos y favorecer que los maneje mediante la realización de tareas lúdicas que sean realmente apetecibles. Al igual que ocurría en los juegos de letras que describí en páginas anteriores, aquí el placer debe ser la regla más importante de todas. Hay que evitar que estas propuestas le resulten una dolorosa e ingrata tarea y, por tanto, las aborrezca, y también hay que procurar no imponerle ejercicios demasiado difíciles que acaben desalentándolo. Sería una pena, sobre todo porque, al fin y al cabo, las competencias de las que estamos hablando aquí se construyen con mucha facilidad, a poco que, como siempre, el cerebro reciba los estímulos que necesita en el momento en el que está listo para procesarlos.[*, 80, 84] En este sentido, no creo que nadie se sorprenda al descubrir que el orden ideal para la adquisición de estos conocimientos sigue la jerarquía natural —ya mencionada— de las discriminaciones neuronales: primero las palabras, después las sílabas, más adelante los ataques y las rimas y, por último, los fonemas. Aun cuando quepa admitir un cierto grado de solapamiento entre estas diferentes fases, es preferible no pasar al nivel superior hasta que no se hayan consolidado las bases inferiores. Así, por ejemplo, es mejor asegurarse de que se ha asimilado la separación de las palabras antes de empezar con la segmentación de las sílabas, y así sucesivamente. Por lo demás, salvando esta reserva, todos los protocolos son posibles, siempre y cuando aíslen los sonidos y diviertan a los niños. Del mismo modo, todas las interacciones son interesantes, ya se apoyen en la lengua escrita o en la oral. Esta última, no obstante, presenta la ventaja de que no requiere ningún soporte físico, así que nos permite llenar de una manera provechosa muchos de esos momentos «perdidos» de nuestra jornada (desplazamientos en coche o en metro, esperas en la cola del supermercado o en la sala de espera de la consulta médica, etc.). Eso es lo que me propongo mostrar en las siguientes líneas. Dejaré las contribuciones específicas de la lengua escrita para después.

Proceder por etapas

Así pues, todo empieza con la manipulación de las palabras. Esta habilidad no es elemental, pero tampoco es ni mucho menos la más difícil de adquirir, probablemente porque las

---

[*] Estas observaciones solo se aplican (tal vez sea útil recordarlo) a los niños «neurotípicos», es decir, aquellos que no presentan trastornos clínicos que puedan obstaculizar sus aprendizajes.

palabras tienen significado, lo que les proporciona una conexión con la realidad de la que, en cambio, carecen las demás unidades fonológicas. Por desgracia, esta característica
no basta para contrarrestar la ausencia de segmentación natural de los flujos verbales (véase la figura 10, p. 218). Para
conseguir descomponer ese torrente sonoro en sus diferentes
elementos, el cerebro necesita haberse entrenado. Si no ha
tenido ocasión de hacerlo, le costará muchísimo —como de
hecho se puede constatar en la población adulta analfabeta—
aislar las palabras de una frase, aunque sea tan sencilla como
«a Pierre le da miedo la oscuridad» o «un camión bloquea la
calle».[93] Existen todo tipo de actividades que permiten acompañar el proceso en el caso de los niños pequeños. Los padres
pueden, por ejemplo, elegir una oración sencilla («Zoé mira
un perro»), dar una palmada cada vez que pronuncien una palabra y pedirle al niño que haga lo mismo (o bien proponerle
que cuente con los dedos esas palabras). También tienen la posibilidad de invitar al pequeño a sustituir una palabra por otra
('perro' → 'gato') o a añadir otra palabra más a la frase («Zoé
mira un perro negro»). Por supuesto, estos no son más que
algunos ejemplos para explicar el procedimiento y sus posibles
variantes. Al final, no importan los detalles de los juegos que
se practiquen ni que se parezcan o no a lo que describo aquí:
lo único que cuenta es que el niño explore y manipule las palabras. Tiene que jugar con ellas, reconocerlas, nombrarlas,
aislarlas, unirlas, eliminarlas, añadirlas o cambiarlas. En el anexo
que aparece al final de este libro se facilitan ejemplos de actividades que se suelen realizar para mejorar la conciencia de los
vocablos[15] (véase «Anexo b1», p. 398).

Una vez superada la etapa de las palabras, llega el momento de centrarse en las unidades que se conocen como
«subléxicas» (es decir, los elementos sonoros más pequeños
que las palabras). La más fácil de percibir es la sílaba. El
diccionario la define como una «vocal o un conjunto de le-

tras que se pronuncian en una sola emisión de voz»,[94] o, por decirlo de un modo más sencillo, en una espiración. Se trata de una realidad que el niño puede captar sin dificultad. Lo más sencillo es cogerle la mano, colocarla delante de nuestra boca y emitir algunas sílabas habituales para que sienta en su palma las espiraciones realizadas ('cha', 'che', 'be', 'pi', 'po', 'to', etc.). A continuación, el pequeño debe intentar reproducir ese ejercicio él solo. La etapa siguiente consiste en unir dos o tres sílabas para tomar conciencia de que las palabras están formadas por varios sonidos/espiraciones. El padre o la madre debe invitarle a pronunciar una palabra y a indicar después cuántas espiraciones ha notado en su mano y a qué sonidos corresponden. Lo mejor es empezar con unidades cortas que tengan sílabas cuya pronunciación produzca un efecto aéreo perceptible ('pan', 'Blas', 'roba', 'bombero', 'papá', 'cubo', 'lazo', etc.) A continuación, lo ideal es explorar sílabas más difíciles de detectar ('leche', 'río', 'mes', 'mañana') y palabras más largas ('calabaza', 'cataplof', 'caramelo', 'hipopótamo'). Por último, llega el momento en el que el niño está listo para prescindir de las espiraciones. Por lo general, eso ocurre bastante pronto y, a partir de ese momento, se abre la puerta a todo tipo de manipulaciones más precisas. Las principales son similares a las que acabo de exponer cuando he hablado de las palabras. Por ejemplo, los padres pueden formular una palabra ('comer', 'cenar') o una frase completa («el conejo ve al zorro») marcando cada sílaba con una palmada y pedirle al hijo que los imite. También pueden proponerle que elimine una sílaba (¿cómo quedaría 'zorro' si le quitáramos 'zo'?) o sustituirla (¿cómo quedaría 'zorro' si cambiásemos 'zo' por 'za'?). Evidentemente, estas son solo algunas sugerencias. Pero, en el fondo, también en este caso importa poco que la familia las siga o no. Lo único que cuenta aquí es que el niño manipule las sílabas y sea capaz de reconocerlas, eliminarlas, añadirlas, separarlas o unirlas. En el anexo que aparece al final de este libro se facilitan ejemplos de actividades que se suelen realizar para mejorar la percepción de las sílabas[15] (véase «Anexo b2», p. 399).

Una vez asimilado el tema de las sílabas, ha llegado el momento de preocuparse de sus componentes: los ataques y las rimas. Esta etapa puede parecer artificial, pero facilita enormemente el dominio posterior de los fonemas, que es, de lejos, el paso más difícil.[78-79, 95] En este terreno se pueden aplicar diversos enfoques, que ya hemos visto en las etapas anteriores. En buena medida, se retomarán aquí los ejercicios alfabéticos para ayudar al niño a asociar el sonido de las letras al ataque de las palabras (m de 'moto', t de 'tronco'). Así, por ejemplo, el padre o la madre preguntará al niño cuál es el primer sonido de la palabra 'ramo' o qué pasa si en la palabra 'la' desaparece la a ('la' menos 'a'= 'l[ʎ]') o qué palabra se forma si unimos una m y una i ('m' más 'i' = 'mi/mí'). Al final de esta obra (véase «Anexo b3», p. 400) incluyo más ejemplos.

Esto nos lleva a la cuestión de los fonemas, que son las unidades sonoras más pequeñas de la lengua. Para quien se conforma con hablar, los fonemas no tienen interés y es como si no existieran. Es algo que se pone claramente en evidencia en las investigaciones que se han llevado a cabo con adultos analfabetos. Estas personas se dan cuenta sin demasiados problemas de que dos sonidos son parecidos, pero diferentes ('pa', 'ba'), de que dos palabras riman ('barro', 'carro') o de que una sílaba ('pa') forma parte de una palabra ('patata'), pero les cuesta horrores evaluar el resultado de una inversión de fonemas (ir → ri) o de una supresión de los mismos ('gu' menos g → u),[96-97] lo que confirma que estas tareas no son ni naturales ni anodinas. Es necesario desarrollar las capacidades en las que se basan.

La aplicación temprana de estrategias de aprendizaje explícitas en el entorno familiar, como complemento al trabajo en la escuela, tiene una importancia fundamental.[26, 92] Prácticamente el planteamiento no cambia: es similar al que hemos visto antes para los niveles léxico, silábico e intrasilábico (ataques y rimas).[98] Por ejemplo, el padre o la madre le propone al niño que encuentre qué sonido es común a dos palabras ('rata', 'roe'; 'té', 'café'; 'pan', 'poner') o cuál es el intruso en un grupo de tres palabras ('tubo', 'tarde', 'bola'). También le puede preguntar qué palabra se forma si se añade t*[te]* a u*[u]* (t más u = 'tú/tú') o qué queda si se le quita la p*[pe]* a 'pala' ('pala' menos p = 'ala'). Sin embargo, una vez más, aquí no importa tanto cuáles son los detalles concretos de las tareas sugeridas ni si los padres las copian, las adaptan o las sustituyen por otras. Lo único que cuenta aquí es que el niño manipule los fonemas y sea capaz de identificarlos, sustituirlos, eliminarlos o añadirlos. En el anexo que aparece al final de este libro se facilitan ejemplos de actividades que se suelen realizar para mejorar la conciencia fonémica[15] (véase «Anexo b4», p. 400).

Todos estos ejercicios, exclusivamente orales, tienen un considerable impacto positivo en el desarrollo de la conciencia fonémica, sobre todo entre los niños de educación infantil.[80, 84] Eso es importante, porque demuestra que podemos ayudar eficazmente a nuestros hijos mediante prácticas sencillas, aplicables sobre la marcha, casi en cualquier lugar y en cualquier momento. Pese a todo, el planteamiento puede optimizarse si permitimos al niño manipular, junto con los sonidos, los signos alfabéticos.[80, 84] No debe sorprendernos: en realidad, la invención de los fonemas es consustancial a la de las letras. Como señalan los autores de un informe estadounidense que se considera un estudio referente en la materia, «la conciencia fonémica es un medio, no un fin. No se enseña por sí misma, sino porque permite ayudar a los alumnos a comprender y utilizar el código alfabético a la hora de leer y escribir. Por eso es importante incluir las letras cuando se está enseñando a los niños a manipular los fonemas».[80] Esta estrategia permite convertir en una realidad concreta unidades sonoras que son, hasta cierto punto, abstractas y escurridizas. Porque, en el fondo, el fonema es un ser en movimiento. Varía en función de los acentos regionales[99] y de los demás fonemas de su entorno.[100] En francés, por ejemplo, el mismo fonema d*[d]* se pronuncia como d*[d]* en '*médical*', pero como t*[t]* en '*médecin*'. Del mismo modo, la b*[b]* se pronuncia como b*[b]* en '*abri*', pero como p*[p]* en '*absurde*', lo cual no impide que, en este segundo caso, la mayoría de la gente oiga '*absurde*', con b*[b]*, y no '*apsurde*', con p*[p]*.[100] Estas distorsiones demuestran que el aprendizaje de la lectura modifica profundamente nuestras representaciones léxicas.

Como ha resumido maravillosamente Uta Frith, especialista en psicología del desarrollo, «aprender el código alfabético es como coger un virus [que] infecta todos los procesos lingüísticos».[101] Por ejemplo, cuando los adultos tienen que responder a la pregunta de si dos palabras riman o no, se dejan influenciar por la morfología de las palabras, lo cual, en una lengua como el francés, les obliga a tardar más tiempo en contestar cuando las terminaciones son diferentes, pese a que efectivamente rimen (*forêt*, *balai*), que cuando son idénticas (*tiret*, *volet*).[102] Del mismo modo, cuando a los alumnos estadounidenses de cuarto de primaria se les pide que cuenten el número de sonidos de una palabra, muchos de ellos se dejan engañar por sus conocimientos ortográficos e identifican un fonema más en la palabra *pitch* (con cinco letras, pero tres fonemas: p*[p]* i*[i]* ch*[ʃ]*) que en la palabra *rich* (con cuatro letras y tres fonemas: p*[p]* i*[i]* ch*[ʃ]*).[103] Lo mismo ocurre cuando se les pide a los alumnos de tercero de primaria que eliminen la letra m en la palabra *lamb[læm]*, cuya última consonante es muda. No responden «*la[læ]*», como deberían hacer si se basasen en el sonido, sino *lab[læn]*, siguiendo los datos ortográficos.[104] En otro estudio, ligeramente distinto, se observó que los adultos chinos alfabetizados que habían aprendido años atrás, cuando iban al colegio, un método de transcripción alfabética de los caracteres mandarines (el pinyin) presentaban resultados mucho mejores en diversas tareas de manipulación fonémica que aquellos otros que no se habían expuesto a ese método.[105]

Todas estas observaciones demuestran que, más allá de los planteamientos verbales evocados en líneas anteriores, los aprendizajes alfabéticos tienen una importancia fundamental en el perfeccionamiento de las competencias fonémicas. Sin embargo, eso no quiere decir que haya que renunciar a realizar actividades orales, que son muy prácticas cuando vamos en el metro o cuando estamos en la sala de espera del pediatra. Simplemente, es deseable añadir, cuando sea posible, letras a los juegos. En la práctica se trata de combinar las tareas fonémicas mencionadas previamente con las actividades alfabéticas también expuestas en líneas anteriores. Por lo demás, se pueden aplicar los mismos planteamientos. Por ejemplo, el padre o la madre escribirá con letras de plástico dispuestas sobre una mesa o sobre una pizarra magnética las palabras 'rama', 'roe', 'rin'. Después, pronunciará estas palabras muy bien, insistiendo en la r, y le preguntará al niño cuál es el sonido común a todas ellas. Si es necesario, lo ayudará a encontrar la respuesta. A continuación, le pedirá que indique cuál es la letra que aparece en las tres palabras y le preguntará si la conoce. En caso afirmativo, le propondrá que la nombre. Si no, el padre o la madre lo hará (o bien le sugerirá al niño que consulte su abecedario). Otra opción es escribir una palabra sencilla y, acto seguido, pronunciarla ('la') e invitar al niño a repetirla. Después el adulto separará las letras y le preguntará al pequeño cuáles son los sonidos de los que está hecha la palabra (l*[l]* + a*[a]*). Evidentemente, si es necesario, le ayudará a dar con la respuesta correcta, utilizando, llegado el caso, un abecedario. También se puede proceder a la inversa, es decir, seleccionar dos letras separadas (y*[j]* + o*[o]*) y preguntar qué palabra aparece cuando se unen ('yo'*[o]*).

Una vez más, estos son tan solo ejemplos de algunos de los juegos más habituales de entre todos los que se pueden hacer, pero al final da igual que los padres elijan aplicar unos u otros, adaptarlos o no recurrir a ninguno de ellos. Lo único que de verdad importa es que el niño maneje los fonemas y sepa reconocerlos, eliminarlos, añadirlos, aislarlos, unirlos, separarlos, etc. Evidentemente, no se debe abordar esta etapa hasta que el pequeño no haya adquirido un conocimiento suficiente de las letras (es decir, hasta que no sepa cómo se llaman y cómo suenan). Es preferible esperar un poco o empezar por ejercicios exageradamente fáciles que ponerlo en una situación difícil, corriendo el riesgo, en último término, de desanimarlo o, incluso, de hacer que aborrezca la lectura. El objetivo no es ese. Todo lo contrario. Todo debe parecer un juego lentamente progresivo. Si el niño duda, se siente perdido o se equivoca, es fundamental echarle una mano, animarlo, ayudarle, guiarle y, cuando sea preciso, dar marcha atrás. En el anexo que aparece al final de este libro se facilitan ejemplos de actividades que se pueden utilizar para ello (véase «Anexo b5», p. 401).

En definitiva, la conclusión es que, para aprender a leer, el pequeño debe ser capaz de manipular las unidades sonoras del lenguaje, es decir, de reconocer las palabras en la frase, las sílabas en las palabras, los ataques y las rimas en las sílabas y, por último, los fonemas en cada una de esas unidades. A través de sencillas actividades orales y alfabéticas, el entorno familiar, como complemento del colegio, puede contribuir enormemente a que el niño desarrolle estas condiciones previas. Todo lo que lo anime a jugar con la sonoridad de las palabras, sobre todo en el nivel fonémico, preparará a su cerebro para la lectura. Sin embargo, como ya subrayé cuando abordé el aprendizaje de las letras, aquellas familias que no se sientan cómodas con las actividades que propongo aquí y que no quieran aplicar este tipo de procedimiento, pueden, sencillamente, mantenerse al ritmo del colegio y limitarse a retomar los ejercicios del cuaderno del alumno, siempre y cuando no los planteen como deberes, sino, una vez más, como momentos para jugar y estar juntos. Lo mínimo es asegurarse de que el niño no se hunda antes de haber empezado siquiera su trayecto y que los cimientos fonéticos sobre los que se van a asentar gran parte de las operaciones de decodificación sean lo suficientemente sólidos.

Aunque este punto vaya más allá del marco de la presente obra, puede ser útil detenernos unos instantes a considerar que los elementos que presento aquí abogan directamente por la aplicación de los métodos de aprendizajes «silábicos» de la lectura (en los que el niño divide la palabra en sus sonidos fundamentales), por oposición a los enfoques «globales» (en los que el niño aprende a reconocer la palabra visualmente, sin descomponerla ni pasar por los sonidos). Como ya hemos visto en la parte anterior, el cerebro no lee las palabras en su totalidad, sino que las reconstruye después de haber aislado cada una de las letras que la forman. Además, la vía de los sonidos es la única que permite «leer» las palabras desconocidas. De hecho, como también hemos visto, el cerebro se apoya precisamente en esta vía fonológica para construir la ruta léxica que conecta la representación ortográfica de la palabra (que se reconstruye a partir de las letras individuales) con su significado. Es cierto que los vocablos irregulares (como 'yegua') deben aprenderse específicamente, pero, en cualquier caso, tampoco en este caso la lectura se realizaría «globalmente». Desde hace ya más de treinta años decenas de estudios están demostrando que los niños aprenden a leer mejor aplicando enfoques silábicos en lugar de globales o mixtos (estos últimos son los que combinan los silábicos con los globales).[71, 80, 106-107] A estas alturas, la guerra entre métodos debería darse por terminada. Y, en buena medida, parece que así ha sido. Mi objetivo aquí es, sencillamente, tranquilizar a las familias: jugar con los sonidos y con las letras no frenará el aprendizaje del niño. Todo lo contrario: es justo lo que le permitirá entrar de la manera más eficaz posible en el terreno de la lectura.

En resumen

Este capítulo demuestra que la lectura no nace de la nada. Se basa en tres pilares fundamentales que vinculan el conocimiento de la lengua escrita, el de las letras y el de los sonidos. El entorno familiar puede contribuir a levantar estos pilares mediante actividades sencillas, bien incorporadas a las rutinas diarias. Hablar y jugar con las palabras, las sílabas, las letras y los sonidos enriquece el cerebro de los niños y constituye una inversión sumamente rentable en su futuro académico. Una vez más, insisto en que no se trata de que los padres establezcan un programa de asimilación sistemática casi militar. ¡Es al colegio a quien le corresponde esa tarea! Simplemente, hay que aprovechar los espacios cotidianos para atraer la atención de los menores hacia los soportes escritos e implicarlos en todo tipo de sencillos juegos alfabéticos y fonológicos. Esta aportación es fundamental, pero, obviamente, no es suficiente. También hay que garantizar el desarrollo de las capacidades léxicas y sintácticas, sin las que nuestros hijos jamás llegarán a comprender lo que están descodificando.

7

Sentar las bases verbales

Repitámoslo: nadie puede leer por sí solo ni entender lo que lee si no ha aprendido primero a descodificar las palabras con una mínima fluidez. Esta entrada en la materia requiere años de paciente asimilación y, al principio, tiene que apoyarse, necesariamente, en obras de un vocabulario pobre. Pero el esfuerzo no es vano. Cada paso adelante aleja al niño de los textos limitados y acerca su mente al espíritu de los «verdaderos» libros, que contienen «verdaderas» historias, estimulantes, atractivas y fecundas. Por desgracia, para muchos alumnos es justo en ese momento en el que debería dar comienzo el festín cuando aparecen las dificultades. Por falta de una buena preparación para disfrutar de los tesoros lingüísticos de la lengua escrita, estos damnificados del verbo se hunden inexorablemente y, cansados de dar brazadas, acaban por rendirse. ¿Quién puede culparles por ello? Hay que ser masoquista para empecinarse en leer un texto del que no se comprende nada porque cada palabra y cada giro de la frase supone un obstáculo.

Por eso es fundamental proporcionar a nuestros hijos unas bases lingüísticas vigorosas. Como recuerda Anne Cunningham, profesora de Psicología del Desarrollo en la Universidad de California, «lo primero que tienes que hacer para favorecer la posterior capacidad de lectura es construir el vocabulario de tu hijo».[15] Numerosos estudios confirman esta afirmación y evidencian su validez general demostrando que las habilidades orales tempranas, tanto en el terreno léxico como en el sintáctico, constituyen el mejor predictor del desarrollo futuro de la capacidad de comprensión del texto escrito.[23-24]

Esta relación empieza a hacerse patente a mediados de la educación primaria y sigue siendo significativa a lo largo de toda la escolaridad.[88, 108-110] Dado que, evidentemente, comprender lo que se lee tiene consecuencias para el éxito académico, cuanto más sólido sea el armazón lingüístico que proporcionemos a nuestros niños antes de la entrada en primero de primaria, menos dolorosa será su trayectoria escolar.[111-115] Por eso debemos preguntarnos cómo podemos desarrollar esta base inicial. La respuesta pasa por dos aspectos: las interacciones verbales y la lectura compartida.

Hablar, hablar ya y hablar mucho

La literatura científica sobre el desarrollo del lenguaje es absolutamente colosal, pero para resumir lo fundamental de los datos disponibles, basta una sencilla frase de Andrew Biemiller, profesor de Psicología en la Universidad de Toronto: «No es posible aprender aquellas palabras que nunca encontramos en nuestro camino».[108] Dicho de otro modo: para que nuestros hijos potencien al máximo sus capacidades lingüísticas, necesitan que les hablemos. Y que les hablemos mucho. Numerosos estudios indican que el niño no extrae beneficio alguno de las palabras que lo rodean sin apelarle.[115-117] Para aprender, necesita que se dirijan a él, en el contexto de una interacción cara a cara, rica y constante.[118-122] Decenas de estudios han convertido esta realidad es una ley definitiva: cuanto más inunde el entorno familiar al niño con vocabulario, giros gramaticales y conversaciones, mejor se construirá su cerebro.[115, 123-127]

El desproporcionado peso de los primeros años

Las primeras investigaciones se centraban en el total de palabras que los padres pronunciaban. En su momento, se concluyó que, a medida que crecía ese total, aumentaban las capacidades lingüísticas del niño, sobre todo en el ámbito del vocabulario.[128-129] Los estudios posteriores afinaron este panorama, advirtiendo de la importancia de ciertas variables más precisas, como la diversidad léxica, la longitud de las frases (que es uno de los elementos que permiten medir la complejidad sintáctica), el volumen de las interacciones en forma de conversación, la capacidad de reacción de los padres* y la frecuencia de los giros interrogativos que se dirigen al niño (quién, qué, dónde, cuándo, cómo, por qué).[120, 131-140] Los ensayos más recientes apuntan a que estos elementos son absolutamente indispensables para el óptimo desarrollo de las redes cerebrales que se encargan de procesar el lenguaje. Cuanto más alta es la dosis, más preciso y eficiente será el modelado neuronal,[141-143] y, a la inversa, cuanto más se reduzcan la densidad y la calidad de las interacciones —por ejemplo, debido a la omnipresencia de las pantallas empleadas para el ocio—, más déficits de estructuración anatómica aparecerán en los circuitos neuronales.[44, 144-147] Esta afirmación no tiene nada de sorprendente. Hace ya casi cien años que la precisión de las remodelaciones cerebrales que hace posible la plasticidad fisiológica depende de la riqueza de las experiencias vividas. En otras palabras: cuando más pródigo y estimulante sea el entorno, mejor se organizarán los circuitos neuronales y más eficaz será el sistema.[148-150]

Este punto se evidencia con claridad en los estudios a largo plazo, que, aunque no sean abundantes, demuestran de manera unánime que los estímulos verbales precoces permiten prede-

---

* Entendida aquí como la habilidad de la familia para aprovechar los intereses y los comportamientos del niño, por ejemplo nombrando los objetos que este mira o coge o incitándole a reproducir las palabras o los sonidos que esboza.[130]

cir una parte sustancial de las posteriores competencias intelectuales y lingüísticas.[129, 151-152] En estos dos ámbitos, un trabajo reciente, por ejemplo, concluye que entre una quinta parte (20%) y una cuarta parte (25%) de las variaciones que se observan en una muestra de preadolescentes (once años) pueden explicarse por las diferencias en la cantidad de conversaciones intrafamiliares que se fueron acumulando cuando los sujetos tenían entre dieciocho y veinticuatro meses.[118] El volumen de diálogos registrados a lo largo del tercer año de vida también tiene un peso significativo, aunque menor (no más del 6%), lo que demuestra que, una vez pasado el periodo óptimo de plasticidad cerebral, las cosas se complican seriamente.

En línea con esta afirmación, se ha señalado que los estímulos que se reciben en el primer año de vida son cruciales para el despliegue de las capacidades lingüísticas. De hecho, los bebés a los que se detecta sordera pasados los doce meses de vida presentarán importantes problemas sintácticos a largo plazo.[153] Es cierto que a esa edad los niños aún no hablan, pero acumulan material y, como si tal cosa, sientan las bases indispensables para todo el desarrollo posterior. Se trata de un fenómeno muy bien documentado en el ámbito léxico. Las investigaciones indican que el bebé empieza a entender las primeras palabras a partir de los seis meses de edad.[154-155] Por ejemplo, si se le enseñan varios objetos y se le dice «¡Oh! ¡Un zapato!», se puede observar que su mirada se dirige hacia este elemento y no hacia los estímulos que compiten con él.[156] Otra forma de detectar esta tendencia consiste en registrar directamente la actividad cerebral. Para ello, se coloca en la cabeza del niño un gorrito lleno de electrodos que permiten captar las fluctuaciones eléctricas de las neuronas. Entonces se hace que el pequeño escuche una palabra común (por ejemplo, 'zapato') y, al mismo tiempo, se le muestra un objeto. Pues bien, la respuesta neuronal será muy diferente en función de si ese objeto se corresponde con la palabra pronunciada (es decir, si es un zapato) o no (por ejemplo, si es una manzana).[157]

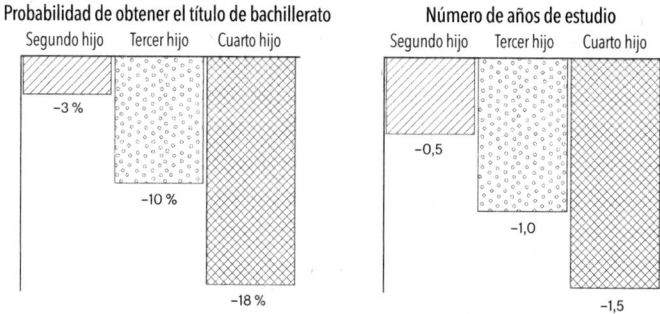

Figura 11. Impacto del orden de nacimiento dentro de la familia con respecto al primer hijo sobre la probabilidad de obtener el título de bachillerato (o, más exactamente, su equivalente en el sistema educativo estadounidense) (gráfico de la izquierda) y el número total de años de estudios (gráfico de la derecha). *Fuente:* [161]

A estos elementos hay que añadir una amplia literatura sobre los efectos del orden que se ocupa entre los hermanos. De media, en las familias con varios niños el rendimiento lingüístico, el CI, los resultados académicos, la carrera profesional y el nivel salarial una vez alcanzada la edad adulta se van limitando en función del orden de nacimiento.[158-161] Al primer hijo le va mejor que al segundo, a este, a su vez, le va mejor que al tercero y así sucesivamente (véase la figura 11). Como señala un amplio estudio reciente, esta cascada negativa refleja en parte la disminución gradual del tiempo que los padres pueden dedicar a los niños.[161] El mayor de los hermanos, que tiene toda la atención para sí, cuenta con más recursos que los siguientes, lo que favorece su desarrollo.[162] Es verdad que los benjamines reciben hasta cierto punto la estimulación de los mayores, pero estas interacciones entre hermanos son menos aprovechables para la potenciación intelectual y lingüística que las que se mantienen con los adultos. Naturalmente, esto no quiere decir que en todas las familias los primogénitos sean los que mejores re-

235

sultados obtienen. Hay varios factores aparte del orden de nacimiento, entre ellos el sexo, las condiciones socioeconómicas o la diferencia de edad entre los niños. Las conclusiones que he expuesto aquí solo son válidas si se tiene en cuenta de forma general a la población. Las menciono simplemente porque demuestran la importancia fundamental de las interacciones tempranas para el desarrollo intelectual y lingüístico.

Un mundo de palabras

En la práctica, las necesidades que describo aquí no son difíciles de cubrir. Para dar a nuestros hijos las mejores oportunidades, basta, por así decirlo, con hablarles, con hablarles a menudo y con hablarles mucho. Para aprender, el niño necesita que los adultos se interesen por él, le indiquen los nombres de los objetos que observa, respondan a las preguntas que esboce, lo impregnen con historias mágicas u ordinarias, lo animen a expresarse, le interroguen por lo que ve, siente y hace (basándose en el sexteto clásico que ya he evocado: quién, qué, dónde, cuándo, como, por qué)... En definitiva, necesita que los adultos lo sumerjan en un mundo verbal que sea al mismo tiempo rico, copioso y estimulante. Cualquier ocasión es buena para fertilizar el sustrato cerebral. En la vida cotidiana no faltan momentos propicios en este sentido, como ya hemos visto. Basta simplemente con aprovecharlos (en las comidas, a la hora de hacer la compra, en los desplazamientos, antes de dormir, etc.). En realidad, no es nada complicado. Como dirían los adolescentes, este *challenge* es fácil de superar. Los estudios demuestran que si los padres interiorizan estos datos actúan de un modo más eficaz y, en último término, mejoran de una forma muy notable el rendimiento lingüístico de sus hijos.[163] Por ejemplo, una investigación reciente ha concluido que, cuando las familias siguen sesiones de asesoramiento en el momento en que sus hijos tienen seis, diez y catorce meses, se constata un aumento del bagaje léxico de casi un 40% cuando los bebés alcanzan los dieciocho meses.[164]

Este resultado, que cabe calificar, como mínimo, de impresionante, es bastante fácil de explicar. Imaginemos que tres familias están haciendo la compra en el supermercado, cada una de ellas acompañada por su bebé de dos años, que va sentado en la sillita para niños del carro de la compra. De repente, el pequeño agarra un lichi de un expositor. La primera familia le quita la fruta, se enfada y le ordena al bebé que deje de hacer tonterías y de tocarlo todo. La segunda le explica que se trata de un lichi y vuelve a dejarlo rápidamente en el lugar en el que estaba, indicándole al niño que no lo necesitan. La tercera se acerca y elabora este discurso: «Mira, es un lichi. Está muy rico. ¿Puedes decir el nombre, "lichi"? ¡Muy bien! ¡Eso es! "Lichi" [las repeticiones favorecen la memorización]. Mira, esto duro de aquí es la piel. Para comer el lichi hay que quitarle la piel. Es como una naranja, tiene piel. Mira, ahí hay naranjas [el familiar señala las naranjas; conectar la información nueva con un saber consolidado también facilita la memorización, como veremos más adelante]. ¿Quieres que nos llevemos unos lichis para probarlos en casa? De acuerdo». Una vez en casa, al final de la comida, justo en el momento del postre, el lichi vuelve a aparecer. «¿Te acuerdas del nombre? Es un lichi. ¡Eso es! ¡Lichi! Le quito la piel y el hueso... Mira, dentro tiene un hueso grande. No hay que comérselo, es como las cerezas. Venga, prueba el lichi. ¿Qué? ¿Te gusta? ¿Sí?» La próxima vez en la que el adulto vaya con el bebé al mercado, seguramente no se le olvidará refrescar el recuerdo de la palabra: «Mira, lichis. ¿Quieres que nos llevemos unos cuantos?», etc. Es evidente que, a largo plazo, el desarrollo lingüístico de este niño mejorará enormemente. Por supuesto, esto no significa que haya que aplicar este método en cada ocasión: tenemos el derecho de ir con prisa

de vez en cuando y, además, ¡hay que evitar que este planteamiento se convierta en una obsesión patológica! La idea
simplemente es que cuanto más se exponga el niño a este tipo
de interacciones más podrán los adultos poner en palabras
sus experiencias cotidianas, más partido sacarán de los objetos que llaman su atención de manera sucesiva e incesante (el
lichi, en este ejemplo), más conexiones establecerán con lo
que el pequeño ya conoce (aquí, la naranja), más le alentarán
a que hable para que repita las palabras y elabore sus pensamientos («¿te gusta?») y más potente y exuberante será su
desarrollo lingüístico.[165] Sobre todo si las actividades orales se
apoyan con la práctica regular de la lectura compartida.

LEER HISTORIAS: EMPEZAR PRONTO Y TERMINAR TARDE

Recientemente un semanario francés citaba a un genetista estadounidense, según el cual «el número de libros que lees a tus
niños no va a influir en su nivel de lectura cuando entren en el
colegio. Si toman conciencia de este hecho, los padres podrán
disfrutar mucho más de sus hijos sin temor a que cada paso equivocado los eche a perder».[166] Esta afirmación no solo es falsa,
sino también peligrosa e irresponsable. Decir este tipo de cosas
a la luz de los datos disponibles y del devastador impacto que
esta abdicación de la familia tiene en el desarrollo de los menores resulta obsceno, porque perjudica gravemente su futuro.

Un impacto considerable

Una vez más, insisto en que no se trata de culpabilizar a los
padres, sino de ayudarles en sus decisiones en materia de educación. Un reciente estudio, precisamente del genetista mencionado, demuestra que el uso de un índice calificado de «po-

ligénico» (es decir, que incluye un amplio grupo de diferentes genes que posiblemente estén implicados en un fenómeno, en este caso el aprendizaje de la lectura)[167] permite predecir entre algo más de un 3 y un 4 % de las variaciones de competencia lectora en los niños que acceden al primer ciclo de educación secundaria.[168] Una observación que se considera «impresionante», pese a que ese porcentaje sea entre tres y cuatro veces inferior al que se suele observar en los estudios sobre lectura compartida, actividad de la que, sin embargo, se dice que no tiene ninguna influencia.[169-172] En una investigación, por ejemplo, se siguió durante varios años a una amplia muestra de estudiantes a los que se habían leído cuentos rara vez (dos o menos veces por semana) o frecuentemente (seis o más veces por semana) cuando tenían cuatro o cinco años.[172] De acuerdo con el modelo estadístico aplicado, este factor explicaba entre un 10 y un 30 % de las diferencias de competencia lectora medidas en mitad de la educación primaria (a la edad de ocho o nueve años). Formulados de un modo distinto, los mismos datos demostraban que, en igualdad de condiciones, los niños a los que no se habían leído cuentos cuando se encontraban en la etapa de educación infantil presentaban al llegar al ecuador de la primaria un retraso de desarrollo de un año con respecto a sus compañeros con más suerte. Cuando los datos se expresaban de otra forma más, se evidenciaba que los niños que no habían disfrutado de la lectura compartida con cuatro o cinco años tenían, a la edad de ocho o nueve años, diez veces menos probabilidades de ser lectores avanzados y un riesgo dos veces superior de sufrir graves dificultades. Conclusión de los autores: «Los padres pueden contribuir de manera importante al desarrollo de la competencia lectora [...] de sus hijos, leyéndoles cuentos desde su más tierna edad».

Estas observaciones no son ni nuevas ni inesperadas. Ya en 1985 un informe publicado por el Ministerio de Educación de Estados Unidos advertía de que «la actividad más importante para la adquisición de los conocimientos necesarios para el éxito posterior en la lectura consiste en leer en voz alta a los niños».[173] Desde el punto de vista funcional, el proceso por el que se produce este efecto no es directo. En buena medida, refleja el impacto de la lectura compartida en el desarrollo del lenguaje.[23, 169, 174-175] Cuantitativamente, esta constatación puede ilustrarse de diferentes formas. Los especialistas lo expresarían diciendo que, de media, en el total de estudios disponibles el tamaño del efecto se corresponde con las tres cuartas partes de una desviación típica,[23] lo cual es importante, pero poco esclarecedor —reconozcámoslo— para el común de los mortales. Una versión más accesible sería la siguiente: la lectura compartida provoca que la inteligencia verbal del niño[*] —según es posible medirla en la actualidad a partir de pruebas estandarizadas como la del CI— pase de 100 a 111. Otro planteamiento sería indicar que, dadas dos muestras de alumnos de educación infantil, una de las cuales se expone frecuentemente a la lectura compartida, mientras que la otra solo lo hace de forma ocasional, el 80 % de los miembros del grupo «frecuente» presentarán una competencia lingüística superior a la media de los miembros del grupo «raro». No es de recibo afirmar que estos efectos son marginales.

Palabras frecuentes y palabras raras

Hay varios factores que explican el impacto positivo de la lectura compartida sobre el lenguaje. El principal, del que ya hemos hablado ampliamente, está relacionado con las particularidades lingüísticas de los libros de literatura infantil y

---

[*]   La inteligencia verbal o CI verbal es la parte de nuestra inteligencia que nos permite entender, analizar, comunicarnos y razonar a partir del lenguaje y de los conocimientos de base. Volveremos más pormenorizadamente sobre este concepto en la quinta y última parte.

juvenil: la complejidad léxica y gramatical de las obras ilus-
tradas para el público preescolar es mayor que la de todo el
conjunto de corpus orales que rodean a estos niños (véase la
figura 9, p. 161). Es cierto que, como vimos en páginas anteriores, estos corpus son absolutamente necesarios para sentar
las bases verbales primarias. Pero «necesario» no quiere decir
ni mucho menos «suficiente». Una vez superada la fase del
balbuceo de la descodificación, cuando nuestros hijos empiezan a leer por sí solos, el repertorio ordinario de las conversaciones ya no basta para garantizar una comprensión textual
eficaz. Para salir adelante, el cerebro necesita disponer de un
importante excedente lingüístico, excedente que solo podrá
forjar en los espacios tempranos de la lectura compartida. Podemos demostrarlo elegantemente mediante un sencillo cálculo. De media, un niño de entre uno y cinco años que cada día
tenga acceso a la lectura de un libro ilustrado habrá oído más
de un millón de palabras cuando entre en primero de primaria.[176] De esas palabras, 17.500 pueden considerarse raras.[177]
Supongamos, siendo prudentes, que solo cinco mil de ellas
son distintas* y que el índice de memorización no supera el
15 %.[174, 178] Al final, el niño habrá aprendido setecientos cincuenta vocablos poco frecuentes, lo que supone más del 25 %
del repertorio medio de un escolar de seis años.[179]

Y esa es solo una parte de las aportaciones reales. En la
mayoría de los casos, de hecho, el padre o la madre no se limita
a leer la historia: también habla con el niño, le plantea preguntas, le proporciona explicaciones. De media, 20 minutos diarios de lectura compartida entre el primer y el quinto año de
vida del niño representa 1,6 millones de palabras oídas.[180-182]
Ninguna otra situación entraña semejante profusión verbal.

* De esas diecisiete mil quinientas palabras raras encontradas, necesariamente algunas serán repeticiones (por ejemplo, es posible que el adjetivo «cómico» aparezca en varios de los libros leídos).

Como han demostrado numerosos estudios que se han realizado en los últimos treinta años con amplias muestras de niños
de entre nueve y sesenta meses,[180-184] la lectura compartida da
lugar a un flujo oral mucho más caudaloso que el de todos sus
competidores en el día a día: los cuidados, las comidas, los
juegos o la televisión (soporte que es, de lejos, el más pobre,
lo cual no impide a los señores de los grupos de presión en-
salzar con ardor la importancia de las sesiones de televisión
compartidas o covisionado para el desarrollo lingüístico).[44]
La figura 12 ilustra estos resultados en el caso de los niños
en edad preescolar. Evidentemente, al igual que ocurre con
las interacciones verbales, el número total de palabras es solo
un llamativo reflejo de las diferencias más fundamentales. En
la lectura compartida, los adultos no solo hablan más, sino
que también plantean más preguntas, utilizan una mayor diversidad léxica, articulan frases más extensas y emplean una
gramática más rica, lo que conlleva un importante aumento
de las interacciones en forma de conversación y de las verba-
lizaciones del niño.[180-185] Una serie de estudios recientes demuestran que estas prácticas favorecen la creación de redes
cerebrales del lenguaje, al contrario de lo que ocurre con los
contenidos audiovisuales, cuya acción es funcionalmente deses-
tructurante.[186-187]

Beneficios mucho más allá del lenguaje

En definitiva, hoy en día no hay dudas en cuanto al impacto
beneficioso de la lectura compartida sobre el desarrollo. Sin
embargo, aunque esta conclusión sea esencial, no se queda ni
mucho menos aquí: en realidad, varios estudios han demostrado que la lectura compartida también ayuda a mejorar la atención,[188-191] esa que las actividades del ocio digital se empeñan
metódicamente en destruir.[44, 192] Otras investigaciones también

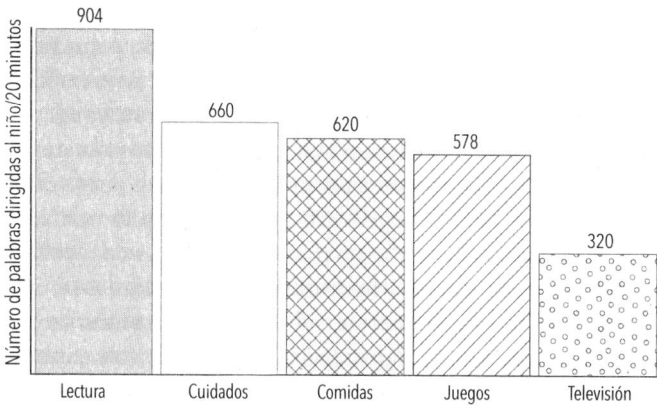

Figura 12. Número de palabras que se dirigen a los niños en edad preescolar (de unos quince meses) durante diferentes actividades cotidianas conjuntas por cada 20 minutos de interacción: «Lectura»: lectura compartida; «Cuidados»: higiene, vestido, baño, etc.; «Comidas»: desayuno, almuerzo, merienda y cena; «Juegos»: actividades lúdicas con el uso de un soporte físico (cubos, muñecas, etc.); «Televisión»: covisionado. *Fuente:* [181,182]

confirman la existencia de un destacado efecto positivo sobre las capacidades socioemocionales,[*, 193-196] que, de entrada, podríamos definir como el conjunto de facultades sobre las que nos basamos para actuar de una manera adecuada y satisfactoria en presencia de terceros, ya sean conocidos o no (en la familia, en el aula, durante una fiesta de cumpleaños, en un vagón del metro, etc.), lo que incluye, por ejemplo, la capacidad de regular las propias emociones (en un supermercado no debemos ponernos a gritar si papá se niega a comprarnos una bolsa de caramelos), la capacidad para respetar las normas sociales comunes (siempre saludamos cuando nos encontramos con alguien) y la aptitud para controlar la propia impulsividad (no podemos interrumpir permanentemente a las personas que están

* En la última parte abordaremos con más precisión este concepto.

hablando). En este sentido, se ha comprobado que la lectura compartida reduce el riesgo de hiperactividad, probablemente porque impone de manera reiterada un entorno interactivo tranquilo.[191] También se ha demostrado que esta práctica genera un ambiente favorable para la interacción, cuyos beneficios abarcan toda la esfera familiar y, en consecuencia, promueven el desarrollo a medio y largo plazo de relaciones paternofiliales más serenas y amables,[197-198] un elemento no menor si tenemos en cuenta el enorme impacto de estas relaciones tempranas sobre el éxito académico durante todo el itinerario educativo del niño.[199] Por último, se ha confirmado también que la lectura compartida mejora la empatía, entendida como la capacidad para ponerse en el lugar del otro, comprender su punto de vista y sentir lo mismo que él siente. Este beneficio está ligado a los comentarios de los adultos, que a menudo incitan al pequeño a identificarse con los personajes del libro y a asumir su diversidad psicológica (por ejemplo: «Gretel tiene miedo porque se ha perdido en el bosque. Y tú, ¿tuviste miedo ayer, cuando no me encontrabas en el supermercado?» o bien «El flautista está muy enfadado porque los aldeanos lo han traicionado, así que, para vengarse, decide llevar a los niños al río. ¿Y tú, qué piensas de él? ¿Te parece lógico que esté enfadado?», etc.).[200-202] Este último aspecto no debe sorprendernos. En los niños en edad escolar que ya leen solos y por placer se ha documentado un proceso similar, como veremos más detenidamente en la última parte.

Repercusiones tempranas y duraderas

Una vez expuestos estos elementos, tenemos que preguntarnos cuál es el periodo ideal para la iniciación. En otras palabras, ¿cuándo hay que empezar a leer cuentos a los niños? Se sabe que lo óptimo es comenzar temprano. La mayoría de las investigaciones recomiendan hacerlo ya entre el primer y el tercer trimestre tras el nacimiento.[195, 203-205] Un estudio representativo ha evidenciado, por ejemplo, que los bebés con los que se practica la lectura compartida cuando tienen entre tres y seis meses presentan a los cinco años un rendimiento lingüístico superior al de sus compañeros que no han tenido la misma suerte.[206] Otro trabajo más reciente empezó por identificar, dentro de un amplio grupo de niños de tres años, aquellos que presentaban variantes genéticas que podían generar retrasos en el desarrollo del lenguaje.[207] Los análisis que se les realizaron revelaron que tenían un déficit sustancial en comparación con un grupo de control libre de ese riesgo hereditario, pero solo cuando se les privaba de lectura compartida durante los doce primeros meses de su existencia. Los niños que, en cambio, habían tenido acceso a libros y cuentos durante ese periodo no mostraban ninguna carencia con respecto a sus compañeros genéticamente protegidos. Es difícil imaginar una demostración más impactante del papel fundamental que desempeñan el entorno y las interacciones familiares tempranas en el desarrollo del lenguaje.

Dicho esto, el verbo no lo es todo, como ilustra otro trabajo que se llevó a cabo en una unidad de cuidados intensivos para neonatos.[208] En aquella investigación se distribuyó a los padres en dos grupos: uno de ellos, el de referencia, no recibió ninguna instrucción; en cambio, al segundo, el grupo experimental, el personal médico le informó de que era importante leer cuentos a los bebés desde su nacimiento. Pues bien, una evaluación realizada doce semanas después del alta, cuando los niños tenían cuatro meses, señaló que la intervención había tenido un impacto positivo en la frecuencia de la lectura compartida y la calidad de las interacciones madre-hijo.

Si los analizamos en su conjunto, estos elementos nos permiten extraer dos conclusiones: en primer lugar, se desconoce cuál es la edad ideal para iniciarse en la lectura y probablemente nunca se llegará a determinar, dado que la velocidad de maduración cerebral varía enormemente de un bebé a otro;[209-210] en segundo lugar, un inicio demasiado tardío penalizará al niño, mientras que un comienzo demasiado temprano no tendrá ninguna influencia negativa en él, ni a corto ni a largo plazo. Por eso se puede sugerir, plagiando el título de un estudio frecuentemente citado, que en materia de lectura compartida la consigna es «cuanto antes, mejor».[206] Y, si no es posible introducir esta actividad desde el principio, es preferible hacerlo al menos antes de los seis meses tras el nacimiento.

Una vez determinado el punto de partida, parece natural, evidentemente, preguntarse también por la línea de meta. ¿Cuándo hay que dejar de leer libros con los hijos? La literatura científica no proporciona ninguna respuesta definitiva, ya que hasta ahora no ha investigado en profundidad este tema. Sin embargo, se puede decir que los beneficios de la lectura compartida no desaparecen cuando el niño crece.[211] Un reciente metaanálisis* indica que esta práctica sigue siendo eficaz desde el periodo preescolar hasta el final de primaria,[174] aunque no en todos los casos: en buena medida, depende de la calidad de las obras que se seleccionen. Para que sean útiles, resulta imprescindible que presenten una complejidad superior al nivel lingüístico de los niños.[174] Dicho de otro modo: el impacto de la lectura compartida «tardía» no depende en este caso tanto de la edad de los beneficiarios como de la dificultad de los libros elegidos. Cuando el niño o el preadolescente cuenta con el sostén de la voz adulta, puede

* Un metaanálisis es una especie de síntesis estadística que reúne todas las investigaciones disponibles acerca de un tema específico (aquí, el impacto de la lectura compartida sobre el aprendizaje léxico) con el fin de determinar si existe o no un efecto estadístico significativo del factor objeto del estudio (la lectura compartida) sobre una variable meta (el aprendizaje léxico) más allá de los resultados (en ocasiones, contradictorios) de cada estudio concreto. Dicho de un modo sencillo: un metaanálisis es un gigantesco estudio estadístico que se elabora agregando los resultados de todos los estudios individuales.

afrontar contenidos mucho más ricos que aquellos a los que en condiciones normales podría aspirar. Hay un estudio que lo ilustra a la perfección.[212] A un grupo de alumnos de entre nueve y once años se les presentaron dos obras «avanzadas», en dos situaciones experimentales: (1) lectura simple, sin comentarios ni explicaciones; (2) lectura acompañada, con aclaración del significado de las palabras que podían resultar problemáticas. El nivel de memorización se midió a partir de una lista de ocho vocablos, extraídos de las obras propuestas, que los participantes ignoraban antes de empezar la lectura. Pues bien, solo la segunda situación resultó ser fructífera: seis semanas después del experimento, los estudiantes recordaban algo más de tres palabras objetivo, es decir, el 40 % del total, un valor cercano a la media que se suele obtener en este tipo de estudios (46 %).[174] En cambio, los miembros del grupo al que les había tocado la «lectura simple» no sacaron ningún provecho detectable de este experimento.

Esto demuestra que la lectura compartida, practicada como actividad de acompañamiento, sigue siendo un fecundo instrumento para el aprendizaje, incluso cuando el niño es ya capaz de leer por sí mismo. El potencial de este instrumento va mucho más allá de las cuestiones léxicas. El libro constituye un soporte generosamente abierto que permite alimentar las reservas de conocimientos de base de los niños, los preadolescentes y los adolescentes, así como abordar con ellos todo tipo de temas fundamentales que, a menudo, los atormentan en lo más hondo de su ser (el amor, la muerte, la amistad, la sexualidad, el racismo...). En definitiva, renunciar demasiado pronto a esta práctica supone privarse de un espacio de interacción tan potente como idóneo. Una vez más, no es posible establecer en este caso un umbral definitivo, pero parece que es interesante persistir al menos hasta el final de la educación primaria o, incluso, hasta mediados del primer ciclo de educación secundaria.

Un soporte ideal de interacción

Aún nos quedan por abordar las cuestiones «técnicas». En realidad, el concepto de lectura compartida no es, ni mucho menos, homogéneo: engloba todo tipo de prácticas dispares, más o menos beneficiosas. En los últimos cincuenta años centenares de estudios científicos han tratado de definir cuál es el método óptimo. No han conseguido hacerlo, pero esto no quiere decir que hayan fracasado. Gracias a ese monumental esfuerzo hoy en día contamos ya con varios principios procedimentales importantes.[42, 165, 175, 178, 213] Tres de ellos se aplican directamente al entorno familiar: la interacción, la repetición y el placer.

Empecemos por la interacción. Para la mayoría de los padres, la lectura compartida es una actividad jerárquica: el adulto lee y el niño escucha. Por desgracia, este tipo de funcionamiento es, en líneas generales, poco eficaz. En el mejor de los casos, el niño solo obtendrá de él un beneficio marginal,[23, 178] como ilustra el experimento que acabo de presentar.[212] Esto significa que, cuando hablamos de lectura compartida, lo importante no es la lectura en sí, sino el acto de compartir. La literatura científica coincide de manera unánime en este punto.[178, 214-216] Para extraer provecho de la aventura, el niño tiene que desempeñar un papel activo. Necesita desplegar toda su atención, su curiosidad, sus emociones y su intelecto. Necesita que se le planteen preguntas, que se le incite a reflexionar, a mostrar, a cuestionar, a explicar y, en último término, a expresarse. Los especialistas califican este planteamiento, basado en el intercambio, de «dialógico».[*, 218-219] En cierto modo, consiste en externalizar el proceso intelectual —que en condiciones normales se lleva a cabo de forma in-

---

* Esta palabra se utiliza para referirse a aquello «que tiene forma de diálogo», es decir, que adopta la forma de una «conversación entre dos o más personas».[217]

consciente— que permite a los buenos lectores comprender que han comprendido (o no) un texto.* Dicho de otro modo, los adultos están ahí para asegurarse de que el niño entiende el vocabulario, las ideas, las conexiones lógicas y las implicaciones de la historia que va descubriendo. Para alcanzar este objetivo cualquier camino es bueno. En definitiva, lo único importante es entablar una conversación fértil y enriquecedora en torno a los elementos del libro. Hay que plantear al pequeño preguntas sobre el léxico, los personajes y la trama. Hay que invitarle a reformular el texto, a resumirlo, a relacionarlo con otras historias que conozca o con aspectos de su vida personal, etc.

Todas estas son estrategias variadas, pero, en último término, persiguen siempre un mismo objetivo: verificar, profundizar y enriquecer la comprensión del texto por parte del niño. Evidentemente, en el día a día la actividad debe adaptarse y, si es preciso, completarse en función de la edad del menor, del tipo de libro, del tiempo disponible, etc. Pero lo fundamental es que poco a poco, libro tras libro, el cerebro vaya acumulando todo tipo de conocimientos esenciales. Gracias a las reacciones de los padres, este órgano irá desarrollando progresivamente las bases lingüísticas, culturales, atencionales y cognitivas que, a largo plazo, permitirán que el pequeño se convierta en un lector autónomo y eficaz. Para la organización práctica, es aconsejable ir explicando sobre la marcha el léxico («"astuto" significa...»), fomentando las deducciones fácticas («El conejito está cansado. ¿Qué crees que va a pasar?»),[220] y dejar para el final (o para una lectura posterior, como veremos más adelante) las incitaciones digresivas («Y a ti, ¿te gustaría tener una maestra como la señora Charlotte?»).[221] En cualquier caso, esto es solo una propuesta, en la medida en que no es posible extraer de la literatura científica existente ninguna

---

* Ya abordamos este punto en la parte anterior.

regla absoluta sobre este aspecto. No obstante, en el anexo que aparece al final de este libro se facilitan ejemplos de estrategias que se suelen utilizar durante la lectura compartida (véase «Anexo C», p. 403).

Leer varias veces el mismo libro

En el caso de los niños de infantil y los primeros cursos de primaria, la lectura compartida requiere una cierta dosis de repetición para ser totalmente eficaz.[174, 222] Cuando mi hija era pequeña y yo le preguntaba qué cuento quería que leyésemos, ella tendía a volver una y otra vez sobre la misma obra, que me tendía sistemáticamente durante días. La mayoría de los niños hacen lo mismo.[222] De manera intuitiva, pensamos que esta obstinación es contraproducente, porque el potencial didáctico de un texto desconocido nos suele parecer más prometedor que el de otro ya abordado. Nada más lejos de la realidad. Nuestros hijos tienen razón. Una sola exposición no les permite interiorizar bien todos los tesoros lingüísticos y narrativos del libro. Cuando un mismo contenido se lee varias veces, la memorización aumenta de manera significativa.[223-224] Por ejemplo, en un estudio se sometió a una serie de niños de tres o cuatro años a tres condiciones experimentales:[225] (1) «Control»: el mismo libro se leía dos veces seguidas el mismo día. (2) «Repetición»: misma situación que en el grupo «control», pero al día siguiente se realizaba una tercera relectura. (3) «Repetición/preguntas»: misma situación que en el grupo «repetición», pero, además, se planteaban preguntas específicamente diseñadas para centrar la atención de los niños en las palabras más complicadas. El nivel de memorización se midió justo después de la última lectura, a partir de una lista de siete vocablos objetivos, que los participantes ignoraban antes de empezar la lectura. El grupo «control» aprendió de media 0,4 palabras; el grupo «repetición», 1,3 palabras (es decir, tres veces más que el grupo de control), y el grupo «repetición/preguntas», 2,9 palabras (esto es, siete veces más que el grupo «control»).

Un efecto impactante. Pero aún hay más: de hecho, cuanto más conoce las palabras, más capaz es el niño de olvidarse del vocabulario para centrarse en la historia. Por eso cada repetición es una oportunidad de enriquecimiento y de aumento del nivel de complejidad de la interación.[222] Hay un estudio revelador en este sentido.[226] En él se invitó a varias parejas madre-niño (de entre dos y cinco años) a leer un álbum desconocido o familiar. Los resultados mostraban claras diferencias. En el segundo caso, el tiempo total de las intervenciones orales del niño era mayor (25 %, frente al 17 %). Por otra parte, también la proporción de los diálogos acerca de lo que ocurría en la historia (por ejemplo: «¿Qué hicieron para protegerse del calor?... ¿Y después?») era superior (12 %, frente al 4 %). En cambio, las tareas relacionadas con la definición de las palabras (por ejemplo: «El heno es hierba seca») se reducían (4 %, frente al 8 %), algo que también ocurría con las ligadas a la denominación de objetos, imágenes o personajes (por ejemplo: «¿Qué es esto?», mientras se señala la ilustración), a las que se dedicaba menos tiempo en el diálogo (37 %, frente al 47 %). Estas observaciones no deben sorprendernos. Reflejan bastante bien lo que sabemos hoy acerca del impacto positivo de los protocolos de lectura compartida en su versión dialógica sobre las capacidades narrativas del niño, esto es, sobre sus habilidades para organizar y estructurar su discurso, para identificar los personajes y los acontecimientos importantes del relato y, en última instancia, para contar la historia.[227] Todas estas son las bases tempranas de las capacidades para sintetizar y comentar, tan fundamentales para el futuro académico de los alumnos.

Los protocolos de repetición que abordo aquí son más eficaces si se mantienen a largo plazo. Una vez que se aprende una palabra, su recuerdo será muy duradero,[178] especialmente teniendo en cuenta que una lectura en cantidad suficiente y que englobe una amplia variedad de textos garantiza el refuerzo regular de la traza dejada y la enriquece. Dicho de otro modo: cuando volvemos a cruzarnos con una palabra conocida, minimizamos el riesgo de olvidarla y expande su significado. Tomemos, por ejemplo, el sustantivo «traza», que acaba de aparecer en este texto. Detrás de su sentido general se oculta un gran número de definiciones específicas: una huella o un rastro (seguir las trazas de un sospechoso), un vestigio o un resto (trazas de pintura), una cantidad muy pequeña de alguna sustancia («contiene trazas de frutos secos»), un diseño o trazado (traza de la autopista), etc.[*] En ese sentido, podemos decir que lo más laborioso no es conservar las palabras aprendidas, sino imprimirlas bien en la memoria. Una vez realizada esta tarea, continuarán su propia vida en ella. Por eso son tan importantes las repeticiones en las primeras etapas: ayudan a estabilizar la primera «traza» cerebral, es decir, aquella en la que más adelante enraizarán todas las acepciones.

Por desgracia, el proceso no es perfecto. Incluso en las versiones más conseguidas, por el camino se pierden muchas palabras.[174, 178] Por eso, la vida cotidiana puede ser de gran ayuda. Es posible convertir las palabras de los libros en palabras del día a día, reutilizándolas de manera consciente en las conversaciones habituales e invitando al niño a hacer lo mismo. Si anoche te encontraste con vocablos como «satisfecho», «suculento» o «astuto», empléalos hoy. Exclama: «¡Ajá! ¡Soy astuto como un zorro!» o «Qué genial soy, me siento satisfecho de mí mismo» o «¡Qué pastel tan suculento!». Juega con las pala-

---

[*]   Seguimos aquí las definiciones y algunos de los ejemplos que se proponen en el *Diccionario del español actual*, de Manuel Seco, Olimpia Andrés y Gabino Ramos (https://www.fbbva.es/diccionario/traza/, función «Vista avanzada» activada). *(N. de la t.)*

bras. Desenvaina alguna de las que hayan aparecido en un momento reciente de lectura compartida y prueba con el niño a incluirla en una frase, cada uno en su turno. Cuando mi hija era pequeña, compré un cuaderno en el que yo iba anotando (cuando me acordaba) las palabras que teníamos que reactivar. Una vez que Valentine las dominaba sin problemas, la tachábamos entre los dos. Para ella era un auténtico placer ver cómo, día tras día, su lista de palabras tachadas iba creciendo.

Sin diversión no vale

Tampoco en este caso hay que pensar que las actividades propuestas tienen que ser arduas y abrumadoras. Es posible hacerlas agradables, alegres, lúdicas y divertidas. Lo peor que podría ocurrir es que todos estos momentos únicos se transformaran en un amargo deber. En tal caso, es mejor abstenerse de realizarlas que aguar la fiesta. Es algo particularmente aplicable a la lectura compartida, cuyos numerosos beneficios no pueden obtenerse a base de sermonear constantemente al niño porque no entiende las cosas con la rapidez necesaria, despachando la tarea a toda prisa como el que se quita una carga de encima o interrumpiéndola cada treinta segundos para consultar el teléfono móvil. Para que esta actividad dé sus frutos hay que realizarla en un ambiente sereno, libre de toda hostilidad y repleto de palabras de aliento.[228-230] Cuando no se sigue esta norma, casi todos los niños acaban desarrollando una aversión por los libros que, como es obvio, complica seriamente los aprendizajes formales y pone en peligro las prácticas posteriores de lectura individual.[230]

Aquí nos encontramos con un bucle de refuerzo bastante clásico: un ambiente positivo (o negativo) favorece (o dificulta) la lectura compartida, que, a su vez, y como ya hemos visto,

consolida (o deteriora) la intimidad y la serenidad de los vínculos intrafamiliares. En definitiva, para que el método funcione y
dé los mejores frutos, es necesario que también el adulto lo disfrute. De lo contrario, el fracaso está garantizado. En ese caso,
es mejor no hacer nada o bien pasarle el testigo a otra persona.
Desde el punto de vista de nuestros hijos, parece más probable
que disfruten de la actividad, si nos atenemos a los resultados
de los múltiples estudios que ya he presentado en la primera
parte de este libro: de acuerdo con ellos, una amplísima mayoría de los niños aseguran que les gusta que les lean historias.

LA ESCUELA NO PUEDE COMPENSAR LAS CARENCIAS DEL ENTORNO

Los datos presentados desde el inicio de este capítulo demuestran, sin lugar a dudas, el peso fundamental que tiene la
estimulación temprana dentro de la familia en el desarrollo
del lenguaje,[115, 123-126] lo que nos obliga a preguntarnos por el
tema crucial de las desigualdades sociales y de la capacidad de
la escuela para contrarrestarlas. En ese sentido, el último informe PISA ha recordado que en el corazón del mundo al que
se califica de «desarrollado», el sistema escolar francés es uno
de aquellos que peor compensan las injusticias del entorno en
el que se nace, aunque también cabe señalar que los resultados
que obtienen nuestros países vecinos en este terreno tampoco son precisamente estratosféricos.[231] Para intentar dar una
respuesta al problema y hacer frente a una condena cada vez
más intensa por parte de la ciudadanía, el Gobierno francés
decidió imponer la educación obligatoria a partir de los tres
años, lo que en la práctica significa que ahora (en concreto,
desde el inicio del curso escolar en 2019) el colegio tiene el deber de acoger a los pequeños que hayan cumplido esa edad.
De acuerdo con las palabras del presidente[232] y de su ministro
de Educación de la época,[233] esta medida permitirá luchar de

una manera más eficaz «contra la pobreza y la creación de profundas desigualdades», «especialmente la desigualdad en el terreno del lenguaje», que constituye «la primera desigualdad entre los menores». El objetivo, en cualquier caso, es encomiable y nadie puede negar que en muchos casos la escuela consigue reducir de una manera considerable el peso de los determinismos sociales.[231, 234-235]

El efecto Mateo

Por desgracia, el lenguaje no parece formar parte de los problemas de falta de aptitud más fácilmente corregibles. La mayoría de los estudios demuestran que, en último término, su desarrollo depende bastante poco del entorno escolar.[108] Por ejemplo, una serie de investigaciones han comparado los resultados léxicos de los alumnos del último curso de educación infantil nacidos en noviembre o diciembre y los alumnos de primero de primaria nacidos en enero o febrero,[236] es decir, de alumnos de edad media similar (con un par de meses de diferencia), pero experiencia escolar distinta (ya que los de primero de primaria iban un curso por delante). Pues bien, los resultados indicaron que el nivel de vocabulario no depende del tiempo que se lleve dentro del sistema educativo. En otras palabras: un año más en el colegio no había supuesto un aumento significativo del repertorio léxico de los niños. Entre el segundo curso (cuatro años) y el tercer curso (cinco años) de educación infantil y entre primero y segundo de educación primaria se obtuvieron hallazgos parecidos.[237-239]

Sin embargo, el panorama mejora claramente cuando se aplican protocolos explícitos para la enseñanza del vocabulario,[108, 237] Pero, como subrayaron ya hace cincuenta años Betty Hart y Todd Risley, investigadores pioneros en este ámbito,[129] y como lo demuestran también decenas de estudios experimentales, trabajos de revisión y metaanálisis recientes, el impacto cuantitativo de estas intervenciones es demasiado limitado como para tener un peso decisivo.[240-244] De hecho, los programas de enseñanza léxica apenas permiten aprender unas decenas de palabras nuevas al cabo de un año.[108] Un balance bastante flaco, si tenemos en cuenta el repertorio estándar de los alumnos:[129, 179] a los tres años, dominan no más de 800 palabras; a los cinco años, alcanzan las 2.000; a los nueve años, llegan casi hasta 7.000 palabras. Naturalmente, estas medias ocultan las enormes diferencias de individuo a individuo, que están ligadas sobre todo al estatus socioeconómico de las familias (un factor que, a su vez, se encuentra muy relacionado con el nivel educativo de los padres). Por retomar una expresión de Betty Hart y Todd Risley,[245] estamos ante una «catástrofe temprana» que la escolarización es incapaz de atenuar. A los treinta y seis meses, es decir, en el momento de incorporarse a la educación infantil, los niños de entornos privilegiados presentan un léxico dos veces más amplio que el de sus compañeros más desfavorecidos (1.100 palabras, frente a 500).[129] A los nueve años, que es el umbral del *fourth-grade slump** y la edad bisagra en la que las transmisiones orales pierden su predominio frente a la lectura individual en la ampliación léxica del niño, el factor es idéntico (el doble: 4.300 palabras frente a 9.100).[179] De entrada, se podría pensar que esta estabilidad constituye una especie de mal menor, pero hacerlo sería un error. No en vano, el efecto de multiplicar por dos un pastel no es el mismo si el tamaño de este es pequeño (dos veces poco sigue siendo poco) que si es grande (dos veces mucho es ya enorme). Entre los tres y los nueve años, los niños que cuentan con más recursos avanzan en mucha mayor medida (8.000 palabras) que sus compañeros que parten con menos medios (3.800 palabras). Los especialistas conocen este fenómeno como el «efecto Mateo», en referencia a una célebre frase del Nuevo Testamento:

---

* El «hundimiento de cuarto» que vimos en la segunda parte.

«Porque a quien tiene, se le dará más todavía y tendrá en abundancia, pero al que no tiene, se le quitará aun lo que tiene».[246]

Cuanto más se sabe, más se aprende

En general, es en ese momento cuando las buenas almas humanistas empiezan a atacar a la escuela. La realidad, por desgracia, es que esta última no puede hacer nada (o, mejor dicho, no puede hacer gran cosa). Cuando los niños llegan a educación infantil, con treinta y seis meses, algunos de ellos habrán oído ya 35 millones de palabras; otros, apenas 10 millones; a algunos les habrán invitado a tomar la palabra 500.000 veces; a otros, tan solo 80.000; algunos habrán adquirido un vocabulario de 1.100 palabras; otros, de 500, y así sucesivamente.[129] Estas diferencias son abismales y, en casi todos los casos, irremediables. Hay varias razones para ello. La principal tiene que ver con la naturaleza acumulativa del desarrollo lingüístico. Hoy en día está ya demostrado que cuantas más palabras conozca un niño más fácil le resultará aprender otras nuevas.[119, 224, 247-251] El mecanismo subyacente se conoce bien. En buena medida, depende de los efectos de contexto que ya abordamos en la primera parte. Como hemos visto (en el cuadro de las pp. 166-167), adivinar el sentido de una palabra como «crose» (que me invento aquí a efectos de demostración y que utilizo como sinónimo de «motivo») es relativamente fácil si se conocen las palabras cercanas: «He dejado de hablarle a mi hermana. Ninguno de mis amigos se ha sorprendido al descubrirlo, menos Gaspard, que me ha preguntado por el crose de la pelea».[252] Sin embargo, el reto se vuelve mucho más complicado cuando falta otra palabra importante, como «pelea»: «He dejado de hablarle a mi hermana. Ninguno de mis amigos se ha sorprendido al descubrirlo, menos Gaspard, que me ha preguntado por el crose de la rupeta».[252] La operación es ya casi imposible si ampliamos la lista de elementos faltantes para incluir en ella «sorprendi-do»: «He dejado de hablarle a mi hermana. Ninguno de mis amigos se ha tenadido al descubrirlo, menos Gaspard, que me ha preguntado por el crose de la rupeta».[252]

En el día a día, a menudo este tipo de ayuda proporcionada por el contexto (que nos permite entender una palabra desconocida cuando se encuentra en medio de otras palabras conocidas) surge sin que nos demos cuenta. Para ilustrar este fenómeno y para demostrar también que no es exclusivo de la lectura, me permitiré evocar una anécdota personal. Hace unos años, mi hija y yo estábamos paseando por un parque de Lyon cuando apareció un grupo de niños. Su maestra, al llegar a una zona de césped rodeada por un enrejado, exclamó de repente, mientras señalaba a unos animales: «¡Mirad! ¡Avestruces!». En realidad se trataba de emúes, pero eso es lo de menos. El problema es que, en la dirección indicada, también había gamos y pavos reales, así que solo aquellos pequeños que conocían ya a esos animales consiguieron identificar, a partir del contexto, a los avestruces. En otras palabras: como sabían qué era un gamo y qué era un pavo real, esos niños pudieron adivinar qué era un avestruz (el único animal que no conocían). El proceso es el mismo que cuando señalas el cepillo de carpintero que está detrás del nivel de burbuja o el patinete que se encuentra al lado del escúter.

Estos mecanismos de inferencia son más potentes cuando su acción va mucho más allá del ámbito léxico y entra ya en el terreno cultural. Numerosos estudios demuestran que el cerebro memoriza con más facilidad una información si puede relacionarla con saberes previos, ya almacenados.[253-256] En otras palabras: cuantas más cosas sepa un niño, más fácil le resultará aprender otras nuevas.[257] También el mecanismo que se pone en marcha en este caso es fácil de describir. Consideremos el siguiente texto: «El lince es un felino carnívoro de orejas puntiagudas y pelaje pardo, con manchas o rayas. Se trata de un excelente cazador, rápido y, al mismo tiempo, silencioso. Su poderosa mandíbula se encuentra recubierta de dientes afilados y sus patas acaban en garras retráctiles». Si un niño nunca ha visto a un tigre, un león, un gato, un leopardo o cualquier otro animal del mismo género, deberá, una vez resueltas sus lagunas de ignorancia («¿qué es un felino? ¿Qué es un carnívoro?», etc.), memorizar *de novo* todos los datos aportados. En cambio, si nuestra joven mente posee una cultura general suficiente y conoce a otros felinos, podrá relacionar lo que está leyendo con lo que ya sabe en cuanto se le indique que un lince es como un gato muy grande, una leona pequeña o un tigre al que se le ha olvidado crecer. En ese caso, la memoria podrá optimizar su funcionamiento incorporando los elementos del texto a toda una red de conocimientos preconstituida.[258] La memorización será mucho más fácil. Lo mismo ocurrirá —por retomar un ejemplo que ya he dado— cuando a un niño que jamás ha visto un lichi se le dice que se trata de una fruta que tiene una piel parecida a la de la naranja y un hueso similar al de la cereza. Esto favorece la memorización y, al mismo tiempo, amplía el concepto de fruta.

Estas conclusiones son bastante fáciles de probar experimentalmente.[253-256] En un estudio representativo se invitó a una serie de estudiantes a indicar doce personas que conociesen bien (amigos, familiares, etc.).[255] Cada uno de esos doce nombres se asoció después a doce afirmaciones ficticias (por ejemplo, «Valérie André ha visto la película *Poltergeist*» o «Pierre Rancy tiene un Mercedes»). En otro grupo se aplicó el mismo protocolo, pero en aquella ocasión se eligieron al azar doce nombres de personas a las que los estudiantes no conocían (por ejemplo, «Caroline Matthieu ha visto la película *Scream*» o «Marc Duray tiene un BMW»). El nivel de retención fue dos veces mayor cuando las afirmaciones se aplicaban a nombres que resultaban familiares (61 %) que cuando correspondían a desconocidos (22 %). Esto confirma con claridad que es más fácil memorizar hechos nuevos cuando se pueden integrar en una red previamente constituida. Es como si el cerebro siempre encontrara la forma de enganchar la información desconocida a aquella otra que ya conoce. Por ejemplo, «Pierre Rancy es un poco fanfarrón, lo que casa bastante con su amor por los coches Mercedes». En realidad, este sistema funciona como un hogar bien ordenado. Si compras un pelador, lo encontrarás fácilmente porque podrás introducirlo en una estructura ya existente (todos los utensilios de cocina van al mismo cajón). En cambio, la operación será más aleatoria si compras una carcasa de teléfono móvil, que te resultará complicado introducir en una caja ya organizada.

Una guerra perdida de antemano

Estos elementos, vistos en su conjunto, explican en gran medida la impotencia de la escuela a la hora de reducir de manera eficaz el impacto de las desigualdades sociales sobre el desarrollo del lenguaje. El funcionamiento del cerebro parece reproducir aquí las leyes económicas: a medida que pasa el tiempo, los ricos se enriquecen mucho más que los pobres.[259] Evidentemente, el sistema escolar podría basarse en programas de educación más ambiciosos y potentes. En el terreno del vocabulario, los estudios más alentadores han demostrado que es posible aumentar cada semana en unas 10 palabras el bagaje de un niño,[108, 223] lo que supone un total de unas 360 palabras al año en el caso de un pequeño francés.* Un resultado prometedor, desde luego, pero sobre el que es preciso hacer tres comentarios. En primer lugar, este éxito requiere un esfuerzo enorme y costoso, difícilmente compatible con las limitaciones humanas, económicas y temporales que su-

---

* En Francia, un curso académico medio comprende 864 horas, distribuidas en 36 semanas.[260]

fren nuestras instituciones educativas. De hecho, para llegar a estas diez unidades semanales, es preciso proporcionar a los maestros una sólida formación, trabajar con ratios menores (de dieciocho alumnos, de media) y dedicar dos horas y media a esta tarea, es decir, más del 10 % del horario escolar.[223] En segundo lugar, aunque el incremento sea considerable, se queda muy por debajo del que se puede alcanzar en el entorno familiar. El abismo de 4.200 palabras que, a la edad de nueve años, separa a los alumnos más favorecidos de sus compañeros menos privilegiados[179] representa doce años de enseñanza intensiva, lo que significa que, para borrar las desigualdades léxicas que genera el capital cultural familiar, sería necesario, por una parte, realizar un esfuerzo considerable para con los estudiantes más pobres y, por otra, abandonar a los alumnos con más recursos, lo cual no parece precisamente aceptable y nos conduce al tercer punto: el efecto Mateo del que he hablado en líneas anteriores no se detiene en las puertas del colegio. Los programas específicos del aprendizaje del léxico no solo no reducen las desigualdades, sino que incluso las acrecientan, porque benefician más a los niños más competentes.[249-250] Dicho de otra forma: todo el mundo avanza, pero, una vez más, aquellos niños cuyo capital inicial es más opulento evolucionan mucho más rápido.

En definitiva, la aportación potencial de la escuela al desarrollo lingüístico precoz es, en el mejor de los casos, modesto, y en el peor, marginal. En este terreno, más que en ningún otro, es la familia quien soporta todo el peso sobre sus hombros. Su papel es tan crucial como insustituible. Si falla, el lenguaje se quedará congelado y el futuro académico del niño se verá en peligro, incluso antes de que se incorpore a la educación infantil, porque, como indica un artículo de síntesis, «la comprensión escrita, fundamental para el éxito escolar, depende de las capacidades lingüísticas tempranas».[165]

En resumen

En un principio, la evolución del lenguaje depende en gran medida del «alimento» que proporcione el entorno familiar. Al hablar al niño y al leerle cuentos, los padres sentarán las bases imprescindibles para el posterior desarrollo de la lectura y también, de un modo más general, de los aprendizajes escolares, intelectuales, emocionales y sociales. En este sentido, salvando el caso excepcional de algunos peces voladores que aparecen en las estadísticas, aquello que el entorno de origen descuida no se compensará ni con el colegio ni con el paso del tiempo. Evidentemente, un buen despegue no garantiza un aterrizaje tranquilo, pero, desde luego, un mal comienzo crea las condiciones propicias para que la trayectoria posterior sea frustrante y difícil. Para obtener una última prueba de ello, puede ser interesante analizar los estudios más amplios. Hasta ahora hemos contemplado de manera aislada el peso de los diferentes factores de interés (conciencia fonológica, conocimiento del alfabeto, vocabulario, etc.) implicados en el aprendizaje de la lectura, pero hemos ignorado la visión de conjunto, a pesar de que solo ella revela la importancia de las condiciones del entorno temprano. Cuando los predictores analizados en este capítulo se consideran en su totalidad, adelantan ya una parte sustancial de los resultados académicos y de las competencias lectoras medidas al final de la educación primaria,[261] del primer ciclo de secundaria[262-263] y del bachillerato.[110, 264] Un reciente estudio de amplio alcance, por ejemplo, ha concluido que las competencias alfabéticas, fonológicas y léxicas evaluadas al final de la educación infantil permiten predecir casi el 30 % de las diferencias de comprensión lectora que el programa PISA detecta al final de la educación secundaria obligatoria.[263] Conclusión de los autores (que, en mi opinión, resume todos los datos del presente capítulo): «Los requisitos que necesita la lectura, medidos en educación infantil, constituyen potentes predictores de la comprensión lectora al llegar al tercer curso de educación secundaria».

Cuarta parte

UN MUNDO SIN LIBROS

—¿No me preguntas nada sobre lo de anoche? —dijo.

—¿Sobre qué?

—Quemamos un millar de libros. Quemamos a una mujer.

—¿Y qué?

[...]

—Tú no estabas allí, tú no la viste —insistió él—. Tiene que haber algo en los libros, cosas que no podemos imaginar [,] para hacer que una mujer permanezca en una casa que arde. Ahí tiene que haber algo. Uno no se sacrifica por nada.[1]

Ray Bradbury, escritor

En 2020, la pandemia de la covid-19 golpeó a todo el planeta. Para frenar la propagación del virus, muchos gobiernos adoptaron medidas radicales de confinamiento. Durante semanas, los ciudadanos no pudieron salir libremente, ver a sus seres queridos o acudir a espacios y establecimientos «no esenciales». En Francia, se permitió la apertura de ferreterías, estancos y lavanderías.[2] En cambio, se decretó el cierre de las librerías. Los profesionales del sector no se abstuvieron de expresar su cólera, denunciando la competencia desleal de los gigantes del comercio electrónico (a los que no se aplicaba la misma medida)[3-4] y afirmando, en un comunicado conjunto, que los libros son verdaderamente «esenciales para la vida de nuestra sociedad y nuestra vida individual», principalmente por su capacidad para saciar «nuestra necesidad de comprensión, reflexión, evasión y distracción, pero también nuestra necesidad de compartir y comunicarnos, incluso en medio del aislamiento».[5] Una apreciación que confirmó François Busnel, famoso crítico literario, para el que las librerías representan nuestra mejor arma para «ayudar a que el conocimiento haga frente al oscurantismo».[6] La advertencia se escuchó.[7] El Gobierno revisó su postura y finalmente incluyó las librerías en la corta lista de comercios «esenciales».[8] En paralelo, en cuanto les fue posible, los lectores regresaron en masa a estos establecimientos,[9] como si su ausencia hubiese resucitado su necesidad. Las ventas de libros alcanzaron niveles máximos.[10]

Pero, como era de esperar, la bonanza no duró. En apenas unos meses, la ansiedad se difuminó, volvió la indiferencia y el repunte llegó a su fin.[11] Sin embargo, este episodio también fue significativo por su fuerza simbólica. Evidenció hasta qué punto las personas sienten —por lo general de manera inconsciente y a pesar de que cada vez lean menos— que el libro no es un mero objeto de consumo, sino que constituye un capital, un bien básico cuyo acceso se debe garantizar, incluso (¿o sobre todo?) en las circunstancias materiales y sanitarias más inquietantes. Pero ¿este sentimiento tiene un fundamento objetivo? ¿Se apoya en hechos demostrados o no es más que el reflejo de la nostalgia ilusoria de una minoría activa de lectores entusiastas? En esta parte abordaremos estas cuestiones a través de dos grandes capítulos. El primero de ellos recordará lo mucho que aportó el libro impreso al desarrollo de la humanidad. El segundo concluirá, como sugiere la cita con la que arranca esta parte, que hay algo verdaderamente único en los libros. Para ello, demostrará que el soporte de la transmisión (vídeo, audio, libro electrónico, libro en formato papel, etc.) condiciona el aprendizaje y que el libro, sobre todo el impreso, favorece, simplemente por su formato, que, aun cuando los elementos transmitidos sean en principio similares, los contenidos complejos se comprendan y se memoricen.

8

Lo que la humanidad debe a los libros

Hace casi cuatro mil años que nacieron los libros.[12-13] Cuatro mil años es mucho. Pocas creaciones humanas pueden presumir de haber resistido de la misma forma al desgaste del tiempo. Evidentemente, los soportes han cambiado: se ha pasado de la arcilla al papiro, al pergamino, al papel (desde no hace ni un milenio) y, por último (recientemente), al formato electrónico, pero esta transición no ha cambiado el objetivo inicial: preservar nuestra memoria colectiva.[12, 14] Dicho de otro modo: en cuarenta siglos la humanidad no ha encontrado ninguna herramienta mejor que los libros para garantizar la conservación y la transmisión de sus saberes más fundamentales. Como explica la filóloga* Irene Vallejo, «debemos a los libros la supervivencia de las mejores ideas fabricadas por la especie humana. [...] Sin los libros, las mejores cosas de nuestro mundo se habrían esfumado en el olvido».[14] Y si se hubiesen esfumado en el olvido, no habrían podido servir de base sobre la que construir más cosas hermosas. Efectivamente, como pondré de manifiesto en las próximas líneas, nuestra modernidad se ha levantado sobre los libros y todo indica que así seguirá siendo por mucho tiempo. Porque, en el fondo, si el libro sigue aquí, casi cua-

---

* «Especialista del estudio histórico (gramatical, lingüístico, etc.) de los textos.»[15]

tro milenios después, «más allá de pequeños ajustes en sus materiales o componentes»,[14] no es una casualidad, sino el reflejo de la perfecta adecuación de su estructura a nuestro funcionamiento cerebral.

El nacimiento de la modernidad

En el devenir de la historia, el Renacimiento constituye un punto de inflexión. Marca el advenimiento de un periodo incomparable de florecimiento tecnológico, intelectual, cultural, económico y social. Sobre este armazón echó a andar el tren del progreso. En todas partes se ensalza con ardor a sus herederos, desde Isaac Newton a Albert Einstein, pasando por Charles Darwin, Johannes Kepler, Nicolás Copérnico, Galileo Galilei, Leonardo da Vinci o Marie Curie. Sin embargo, algunos personajes han sido injustamente relegados. Johannes Gutenberg es uno de ellos. Y, no obstante, fue él quien, en el siglo xv, colocó la locomotora sobre los raíles. Este genio polivalente no solo inventó un sistema para imprimir en masa, sino que realmente dio lugar a la modernidad.[16] Antes de Gutenberg, cada copista conseguía caligrafiar, no sin gran esfuerzo, un libro en un plazo de entre cuatro y ocho semanas. Después de él, cualquier editor podía obtener varias decenas de ejemplares a diario.[17] El resultado no se hizo esperar. En el siglo xiv, en la Europa Occidental la producción anual de libros era inferior a treinta mil unidades.[18] En el siglo xvi, superaba el millón. En el xviii, el Siglo de las Luces, alcanzaba los diez millones (¡lo que significa que solo en ese siglo se editaron mil millones de obras!). Como escribe maravillosamente el profesor universitario Daniel Boorstin, «después de Gutenberg, todo aquello que la memoria había regido y para lo que había servido en la vida cotidiana pasó a estar bajo el amparo de la página impresa».[19]

Es cierto, no obstante, que este era un avance latente y Gutenberg, de cuya vida no se sabe gran cosa, fue simplemente un poco más combativo, rápido y creativo que sus competidores.[20] Sin embargo, ha sido su nombre el que se ha conservado porque él fue el primero. A veces la historia es cruel. Olvida a los precursores y solo se queda con el último eslabón de la cadena de los inventos.[19] Pero en este caso eso es lo de menos. Lo importante es que, al sentar las bases de una difusión textual casi ilimitada, Gutenberg hizo posible que se propagara a gran escala un patrimonio cultural que hasta ese momento había estado reservado para una reducida élite. Este terremoto se extendió más fácil y profundamente porque enseguida dejó atrás el latín clásico de los eruditos para apoyarse en la lengua habitual de la población. Como demuestra Boorstin,[19] «el triunfo del libro impreso generó poco después el triunfo de las lenguas populares, que se convirtieron, a través de Europa, en los vehículos de la cultura». A cambio, «con la multiplicación de los libros, el nivel de instrucción aumentó y la literatura vernácula* se desarrolló». Un círculo virtuoso donde los haya: el libro da forma a la educación, que, a su vez, alienta la producción de libros.

Desde este punto de vista, la imprenta no fue solo una revolución tecnológica: representó todo un cataclismo en la civilización sin el que el mundo occidental jamás habría podido experimentar el auge que vivió a partir de entonces. Durante milenios, el analfabetismo fue el destino general de las comunidades humanas. Sin embargo, hoy en día esto ya no es así para la mayoría de la población. Nuestras sociedades, gracias al alimento de los libros, han cambiado radicalmente. La inteligencia se ha vuelto más valiosa que la fuerza.

---

* Esta palabra se refiere a aquella lengua que es «propia de un país y de sus habitantes [...]; lengua comúnmente hablada dentro de los límites de una comunidad».[21]

En la actualidad, como observa Garrisson Keillor, escritor estadounidense, «la lectura es la clave de todo. Enseñar a leer a los niños constituye una obligación moral fundamental de la sociedad».[22] El extraordinario escritor Alphonse de Lamartine fue probablemente uno de los primeros en comprenderlo. En 1853, en una obrita dedicada a Gutenberg, escribió: «La imprenta es el telescopio del alma. Del mismo modo que aquel instrumento de óptica, que se llama "telescopio", acerca al ojo, agrandándolos, todos los objetos de la creación, y hasta los átomos y los astros del universo visible: así la imprenta acerca y pone en comunicación inmediata, continua, perpetua, el pensamiento del hombre aislado con todos los pensamientos del mundo invisible, en el pasado, el presente y el porvenir. [...] [De la prensa] salen [...] papel, tinta, letras, cifras, caracteres: cosas todas que caen bajo el dominio de los sentidos; [pero] también salen [...] pensamiento, sentimiento, moral, religión, es decir, una porción del alma del hombre».[23] Dicho de otro modo: si privamos a nuestros descendientes de la literatura, absteniéndonos de guiarnos por el camino de los libros, les estaremos amputando una parte de su alma. Esta negligencia, como nos recuerda Konrad Liessmann, profesor de Filosofía en la Universidad de Viena, «solo puede interpretarse como un acto bárbaro».[24] La formulación puede parecer exagerada, pero traduce bastante bien el proceso de sometimiento que, al impedir que los niños más pobres accedan a las riquezas de la cultura y del lenguaje, cierra cualquier opción real de movilidad social.[25-29]

Cuando los libros arden

Dicho esto, si se nos pidiera aportar una única prueba de la importancia de los libros, podríamos mencionar el odio visceral que sienten hacia ellos todos los tiranos del mundo, que durante siglos han convertido la destrucción de las obras literarias en

una prioridad constante y absoluta.[30-32] Como escribe el filósofo George Steiner, «los fundamentalistas de todos los bandos
queman los libros por instinto».[33] Los nazis son un triste ejemplo en este sentido. Solo ellos destruyeron más de cien millones
de libros.[31] Oficialmente, lo hacían para preservar «el espíritu
alemán»[32] impidiendo, como escribió Hitler en *Mi lucha*,* que
a través de «la literatura de pacotilla y la prensa sensacionalista
se sirva al pueblo, día tras día, veneno a raudales».[34] Oficiosa-
mente, el objetivo era, claro está, mucho más maquiavélico: se
aspiraba nada menos que a la aniquilación de las herramientas
fundamentales del pensamiento. En este sentido, la depuración
de los corpus literarios debía garantizar el borrado de asideros
memoriales, conceptuales y culturales, sin los que es imposible
realizar cualquier actividad reflexiva con éxito.[35-37]

Esa es, por otra parte, la principal ambición de todos los
grandes autos de fe, como tan brillantemente ha demostrado
Fernando Báez, profesor universitario venezolano: «[...] for-
zar una amnesia [...] que permita el control de un individuo
o sociedad».[30] Ese control se establece con mayor facilidad
cuando la destrucción de las obras se acompaña fatalmente
de una grave pérdida intelectual, en particular lingüística. En
efecto, como hemos visto, es en los libros donde se esconden
los tesoros del idioma, tanto desde el punto de vista sintáctico
como léxico. Cuando falta la lectura, el lenguaje se resiente.
Y, sin embargo, es el lenguaje el que sostiene una parte esencial de nuestras capacidades de razonamiento, comprensión,
crítica, reflexión, análisis y aprendizaje.

---

* Aún se debate si este texto debe ser accesible o si, por el contrario,
conviene prohibir su publicación. La segunda solución me parece inaceptable,
considerando que esta inmundicia literaria constituye una pieza histórica
fundamental para cualquier persona que desee entender la locura nazi y, de un
modo más general, el mundo contemporáneo. Recientemente se ha publicado
una versión con sólidas notas añadidas por diversos historiadores,[34] lo cual
me parece un excelente equilibrio entre la prudencia y el necesario acceso.

También Hitler lo tenía claro. En *Mi lucha*, en línea con los trabajos de Gustave Le Bon sobre la psicología de las masas,[38] el dictador en ciernes escribió: «Para que una propaganda sea eficaz, debe centrarse simplemente en un número muy limitado de puntos y explotarlos a través de fórmulas impactantes, hasta que incluso la última persona que llegue sea capaz, gracias a esas fórmulas, de tener claro lo que se quiere».[34] De ese modo, explica Victor Klemperer, filósofo judío que sobrevivió a la abyección nazi, se desarrolló una lengua del sometimiento, la *Lingua Tertii Imperii* (LTI), literalmente la lengua del Tercer Reich. Tenía «una característica básica: la pobreza». «A pesar de toda su duración y extensión, [...] siguió siendo pobre y monótona [...] tan todopoderosa como pobre, y todopoderosa precisamente por su pobreza.»[39] Gracias a la LTI, atestigua Klemperer, «el nazismo se introducía más bien en la carne y en la sangre de las masas», esas a las que Hitler le gustaba referirse como «la gran masa», una especie de turba impresionable, crédula e imbécil.[39] En *Mi lucha* denuncia «la escasa capacidad de reflexión de la gran masa y destaca que su «capacidad de asimilación es realmente muy limitada y su entendimiento, reducido».[34] Es la pescadilla que se muerde la cola: cuanto más se priva a la mente de libros, más se erosiona su base cultural y lingüística, y cuanto más se erosiona esa base, más inaccesible resulta el conocimiento que aportan los libros. El movimiento se repite una y otra vez: el lector se eleva y el idiota se hunde.

Este proceso de esterilización del pensamiento se ha explorado en varias novelas con una agudeza escalofriante. Así, *Fahrenheit 451*, publicada en 1953,[1] describe una sociedad de pesadilla, en la que los libros se queman sistemáticamente para ahogar cualquier atisbo de inteligencia y reflexión; una sociedad de la diversión, saturada de pantallas, atiborrada de somníferos, repleta de soledad, dominada por la inmediatez, expuesta a un bombardeo mediático constante y, en último término —y como era de esperar—, poblada por zombis descerebrados, serviles y aborregados.

¿Y qué decir de *1984*,[40] una sorprendente obra publicada en 1949 que, con una afilada pluma, describe un universo brutalmente oprimido, sometido a una vigilancia omnisciente, objeto de una continua mutilación de la realidad, despojado de su memoria y desprovisto de lenguaje? Un universo sin raíces, en el que «todos los documentos han sido destruidos o falsificados, todos los libros han sido otra vez escritos, los cuadros vueltos a pintar». Un universo cuya lengua oficial, la neolengua, tiene como «finalidad [...] limitar el alcance del pensamiento» para, en último término, hacer «imposible todo crimen del pensamiento» porque ya no habrá palabras para expresarlo. «Cada año habrá menos palabras y el radio de acción de la conciencia será cada vez más pequeño.» Un empequeñecimiento que encontramos también en *Un mundo feliz*,[41] monstruosa anticipación de 1932 en la que una restringida casta erudita, seleccionada genéticamente, somete a un rebaño apático, amorfo, intelectualmente amputado, saciado con superfluas diversiones, privado de emociones por efecto de una droga artificial e incapaz de percibir el horror de una servidumbre a la que acaba cogiendo cariño.

¿Cómo no ver en estas siniestras distopías los rasgos del mundo hacia el que nos estamos deslizando lentamente? ¿No está tal vez Occidente reuniendo en un solo modelo los peores terrores de Ray Bradbury,[1] George Orwell[40] y Aldous Huxley[41]? Nuestros hijos ya no leen, o apenas lo hacen; sus cerebros están atontados por las pantallas que consumen en su tiempo de ocio;[42] su existencia transcurre, sin que lo sepan, bajo una constante vigilancia digital,[43-44] y sus sueños se hacen más y más pequeños, atrapados en la trampa consumista de la diversión y las apariencias.[45-46] ¿De verdad esto es vida? ¿Nos atreveríamos a responder afirmativamente a esta pregunta si nos la planteasen en relación con los gammas de *Un mundo feliz*[41] o de Mildred, esa mujer estúpida, vacía y borracha de psicotrópicos que estaba casada con el bombero Montag de *Fahrenheit 451*? Es cierto que todos estos personajes se encuentran en una situación material aceptable, pero ¿quién querría parecerse a ellos? ¿Quién podría envidiar su existencia, su estupidez y su pseudofelicidad artificial? Son esas personas que «existen sin vivir» y que sufren, como escribió Victor Hugo, «el anonadamiento de ser y de no pensar».[47] Son cáscaras vacías, seres envilecidos, despojados de su humanidad. ¿De verdad es esto lo que queremos para nuestros hijos?

EN RESUMEN

Este capítulo demuestra, como sugiere la cita con la que arranca la cuarta parte, que, efectivamente, hay «algo en los libros». Un «algo» que, tras la invención de la imprenta, permitió a las sociedades occidentales experimentar un extraordinario desarrollo. Un «algo» que, desde siempre, ha avivado el odio de los peores tiranos. Un «algo» de lo que se están privando hoy nuestros hijos, rodeados de pantallas. Un «algo» que en el próximo capítulo trataré de definir con más precisión.

9

El potencial único del libro

Llegamos así al corazón del problema. Una vez superados los primeros años de vida, ¿qué nos aporta la lectura? ¿Qué se están perdiendo nuestros niños y nuestros adolescentes cuando se apartan de ella? Son cuestiones fundamentales, especialmente porque en los últimos decenios han transformado nuestro mundo. Hoy en día los libros ya no gozan de un estatus privilegiado. Ya no son, ni mucho menos, nuestra única memoria. Su papel en el proceso de transmisión cultural entre generaciones no deja de reducirse en beneficio de los medios digitales y audiovisuales,[24, 42, 48-50] lo que nos obliga a ampliar un poco la pregunta de origen y a plantearnos si esta evolución está teniendo un precio. Ese «algo» que vive en el interior de los libros ¿de verdad es único o bien es posible encontrarlo también en otros soportes más recientes, como las películas, las series, los pódcast, los audios, Internet, etc.? Edwy Plenel, periodista de espíritu eminentemente progresista, declaró recientemente que «en Internet no hay formato, así que se pueden compartir conferencias, vídeos de debates [...], lo que permite una autodidaxis* permanente, que es un elemento fundamental para la democracia».[51] Por eso, para él cualquier discurso en contra de esta posibilidad evidencia, en último término, «una demonización de lo digi-

---

* Es decir, un aprendizaje sin el acompañamiento de un profesor. El adjetivo derivado, «autodidacta», es más frecuente.

tal, un rechazo a que este instrumento ocupe un lugar central en la manera en la que los niños aprenden y comprueban».

El discurso es, sin duda alguna, seductor. Su único problema es que está omitiendo medio siglo de estudios precisos y coincidentes. Para empezar, están los trabajos —ya mencionados— en los que se evidencia que esas prácticas autodidactas que ensalza Edwy Plenel, cuando se aplican en las generaciones más jóvenes —cuya capacidad de procesamiento y comprensión es insuficiente—, no nutren la democracia, sino que la erosionan, la ponen en peligro, como revela un amplio estudio de la Universidad de Stanford.[52] Por otra parte, desde principios de los años sesenta del siglo xx sabemos la enorme importancia que tienen los soportes de transmisión. En este sentido, hay una cita de Marshal McLuhan, importante teórico de la comunicación, que se ha hecho mundialmente famosa: «El medio es el mensaje».[53] A través de este aforismo, el autor quería expresar que la forma contamina irremediablemente el fondo y, por ende, el modo en que el cerebro procesa la información recibida. En otras palabras: para McLuhan y también para numerosos profesores universitarios, como Pierre Bourdieu[54] o Neil Postman,[55] el medio de comunicación modifica el mensaje y, en consecuencia, modula las actividades de percepción, comprensión y memorización que realiza el receptor. En el contexto de nuestro debate, eso significa que no es en absoluto lo mismo un libro que una búsqueda en Internet, un pódcast o un vídeo de YouTube.

El libro: decididamente mejor que Internet

Una de las principales diferencias entre el libro e Internet radica en la organización de los contenidos. En la «red» (el nombre ya lo dice todo), la información es difusa, redundante y fragmentada. El detalle siempre se codea con la esencia y las *fake* *news* se mezclan continuamente con la verdad. El conocimiento no aparece ni coordinado ni jerarquizado. Cada búsqueda genera una montaña de respuestas, que el internauta tiene que clasificar, evaluar y, en último término, incorporar a un conjunto armonioso, y a este problema le suele dar respuesta de forma artesanal, primero reduciendo el campo de las consultas iniciales a los primeros enlaces que ha seleccionado el algoritmo de búsqueda[56-57] y después, a partir de esta base, saltando de una información a otra hasta construir una representación global del tema que le interesa. En el ejemplo ya mencionado del Tratado de Versalles, esto quiere decir que, entre los casi cinco millones de direcciones que Google identifica para la denominación francesa («Traité de Versailles») en medio segundo, el cibernauta empezará, en general, por abrir la primera, sobre todo si procede de una web supuestamente enciclopédica, como Wikipedia.* A continuación, tal vez consulte una o dos más o irá haciendo clic progresivamente sobre los enlaces de hipertexto que se le proponen aquí y allá («Conferencia de Paz de París», «atentado de Sarajevo», «Sociedad de Naciones», «Adolf Hitler», etc.), hasta obtener una respuesta satisfactoria para su pregunta original.**

* Una web muy popular, pero cuyos artículos no son siempre, ni mucho menos, claros, fiables y rigurosos.[58-63]

** El principio es exactamente el mismo con los sistemas conversacionales como ChatGPT o Bing. En ese caso, hay que preguntar algo así como «¿qué es el Tratado de Versalles?». Los programas actuales suelen reformular lo que encuentran en las páginas web más consultadas (por ejemplo, Wikipedia), en forma de respuesta de varias decenas o varios centenares de palabras, no siempre fiable (tal vez no esté de más advertirlo aquí), que después hay que ir afinando mediante otras preguntas sucesivas. Cabe esperar que, con el tiempo, el rendimiento de los algoritmos mejore y que llegará el día en que podrán ofrecer una respuesta completa y estructurada (aunque para aumentar la fiabilidad seguramente haya que esperar más tiempo aún)... En fin, que sean eso que los dinosaurios denominan un libro (o un capítulo)...

Los libros son mucho menos exigentes para el lector, en el sentido de que todo el trabajo de investigación y estructuración recae en el autor, que es a quien corresponde identificar los elementos pertinentes y tomar las decisiones en cuanto a su organización. También es a él a quien le corresponde determinar a qué tipo de lector se dirige y, desde esta perspectiva, valorar qué es necesario explicarle y qué puede omitirse. Dicho de otro modo: mientras que los motores de búsqueda de Internet dejan a los individuos solos ante una montaña de datos dispares, el libro los toma de la mano y los guía a lo largo de todo el camino para proporcionarles un nivel de comprensión óptimo. Una vez más, podemos recurrir al ejemplo del Tratado de Versalles. La disposición terriblemente fragmentaria de las fuentes de información disponibles en la red es lo contrario del relato construido, unificado y contextualizado de las obras que han escrito sobre este tema Pierre Renouvin[64] o Jean-Jacques Becker.[65] Como era de esperar, los estudios demuestran que, desde el punto de vista de la comprensión y la memorización, la mayoría de las personas sacan mucho más provecho de estos contenidos armonizados.[66-70] Solo aquellos expertos que poseen un sólido conocimiento previo acerca del tema abordado constituyen una excepción en este sentido, ya que consiguen navegar por las arquitecturas desmembradas de Internet sin sufrir daño alguno.

En un revelador ensayo, se invitó a varios estudiantes de Biología a realizar un curso sobre el ciclo de multiplicación del coronavirus.[66] La mitad de ellos contaba con un buen conocimiento general de virología. La otra mitad, en cambio, solo presentaba un saber limitado. El curso, digital, contenía siempre los mismos elementos, pero estructurados de acuerdo con dos tipos de organización: una, jerárquica o lineal, como en un libro; la otra, reticular* y fragmentada, como en Internet. En

---

*   «Que presenta el aspecto de una malla, que tiene apariencia de red.»[71]

aquel experimento se obtuvieron dos resultados importantes: en primer lugar, a todos los participantes el aprendizaje reticular les pareció más difícil y desconcertante (una sensación que se midió a través de varias preguntas, por ejemplo acerca de los problemas que habían experimentado a la hora de identificar la relación entre los diversos datos, de determinar la evolución de su aprendizaje o de comprender la secuencia viral); en segundo lugar, los estudiantes que ya poseían una base importante de virología no sufrieron consecuencias al enfrentarse a estos obstáculos, a diferencia de sus compañeros menos avanzados, que asimilaron más información (en concreto, un 33 % más) del curso cuando este se les presentaba de forma jerárquica. Conclusión de los autores: los estudios «evidencian la necesidad de reducir las exigencias de navegación y autorregulación en el caso de los estudiantes con bajo nivel de conocimientos, por una parte, y la importancia de disponer de un saber previo para alcanzar un buen resultado si la exigencia de navegación es elevada, por otra».[67] Dicho de un modo más sencillo: para el común de los mortales, el formato lineal y premasticado del libro es el más adecuado a la hora de adquirir nuevos conocimientos. En buena medida, esta es la razón —probablemente no esté de más mencionarlo— por la que el libro constituye una etapa fundamental en el camino hacia un uso exitoso de los formatos digitales. En este sentido, hay varios estudios que demuestran que la capacidad para leer y comprender textos lineales facilita enormemente la asimilación de los contenidos reticulares de Internet.[72-74] En otras palabras, los conocimientos generales, las habilidades lingüísticas y las capacidades de comprensión que se adquieren a través de la lectura de libros (ya sean narrativos, divulgativos, científicos, epistolares, etc.) constituyen una condición imprescindible para que la navegación por Internet sea productiva. Dicho de un modo aún más sencillo: la capacidad para sacar partido de los inmensos filones de información de la red se adquiere, en su mayor parte, fuera de ella.

A estos elementos organizativos hay que añadir el beneficio del «placer», a menudo olvidado. Los autores no se limitan a estructurar su prosa. Crean historias y, como explica muy bien Daniel Willingham, profesor de Psicología, «la mente humana parece estar perfectamente adaptada para entender y memorizar historias, hasta tal punto que a veces los psicólogos califican a las historias de "psicológicamente privilegiadas"; con eso quieren decir que en la memoria se procesan de un modo diferente al resto de tipos de documentos».[36, 75] Los estudios realizados en este ámbito indican que la mente se sumerge y se concentra más fácilmente en las historias (por ejemplo, la biografía de María Antonieta que escribió Stefan Zweig[76]) que en los demás contenidos textuales (por ejemplo, la página web sobre María Antonieta que existe en la Wikipedia). Así, cuando se pide a los lectores que pulsen un botón en respuesta a una señal sonora producida de manera aleatoria, tardan bastante más tiempo en reaccionar cuando se encuentran inmersos en la lectura de un texto narrativo que cuando están leyendo un texto explicativo.[77] Pues bien, hoy en día se considera probado que un nivel de atención alto no solo favorece la comprensión, sino también la memorización,[78] una observación que va en la línea de los resultados de un amplio metaanálisis en el que se concluye que, independientemente de la edad (niños, adolescentes o adultos), los relatos narrativos se entienden y se memorizan mejor que los relatos explicativos.[79] Esto explica en cierto modo —y como veremos en detalle en la última parte— que la lectura por placer sea tan adecuada para alimentar las reservas de conocimientos generales de nuestros hijos.[80]

Dicho esto, ni las historias ni las organizaciones lineales son exclusivas de los mundos escritos. En el fondo, estos rasgos también se encuentran en los universos orales, sobre todo en los audiovisuales. Por eso cabe preguntarse qué es lo realmente específico de los libros, lo cual requiere plantearse, ya en el terreno de lo concreto, si es cierto que el cerebro aprende mejor con los libros que con sus sustitutos en forma de audios o vídeos. Dicho de otro modo: ¿varían la comprensión y la memorización de un contenido en función de si el mensaje se transmite de forma oral o escrita?

La lengua escrita: decididamente mejor que la oral

Cuando mi hija estaba en educación primaria, no recuerdo que ninguno de sus maestros le propusiera (y menos aún que le impusiera) leer libros. En lengua, ciencias, historia y geografía, los deberes solían limitarse a la consulta de un vídeo educativo, del estilo de esos programas de divulgación científica dirigidos al público infantil. Desde hace años, este planteamiento parece generalizarse. Incluso los profesores universitarios sustituyen hoy cada vez más las lecturas obligatorias por los contenidos en forma de audios o vídeos, como ya hemos visto en la primera parte de esta obra. Una evolución supuestamente inevitable, se nos dice, porque «hay que vivir de acuerdo con el espíritu de los tiempos». Detrás de este argumento se ocultan dos ideas principales: por una parte, que los niños ya no leen, así que hay que adaptarse a la nueva situación;[81] por otra, que el formato no tiene importancia y que, al fin y al cabo, un vídeo posee el mismo valor que un texto escrito.[51] El primer principio puede sostenerse, por triste y amenazante que sea la renuncia que deja entrever. El segundo, en cambio, es claramente falso, aunque puede venderse al precio de una buena dosis de mala fe. Recientemente, al final de una conferencia que di en un colegio, el director científico de una *start-up* especializada en el desarrollo de contenidos educativos* me explicó, en un tono muy solemne,

---

* Fue así, en cualquier caso, como se presentó aquel hombre, más bien joven.

que un metaanálisis había demostrado que la lengua escrita no presenta ventajas con respecto a la lengua oral. Y es cierto en lo que respecta a la comprensión, pero solo si mezclamos a ciegas churras con merinas sin tener en cuenta ni la dificultad de los textos ni la competencia de los lectores. Es evidente, por una parte, que el impacto del soporte de presentación sobre la captación literal de textos sencillos es escaso y, por otra, que el sonido permite una mejor comprensión en el caso de los niños pequeños que están empezando a leer por sí solos. De hecho, un estudio ha probado explícitamente que los alumnos de segundo de primaria entienden con más facilidad los enunciados orales que los escritos.[83] Sin embargo, esa diferencia va desapareciendo progresivamente entre quinto de primaria y segundo del primer ciclo de secundaria.

Así pues, conviene que reformulemos los términos y digamos que a partir del primer ciclo de la educación secundaria, cuando los lectores están suficientemente cualificados, la lengua escrita aumenta los niveles de comprensión y memorización si la comparamos con la oral. Tres estudios recientes[82, 84-85] demuestran que este efecto es aún mayor si el texto es exigente y si lo que se evalúa no es tanto la reproducción literal (véase, por ejemplo, la pregunta 2 del cuadro de la p. 77) como la comprensión general y los elementos implícitos del texto (consúltense las preguntas 3 y 4 del mismo cuadro). Dos de esos estudios son metaanálisis. El primero, al que se refería el director de la *start-up*, concluye, de hecho, que, «cuando las evaluaciones pasan por una comprensión profunda, parece preferible leer los textos, más que escucharlos».[82] El segundo, centrado en los audiolibros, indica que estos «parecen ser un complemento pedagógico útil para mejorar la comprensión en el caso de aquellos alumnos que presentan dificultades a la hora de procesar textos impresos».[84] Sin embargo, más allá de la educación primaria, cuando los enunciados se vuelven más largos y más complejos, los audiolibros resultan ineficaces y el soporte escrito «parece respaldar mejor el aprendizaje y la comprensión de los alumnos». Estos datos coinciden con las conclusiones del tercer estudio que mencionaba antes, en el que, a partir de una revisión de la literatura existente al respecto, se ha puesto de manifiesto que, «desde hace más de medio siglo, los psicólogos están comparando el modo en que las personas escuchan y leen. La mayoría de las investigaciones han concluido que retenemos más cuando leemos [...]. Existe una "primacía de lo impreso"».[85] Llegados a este punto, merece la pena que nos detengamos en un estudio que se cita muy a menudo.[86] En él se presentó a una serie de estudiantes un mismo contenido, pero en dos situaciones experimentales distintas: el papel y el pódcast. A continuación, se les propuso que respondieran a un cuestionario de comprensión con varias preguntas de opción múltiple. Como se esperaba, el nivel de respuestas correctas fue superior en la situación de texto (un 82 %, frente a un 59 %). Es interesante señalar que, justo antes de responder al cuestionario, se invitó a los participantes a que indicaran cuál era su situación preferida, aquella en la que les habría gustado estar durante el experimento. En los dos grupos el pódcast se llevó la palma, como si los participantes no se diesen cuenta de que el audio había perjudicado sus resultados. Para comprobar esta hipótesis, los autores volvieron a plantear la pregunta una vez finalizado el cuestionario. En ese caso, los miembros del grupo de texto siguieron dando prioridad al audio, cuyo impacto negativo no habían sufrido; en cambio, sus compañeros del grupo de pódcast cambiaron radicalmente de opinión al constatar, como explica el artículo, «los límites de su comprensión». Conclusión de los autores: «Los pódcast no son herramientas de aprendizaje eficaces para el dominio de los contenidos complejos». Lo más ameno no es siempre lo que da mejor resultado. Una observación que, como era de esperar, también es aplicable a los contenidos audiovisuales, que proporcionan un rendimiento inferior con respecto a la escritura y similar al que se constata en el caso de los soportes de audio.[85, 87-89]

Si reflexionamos un poco, estos resultados parecen obvios, al fin y al cabo. Lo que constituiría una sorpresa es que el soporte de audio (o el soporte audiovisual) fuese mejor que el escrito, que presenta numerosas ventajas. Para empezar, es posible controlar la velocidad de lectura y adaptarla a la complejidad del contenido, algo que cuando se escucha un documento sonoro o se ve un vídeo resulta mucho más difícil. Además, si no se comprende un elemento específico o se pierde esporádicamente la concentración, siempre se puede volver atrás, que es lo que hacen nuestros ojos de manera periódica sin que nos demos cuenta de ello. También esto es difícil de realizar en el caso de los formatos sonoros y audiovisuales. Por otra parte, el texto escrito presenta todo tipo de segmentaciones que aportan al lector información sobre su estructura, sobre la conexión de unas ideas con otras y sobre los pasajes importantes (títulos, subtítulos, párrafos, palabras en negrita, etc.). En cambio, el texto oral se encuentra mucho menos estructurado. Por último, y por encima de todo, para procesar lo escrito se requiere un nivel de concentración superior que para abordar lo oral, lo cual, como ya he destacado, favorece la memorización.[78] Es fácil oír sin escuchar, pero es imposible leer sin mirar. De hecho, un estudio ha confirmado que cuando se presenta un mismo contenido en forma de audio la mente tiende más a divagar que cuando se utiliza la forma escrita.[90]

EL PAPEL: DECIDIDAMENTE MEJOR QUE LA PANTALLA

Durante siglos, se ha definido el libro como un «conjunto de hojas de papel impresas que constituyen un volumen unido o encuadernado».[91] Sin embargo, desde hace más de diez años, este concepto ha tenido que revisarse para incluir los libros electrónicos, no impresos. Periódicamente se realizan encuestas de opinión para tratar de medir la popularidad de este nuevo formato entre las nuevas generaciones. Como es habitual en este tipo de proyectos, se suele manejar una visión bastante generosa del concepto de «libro electrónico», en la que se incluye una gran variedad de soportes (tabletas, lectores, *smartphones*, ordenadores, etc.) y de contenidos (libros, cómics en general, mangas, etc.). Hay dos resultados fundamentales que se suelen repetir:[92-97] en primer lugar, solo una minoría de los chicos de entre seis y dieciocho años (el porcentaje oscila entre un 20 y un 40 %, según los diferentes estudios) han probado ya a leer libros digitales; en segundo lugar, la mayoría de los que lo han intentado declaran preferir la lectura en papel (entre un 50 y un 70 %, frente al porcentaje de entre un 5 y un 15 % de quienes aseguran preferir los libros electrónicos).

Esta última conclusión puede parecer sorprendente, en vista de que las pantallas saturan la vida de las nuevas generaciones desde su más tierna infancia. El fenómeno es tan generalizado, se nos dice, que ya ha modificado el cerebro de los niños, que, moldeado por la mano digital, ya no está adaptado a la tediosa lentitud del «antiguo mundo».[98-100] La lectura, la cultura, el ocio, el aprendizaje escolar... todos los ámbitos se han visto ya afectados, supuestamente. Hay que reconocer que esta leyenda es seductora. Por desgracia, también es engañosa. Este tipo de discursos corresponde claramente —y ya lo hemos demostrado— al ámbito de la farsa.[42, 101-102] El cerebro de nuestros descendientes es terriblemente viejo. Constituye el fruto de una lenta evolución que lo hace poco compatible con la sobreestimulación sensorial y cognitiva que la frecuente agitación de los espacios digitales impone. Volveremos sobre ello más adelante. En cualquier caso, parece cuando menos prematuro tirar el papel al vertedero de la historia, atreviéndose a afirmar —como hizo, por ejemplo, un profesor universitario en 2013— que el libro impreso no es más que un vestigio «aislado y primitivo», anclado en «la Edad de Piedra».[103]

Los beneficios (sumamente) sobrevalorados de los libros electrónicos

En la práctica, la obsolescencia (aparentemente) programada del libro impreso está tardando en manifestarse. Tal vez porque, a fin de cuentas, los soportes en papel no solo presentan inconvenientes. De hecho, permiten subrayar el texto y realizar anotaciones en él, algo que con un lector suele ser posible, pero no siempre fácil. Además, son completamente autónomos y no requieren ni batería, ni dispositivo intermedio de presentación (lector, tableta, etc.), ni conexión a Internet (para descargar archivos y actualizar los equipos) ni competencias informáticas (con el libro electrónico, a veces los problemas relacionados con programas informáticos y formatos [EPUB, Kindle, PDF, etc.] son espinosos). Otra ventaja es que las obras impresas son resistentes desde el punto de vista material: se pueden dejar caer, agitar, pisar por un descuido, ponerlas en manos de niños muy pequeños y llevarlas sin demasiado riesgo a lugares que para sus equivalentes digitales serían en cierto modo hostiles (el cuarto de baño, la playa, etc.). Y algo aún más importante: el libro pertenece físicamente a su comprador. Puede prestarse, donarse, revenderse o depositarse en zonas de intercambio gratuito, cada vez más frecuentes en los espacios públicos.[*] No ocurre lo mismo con los libros electrónicos, que solo ofrecen un mero «derecho de uso» y,

---

[*] Gracias a esas zonas descubrí el maravilloso estilo de Christian Bobin. Nunca se lo podré agradecer lo suficiente a la persona (desconocida) que dejó *Folle Allure* en una antigua cabina telefónica, reconvertida en espacio para compartir libros.

por lo general, no brindan la posibilidad de revenderlos o compartirlos.* Por último, y sobre todo (¡!), nuestros queridos viejos libros ignoran la caducidad: si se colocan en un lugar más o menos seco y oscuro, pueden conservarse por un tiempo casi ilimitado. Cualquier niño puede explorar la biblioteca de sus antepasados de veinte, treinta o cien años atrás. Puede recorrer sin restricciones ese universo literario que lo une a sus raíces. Puede pasearse por él, introducirse en él, perderse en él. Puede sumergirse en él hasta encontrar, a veces, a un ancestro desconocido que, en un juego de pistas imprevisto, ha dejado, entre dos páginas, una carta olvidada, y en ella, en un rincón del margen de la página, un fragmento de emoción manuscrita. Es una dicha que se me ha concedido muchas veces y que deseo a todos los niños. Una dicha, sin embargo, inaccesible en el caso de los textos digitales, condenados mecánicamente a una obsolescencia precoz por la fragilidad de sus soportes de conservación, la incesante transformación de los materiales informáticos y la perpetua evolución de los formatos de almacenamiento. «Lo curioso —escribe al respecto Irene Vallejo— es que aún podemos leer un manuscrito pacientemente copiado hace más de diez siglos, pero ya no podemos ver una cinta de vídeo o un disquete de hace apenas algunos años, a menos que conservemos todos nuestros sucesivos ordenadores y aparatos reproductores, como un museo de la caducidad, en los trasteros de nuestras casas.»[14]

* La página web oficial de la Administración francesa (Service-Public.fr) señala que, «por lo general, no es posible compartir ni revender los libros electrónicos que se hayan adquirido legalmente. De hecho, estos libros suelen disponer de mecanismos técnicos de protección que impiden su libre difusión. Se castigará con multas de hasta 3.750 € la utilización de técnicas que vayan en detrimento de esos mecanismos. La infracción se castigará incluso cuando el libro en cuestión se haya adquirido legalmente. Compartir o revender la obra se castigará también con penas de hasta seis meses de prisión y multas de hasta 30.000 €».[104]

Evidentemente, no todo son inconvenientes en el libro electrónico. Este soporte permite la búsqueda sistemática de palabras o expresiones específicas (una herramienta no menor para quien esté intentando localizar una cita o un elemento en una narración). También posibilita el aumento del tamaño de la letra (algo práctico sobre todo para las personas con problemas de visión, aunque también puede dificultar la lectura cuando el tamaño de la pantalla es reducido, como ocurre en el caso de las tabletas, los lectores o, peor aún, los *smartphones*). Y... básicamente eso es todo, porque el resto de las ventajas que se suelen alegar con más frecuencia son discutibles. Por ejemplo, se dice que los libros electrónicos son más ecológicos y respetuosos con el medio ambiente. No es cierto, salvo, según parece, en el caso de los lectores asiduos, de los dispositivos muy sostenibles y de las situaciones de escasa circulación de obras en papel.[105-107] También se argumenta que los textos digitales son más baratos. También es cierto, pero, insisto, solo permiten un «derecho de uso», ya que en realidad no pertenecen al lector. Además, lo habitual es que la diferencia de coste sea bastante modesta. Tomemos el ejemplo de *La más recóndita memoria de los hombres*, de Mohamed Mbougar, ganador del Premio Goncourt en 2021, una obra que acabo de terminar en estos días en los que estoy redactando este capítulo. Pues bien, la versión tradicional en papel cuesta 22 €; la electrónica, 14,99 €, pero es que la edición de bolsillo tiene un precio de 9,70 €.[*] Lo mismo se puede decir de la obra maestra de Jack Kerouac que mi hija, Valentine, acaba de devorar: *En el camino*. En formato electrónico cuesta 9,99 €, y en la edición de bolsillo, 9.70 €.[**] A esto hay que añadir la particularidad de que es posible tomar prestado de forma gratuita este tipo de obras en papel en las bibliotecas y

[*]   En la web fnac.com de Francia (fecha de la consulta: 23/05/2023).
[**] *Ibid.*

en las zonas de intercambio ya mencionadas, y que en las librerías de ocasión se encuentran a veces a precios imbatibles. En definitiva, el coste no me parece un argumento de peso, aunque a menudo se esgrima como tal.

Otra de las ventajas del libro electrónico, según se suele decir, es el enriquecimiento del texto, complementándolo por lo general con contenidos adicionales que se pueden activar haciendo clic en una palabra, una expresión o una imagen, o, en el caso de las pantallas táctiles, deslizando el dedo por una zona de interés. De esa forma, los lectores pueden obtener todo tipo de explicaciones léxicas, históricas, geográficas o culturales. Tomemos la siguiente frase: «La casa de Guernesey en la que vivía Victor Hugo es un magnífico edificio, diseñado como un promontorio». Un clic en «promontorio» permite acceder a una definición de la palabra; un clic en «Victor Hugo» posibilita abrir una página enciclopédica sobre la obra de este gran autor; un clic en «casa» hace aparecer una fotografía del edificio evocado; un clic en «Guernesey» inicia un vídeo turístico de la isla, y así sucesivamente. Cada uno de estos contenidos puede, a su vez, conducir a otras páginas web, en un movimiento de deriva que, aunque pueda ser interesante, tenderá a alejar cada vez más al lector de su tema inicial. Pero esto no es todo: a este vagabundeo consentido se le añaden a menudo todo tipo de apelaciones no deseadas. Así, una búsqueda sobre «Guernesey» puede provocar que aparezca un *banner* de publicidad que ofrecerá, a un precio muy competitivo, una visita guiada por las islas del Canal de la Mancha. En paralelo, si el lector está conectado, Gmail, WhatsApp y compañía seguirán enviándole su avalancha de notificaciones (visuales y sonoras) para evitar que su atención se dirija a otro punto. Y aun cuando no aparezca ningún mensaje personal o publicitario, ese lector tendrá que lidiar con la constante tentación de «consultar» su cuenta de Twitter o Instagram o las promociones comerciales del momento. Este fenómeno no es anodino. De hecho, los anglosajones se refieren a él con una sigla: FOMO, de *Fear Of Missing Out* (literalmente, «miedo a perderse algo»). Como tuve ocasión de explicar pormenorizadamente en otra obra,[42] esta pulsión de consulta responde a una necesidad permanente —surgida a lo largo de nuestra evolución biológica y respaldada por la activación del sistema cerebral de recompensa— de comprobar el estado de nuestro entorno para identificar en él posibles ganancias y peligros.* Para ilustrarlo, imaginemos que asistes a una conferencia. Si dejas tu móvil apagado delante de ti, sobre una mesa,[108] o si tu vecino de asiento está navegando con una tableta,[109] tu nivel de comprensión del discurso del orador se verá mermado, porque tendrás que dedicar una parte sustancial de tu actividad mental a inhibir el deseo incesante de encender tu teléfono o de mirar la tableta de tu vecino.

Los libros impresos favorecen la comprensión

Así pues, como vemos, la promesa de una experiencia complementada no es gratuita. Como muchos estudios confirman en la actualidad, suele venir acompañada de un mayor riesgo de distracción, de «descarrilamiento» del pensamiento, de saturación de los recursos intelectuales y, por consiguiente,

---

* La idea es que la evolución ha seleccionado una serie de comportamientos positivos para nuestra supervivencia, como encontrar información acerca del estado de nuestro entorno. Cuando eso se produce (por ejemplo, cuando detectamos que un arbusto se mueve por la acción del viento, y no porque tras él se oculte un depredador), algunas zonas del cerebro liberan sustancias bioquímicas (particularmente dopamina) que activan los circuitos del placer (conocidos también como los circuitos de la recompensa), lo que aumenta la probabilidad de que el comportamiento recompensado se repita. En cierto modo, es lo que ocurre cuando a una mascota le ofrecemos una golosina cuando hace algo «bien», para incitarla a volver a hacerlo.

de procesamiento superficial de la información proporcionada.[110-115] A menudo, los usuarios son conscientes de este problema, como indican varias encuestas realizadas entre estudiantes que, supuestamente, son buenos lectores. Una aplastante mayoría de ellos reconocen que los formatos en papel son preferibles, sobre todo en el caso de los textos largos y complejos, porque favorecen la concentración y la sensación de «inmersión».[116-120] Tomemos como ejemplo una investigación internacional que se llevó a cabo en cinco países (Estados Unidos, Japón, Alemania, Eslovaquia y la India):[119] el 92 % de los participantes afirmaron que se concentraban mejor con los textos impresos y el 84 % aseguraron que, cuando el precio es similar, tienden a comprar libros en papel (libros para la escuela: 87 %; libros «por placer»: 81 %). Estos resultados coinciden con los de otro estudio, más amplio, que se llevó a cabo en un conjunto de veintiún países.[120] En él, el 82 % de los voluntarios se decantó por el papel y el 72 % declaró que ese formato les ayuda a memorizar.

Los efectos de distracción que provocan los dispositivos digitales no solo se aprecian entre los lectores avezados, lógicamente. También se evidencian entre los niños, sobre todo en las primeras fases del aprendizaje. En un estudio representativo se pidió a varios alumnos de educación infantil (de tres y cuatro años) que interactuaran con unos libros ilustrados en los que se enseñaba el alfabeto, presentados en versión en papel estándar y en versión electrónica enriquecida.[121] En este último caso, cuando el niño pasaba el dedo por la letra «C», por ejemplo, sonaba la frase «C de casa»; cuando tocaba la palabra «casa», esta se pronunciaba con claridad, y cuando rozaba la imagen de la casa en cuestión aparecía un breve vídeo animado del edificio. Pues bien, la atención en la tarea fue mayor cuando se utilizó el soporte papel. Con el libro electrónico, los niños pasaron mucho más tiempo activando los contenidos secundarios (audios y vídeos) y menos tiempo nombrando las letras, las palabras o las imágenes propuestas. Conclusión de los autores: «La capacidad de los libros electrónicos para mantener a los niños aparentemente concentrados en la tarea orientándolos hacia la pantalla impide ver lo que de verdad están haciendo los menores, que en realidad adoptan menos comportamientos favorables al aprendizaje del alfabeto». Sin embargo, cabe señalar que este tipo de sesgo no es exclusivo de los soportes digitales: también se encuentra en los libros infantiles interactivos, con elementos manipulables que pueden distraer (solapas para levantar, lengüetas de las que tirar, materiales para tocar, etc.).[122]

La última ventaja que se suele alegar para defender las obras digitales es su carácter no material. Gracias a él, los libros ya no tienen una realidad física, con lo que es posible almacenarlos por millares en cualquier tableta o lector. El beneficio es evidente cuando viajamos, por ejemplo. Sin embargo, eso no quiere decir que este carácter sea inofensivo. En realidad, la relación coste-beneficio de esta virtualización no es tan concluyente como nos sugiere nuestro «sentido común». Un reciente artículo de revisión de Charles Spence, profesor de Psicología Experimental en la Universidad de Oxford, expone perfectamente este problema. En su conclusión, el autor escribe: «La lectura de un libro físico constituye una experiencia multisensorial en mucha mayor medida que la lectura de la misma obra en formato digital [...]. El éxito limitado de los lectores electrónicos se explica probablemente, al menos en parte, por la incapacidad de estas herramientas para reconocer la importancia de la información no visual en la experiencia del lector».[123] Una constatación difícil de discutir, ya que las propiedades sensoriales del lector, de la tableta y del *smartphone* parecen tristemente escasas, si las comparamos con las del libro impreso. A diferencia de este último, el libro electrónico no se puede abrir, tocar, palpar o sopesar. No tiene olor, ni forma, ni fronteras físicas tangibles. Estos elementos, aun no siendo los predominantes, constituyen una fuente significativa de placer y también de información.[111, 114, 123] Tomemos el ejemplo del tacto. Es el sentido de la cercanía por excelencia. Es posible ver, oír y oler a distancia, pero para tocar hay que estar cerca. Los especialistas del *marketing* han analizado profusamente las implicaciones de esta intimidad. De hecho, los datos muestran que el sentido del tacto introduce un sesgo en nuestro funcionamiento cognitivo, ya que permite «una conexión directa y más íntima con el producto»,[124] una observación que no tiene nada de sorprendente: confirma la capacidad de las percepciones corporales para modular los procesos mentales.[125] Así, por ejemplo, un libro «gordo» y muy «pesado» tenderá a aumentar la atención del lector, activando en él, de manera inconsciente, los conceptos de seriedad e importancia.[126-127] De igual modo, un papel granulado o poco flexible puede influir en nuestros sentimientos hacia una historia o un personaje, activando, sin que nos demos cuenta de ello, las ideas de rudeza o rigidez.[127]

También se ha sugerido que los formatos digitales favorecen una comprensión meramente superficial de los contenidos textuales. De acuerdo con esta hipótesis, los lectores se enfrentan a la pantalla con un estado mental menos propicio a la concentración porque están habituados a encontrarse en ella, por expresarlo de un modo bastante general, enunciados cortos y poco complejos (sobre todo en las redes sociales).[111, 114, 128] En línea con esta propuesta, un estudio realizado con una muestra de estudiantes universitarios ha hallado una relación positiva entre un funcionamiento intelectual más superficial y una mayor frecuencia de uso de las redes sociales.[129] Otro trabajo, realizado también con estudiantes de educación superior, ha evidenciado que, aunque se imponga un tiempo limitado de lectura para obligar a los sujetos a concentrarse, la mente suele divagar más ante una pantalla que ante un papel.[115] Otras investigaciones con alumnos de primaria y de universidad han probado que un mismo texto tiende a leerse más rápido en una pantalla que en papel, aunque esa rapidez va en detrimento de la comprensión.[130-131]

A todo esto hay que añadir un último punto, relacionado con la topografía del libro. Cuando el cerebro interactúa con un enunciado, no solo se concentra en los aspectos lingüísticos, sino que también asimila la estructura espacial del documento para generar un «mapa mental» (o, por retomar una expresión más general que ya hemos visto en este libro, un modelo de situación) de los diferentes elementos del texto. Por eso es habitual que, cuando se le pide al lector que recuerde un episodio concreto de una historia, sea capaz no solo de rememorarlo, sino también de indicar en qué lugar se encontraba el pasaje correspondiente (por ejemplo, en la parte inferior de una página de la derecha, hacia el final del libro, cuando ya el volumen de hojas que quedan por leer es pequeño).[132] Esta arquitectura espacial es más difícil de definir y de percibir en una pantalla, lo que complica la formación de un mapa mental y, en último término, reduce la comprensión.[111, 113-114] Este fenómeno es especialmente visible cuando hay que dar cuenta de las relaciones que existen entre los diferentes elementos del relato, por ejemplo de orden cronológico. Un estudio demostró que los jóvenes recuerdan mejor el desarrollo temporal de una historia breve (de veintiocho páginas, con un tiempo de lectura aproximado de una hora) cuando la leen en papel que cuando la leen en una pantalla (de un lector).[133] *Diez negritos*,[134] obra maestra de Agatha Christie publicada en 1939, lo ilustra a la perfección. En su versión en papel, el grosor de este libro evoluciona a medida que se producen los asesinatos, en cierto modo. Marston, el personaje dandi, cae el primero, cuando el número de hojas leídas es aún escaso; más adelante, cuando ese número ha aumentado, le llega su hora a Armstrong, el médico; más tarde aún, es el turno de Lombard, el militar. El cerebro utiliza este tipo de indicios físicos para construir una representación mental de la historia y favorecer así la comprensión y la memorización del relato.

En definitiva, para recapitular todos estos datos podríamos decir que navegar por un libro electrónico es más complicado desde el punto de vista material que hacerlo por una obra impresa, y esta diferencia tiene efectos sobre la comprensión.[111, 114, 128, 135-136] Con todo, esos efectos son modestos y se centran en los «detalles» del texto y en la articulación precisa de los elementos que lo componen. Cuanto más extenso y complejo es el enunciado, más clara es la superioridad del papel. Dicho esto, debo dejar clara una cosa: mi intención aquí no es desterrar la lectura digital. Si algunas personas (que son minoría, como hemos visto) prefieren la pantalla al papel, no deben en absoluto renunciar a ella, porque lo importante, a fin de cuentas, es que nuestros niños y nuestros adolescentes lean. Sin embargo, afirmar —como hacen ciertos campeones del progresismo digital— que el libro en papel es aburrido, rancio y obsoleto es tan estúpido como infundado.

Los libros impresos:
(claramente) preferibles para la lectura compartida

Desde luego, no hay nada malo en que los adultos utilicen un libro electrónico como soporte para la lectura compartida. Aunque esta opción siga siendo minoritaria, hay muchos estudios experimentales que ya la han analizado.[137-139] Sus resultados demuestran, de forma magníficamente unánime, que estos medios son perjudiciales.[139-144] Este problema responde a dos causas. La primera de ellas es un doble movimiento: aumentan los comentarios sobre el uso del soporte que apartan la atención y, al mismo tiempo, disminuyen las explicaciones sobre el texto. En presencia de la pantalla, el diálogo se aleja parcialmente de la historia («¿qué está haciendo el conejo?», «¿dónde está escondida la pequeña tetera?», etc.) para orientarse hacia cuestiones prácticas relacionadas con el manejo del soporte («desliza el dedo sobre la pantalla», «pulsa aquí para cambiar la imagen», «abre la mano arrastrando los dedos para que la casa del cerdito sea más grande», etc.). La segunda es la aparición de una dinámica de oposición niño-adulto que empeora la calidad de las interacciones: el diálogo, sujeto a un conflicto más o menos velado en torno al control de la pantalla, es menos armonioso y cooperativo (el niño coloca la pantalla delante de él para apropiarse del dispositivo y aislar al adulto; el adulto aparta al pequeño cuando este intenta coger o tocar la pantalla; el niño ignora los comentarios del adulto, o a la inversa, etc.).

Un estudio reciente ilustra muy bien estas observaciones.[143-144] Se grabó en vídeo a unos padres mientras compartían lectura con sus hijos (de dos o tres años) en tres situaciones experimentales, cada una de ellas de una duración de cinco minutos: libro en papel, libro electrónico estándar (la obra se presentaba en una tableta sin ningún elemento adicional) y libro electrónico complementado (la obra se presentaba en una tableta con una serie de «mejoras»: por ejemplo, al tocar la imagen de una casa aparecía la palabra «casa», que, además, se pronunciaba; al tocar la imagen de un perro se oía ladrar a este animal, etc.). La figura 13, en la página siguiente, muestra los resultados. Se evidencia que el adulto («diálogo sobre texto: adulto») y el niño («diálogo sobre texto: niño») hablan en mayor medida sobre la historia cuando el libro se presenta en formato papel. En cambio, cuando se utiliza un soporte digital hay más comentarios sobre su uso («diálogo sobre soporte: adulto»). Esta doble dinámica es especialmente clara cuando se ofrece un libro electrónico complementado. Y eso no es todo: el uso de la pantalla también deteriora la relación. En presencia de la tableta, el pequeño se esfuerza en mayor medida por excluir al adulto y acaparar el dispositivo («control de soporte: niño»). A su vez, el adulto se «defiende», girándose ligeramente para alejar la pantalla del niño o apartando la mano del pequeño cuando este se acerca («control de soporte: adulto»). La conclusión del grupo de especialistas a los que se invitó a comentar estos resultados para su publicación es la siguiente: «Los libros electrónicos, tal y como están concebidos hoy, tienen pocas posibilidades de ofrecer ventajas a los niños pequeños con respecto a los libros impresos. De hecho, tienden más bien a obstaculizar las interacciones que son de una importancia crucial para preparar el acceso al colegio [...]. Los pediatras deberían ayudar a las familias a entender que las mejoras que se suelen incorporar a los libros electrónicos no contribuyen tanto al desarrollo del niño como las mejoras que aporta la interacción con los padres».[145]

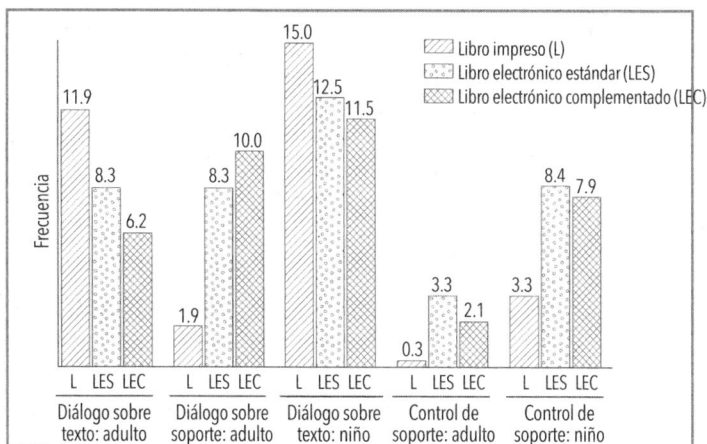

Figura 13. Las interacciones entre adultos y niños dependen del soporte de lectura. El libro impreso (L) dirige la atención hacia el texto (diálogo sobre texto: adulto; diálogo sobre texto: niño). En cambio, el libro electrónico, ya sea estándar (LES) o complementado (LEC), orienta la relación en mayor medida hacia el manejo del soporte. El niño (control de soporte: niño) y el adulto (control de soporte: adulto) intentan controlar, cada uno por su lado, el dispositivo. Para más información, consúltese el cuerpo del texto. *Fuentes*: [143-144].

Varias investigaciones han confirmado que la lectura compartida en soportes digitales interfiere significativamente en el proceso de comprensión.[140-142] Sin embargo, parece que el doble movimiento que acabamos de ver (la degradación de la interacción y el alejamiento del texto) no explica todo el problema, sobre todo en el caso de los niños muy pequeños. Al menos, eso es lo que sugiere un estudio muy citado.[139] En él participaron bebés de entre diecisiete y veintitrés meses, a los que se distribuyó en dos grupos y se expuso a un mismo cuento ilustrado, bien en formato impreso (libro), bien en formato digital (PDF no complementado en una tableta). Cada página mostraba un par de objetos, uno de uso habitual (un zapato o una pelota) y otro desconocido (un escariador de cítricos o un medidor de espaguetis). Mediante un protocolo de lectura estrictamente estandarizado se garantizó que ambas situaciones experimentales pudiesen compararse adecuadamente. Al final de la fase inicial de exposición, se presentaron libros diferentes: en el primero, se enseñaban los objetos «desconocidos» (escariador, medidor); en el segundo, esos objetos iban acompañados en cada página de otro objeto no cotidiano, sino improbable (por ejemplo, en lugar de una pelota, se incluía un candado), para evitar que los niños, que sabrían lo que era una pelota, pudieran adivinar por eliminación cuál de los dos objetos era un escariador, por ejemplo. A continuación, se les pidió que indicasen los objetos que se les habían mostrado en el primer libro (escariador, medidor), señalándolos· o tocándolos, cada vez que el experimentador los nombrase. En la situación más sencilla, a los miembros del grupo «libro» se les evaluó en papel y a los del grupo «digital», en tableta. Casi todos los niños superaron la prueba con éxito, independientemente del grupo al que perteneciran («libro» o «digital»). Sin embargo, todo empeoró considerablemente cuando empezaron las pruebas más complejas, de extrapolación. En ellas se evaluaron tres tareas, principalmente: (1) inversión de los soportes de lectura (los niños del grupo «libro» realizaban la actividad con la tableta, y viceversa); (2) cambio de color de los objetos de interés (por ejemplo, un escariador amarillo se volvía verde); (3) sustitución de las imágenes por sus equivalentes en la realidad (por ejemplo, se colocaba sobre la mesa un escariador y un candado de verdad). Solo los niños del grupo «libro» salieron airosos de las tres tareas. En cambio, los miembros del grupo «digital» no superaron el umbral de suerte (es decir, el nivel de respuestas correctas que cabría esperar si se eligiese al azar uno de los dos objetos: el 50 %). Dicho de otro modo: aunque se observara cierta dosis de aprendizaje en ambas condiciones experimentales, el libro aportó un conocimiento más amplio y extrapolable que la tableta.

Estos resultados no deben sorprendernos. Sabemos desde hace al menos veinticinco años que a los niños les cuesta más aprender, comprender, memorizar y extrapolar un conocimiento cuando se lo transmite un ser humano a través de una grabación de vídeo que cuando lo hace un ser humano de carne y hueso.[42, 146-147] La novedad aquí es que el fenómeno se da incluso cuando la tableta o el *smartphone* sirven de mero apoyo para una interacción verbal. Esto significa, como mínimo, que para un niño pequeño es más complicado asociar un objeto a su imagen cuando esta última se presenta en una pantalla, lo cual podría deberse al potencial lúdico que presentan las herramientas digitales. En efecto, se ha comprobado que, cuanto más atractivo resulte un objeto, más difícil les es a los niños comprender que puede representar algo diferente a sí mismo.[148-149] Por ejemplo, los menores de tres años relacionan con más facilidad la imagen de un sofá con el objeto real que una maqueta en miniatura de ese mismo sofá (sobre todo si se le da al bebé la posibilidad de manipular esa maqueta). Estos datos sugieren que la pantalla es un obstáculo para la construcción de una asociación simbólica entre objeto e imagen porque constituye en sí misma un objeto interesante, mientras que el libro no es más que un soporte de representación.[139]

Pero tampoco en este caso se trata de desterrar las pantallas. Es mejor leer un cuento a un niño con la ayuda de un libro electrónico presentado en una tableta o en un *smartphone* que no leerle nada en absoluto. Dicho esto, los estudios indican de un modo creíble y coherente que los libros en formato papel favorecen menos la distracción y fomentan en mayor medida una interacción positiva. Como resume maravillosamente Ferris Jabr, periodista de la revista *Scientific American*, «el mayor punto fuerte del papel es quizá su simplicidad».[111]

En resumen

Aunque hoy en día son muchas las personas que consideran el libro como un objeto arcaico y polvoriento, este sigue siendo el soporte de aprendizaje más adecuado para el funcionamiento de nuestro cerebro. Su estructura lineal y preorganizada y su capacidad para activar la atención le proporcionan una ventaja fundamental con respecto a los medios sonoros o visuales y los formatos fragmentarios de Internet, sobre todo cuando se trata de asimilar conocimientos complejos y exigentes. Esta ventaja se evidencia con especial claridad en las obras en formato papel que minimizan el riesgo de las distracciones externas y cuya unidad espacial facilita la representación mental de los diferentes elementos del enunciado y de la relación que existe entre ellos, lo que mejora la comprensión y la memorización de los contenidos expuestos (sobre todo, como ya hemos visto, si son difíciles). El papel también optimiza enormemente los beneficios de la lectura compartida, ya que permite que las interacciones entre adulto y niño se centren no ya en el funcionamiento de la pantalla empleada (por lo general, una tableta), sino en el material léxico y narrativo del texto.

Como es obvio, esto no quiere decir que se deban descartar ciegamente las fuentes digitales: los audiolibros, los pódcast y los vídeos educativos siguen siendo interesantes a la hora de adquirir contenidos sencillos y, desde luego, pueden utilizarse para reforzar lo que se transmita a través del texto escrito. Además, siempre es preferible que nuestros hijos escuchen audiolibros, consulten vídeos educativos o lean libros electrónicos a que dilapiden los años más decisivos de su desarrollo en Netflix, TikTok o una videoconsola. Sin embargo, si hay que elegir, las obras impresas son la opción más eficaz para cablear el cerebro de un niño. Como dijo Umberto Eco, inmenso erudito donde los haya, «el libro es como la cuchara, el martillo, la rueda o las tijeras: una vez inventado, no es posible crear nada mejor».[150]

QUINTA PARTE

UNOS BENEFICIOS MÚLTIPLES Y DURADEROS

¿Para qué leer? Para ser menos obtuso, perder los prejuicios, comprender. ¿Para qué leer? Para comprender a los obtusos, a los que tienen prejuicios y les gusta no comprender.[1]

CHARLES DANTZIG, escritor y editor

Damien[*] es ingeniero informático. Su currículum académico es excelente. Siempre ha sacado buenas notas, «incluso en lengua». Sin embargo, como él mismo confiesa, jamás ha abierto un libro. Naturalmente, ha leído por encima algunos clásicos «para el colegio», pero solo guarda de ellos un recuerdo lejano (y, en líneas generales, bastante desagradable). Se acuerda de Primo Levi (pero ha olvidado el título de la obra que le pidieron leer en su momento) y de *El extranjero* (pero en este caso es el autor lo que no recuerda). También se acuerda de *Bel Ami* y de *Madame Bovary*, aunque no llegó a leerlos. Cuando tocaba uno de estos «tochos», prefería estudiar las fichas de lectura, que se pueden encontrar fácilmente en muchas editoriales.[**]

En la práctica, esta falta de dedicación nunca le ha supuesto una limitación. Nuestro *millennial*, lleno de ideas «progresistas», preocupado por el medio ambiente, atento a la suerte que corren las minorías, dice ser feliz y «no muy imbécil». Su ignorancia con respecto a los libros no le genera ninguna

[*]   He modificado su verdadero nombre.
[**]   Este tipo de publicaciones proporcionan un resumen sucinto y un análisis premasticado de numerosas obras clásicas, lo que permite a no pocos alumnos quedar bien sin necesidad de leer el libro original (aunque también ayuda a quienes sí lo han hecho a profundizar sus conocimientos, hay que reconocerlo).

sensación de carencia. Prefiere claramente divertirse toque-teando su videoconsola que sufriendo a Émile Zola. Conoce *Germinal*, ha visto la película en *streaming*. De lo demás, pasa «olímpicamente». Para él, François Rabelais, Jack Kerouac, Rainer Maria Rilke, Marcel Proust o Franz Kafka no son más que fantasmas estériles y obsoletos.

La situación de Damien no es excepcional, a juzgar por las cifras que aporté en la primera parte de este libro. Y proba-blemente por eso resulta tan interesante. En efecto, aunque en esta obra afirmo que la lectura personal es una actividad fundamental, Damien y muchos de sus compañeros demues-tran formalmente que esa lectura no es en absoluto necesa-ria para tener una trayectoria académica honrosa y para vivir una existencia placentera, productiva y próspera. Sí, se puede vivir sin leer. Esta es una certeza. Pero ¿es eso lo esencial? En el fondo, no importa que la vida pueda seguir adelante sin los libros. Lo importante, en último término, es el coste que supone esta abstinencia. Dicho de otro modo: ¿de verdad perdemos algo fundamental cuando renunciamos a leer? Si es así, ¿qué perdemos, concretamente? Y si no perdemos nada, ¿significa eso que el tiempo que dedicamos a la lectura debe-ría destinarse a actividades más fructíferas?

En esta parte abordaremos estas cuestiones a través de tres grandes capítulos, cada uno de los cuales evaluará uno de los principales beneficios que aporta la lectura individual. El primero se centra en la dimensión intelectual (inteligencia, lenguaje, etc.). El segundo se detiene en las habilidades so-cioemocionales (empatía, comprensión del prójimo, etc.). El tercero analiza el éxito académico y vuelve sobre esa idea tan molesta de que no sirve de gran cosa hacer que los niños lean, porque, supuestamente, la lectura, al igual que la inteligencia, depende ante todo de factores genéticos inmutables.

10

Construir el pensamiento

El lenguaje y el conocimiento son dos pilares fundamentales del pensamiento humano. Sin embargo, como hemos visto ampliamente en las partes anteriores, también son dos atributos esenciales del libro, que presenta una lengua más rica que la de los universos orales y que, en comparación con los soportes digitales, sonoros y audiovisuales, constituye un formato más adecuado para la comprensión de los contenidos complejos. Por eso, la lectura parece ser un terreno no solo propicio, sino también insustituible, a la hora de construir el lenguaje, los conocimientos generales y, en último término, el pensamiento. Eso es lo que me propongo demostrar en este capítulo.

Desarrollar la inteligencia

Para empezar, la lectura vuelve a nuestros niños más inteligentes.[2-4] Y eso, admitámoslo, no es un prodigio menor. Lo consigue principalmente aumentando una parte del CI total que los especialistas conocen como «cociente intelectual verbal» o, según una denominación más reciente, «índice de comprensión verbal» (ICV).[5] Ambos términos se refieren, como ya hemos visto, a una misma competencia compleja, que engloba las habilidades lingüísticas de la persona, su nivel de cultura general y su capacidad de razonamiento (es decir, su habilidad para manejar los conocimientos de los que dispone con el fin de resolver problemas y/o comunicarse).[6]

Sabemos desde hace ya más de cincuenta años —volveremos sobre esta cuestión más adelante— que en la mayoría de las personas el CI va cambiando considerablemente a lo largo de la infancia y de la adolescencia.[7-8] De hecho, en un estudio pionero un equipo de investigadores aprovechó precisamente esta inestabilidad para estudiar el impacto de la lectura sobre la inteligencia.[9] Sus análisis revelan que las fluctuaciones del CI verbal entre los catorce y los dieciocho años dependen, en un grado significativo, del rendimiento en lectura que mostraban los participantes al principio del ensayo (cuando tenían catorce años). Ese rendimiento permite predecir no solo la evolución del cociente intelectual verbal y de todos sus fundamentos (razonamiento, vocabulario, conocimientos generales), sino también la dinámica de las adaptaciones cerebrales correspondientes. Estas observaciones coinciden con las de otras investigaciones que han revelado la existencia de una relación positiva y recíproca entre lectura y CI total.[10-11] En otras palabras: cuanto más lee el niño, más se incrementa su inteligencia; cuanto más se incrementa su inteligencia, más placentero le resulta leer, y cuanto más placentero le resulta leer, más lee el niño.

Aunque la influencia positiva de la lectura sobre el CI total (y no solo sobre el verbal) no sea trivial, sí que es bastante previsible. Esto no hace más que confirmar que el lenguaje contribuye de una manera esencial a la inteligencia humana,[12] como reflejan de un modo muy claro las pruebas de CI: sea cual sea la edad del sujeto, el ICV siempre se encuentra estrechamente ligado al CI total. El coeficiente de correlación*

---

* El coeficiente de correlación permite medir el grado de relación que existe entre dos variables. Oscila entre 0 (ninguna relación entre ambas) y 1 (las dos variables son completamente proporcionales). Los valores superiores a 0,85 indican una estrecha relación.[13]

entre estos dos valores es de 0,86 a la edad de cuatro años,[14] de 0,85 a la edad de diez,[6] de 0,86 a la edad de dieciséis[15] y de 0,87 a la edad de veinticinco.[15] Esto significa que si se conoce el ICV es posible predecir, de una manera muy precisa, el CI total. Para demostrarlo, podemos simular matemáticamente una correlación de 0,86 entre el ICV y el CI en una muestra amplia, compuesta por diez mil individuos. Si dentro de esa muestra Juan tiene un ICV igual a x (por ejemplo, 100), existen casi cinco posibilidades de cada diez de que su CI total se encuentre comprendido entre «x + 5 puntos» y «x menos 5 puntos» (es decir, entre 95 y 105, en el caso de nuestro ejemplo). Si ampliamos la horquilla, aumentaremos la probabilidad de acertar, evidentemente. Así, con un ICV igual a x, existirán ocho oportunidades de cada diez de que el CI total de Juan se encuentre comprendido entre «x + 10 puntos» y «x menos 10 puntos» (es decir, entre 90 y 110, en nuestro ejemplo).

En definitiva, la lectura aumenta la inteligencia porque desarrolla el CI, sobre todo en su dimensión verbal. En las líneas siguientes trataré de demostrar que esta contribución del libro a la inteligencia es única y (por desgracia) insustituible. En otras palabras: o el niño lee o estará condenado a no desplegar nunca todo su potencial intelectual.

ENRIQUECER EL LENGUAJE

Ya lo hemos visto: más allá de sus versiones más cotidianas, el lenguaje reside en los corpus escritos. Por eso es bastante lógico que la lectura tenga un impacto importante en el desarrollo verbal. Todas las áreas se ven afectadas por ella, desde el vocabulario hasta la gramática, pasando por la ortografía.

Un vocabulario más reforzado

Desde hace unos cincuenta años se viene estudiando de manera especial el campo léxico.[16-17] Un reciente artículo resume así los resultados obtenidos: «Una vez que los niños saben leer, la lectura constituye el principal sustrato para el enriquecimiento del vocabulario».[18] A pesar de ello, no se trata de un fenómeno fácil de detectar, dada su naturaleza lentamente acumulativa. Para apreciar toda su importancia hay que ser pacientes. Un metaanálisis de referencia sobre este tema ha determinado que el volumen de lectura explica el 12 % de las diferencias en competencias lingüísticas orales entre los alumnos de educación infantil, el 13 % entre los de primaria, el 19 % entre los del primer ciclo de secundaria, el 30 % entre los de bachillerato y el 34 % entre los de la universidad.[2] Estas conclusiones coinciden con las de otro estudio a largo plazo, en el que se trató de evaluar el desarrollo cognitivo de una amplia cohorte de niños de entre diez y dieciséis años.[19] Los análisis mostraron que un preadolescente de diez años que lee casi a diario y que, cuando llega a los dieciséis años, sigue leyendo libros y periódicos al menos una vez por semana presenta, una vez consideradas sus capacidades léxicas tempranas (a los cinco y a los diez años), un vocabulario un 15 % más amplio que un menor con una situación socioeconómica similar, pero que lee poco («casi nunca» a los diez y a los dieciséis años). Esta diferencia no es ni mucho menos menor, si tenemos en cuenta que el léxico medio de un alumno del último curso de bachillerato es de unas 40.000 palabras.[*, 20-21] Un «pequeño» porcentaje de quince (es decir, 6.000 vocablos) representa más de la mitad de la distancia que se observa entre los estudiantes de nivel intermedio (con unas 40.000 palabras)

---

* El concepto de palabra se utiliza en este caso en el sentido estricto de lema. Véase la nota al pie de la p. 156.

y los de nivel avanzando (con unas 50.000).[21] También equivale a la cuarta parte del vocabulario de los estudiantes peor parados (que manejan en torno a 25.000 palabras) o a la décima parte de los vocablos que se recogen en un diccionario estándar, como, en el caso de la lengua francesa, *Le Petit Robert*,[22] y esta décima parte es especialmente importante si tenemos en cuenta que incluye las palabras menos habituales de la lengua. Si las pusiéramos todas juntas por escrito, esta décima parte ocuparía trescientas páginas redactadas en letras de cuerpo diminuto.

Con todo, estos beneficios cuantitativos no son los únicos. Precisamente *Le Petit Robert* se jacta de ofrecer 60.000 palabras y 300.000 definiciones. Dicho de otro modo, cada palabra comprende, de media, cinco acepciones más o menos parecidas. Por eso, encontrarse con un mismo vocablo en contextos diferentes permite aumentar de manera considerable las representaciones léxicas. Con el paso del tiempo, las palabras dejan de ser solo eso y se convierten en verdaderas bases de datos que incluyen los diferentes sentidos del vocablo en cuestión, pero también, de un modo más general, su o sus ortografías (como «psicología» y «sicología»), en función también de sus diferentes pronunciaciones. Para dar cuenta de esta complejidad, los especialistas hablan de «calidad léxica»,[23] un elemento que mantiene una relación recíproca con la lectura: cuanto más se lee, más se perfecciona la calidad léxica, y cuando más perfeccionada está la calidad léxica, más eficiente es la lectura.[16] Todo ello significa que los niños que leen no solo amplían su vocabulario, sino que también mejoran su calidad.

Dicho esto, aún queda por resolver el problema de la permanencia de los déficits léxicos de etapas tempranas. Como era de esperar, los estudios confirman que también en este caso es fundamental fomentar el aprendizaje inicial e intervenir todo lo posible en caso de que se detecten dificultades. No en vano, las competencias lectoras que se miden al principio

de la educación primaria se encuentran significativamente relacionadas (a través de su efecto positivo en el volumen de la
práctica) con el nivel de vocabulario que presentan los estudiantes al llegar al bachillerato.[24-25] No debe sorprendernos.
Cuanto mejor lee el niño, más lee, como ya hemos visto, y
cuanto más lee, más rico es su léxico. A través de este mecanismo de refuerzo se dan todas las condiciones desde las
edades más tempranas para que las desigualdades aumenten
y para que las fuerzas destructivas del efecto Mateo (un proceso, ya mencionado, por el que los individuos mejor dotados
de entrada tienden a avanzar más y más a medida que pasa
el tiempo) se ponen de manifiesto.[26] Este engranaje actúa en
tres niveles. En primer lugar, como acabamos de subrayar,
los buenos lectores leen más, lo que les permite cosechar un
repertorio léxico más amplio. En segundo lugar, ese repertorio más amplio facilita el aprendizaje posterior, ya que, como
hemos visto, cuantas más palabras se conocen, más fácil es
adquirir otras nuevas. En tercer lugar, un mayor dominio del
lenguaje permite acceder a contenidos más ricos y, por tanto,
intelectualmente más «nutritivos». De hecho, varios estudios
han confirmado que las diferencias de vocabulario que se
dan en un principio entre buenos y malos lectores tienden a
agrandarse de año en año.[27-28] Dicho de otro modo: o rompe-
mos la espiral negativa desde su origen o el niño tendrá muchas posibilidades de arrastrar de por vida su debilidad léxica.

Una sintaxis más elaborada

Más allá del vocabulario, la lengua escrita presenta también
un alto nivel de complejidad gramatical. Como indiqué en un
capítulo anterior, los libros contienen frases significativamente más extensas y elaboradas que sus competidores orales. Y eso
tiene consecuencias sobre las competencias lingüísticas del

lector.[29] Por ejemplo, un estudio con grupos de alumnos de primaria, primer ciclo de secundaria y universidad ha demostrado que el volumen de lectura personal permite predecir la complejidad sintáctica del discurso oral de los estudiantes cuando se les pide que describan una serie de imágenes,[30] resultado este que ha confirmado otro trabajo, en el que se invitó a unos jóvenes a que analizaran una serie de frases aisladas, formuladas verbalmente, y que identificaran las posibles irregularidades sintácticas que aparecían en ellas.[31] En este caso, los grandes lectores completaron la tarea con bastante más eficacia que sus compañeros que leían menos.

En otra investigación más se utilizó un protocolo de ambigüedad gramatical.[32] Los participantes (adultos) tenían que escuchar un enunciado como el siguiente: «Ana y Liz fueron al karaoke. Ana impresionó a Liz porque era una gran cantante» o bien «Ana y Liz fueron al karaoke. Ana idolatró a Liz porque era una gran cantante». El ejercicio consistía en resolver la incertidumbre acerca del sujeto, respondiendo a la pregunta «¿quién era una gran cantante?». De una manera implícita —eso es cierto—, pero relativamente clara, el verbo indicaba la respuesta correcta (Ana, en el caso de impresionar, y Liz, en el caso de idolatrar). Pues bien, el nivel de errores fue mucho mayor entre los malos lectores (25 %) que entre los buenos (0 %). Estas conclusiones coinciden con los datos de una investigación posterior con una muestra de niños de entre cinco y catorce años.[33] En un primer momento, se les mostró un vídeo proyectado en una pantalla. En él, se veía al experimentador sentado ante una mesa sobre la que había una porción de *pizza* (en el centro) y dos animales de peluche (uno a cada lado). Los niños tenían que decidir quién era el sujeto implícito en frases como «Panda está comiendo con Perrito. Quiere una porción de *pizza*». Los resultados, en la línea de la literatura científica existente, indican una tendencia a elegir «Panda», que tendría la misma función gramatical en las dos oraciones (sujeto). Sin embargo, esa tendencia depende del volumen de lectura personal. El efecto se ponía de manifiesto especialmente cuando, al plantear la pregunta, el experimentador miraba a «Perrito». Los malos lectores lo señalaban más como sujeto (55 %) que los buenos lectores (15 %).

Estos datos confirman claramente, en su conjunto, que el volumen de lectura influye de manera significativa en las competencias sintácticas y gramaticales del niño.

Una ortografía más fiable

Aún nos queda por analizar la ortografía, sobre la que ya he hablado largo y tendido. Esta área mantiene una relación íntima y recíproca con la lectura. Por un lado, es imposible leer de una manera eficaz si las representaciones ortográficas no son las adecuadas: salvando casos particulares (palabras desconocidas, neologismos, etc.), el lector avezado ya no utiliza esa especie de picadora fonológica (la que transforma los signos en sonidos), sino que sigue una vía léxica capaz de asociar la forma visual (ortográfica) de las palabras a su representación semántica. Por el otro, el repertorio ortográfico necesario para que esa vía léxica funcione solo puede construirse con un volumen elevado de lectura. En este sentido, podemos afirmar que aprender a descodificar significa, en gran medida, aprender la ortografía de las palabras.

Por eso, cuanto más lee el niño, más posibilidades tiene de adquirir una buena ortografía.[2, 34-36] El empeoramiento, a lo largo de los últimos treinta y cinco años, de los resultados en las pruebas de dictado de nuestros hijos y, en paralelo, la reducción del tiempo que destinan a la lectura personal es sintomática, en este sentido: ilustra las observaciones en las que coinciden numerosos ensayos experimentales, que indican que el cerebro humano aprende inconscientemente la ortografía de las palabras con las que se va encontrando.[2, 36] En un estudio representativo se pidió a varios alumnos de segundo de primaria que leyeran en voz alta diez cuentos breves, de unas 200 palabras, cada uno de los cuales incluía una pseudopalabra inventada, que se repetía seis veces (por ejemplo: «Baipe es la ciudad más fría del mundo. Sus calles siempre están cubiertas de nieve. Pero en Baipe la gente es muy amable», etc.).[37] El primer día del experimento leyeron cinco textos. Una semana más tarde, leyeron los otros cinco. Tres días después de cada lectura se evaluaba el conocimiento ortográfico de los participantes de tres formas diferentes. En primer lugar, escuchaban la pseudopalabra en cuestión y se les pedía que la identificaran entre cuatro variantes escritas (por ejemplo, preguntándoles «¿te acuerdas de cómo se llama la ciudad más fría del mundo?»): (1) la pseudopalabra verdadera (Baipe); un homófono (Vaipe); (3) una alternativa (Bupe); (4) la misma palabra, pero con una inversión de letras (Biape). A continuación, se les invitaba a escribir la pseudopalabra en cuestión. Después, se les proponía que la leyeran. Pues bien, esa pseudopalabra se identificó y se escribió bien en el 75 y en el 70 % de los casos, respectivamente. También se leía a más velocidad que su homófona (813 milisegundos, frente a 854 milisegundos). De acuerdo con los autores, estas son «pruebas sólidas del aprendizaje ortográfico [...] en unas condiciones que simulan el autoaprendizaje que, en teoría, tiene lugar en los contextos habituales y cotidianos de lectura». Pero la cosa no acaba aquí. Los datos muestran también que el nivel de memorización era mayor en los niños que partían de un repertorio ortográfico más amplio: un precursor del efecto Mateo que otros estudios posteriores han confirmado.[2, 38]

Tampoco esto debe ser una sorpresa para nadie. Se trata de un ejemplo más del principio general de que cuanto más se sabe, más se aprende. En este caso, el fenómeno es especialmente fácil de comprender e ilustrar a través del concepto de transferencia. Como ya hemos visto, aprender a descodificar implica, en primer lugar, aprender a inferir las regularidades ortográficas del idioma. Una vez captadas, estas regularidades restringen el campo de posibilidades (es decir, especifican cuáles son las cadenas de caracteres frecuentes, cuáles son las escasas y cuáles son las inutilizadas) y, de ese modo, aumentan de una manera sensible la probabilidad de escribir correctamente las palabras nuevas o desconocidas. Los alumnos franceses de primero de primaria a los que se pida que elijan la palabra que les parece más plausible entre dos pseudopalabras tienden a seleccionar (en un 82 % de los casos) aquellas que incluyen una consonante doble en posición intermedia (algo frecuente en su idioma; por ejemplo, «burror») frente a aquellas en las que la consonante doble aparece al final (algo que no se ve en ningún vocablo; por ejemplo, «bumorr»).[39] También suelen optar (en un 86 % de los casos) por los dobletes de letras habituales en su lengua («bummo») frente a los imposibles («bukkor»). Otras regularidades, más sutiles, tardan más tiempo en salir a la luz. En francés, el sonido /o/, por ejemplo, se escribe más a menudo como «au» que como «o» cuando aparece entre una f y una t (como ocurre en la palabra *défaut* [fallo], pero se escribe más como «o» que como «au» cuando se encuentra entre una b y una t (como en *sabot* [pezuña, casco, zueco...]). Partiendo de esta observación, un equipo de científicos pidieron a varios alumnos de diferentes edades que escribiesen pseudopalabras que incluyesen estas particularidades.[39] Los resultados indican que el uso de «o», al principio más frecuente, se mantenía estable a lo largo del tiempo en las situaciones en las que, efectivamente, «o» era más frecuente que «au» (en torno a un 80 % de los casos), pero tendía a disminuir lentamente en las situaciones en las que «au» era más frecuente que «o» (76 % en primero de primaria, 53 % en quinto de primaria y 24 % en segundo de bachillerato).

Estas constataciones confirman claramente que el cerebro es capaz de extrapolar a nuevas palabras los conocimientos ortográficos que ha adquirido implícitamente. Varios estudios recientes han corroborado esta conclusión.[40-43] En uno de ellos se pidió a una serie de alumnos de tercero y quinto de primaria que leyesen ocho cuentos breves (de unas 60 palabras cada uno) en los que se describía un nuevo invento, bautizado con una pseudopalabra que se repetía cuatro veces (por ejemplo, «lurb»).[45] Tres días después de aquella lectura, se les sometía a dos pruebas complementarias. En primer lugar, tenían que reconocer el nombre del invento de entre cuatro opciones ordenadas aleatoriamente (por ejemplo, «lerb», «lurn», «lurb», «lern»). En segundo lugar, debían identificar la palabra correctamente escrita entre dos listas de cuatro vocablos nuevos, que se habían construido añadiendo a las palabras de base un sufijo tradicionalmente ligado a las profesiones (algo así como «lerbero», «lurnero», «lurbero» o «lernero») o desprovisto de sentido (por ejemplo, «lerblo», «lurnlo», «lurblo» o «lernlo»). Pues bien, los niños elegían en mayor medida la ortografía «correcta» («lurb», «lubero», «lurblo»), independientemente de su edad y de la condición experimental (con tasas de respuestas adecuadas de entre un 40 y un 50 %, es decir, porcentajes bastante más altos que el 25 % que se habría alcanzado si hubiesen contestado al azar),* lo que prueba no solo que hubo un aprendizaje, sino también una extrapolación.

Todos estos datos coinciden igualmente con las observaciones de otro estudio a largo plazo, del que ya he hablado en páginas anteriores, en el que se trató de evaluar el desarrollo cognitivo de una amplia cohorte de niños de entre diez y dieciséis años.[19] Cuando alcanzaron esta edad máxima, se sometió a los participantes a una prueba de ortografía en la que

---

* Dado que en las pruebas había que elegir una palabra entre cuatro, existía una probabilidad de cuatro de acertar «al azar», es decir, un 25 %.

debían decidir, por cada ítem de una lista de 200 palabras, si la escritura era correcta o no. Los análisis mostraron que un adolescente que, cuando estaba en quinto de primaria, leía casi a diario y que, cuando llegaba a los dieciséis años, seguía leyendo libros y periódicos al menos una vez por semana presentaba, una vez considerado el nivel ortográfico que había alcanzado a los diez años, unos resultados un 10 % mejores que un menor con una situación socioeconómica similar, pero que leyera poco («casi nunca» a los diez y a los dieciséis años).

En todas estas investigaciones se evidencia que la lectura personal incide en el desarrollo de las competencias ortográficas. Dicho esto, no se trata aquí de negar el impacto positivo de las enseñanzas escolares formales, ampliamente probado en este ámbito,[46] sino, sencillamente, de señalar que la lectura «por placer» puede ser una vía complementaria de aprendizaje, eficaz y, al mismo tiempo, indolora. Como indicaba hace unos años Stephen Krashen, profesor de Ciencias de la Educación en la Universidad de California, «enseñamos el vocabulario, la ortografía y también el resto de la lengua por las malas. Aunque se demostrase que el aprendizaje consciente es tan eficaz como la adquisición implícita, o incluso dos veces más eficaz, yo seguiría optando por una introducción inteligible: una hora de lectura por placer es claramente preferible a treinta minutos de ejercicios repetitivos».[35] De hecho, podríamos convenir sencillamente en que los dos planteamientos tienen su espacio, pero que la vía de las adquisiciones sistemáticas es menos crucial si se explora generosamente el camino de la lectura personal. De hecho, hay dos metaanálisis recientes que han demostrado que las intervenciones sistemáticas destinadas a mejorar las competencias ortográficas,[45] por un lado, y las capacidades lectoras,[47] por otro, tienen un impacto positivo comparable sobre el rendimiento en ortografía (¡incluso con una ligera ventaja en el caso de la lectura!), independientemente del curso académico del alumno (desde la primaria hasta el bachillerato).

Una mejora de las capacidades narrativas,
tanto en la lengua oral como en la escrita

«Dadas las excepcionales circunstancias en las que nos encontramos, les rogamos que, de momento, no envíen manuscritos.»[47] Ese fue el mensaje que la editorial Gallimard difundió en la primavera de 2021, en plena epidemia de la covid-19. Le Seuil, en cambio, fue más socarrona. A través de una de sus editoras, Laure Belloeuvre, declaró: «Ahora que todo el mundo sabe utilizar un ordenador para escribir, vemos a gente que escribe y que, lo sabemos a ciencia cierta, no lee».[47] En otras palabras: antes de pretender escribir, sería conveniente familiarizarse durante bastante tiempo y de manera intensa con la lectura. Si lo pensamos bien, esta sugerencia puede parecer casi innecesaria. De hecho, como ya hemos visto, aun cuando dejemos a un lado la cuestión de los conocimientos generales, lo cierto es que la escritura constituye un lenguaje aparte, impregnado de particularidades léxicas, sintácticas y ortográficas. Esperar que alguien sea capaz de aprender a «hablar la escritura» practicando la lengua oral es una estrategia casi tan astuta como confiar en la petanca como método de preparación del Maratón de París...

El director y guionista Steven Spielberg abordó de una manera maravillosa este tema durante un breve discurso en la ceremonia de los Óscar de 1987. En aquel momento declaró: «El cine ha sido la literatura de mi vida. La literatura de la generación de Irving Thalberg* estaba formada por libros y obras de teatro. Aquella generación leía las grandes palabras de las grandes mentes. Y creo que, en nuestro amor por la tecnología y en nuestro afán por explorar todas las posibi-

---

* Productor estadounidense de los primeros tiempos del cine. Da nombre a uno de los premios que concede la Academia de Artes y Ciencias Cinematográficas, que entrega también los Óscar.

lidades del cine y del vídeo, hemos perdido en cierto modo algo que ahora tenemos que recuperar. Creo que ha llegado el momento de que nos reconciliemos con la palabra. Soy tan culpable como cualquier otro de haber ensalzado la imagen en detrimento de la palabra. Pero solo una generación de lectores concebirá a una generación de escritores».[48]

Muchos estudios aseguran exactamente lo mismo, ya que confirman la existencia de correlaciones importantes entre el rendimiento en lectura y la escritura de los alumnos, sea cuales sean sus edades y el ámbito considerado (léxico, ortográfico, sintáctico, etc.).[49-53] Como demuestran dos metaanálisis recientes, el vínculo actúa en un doble sentido:[54] por un lado, las tareas relacionadas con la escritura ejercen un efecto beneficioso sobre la comprensión y la velocidad de tratamiento de un texto (en este último aspecto, a través de la mejora de las representaciones ortográficas);[55] en los niños pequeños, además, facilita incluso la adquisición de las letras y de la conciencia fonémica;[56] por otro lado, la lectura sostiene, de manera sólida y a lo largo de toda la trayectoria académica, el desarrollo de las capacidades de escritura. Este efecto se debe en parte a la mejora de las representaciones ortográficas, como ya hemos visto. Pero eso no es todo: desde el principio de la primaria, los buenos lectores también crean textos más estructurados y mejor redactados que sus compañeros menos eficientes.[52, 57-58] Además, cuando se han puesto en marcha intervenciones experimentales para mejorar las habilidades lectoras o el volumen de lectura de los alumnos, se ha constatado que, sea cual sea su edad, la calidad de sus producciones escritas se beneficia considerablemente, sobre todo gracias a una mejora de los elementos léxicos, sintácticos y narrativos.[46] Recientemente se ha comprobado que también se produce un avance en la puntuación y el uso de las mayúsculas entre los estudiantes de cuarto de primaria,[57] lo cual, además de ser previsible, confirma que la lectura mejora de forma global el dominio de las convenciones de la lengua escrita. Desde el punto de vista cuantitativo, probablemente no esté de más destacar que la vía que va desde la lectura hasta la escritura parece ser la que más impacto tiene más allá de los primeros años, y eso, por decirlo de manera bien clara, «sugiere que la influencia de la lectura sobre los factores de la escritura es relativamente más elevada que la influencia de la escritura sobre los factores de la lectura».[52] En definitiva, cuanto más leemos, mejor escribimos.

A la luz de estas observaciones, parece difícil no plantearse qué ocurre con las producciones orales. En efecto, es poco probable que las competencias que se necesitan para contar una historia, explicar un acontecimiento o describir un fenómeno sean totalmente diferentes en la lengua escrita y en la lengua oral.[59-60] Por lo demás, varios estudios han demostrado ya el impacto del volumen de lectura en las capacidades narrativas orales. Un trabajo con alumnos de primaria, primer ciclo de secundaria y universidad del que ya he hablado ha demostrado, por ejemplo, que los enunciados que producen los buenos lectores presentan una mayor riqueza sintáctica.[30] Otras investigaciones, realizadas con menores de entre nueve y doce años a los que se ha pedido que describan una serie de imágenes, han ampliado esta observación a la coherencia general del relato (precisión de los datos, selección de la idea principal, organización de los elementos, etc.).[53, 61] Otro estudio más ha confirmado que la conclusión es extrapolable a los pequeños de tres y cuatro años:[62] al principio, se entregó a estos niños una gran cantidad de libros, se proporcionó al personal del centro educativo al que asistían una formación de diez horas sobre lectura compartida y se hizo una prueba para conocer las habilidades narrativas de los pequeños, siguiendo un protocolo clásico que consiste en contar una historia a partir de un álbum ilustrado. Al cabo de ocho meses, se constató que los niños eran capaces de producir enunciados más completos y estructurados que los de un grupo de control que no recibió esta intervención.

En definitiva, de todos estos datos se deduce que la lectura personal mejora significativamente la calidad de la lengua escrita y oral de nuestros hijos. En otras palabras: los niños lectores escriben y hablan mejor que aquellos de sus compañeros que no leen tanto. El escritor estadounidense Stephen King lo resume a la perfección con su habitual mordacidad: «Cuanto más lees, menos te arriesgas a quedar en ridículo con tu bolígrafo o tu procesador de texto».[63]

El efecto ficción

Como expliqué en la primera parte de esta obra, la mayoría de los estudios en los que se intenta evaluar las prácticas de lectura de las nuevas generaciones manejan una visión muy amplia, que incluye libros, cómics en general, mangas, revistas o blogs. Cualquier escrito parece capaz de crear «lectores». En sí, el enfoque no es deshonesto. En realidad, sigue al pie de la letra la definición del diccionario: «Lector: persona que lee para sí una obra, un escrito».[64] Pero, aunque no sea deshonesto, sí que puede llegar a ser engañoso, por su capacidad para sugerir que todos los documentos tienen el mismo valor. Y no es así. Cuando se me ocurrió decírselo a la responsable de la sección de literatura infantil y juvenil de la mediateca de mi barrio, inmediatamente me tachó (y cito textualmente) de «fascista [...], elitista e inquietante». El tolerante de pacotilla no suele andarse con chiquitas... Así pues, para evitar cualquier malentendido, precisaré que aquí no pretendo establecer jerarquías entre las prácticas culturales y, más específicamente, entre las prácticas de lectura. Cada cual explota como quiere (o puede) sus momentos de ocio. Lo que me interesa, en realidad, es la capacidad que tienen las opciones elegidas para favorecer el desarrollo.[65] Desde esta perspectiva, no todo tiene el mismo valor. Y soy el primero en lamentarlo. Ciertos usos carecen de efectos en el desarrollo intelectual. Otros influyen negativamente en él. Otros, en cambio, resultan beneficiosos. Por tanto, es probable que las actuales tesis relativistas se correspondan en la superficie con las ideas igualitarias de lo políticamente correcto, pero en el fondo constituyen implacables máquinas de generación de desigualdades. Por lo demás, es aquí precisamente donde se encuentra una importante brecha entre las realidades neurocientíficas y las tesis del sociólogo Pierre Bourdieu:[66] las clases dominantes no se reproducen porque impongan un código cultural arbitrario en las instituciones escolares, sino porque sus prácticas educativas son, con gran diferencia, las más favorables para la edificación cognitiva, emocional y social del niño.[67]

La lectura brinda un ejemplo clarísimo de ello. Desde hace casi cuarenta años, numerosos estudios han comparado la contribución de los libros, los cómics, los periódicos y las revistas a la construcción del lenguaje. Sus resultados son sorprendentemente coherentes. Los libros, sobre todo los de ficción, tienen un gran impacto positivo —en eso hay unanimidad— sobre el desarrollo del vocabulario, de la ortografía y de las competencias lectoras,[19, 68-76] con unas ventajas mayores, en el caso de aquellas personas que ya de entrada partían con mejores condiciones, según hemos visto.[77] La influencia de los periódicos, en cambio, fluctúa entre «benéfica»[19, 71, 73] y «sin efecto».[68-70, 74-76] Por su parte, el efecto de las revistas y los cómics es entre «nulo»[68-71, 74-76] y «nocivo».[19, 72-73, 77] Un estudio reciente, realizado a partir de las evaluaciones de la lectura en el programa PISA, confirma estas tendencias,[71] arrojando básicamente cuatro resultados. En primer lugar, las revistas y los cómics no ejercen influencia alguna en el rendimiento de los alumnos. En segundo lugar, los periódicos presentan un impacto modesto, pero significativo: entre un buen lector (que lee varias veces por semana) y un mal lector (que no lee nunca o casi nunca), la diferencia de rendimiento es de hasta seis puntos, que es la misma distancia, por ejemplo, que separa a los estudiantes franceses (493 puntos) de los noruegos (499 puntos).[78] En tercer lugar, los libros que no son de ficción (ensayos, biografías, relatos históricos, etc.) proporcionan una ventaja mediana: entre un buen y un mal lector la diferencia de competencia llega a ser de quince puntos, que es similar a la que existe entre los estudiantes estadounidenses (505 puntos) y los finlandeses (520 puntos). En cuarto lugar, los libros de ficción aportan beneficios fundamentales: entre un buen y un mal lector la diferencia es de veintiséis puntos, que es la misma que media entre Estonia (523 puntos), el país de la OCDE y de la Unión Europea con mejores resultados, y Singapur (549 puntos), miembro representativo de los Estados asiáticos que lideran claramente la clasificación PISA.

Como es obvio, estos datos no deben hacernos pensar que las revistas y los cómics no ejercen influencia alguna. Aquí solo se han tenido en cuenta la lectura y el lenguaje. Sin embargo, es muy evidente que las cantidades y las calidades narrativas de ciertas viñetas de Astérix o de un artículo de la prensa del corazón o de una revista de actualidad no son las mismas que las de un capítulo de una novela. Con todo, es innegable que tanto las revistas como los cómics constituyen posibles soportes para la reflexión y la transmisión.[79-81] La función de las imágenes y las ilustraciones se ha analizado de una forma particularmente detallada, aun cuando, por desgracia, la mayoría de los estudios al respecto se han centrado en los contenidos que representan un riesgo. Por ejemplo, se ha demostrado que las revistas destinadas al público adolescente o la prensa especializada en moda alteran la percepción de lo que debe considerarse un cuerpo normativo, promoviendo una delgadez extrema en el caso de las mujeres y una musculación desmesurada en el de los hombres, lo que aumenta el peligro de malestar, depresión y trastornos de la conducta alimentaria.[82] En un tono más positivo, también se sugiere con frecuencia que la atracción que sienten los jóvenes hacia el cómic o hacia ciertas revistas podría servir de trampolín para que se lancen al mundo del libro.[83] Sin embargo, los estudios evidencian que el vínculo entre estos formatos suele ser débil.[68, 71, 76] De hecho, más allá de algunos informes anecdóticos,[83] ningún estudio a día de hoy parece corroborar la idea de que las revistas y los cómics tiendan puentes tangibles hacia el libro. Con todo, es probable que sea así en el caso de algunos niños.

Aún tenemos que hablar de Internet y de la sorprendente mansedumbre colectiva (familiar, mediática, institucional, etc.) que seguimos mostrando ante la red. Se nos dice que el libro se muere, pero que la lectura florece. Son infinitas las críticas de buen tono que se lanzan contra los sombríos catastrofistas: «Los jóvenes no dejan de leer»;[84] «Decir que "los jóvenes leen menos que antes" ya no tiene ningún sentido en la era de Internet»,[85] o «¿Cómo se puede hablar de crisis de lectura o de ruptura con la civilización de la escritura si nunca antes se había leído tanto?».[86] Todo esto convierte al mundo en un lugar de lo más misterioso: si nuestros chicos son realmente los mayores lectores que el planeta haya conocido jamás, ¿dónde se esconde su talento literario?[87] ¿Cómo es posible que su rendimiento no alcance las cotas más elevadas, en vista de que el volumen de lectura y las competencias lectoras están estrechamente unidas, como tendremos ocasión de analizar de manera exhaustiva en el último capítulo?[88] Es más, ¿cómo se explica el espectacular descenso de habilidades que se ha registrado en los últimos veinte años?

Hay dos mecanismos, potencialmente complementarios, que permiten aclarar esta brecha. En primer lugar, en este mundo digital supuestamente tan propicio para la lectura, el tiempo que las nuevas generaciones dedican a leer libros (que, como acabo de señalar, es la práctica que más ayuda a enriquecer el lenguaje) es cuantitativamente ridículo (los adolescentes destinan 0,1 horas en su jornada a los libros electrónicos y 4 horas a las películas, las series, los vídeos y los videojuegos, ¡lo que supone un factor de 40!).[89] En segundo lugar, las actividades con medios digitales más corrientes, al igual que ocurre con los cómics y las revistas, no tienen ningún impacto positivo en el dominio de la lengua, aunque incorporen contenidos escritos. En este sentido, muchos estudios demuestran que el uso de las redes sociales (como Facebook o TikTok), los blogs (por ejemplo, sobre deporte o moda), las páginas web (como Vogue o Wikipedia) y los sistemas de chat o mensajería instantánea (tipo WhatsApp o Telegram) provoca un efecto nulo sobre las competencias lectoras,[72, 75-77] en el mejor de los casos, incluso o negativo, en el peor de ellos.[68, 76, 90] Esta incapacidad confirma la influencia profundamente negativa del consumo de pantallas en el desarrollo del lenguaje[91] y refleja la relativa pobreza de las formas verbales que se utilizan en Internet, sobre todo en las redes sociales.[76]

En definitiva, los libros, sobre todo los de ficción, son, de lejos, la herramienta más eficaz para potenciar el lenguaje y las competencias lectoras de los alumnos, sea cual sea su edad. También los periódicos tienen un efecto positivo, aunque modesto. En cambio, las revistas, los cómics, los blogs, las páginas web, los sistemas de mensajería y las redes sociales ejercen un efecto entre nulo y negativo. Esto no significa que haya que evitar que los niños lean cómics o revistas, sino, sencillamente, que hay que procurar que estos soportes no sean los únicos que manejen. En definitiva, lo que demuestran los datos expuestos hasta ahora es que, si el cerebro del niño no se enfrenta a suficientes libros, sobre todo de ficción, su desarrollo lingüístico y su capacidad para aprender a leer correrán un grave peligro.

Sin libros no hay lenguaje evolucionado

Como he demostrado en la segunda parte de este libro, en los corpus escritos hay mucha más riqueza lingüística que en los espacios orales más cotidianos. Esto significa que esos espacios ayudan a sentar ciertas bases léxicas y gramaticales básicas, sobre todo en los niños pequeños, pero nada más.[92-93] Para ir más allá de lo ordinario, los pequeños deben orientarse hacia los textos escritos, primero a través de la lectura compartida y, más adelante, a través de su práctica personal. Esto no es una opción, es una obligación. En realidad, la única elección posible es decidir si merece o no la pena dar este paso. Si la respuesta es que sí, solo queda como alternativa la lectura, y más concretamente, según acabo de subrayar, la lectura de libros. Podemos quejarnos de esta necesidad, pero eso no cambiará nada: sería como lamentarse porque el agua moja.

Entre cuarto de primaria y segundo de bachillerato, los alumnos adquieren de media 3.000 nuevas palabras* al año, es decir, algo menos de diez al día.[20] ¡Es una cantidad enorme! Los vocablos sencillos y frecuentes son los primeros que se aprenden. Después les llega el turno a las palabras menos habituales, que se concentran, sobre todo, en los universos escritos. Una de las magias de la lectura es que permite adquirir muchos de esos vocablos de manera «accidental», es decir, sin necesidad de un esfuerzo o un proyecto consciente.[94-95] El niño lee y, sin darse demasiada cuenta de ello, se beneficia progresivamente de todo tipo de tesoros léxicos y sintácticos. Aprende en cierto modo sin saberlo, de acuerdo con un mecanismo que le permite adivinar el sentido de las palabras nuevas a partir del contexto e ir afinando poco a poco su interpretación a medida que vuelve a encontrarse con ellas,

---

* Una vez más, el concepto de palabra se utiliza en este caso en el sentido estricto de lema. Véase la nota al pie de la p. 156.

como estudiamos en la segunda parte. El problema es que el rendimiento de este mecanismo es más bien modesto. No en vano, se ha observado en diferentes edades y distintos niveles de dificultades textuales y competencias lectoras que la probabilidad de adquirir «accidentalmente» una nueva palabra es, de media, de una de cada veinte.[20, 96] Dicho de otro modo: por cada cien vocablos desconocidos con los que se topa el cerebro, cabe esperar que memorice cinco. De entrada, puede parecer una cantidad mínima, pero si tenemos en cuenta que un lector asiduo se suele encontrar con centenares de miles de palabras cada año (véase la tabla de la p. 374), las adquisiciones alcanzan rápidamente cotas considerables.

Tomemos, por ejemplo, la saga *Harry Potter*.[*] Por lo general, se recomienda para niños a partir de ocho o nueve años. Sin embargo, cuando se analiza el lenguaje empleado, parece que no es adecuada para la mayoría de los pequeños de esa edad.[**] De hecho, solo el 5 % de los menores (los más aventajados) cuentan entonces con las competencias necesarias para salir airosos de esta lectura sin demasiados problemas, lo que significa que dominan aproximadamente el 98 % del vocabulario utilizado,[***] es decir, las 6.000 palabras más habituales.[100] A un ritmo de 20 minutos de lectura diarios y una velocidad de 210 palabras por minuto,[101] estos felices elegidos conseguirán empaparse del 1,12 millones de palabras que contienen en total los siete tomos de la serie[101] en me-

---

[*] Los datos que aparecen a continuación corresponden a la versión original en inglés.

[**] Para llegar a esta conclusión se ha utilizado una unidad de medición estándar de la complejidad, el «lexile», que tiene en cuenta las dificultades léxicas y sintácticas del texto. Esta herramienta se creó para ayudar a los profesores a elegir obras adecuadas a la edad de sus alumnos. Los libros de Harry Potter presentan lexiles demasiado elevados (por encima de 880 L)[98] para el 95 % de los alumnos de cuarto de primaria.[98-99]

[***] Véanse las pp. 165 y ss.

nos de nueve meses. En esa experiencia se encontrarán con 22.400 vocablos desconocidos (el 2 %), de los que se aprenderán 1.120 (un 5 %), lo cual equivale a cuatro nuevas palabras asimiladas de manera accidental cada día. Evidentemente, podemos extrapolar este ejemplo más allá del caso concreto de *Harry Potter*. De hecho, se ha calculado que los niños se topan con entre 16.000 y 24.000 palabras desconocidas por cada millón de vocablos leídos (en torno al 2 %), de las que se aprenden entre 800 y 1.200.[96] No es ni mucho menos una cifra menor, si tenemos que cuenta que nuestros hijos incorporan 3.000 palabras nuevas de media cada año desde mediados de la educación primaria hasta el final del bachillerato.[20]

Por supuesto, la escuela puede tratar de compensar el impacto socialmente diferenciado de la lectura desarrollando para ello programas intensivos de instrucción, pero, por desgracia, este planteamiento no ha resultado ser muy eficaz. Como vimos ya cuando hablábamos de los niños de infantil y principio de primaria (primer y segundo cursos), el efecto global de estas enseñanzas formales sobre el rendimiento en las pruebas estandarizadas de vocabulario y comprensión oscila entre «modesto» e «indetectable».[102-105] Ni siquiera los estudios con resultados más prometedores consiguen superar el límite de entre 300 y 400 palabras aprendidas cada año,[20, 102] que supone entre dos y cuatro veces menos de lo que aportan 20 minutos diarios de lectura. Estos datos coinciden con las conclusiones de un reciente artículo en el que se sugiere que el rendimiento de la lectura personal es entre dos y seis veces superior al que se obtiene con los programas formales de instrucción.[106]

Evidentemente, esto no quiere decir que los protocolos clásicos de formación léxica sean inútiles, sobre todo a la hora de atender a los alumnos que experimentan mayores dificultades o de transmitir repertorios especializados (sobre botánica, anatomía, arquitectura, etc.) que no suelen aparecer en los libros ordinarios.[102] Pero sí significa que la lectura personal es una manera no solo idónea, sino también insustituible, para desarrollar las capacidades lingüísticas de nuestros hijos.[94, 96] También evidencia que cuando se trata de mejorar el lenguaje general, esto es, no técnico ni especializado, seguramente es más eficaz dedicar el tiempo disponible en la escuela a hacer leer a los alumnos, en lugar de emplearlo en a enseñarles tediosas listas de vocabulario. Como resumen Anne Castles y sus compañeros de las universidades de Sídney y de Oxford en un artículo de referencia, «los docentes pueden intentar exponer lo máximo posible a los niños a los textos escritos durante las clases y las horas destinadas a los deberes, pero lo que conseguirán será minúsculo en comparación con lo que pueden lograr los pequeños si se exponen a sus lecturas personales».[18]

Absorber conocimiento

Ya hemos visto que uno de los delirios de los teóricos de la pedagogía más obstinados es el que insiste en que nuestros hijos ya no necesitan acumular conocimientos porque pueden acceder a ellos en Internet «en quince milisegundos».[107] Sostener esto es más o menos tan inteligente como alegar que el vocabulario es inútil porque todas las definiciones se encuentran disponibles con tan solo hacer un clic. No volveré a todos los elementos que ya he expuesto, pero permítaseme afirmar de nuevo, para dejarlo bien claro, que es absolutamente imposible debatir, leer, reflexionar o, de un modo más general, tener una vida intelectual fecunda si no se cuenta con un sólido repertorio de saberes generales. Encerrando a nuestros hijos en el idiota dogma de *«google it* en quince milisegundos», lo que estamos haciendo, simple y llanamente, es esterilizar su inteligencia, porque les impedimos al mismo tiempo el pensamiento y la comprensión.

Una vez reconocido este aspecto, cabe plantearse una primera pregunta: ¿qué es exactamente la «cultura general»? Por desgracia, este concepto está un tanto marcado por un supuesto tufo elitista. Aquí me gustaría evitar este escollo proponiendo una definición tan inclusiva como sea posible para este término y otros similares (conocimientos y saberes previos o de base, etc.). La cultura general de la que hablaré no es ni altanera ni esnob. Engloba, en un sentido amplio, todos los conocimientos sin los cuales un individuo no puede pensar eficazmente sobre el mundo ni asumir su responsabilidad como ciudadano. Obviamente, la lista de saberes necesarios en este sentido es bastante larga: historia, geografía, filosofía, música, pintura, cine, literatura, geopolítica, deporte, religión, economía, etc. Esto nos conduce a la segunda pregunta: ¿cómo adquirir un conjunto tan amplio de saberes heterogéneos? Al igual que ocurría en el caso del vocabulario, la respuesta aquí es simple y no tiene mayor misterio. Se requiere paciencia y el inigualable poder de los lentos procesos acumulativos. Los pequeños pasos hacia delante, repetidos durante días, semanas, meses, años y decenios, acaban por dar lugar a tesoros colosales. Y en este juego del avance paso a paso el libro prácticamente no tiene parangón. A quienes desean dedicarle entre 20 y 30 minutos diarios, le proporciona, aparte de millones de palabras, un amplio acervo de conocimientos variados. De hecho, los libros, sean del tipo que sean (de ficción o informativos), cubren una inmensa pluralidad de temas y, de ese modo, aportan un ingente caudal de saberes diversos. Como es natural, también este proceso de adquisición funciona en un doble sentido: cuanto más lee el niño, más aumenta su cultura general, y cuanto más aumenta su cultura general, más capaz es el pequeño de enfrentarse a enunciados diferentes y complejos, que pueden alimentar su cultura general.

En el ámbito de la ciencia está sobradamente demostrado el impacto que tiene la lectura sobre nuestras reservas de conocimientos.[56, 108] Un reciente estudio ha concluido, por ejemplo, que el volumen de lectura explica la mayoría de las diferencias en el nivel de cultura general de una muestra de alumnos de cuarto del primer ciclo de secundaria, una vez consideradas sus capacidades intelectuales.[25] Estos resultados van en la línea de los de otra investigación realizada con un grupo de estudiantes universitarios[109] en la que, además, se midió el efecto de la televisión, que demostró ser estadísticamente nulo, lo que contradice ese argumento que se esgrime a veces y según el cual el consumo audiovisual amplía el conocimiento que nuestros hijos tienen acerca del mundo.[110] Dicho esto, conviene que nos detengamos ahora en algunas de las preguntas generales que se plantearon en aquel estudio a los participantes, que —tal vez no esté de más mencionarlo— eran universitarios estadounidenses. Por necesidades del propio análisis, la cohorte se dividió en dos grupos de un tamaño similar: uno, formado por los mayores lectores; el otro, por los lectores menos asiduos. Uno de los ítems hablaba del número de judíos y musulmanes que existen en el mundo. Los buenos lectores que respondieron, como se debe, que hay más musulmanes fueron el doble (50 %) que los malos lectores (25 %). Otra pregunta: ¿en qué país se habla latín? Además de la respuesta correcta (ninguno, el latín es una lengua muerta) se dieron por válidas propuestas como «Roma» o «el Vaticano». Pues bien, los mejores lectores acertaron cuatro veces más (40 %) que sus compañeros que leían menos (10 %). Otra pregunta: en 1944 ¿qué país era el principal aliado de la Alemania nazi (¡recordemos que este estudio se realizó con estudiantes universitarios de Estados Unidos!)? Solo el 30 % de los buenos lectores señaló a Japón, tres veces más que el porcentaje (10 %) de malos lectores que lo hicieron (¡lo cual supone una escalofriante proporción de ignorancia del 90 %!). He de precisar que en cada una de estas preguntas se constató, mediante una serie de análisis específicos, que la superioridad que mostraban los lectores se debía efectivamente al volumen de sus lecturas y no a diferencias de capacidades intelectuales. Debo señalar también que estos ejemplos, por elocuentes que sean, solo da una idea bastante vaga de la naturaleza de las diferencias observadas y del hecho de que esas diferencias no solo se manifiesten en los conocimientos supuestamente elitistas o académicos. En realidad, en el test se incluían preguntas sobre cuestiones sumamente amplias, muchas de ellas relacionadas de manera directa con la realidad. Así, como escriben los autores, «los lectores más asiduos del estudio, independientemente de sus habilidades generales, sabían más acerca del funcionamiento de un carburador, de la presencia de la vitamina C en los cítricos, del modo en que los tipos aplicables a un préstamo para un coche afectan a las cuotas, de la identidad los senadores de su estado, de cómo se cocina a la parrilla, de qué es un accidente cerebrovascular, de en qué consiste una industria intensiva en capital* y de con quién y contra quién combatió Estados Unidos en la Segunda Guerra Mundial».[109] Esta diversidad ilustra bien el amplio espectro de acción que ejercen los libros sobre la cultura general y responde fielmente a la amplia definición que propuse antes para este concepto. Para completar el panorama, señalaré también que se han obtenido resultados similares con muestras de alumnos de primaria[111] y con adultos de edad avanzada.[112]

En definitiva, todos estos datos demuestran sin lugar a equívocos que la lectura ejerce una influencia positiva sobre el desarrollo del conocimiento general, un efecto que se observa en todos los grupos de edad, desde cuarto de educación primaria hasta después de la jubilación.

---

* Se trata de lo que a menudo se conoce también como una «industria pesada», es decir, un sector industrial que requiere inversiones financieras importantes para funcionar (como es el caso de la metalurgia, de la industria del papel, etc.).

Estimular la creatividad

En vista de lo que acabo de explicar acerca del conocimiento general, esta sección puede parecer prácticamente una perogrullada. Es cierto que la creatividad no surge de la nada. Depende de la cantidad de conocimientos de base y surge esencialmente de una transformación y recombinación de esos saberes.[113-115] «La creatividad —decía Steve Jobs, el mítico fundador y presidente ejecutivo de Apple, ya fallecido— consiste sencillamente en conectar las cosas entre sí. Cuando se les pregunta a las personas creativas cómo han conseguido hacer una cosa determinada, se sienten un tanto culpables, porque en realidad no lo han hecho, simplemente han visto algo. [...] Muchos profesionales de nuestro sector no han tenido experiencias muy heterogéneas, así que no disponen de una cantidad suficiente de puntos que conectar entre sí. Por eso acaban proponiendo soluciones muy lineales, sin una perspectiva global del problema.»[116] Esta definición coincide de una manera sorprendente con las conclusiones de varios estudios científicos que evidencian la existencia de un vínculo significativo entre el nivel de cultura general de un individuo y sus capacidades creativas.[117-120] Aunque la formulación que ofrecen los científicos sea un poco formal, en el fondo están diciendo lo mismo que Steve Jobs. «Los creadores —destaca un artículo reciente— escudriñan su repertorio de conocimientos y a continuación manipulan las ideas obtenidas mediante su capacidad de razonamiento [...]. Esto sugiere que si un individuo se esfuerza por aumentar su conocimiento, mejorará su pensamiento creativo.»[120]

En la práctica, la mayoría de los estudios miden la creatividad mediante tests cuantitativos. El más conocido es el de Torrance,[121] en el que se evalúa la capacidad de los participantes para dar respuestas originales (o, dicho de otro modo, estadísticamente raras), eficientes (o sea, adecuadas para resolver el problema planteado) y sorprendentes (aunque este último criterio no suele formularse de manera explícita).[122-124] Las pruebas son casi siempre las mismas. Algunas de ellas son no verbales: por ejemplo, se pide al sujeto que complete un dibujo básico o que forme una figura compleja utilizando un número limitado de formas geométricas predefinidas. Otras son verbales: en ese caso, se solicita al sujeto que, por ejemplo, indique posibles maneras (sobre todo divergentes) de utilizar un objeto cotidiano (un zapato, una llave, etc.), que imagine una historia (o plantee una serie de preguntas) a partir de un dibujo o que proponga maneras de hacer que un juguete familiar (como un osito de peluche) sea más divertido.

Si tenemos en cuenta en su globalidad todos los datos disponibles, no nos resultará tan sorprendente que exista una relación significativa entre lectura y creatividad.[53, 125-127] De hecho, hemos visto ya que el volumen de lectura incrementa los conocimientos en segundo plano, que, a su vez, favorecen la expresión creativa, una circunstancia que ha resumido de maravilla François-Xavier Bellamy, profesor de Filosofía: «[...] es al leer lo que otros han escrito cuando podemos desarrollar un pensamiento personal».[128] Pero este factor cultural no lo explica todo. Para medir plenamente la aportación de la lectura, también hay que hablar del diferente efecto que provocan los soportes verbales y los audiovisuales sobre la imaginación,[110] un aspecto que ya destacó claramente Henri Piéron a principios de los años cincuenta. En su *Vocabulaire de la psychologie* (en la edición en castellano, *Vocabulario Akal de psicología*), este profesor del centro de educación superior Collège de France escribió: «Imaginación. Proceso de pensamiento que consiste en una evocación de imágenes mnemónicas (imaginación reproductora), o en una construcción de imágenes (imaginación creadora)».[129] Esto significa que nuestro cerebro puede reactivar imágenes que le llegan del exterior o bien fabricar sus propias imágenes a partir de un proceso creativo interior. Por ejemplo, si leo el primer tomo de la saga *Harry Potter*,[130] mi mente debe construir por sí misma su propia representación del contexto, de los personajes y de las situaciones, lo que le permite proyectarse libremente en el texto y ser —o, más bien, fingir ser— Harry o Hermione. Con la película del mismo título, la cosa es diferente.[131] Las imágenes proponen ya una representación precisa y material de los elementos de la novela. No queda nada por crear, así que al espectador le resulta mucho más difícil poner en marcha su imaginario.[132] Por eso el psicoanalista Bruno Bettelheim afirmó hace sesenta años que «la televisión captura a la mente, pero no la suelta. En cambio, un buen libro hace lo mismo, pero liberando y estimulando la mente».[133] Una afirmación que en nuestros días han validado ya varios estudios comparativos, en los que se ha pedido a estudiantes de primaria y del primer ciclo de secundaria que imaginen cómo continúa una historia determinada o que planteen soluciones a problemas concretos, presentados a través de un texto escrito o de un documento sonoro o audiovisual. Los formatos estrictamente lingüísticos (audio y libro) suscitan enunciados más novedosos, variados, creativos y alejados del contenido original que los audiovisuales.[110, 134]

En definitiva, estos elementos demuestran que los libros ejercen una acción positiva sobre la creatividad, aumentando el repertorio de conocimientos generales, por una parte, y permitiendo una mayor libertad de imaginación en comparación con los formatos audiovisuales.

En resumen

De todo lo expuesto se deduce que la lectura hace a nuestros niños más inteligentes, cultivados, creativos y capaces de comunicarse, estructurar su pensamiento y organizar sus enunciados. Estos beneficios se evidencian tanto en la lengua escrita como en la oral. En otras palabras: la lectura mejora enormemente no solo la redacción de quienes la practican, sino también su habilidad para expresarse oralmente de una manera clara y ordenada.

Sin embargo, existen límites en este sentido. No todos los contenidos textuales tienen el mismo valor. El impacto más profundo que se ha observado corresponde a los libros, particularmente los de ficción. Esto no quiere decir que deban descartarse los periódicos, los cómics o las revistas, sino, sencillamente, que estos soportes no deben ser lo único que lea el niño. Leer libros es imprescindible. Se trata de una realidad sobradamente probada en el caso del lenguaje. Un niño que no lee libros está condenado sin remedio a mantenerse en la banalidad de las intervenciones ordinarias. Jamás podrá levantar los pilares léxicos, sintácticos y ortográficos propios de los lenguajes avanzados, tan fundamentales para el funcionamiento óptimo del pensamiento. Esto entronca con el mensaje central de este capítulo: o el niño lee —y mucho— o tendrá que contentarse con un lenguaje pobre y una inteligencia parcialmente mutilada.

II

Desarrollar las habilidades
emocionales y sociales

Aun cuando la aportación de la lectura al desarrollo intelectual sea el efecto más visible y estudiado, no es el único. Numerosos estudios muestran que la literatura y, de un modo más amplio, las obras de ficción también favorecen el desarrollo socioemocional,[135-140] un concepto que, de entrada, podemos definir como «una capacidad general para identificar y comprender nuestros propios estados interiores y los de los demás, que incluyen las emociones, los pensamientos, los deseos y las motivaciones, así como para adoptar, de un modo flexible, el comportamiento más apropiado para responder adecuadamente a interacciones interpersonales específicas».[140] Hay quien prefiere hablar de «cognición social», como capacidad individual para «comprenderse a sí mismo y comprender a los demás para coordinarse con el entorno social».[141] Otros dan prioridad a la noción de «inteligencia emocional», entendida como «la capacidad para comprender y gestionar las propias emociones, establecer relaciones con los demás, adaptarse a diferentes situaciones y enfrentarse a los problemas personales e interpersonales y a los desafíos de la vida cotidiana».[140] Sin embargo, estas divergencias semánticas no cambian demasiado la conclusión global que se puede extraer de los datos: leer mejora nuestra habilidad para interactuar con nuestros mundos interiores y exteriores.

VIVIR MIL VIDAS

Los investigadores no han empezado a interesarse por los impactos socioemocionales de la lectura hasta hace poco.[136, 142] Probablemente los puristas del dogma cientificista consideraban que este tema era un tanto «blando». Sin embargo, desde hace más de veinte años las reticencias van disipándose y los estudios son cada vez más numerosos. Los resultados que se han obtenido en ellos, sobre los que tendremos ocasión de volver en detalle, han sorprendido muchas veces a sus autores... pero no a los escritores. Hace más de un siglo, Marcel Proust, por poner solo un ejemplo, sentó ya las bases de las actuales investigaciones. En *Por el camino de Swann* escribió: «Un ser real, por profundamente que simpaticemos con él, lo percibimos en gran parte por medio de nuestros sentidos, es decir, sigue opaco para nosotros y ofrece un peso muerto que nuestra sensibilidad no es capaz de levantar. Si le sucede una desgracia, no podremos sentirla más que en una parte mínima de la noción total que de él tenemos, ni tampoco podrá él sentirlo más que en una parte de la noción total que de sí tenga. La idea feliz del novelista es sustituir esas partes impenetrables para el alma por una cantidad equivalente de partes inmateriales, es decir, asimilables para nuestro espíritu. Desde este momento poco importa que se nos aparezcan como verdaderos los actos y emociones de esos seres de nuevo género, porque ya las hemos hecho nuestras».[143] Dicho de otro modo, como lo expresa, de un modo un tanto diferente, Margaret Atwood, autora de *El cuento de la criada*, «leer un libro es sin duda la experiencia más íntima que se nos puede brindar sobre el interior de la mente de otro ser humano».[144] Una intimidad, continúa Proust, que «desencadena en nuestro seno, por una hora, todas las dichas y desventuras posibles, de esas que en la vida tardaríamos muchos años en conocer unas cuantas».[143]

Aquí se concentra toda la fuerza de la literatura. Ofrece un acceso directo a la psique humana. Nos conduce al corazón de los sentimientos, las emociones y los pensamientos de los demás. Gracias a ella, queda al desnudo toda la mecánica de las reflexiones, las emociones y las decisiones de los personajes. A lo largo de las páginas, el lector entra realmente en la cabeza de Emma Bovary, Julien Sorel, Raskólnikov, Werther, Giovani Drogo, Guy Montag, Meursault y el viejo Santiago.* Todo el recorrido mental de estas almas atormentadas, todas las angustias de sus cuestionamientos, todas las dificultades de sus introspecciones y, en último término, todos los fundamentos psíquicos de sus actos se exponen para la comprensión y la empatía de quien pasa ante ellos. A través de los libros, el lector vive un sinfín de vidas, que le permiten, sin que se dé cuenta, agrandar e iluminar la suya. Jemeljan Hakemulder, uno de los primeros investigadores que analizaron con seriedad esta cuestión, sugirió que la literatura constituía una especie de «laboratorio moral» que ayuda al lector a explorar a placer y sin riesgos todo tipo de situaciones sociales más o menos espinosas del mundo real.[145] A partir de él, los neurocientíficos han generalizado esta idea a través del concepto de «simulación social».[135-136] Keith Oatley, profesor de Psicología Cognitiva de la Universidad de Toronto, sostiene que, del mismo modo que ciertas personas entrenan sus capacidades como pilotos mediante simuladores de vuelo, otras perfeccionan sus habilidades sociales leyendo obras de ficción, que, en consecuencia, pueden contemplarse como «el simulador de vuelo de la mente».[136] Esta hipótesis se confirma en varios estudios que evidencian una importante superposi-

---

* Personajes salidos, respectivamente, de *Madame Bovary* (Flaubert), *Rojo y negro* (Stendhal), *Crimen y castigo* (Dostoyevski), *Las penas del joven Werther* (Goethe), *El desierto de los tártaros* (Buzzati), *Fahrenheit 451* (Bradbury), *El extranjero* (Camus) y *El viejo y el mar* (Hemingway).

ción de los circuitos cerebrales implicados en la evaluación de las situaciones sociales tanto cuando se viven de verdad como cuando se experimentan a través de la literatura.[146-147] Hay un trabajo reciente particularmente significativo en este sentido. En él se concluye que los mayores lectores de obras de ficción presentan un mejor rendimiento socioemocional gracias a un funcionamiento optimizado de las redes neuronales correspondientes, lo que confirma que la ficción mejora este tipo de capacidades «a través de su influencia en las bases neuronales de la simulación social».[148] Una realidad que Mark Bauerlein, profesor de inglés en la Universidad Emory, expresa de maravilla desde su posición de lector. Escribe: «Si lees la definición de la palabra "traición" en un diccionario, la entiendes. Pero si lees un caso de traición en una novela que recoge los actos, los pensamientos y las emociones del traidor y del traicionado, no te limitarás a comprender la traición: la experimentarás en carne propia».[87] Jacqueline de Romilly, miembro de la Academia Francesa de la Lengua y profesora del centro de educación superior Collège de France, lo desarrolló extensamente en una obra soberbia titulada *El tesoro de los saberes olvidados*:[149] «El alumno que haya asistido a las clases, aunque solo sea con resultados modestos, habrá añadido al recuerdo de los cuentos que cautivaron su infancia toda la herencia de la experiencia humana. Habrá conquistado un imperio junto con Alejandro Magno o Napoleón, habrá perdido una hija junto con Victor Hugo, habrá luchado solo contra los mares como Ulises o como Conrad, habrá vivido el amor, la revuelta, el exilio, la gloria. ¡No está mal como experiencia! [...] La literatura nos permite ser, al mismo tiempo o sucesivamente, el asesino y su víctima, el rey de espléndidos palacios o el pobre que muere de hambre, y conocer todas las emociones de civilizaciones hoy desaparecidas, ser esclavo, practicar sacrificios, adorar a divinidades de formas y voluntades que hoy nos resultan increíbles. Nos permite ser hombre o mujer, niño o anciano, y de todas estas situaciones vuelven a brotar voces que nos hablan en una especie de confidencia universal».

A quien tenga conocimientos sobre el cerebro no le extrañarán estas observaciones. De hecho, como ya destaqué al final de la segunda parte, las palabras que expresan una emoción no permanecen durante largo tiempo atrapadas como prisioneras en las redes neuronales del lenguaje: tan pronto como son «reconocidas», apelan a las regiones cerebrales que responden cuando las emociones que provoca la lectura se sienten físicamente. Por ejemplo, vocablos como «lombriz» o «vómito» activan las áreas «del asco», que, «en la vida real», reaccionan cuando el cerebro se encuentra en presencia de estímulos repugnantes (un vómito o una lombriz) o de rostros que expresan repulsión.[150-151] Lo mismo ocurre en el caso de los sentidos. Los vocablos que expresan un claro contenido auditivo («timbre», «teléfono», etc.), olfativo («canela», «alcanfor», etc.) o gustativo («sal», «miel», etc.) activan las regiones cerebrales relacionadas con el procesamiento de los sonidos,[152] los olores[153] y los sabores,[154] respectivamente. Esto también es aplicable al plano motor. Cuando en un texto se describe a un personaje que está manipulando un objeto, se activan las áreas neuronales de la prensión, como si estuviésemos realmente manipulándolo.[155]

En buena medida, estos elementos explican la capacidad inigualable de los contenidos literarios para transportarnos hasta lo más profundo del alma humana. Ningún otro medio permite al individuo ser y sentir con tanta intensidad lo que no es: una persona adúltera, un asesino reconcomido por su conciencia, un cínico ambicioso, un viejo y heroico pescador... Una vez más, el medio determina estructuralmente el mensaje.[156] Sobre todo si se tiene en cuenta que las producciones audiovisuales no se limitan a provocar un empobrecimiento del lenguaje, como ya hemos visto: por su propio formato, también reducen la complejidad de las historias y de los personajes.[157] En la pantalla, los héroes suelen tener perfiles psicológicos menos densos y ricos, porque el soporte cinematográfico no permite (o solo lo permite si hay un enorme trabajo detrás) diseccionar los engranajes íntimos del pensamiento. El espectador ve actuar a los personajes y adivina sus motivaciones, pero, a diferencia del lector, no puede introducirse en sus cabezas. Esto no es un juicio de valor ni de desprecio, sino la constatación de una diferencia que una célebre cita de Stephen King resume con claridad. En opinión de este exitoso autor de libros superventas, muchos de los cuales se han adaptado al cine, «los libros y las películas son como las manzanas y las naranjas: se trata de frutas, pero cada una de ellas posee un sabor completamente distinto».[63] Si quieres que alguien capte de manera concreta el horror de los campos de concentración, un vídeo de cinco minutos será más eficaz que un texto de doscientas páginas,[157] pero si quieres que esa persona entienda y sienta lo que ocurrió a corto y largo plazo en la psique de las víctimas (o de los verdugos), si quieres que penetre orgánicamente en la etiología mental de los comportamientos observables, entonces no hay nada mejor que el libro. En consonancia con esta idea, se ha demostrado que los textos de ficción contienen el doble de descripciones emocionales complejas* (desesperación, alivio, ansiedad, irritación, orgullo, interés, etc.) que las conversaciones orales extraídas de amplios corpus televisivos y radiofónicos.[158]

Para aquellos que aún lo duden, propondré aquí un sencillo experimento: coge un libro, léelo y cotéjalo después con su versión para la gran pantalla. Es algo que he hecho muchas veces con mi hija. Las diferencias siempre le parecen impactantes y en línea con las conclusiones de los estudios disponibles al respecto.[157] La última vez que lo hemos probado ha

---

* Por oposición a las emociones consideradas como sencillas o básicas (alegría, miedo, ira, asco, tristeza y sorpresa).

sido con el primer libro de la saga *Los juegos del hambre*.[159] La historia es bastante sencilla: veinticuatro adolescentes de entre doce y diecisiete años son seleccionados en un sorteo para partir hacia un extenso territorio cubierto de bosques y batirse allí a muerte. Al final solo puede quedar uno de ellos. La película basada en el libro,[160] que ya de por sí tiene una duración superior a la media, condensa en 2 horas y 22 minutos un texto de 412 páginas, que un lector de buena voluntad necesitará más de ocho horas para leer.* Huelga decir que el resultado final corta por lo sano numerosos elementos del contenido original. Desaparecen muchos personajes de la novela, secundarios, pero estructurantes, y una enorme cantidad de aspectos contextuales se omiten o se recortan. Las diferentes personalidades no salen mucho mejor paradas. Evidentemente, la propia novela es, dentro de este ámbito, relativamente superficial, pero sigue siendo bastante más rica que la película. En no pocos pasajes el texto nos permite entrar en la cabeza de la heroína para subrayar sus dudas, sus contradicciones y, en definitiva, sus complejidades. Esta hondura no está presente en la versión cinematográfica,** lo cual no significa que esta sea aburrida o carezca de interés. Simplemente, se confirma que, en comparación con la versión escrita, presenta una historia recortada y unos personajes simplificados.

En definitiva, lo que debemos retener de todo ello es que la literatura constituye una interfaz idónea para el aprendizaje socioemocional, ya que permite realizar descripciones psicológicas y contextuales sumamente detalladas. Ningún otro soporte ayuda a exponer con tanta precisión los pensamientos del prójimo. Gracias a los libros, el lector penetra directa-

---

*   Estimación basada en el audiolibro (tiempo de lectura: once horas y treinta y nueve minutos, audible.fr), de acuerdo con el sistema de cálculo que se explica en la nota al pie de la p. 55.

**   La película (la primera de una tetralogía) tuvo un inmenso éxito y generó cerca de 700 millones de dólares de ingresos.[162]

mente en la mente de los personajes, cuya doble mecánica reflexiva y emocional se pone al descubierto. Esta explicitación posibilita que nos pongamos en el lugar del otro y, de ese modo —según veremos en el siguiente apartado—, comprender mejor a nuestros semejantes.

Comprender a los demás

Desde hace veinte años, numerosos estudios han observado el impacto de la lectura sobre la empatía, un concepto que se definió en su momento como un proceso interior que permite a una persona reconocer y compartir, en una situación dada, el estado cognitivo (la manera de ver y analizar la situación) o afectivo (la reacción emocional ante esa situación) de otra persona.[162] En los adultos y los adolescentes, este rasgo de la personalidad se suele medir a través de cuestionarios individuales.[138] El instrumento más conocido en este ámbito es el índice de reactividad personal,[162-163] basado en una escala de cinco niveles* (desde 1 [«no se corresponde en absoluto con mi caso» hasta 5 [«se corresponde completamente con mi caso»]) e incluye veintiocho preguntas agrupadas en cuatro bloques, cada uno de los cuales mide un aspecto diferente del sentimiento empático: (1) sentir preocupación y compasión por los demás (por ejemplo, «me describiría como una persona de buen corazón, que tiende a la compasión»); (2) experimentar sentimientos de ansiedad y malestar ante el sufrimiento ajeno (por ejemplo, «en las situaciones de emergencia me siento preocupado o preocupada e incómodo o incómoda»); (3) adoptar de manera espontánea el punto de vista psicológico

---

* En la versión francesa se utiliza una escala que va de uno a siete. Las preguntas que presento aquí a modo de ejemplo se han extraído de esta versión traducida.[164]

de otra persona (por ejemplo, «antes de criticar a alguien intento imaginarme qué sentiría si estuviera en su lugar»); (4) identificarse con los sentimientos y los actos de los personajes de libros, películas u obras de teatro (por ejemplo, «comparto realmente en los sentimientos de los personajes de una novela»). En el caso de los niños (más concretamente, entre educación infantil y el final de primaria) las herramientas son más heterogéneas. Algunas investigaciones recurren a cuestionarios simplificados (por ejemplo, «siento pena por los niños que no tienen las mismas cosas que tengo yo»[164] o dirigidos a las familias (por ejemplo, «mi hijo a menudo se siente triste por aquellos que tienen menos que él»).[165] Otras emplean figuritas que muestran diferentes emociones faciales, para las que los participantes deben encontrar una explicación (por ejemplo, «¿por qué crees que la muñeca se siente así [enfadada, feliz, triste o asustada]?»).[166] Finalmente, otros estudios se basan en dibujos, cuentos o vídeos breves cuyo contenido emocional deben captar los niños (por ejemplo, «[en un vídeo] tres niños se cuelan en un jardín por la noche para tratar de entrar en una antigua mansión. Las escaleras crujen, una sombra amenazante aparece y los niños salen corriendo. ¿Has sentido algo? ¿Ese sentimiento era «débil» o «intenso»?).[167]

En general, independientemente de la edad y del tipo de prueba, los datos experimentales evidencian un vínculo significativo entre el volumen de lectura personal y las capacidades de empatía.[139-140] Este fenómeno resulta visible desde la etapa prescolar, como vimos rápidamente en el capítulo 7. En los libros infantiles existe una elevada concentración de palabras («contento», «triste», «sentir», «esperar», «querer», «temer») y descripciones («ella se dio cuenta de que él tenía miedo») socioemocionales. De hecho, una de cada tres frases contiene un elemento de este tipo, lo que convierte al estado mental de los personajes en un tema frecuente en la interacción entre el adulto que lee el cuento y su hijo.[169] Pues bien, la frecuencia de los enunciados socioemocionales que se emitan durante la lectura compartida está ligada a una capacidad de empatía mayor en los niños de educación infantil[170] y de guardería (entre dieciocho y treinta meses).[171] Este resultado coincide con el de otras investigaciones que han puesto de manifiesto que aquellos pequeños de cuatro o cinco años que están más expuestos a la lectura compartida presentan un mayor nivel de empatía.[172] Lo mismo ocurre con los alumnos de más edad, ya de primaria o del primer cinco de secundaria,[173] en los que, además, se ha constatado que ciertos programas escolares de duración media (al menos ocho semanas) para la lectura y el debate en torno a textos de ficción tienen efectos positivos en este sentido.[174-176]

A todos estos datos hay que añadir un amplio conjunto de estudios realizados con muestras de estudiantes universitarios y adultos de más edad. En general, como ha probado un reciente metaanálisis, en esta población se confirma que el volumen de lecturas acumuladas a lo largo de la vida influye positivamente en el grado de empatía.[139] No obstante, aun cuando se observe esta relación con todo tipo de obras, se constata que es más intensa y general en los textos de ficción que en los de no ficción. De acuerdo con sus autores, «es posible que los procesos más emocionales de la empatía se encuentren más estrechamente vinculados con la lectura de obras de ficción, mientras que los procesos más cognitivos se asocien a prácticas de lectura más diversificadas». No obstante, no hay unanimidad en torno a esta hipótesis, ya que los mayores consumidores de libros de no ficción también son los mayores consumidores de obras de ficción. Cuando se tiene en cuenta esta particularidad, se comprueba que solo las novelas tienen una conexión significativa con la empatía.[177] Así pues, el debate sigue abierto y lo único de lo que podemos estar seguros a estas alturas es que enfrentarse de manera continuada a las obras literarias de ficción incrementa la empatía.

Podríamos temer, por supuesto, que las correlaciones observadas fuesen «inversas», es decir, que se deban al hecho de que las personas más sociables y empáticas por naturaleza sean las que más atraídas se sientan por los libros de ficción. Sin embargo, los estudios no validan esta hipótesis. De entrada, una causalidad inversa no explicaría por qué los programas escolares de lectura compartida (en los que los docentes leen cuentos a los alumnos) tienen un impacto positivo en la capacidad de empatía de los pequeños participantes.[175-177] Además, la relación entre el volumen de lectura personal y la empatía se mantiene después de considerar otros criterios, como la edad, el sexo, la inteligencia, el grado de aislamiento social, el nivel de exposición a obras de no ficción y ciertos rasgos fundamentales de la personalidad (principalmente asociados al consumo de obras de ficción).[177-178] Dicho de otro modo: ni el temperamento, ni las características sociales ni las capacidades intelectuales del lector explican los datos, lo cual permite concluir que la relación de causalidad, al menos en parte, se mueve de la lectura hacia la empatía. Un amplio metaanálisis ha extrapolado esta conclusión a las capacidades socioemocionales en su conjunto.[138]

Como es lógico, los investigadores no se han limitado a estudiar la empatía. También han explorado otras funciones. Lo han hecho en menor medida, pero, en cualquier caso, siempre han obtenido el mismo resultado o casi. Enfrentarnos al texto escrito mejora nuestras habilidades para las relaciones. Así, por ejemplo, se ha demostrado que los lectores de obras de ficción presentan, independientemente de su edad, una mejor «teoría de la mente»,[139-140, 142] es decir, una mayor capacidad para «adivinar lo que está pensando otra persona» (entendiendo el verbo «pensar» de la forma más amplia posible: intenciones, creencias, deseos emociones...).[136] También en este caso todo empieza en las etapas tempranas del desarrollo. Los niños de infantil cuyos padres son capaces de reconocer a más autores de literatura infantil y juvenil cuando se les muestra una lista estándar de nombres presentan mejores resultados en diferentes pruebas sobre la teoría de la mente en las que se mide, por ejemplo, la capacidad para entender que otras personas pueden tener creencias distintas* o que alguien puede ocultar deliberadamente sus emociones.**, [179] Varios estudios han confirmado y generalizado esta observación, evidenciando que el impacto positivo de la lectura compartida en la teoría de la mente se explica por la exposición del niño a un amplio repertorio emocional (feliz, enfadado, contento, sobrepasado, pensar, querer, esperar, imaginar, creer, desear, etc.),[180-181] un repertorio que, como ya hemos visto, está omnipresente en las obras de literatura infantil y juvenil.[168] En concreto, una investigación a largo plazo ha demostrado que el uso de verbos con una carga emocional en el momento en que un niño tiene tres años permite predecir el rendimiento que mostrará veinticuatro meses más tarde en tareas sobre la teoría de la mente similares a las que he expuesto arriba.[180]

* Una niña pequeña (representada por una muñeca) está buscando su gato. Se le muestra al niño un dibujo de un garaje y unos arbustos y se le pregunta a continuación dónde cree él que se ha escondido el animal. Después se le explica que la niña tiene otra hipótesis (si el pequeño ha respondido «el garaje», se le dirá que la niña piensa que el gato está en «los arbustos» y viceversa). Entonces se le pregunta al pequeño (para obligarlo a salirse de su punto de vista) dónde piensa que la niña buscará el gato.

** El niño tiene ante sí tres rostros que expresan emociones diferentes (contento, triste y neutro). Entonces se le cuenta la historia de un niñito que se sentía muy mal porque una niña de más edad lo ridiculizaba en el patio del colegio. Como el pequeño no quería que los demás alumnos también se burlasen de él, evitaba mostrarse triste, es decir, ocultaba sus emociones. Entonces se le pide al sujeto del estudio que elija, de entre las tres caras, aquella que revele cómo se siente el niño por dentro (triste) y aquella que se corresponda con la apariencia que quiere dar (neutra o sonriente).

Como era de esperar, se observan efectos similares en los grupos de edades más avanzadas, sobre todo estudiantes universitarios y adultos.[139] El planteamiento más habitual es enseñar a los participantes la fotografía de los ojos de un individuo y pedirles a continuación que elijan, entre cuatro opciones, el estado emocional que representa (por ejemplo, «pensativo, irritado, nervioso, hostil» o «celoso, aterrorizado, arrogante, lleno de odio»).[182] El volumen de lecturas acumuladas a lo largo de la vida es un predictor significativo del nivel de rendimiento en esta prueba o, por expresarlo de una forma más prosaica, de la capacidad de un individuo para reconocer las emociones de los demás.[183-186] También en este caso se ha demostrado que el efecto está ligado a la elevada concentración de descripciones de emociones complejas que puede encontrarse en los libros de ficción.[158]

Obviamente, en vista de estos datos, resulta tentador sugerir que la literatura, al ayudarnos a comprender mejor la psique del prójimo, nos brinda también la oportunidad de entender mejor nuestros propios sentimientos. La idea es muy sencilla: observando a los personajes de los libros (o identificándose con ellos), los lectores descifran con más facilidad sus comportamientos, pensamientos y emociones, y, gracias a esta nueva perspectiva, pueden enfrentarse mejor a los problemas reales de la existencia o prevenirlos. Se trata de un aspecto nada fácil de demostrar. En este terreno, de hecho, hay una dolorosa ausencia de pruebas experimentales sólidas. Los resultados más sólidos están relacionados con el uso de obras de ficción como base para dialogar, sobre todo con los niños, acerca de temas complicados, como el duelo, la discapacidad, el acoso, el racismo, la pobreza, la soledad, etc.,[187-189] un enfoque cuyo impacto positivo se ha observado también entre adultos y adolescentes, sobre todo en el tratamiento de la ansiedad y la depresión.[190-191] Sin embargo, en el caso general de la lectura personal no contamos más que con los testimonios de los lectores, como pone de manifiesto un reciente artículo médico, cuyos autores sostienen que «es posible que jamás consigamos recoger los datos cuantitativos que exigen los científicos, pero siglos de testimonios de lectores dicen mucho a aquellos que quieren escucharlos».[192] En definitiva, no hay pruebas irrefutables, ¡pero sí indicios significativos!

Percatarse de lo inaceptable

Lo que muestran estos estudios, por tanto, es que la literatura nos ayuda a percibir y a sentir el mundo que nos rodea con los ojos de otras personas. Da igual que el protagonista sea hombre, mujer, guapo, feo, brillante, estúpido, rico o pobre... Por un tiempo, la lectura nos permite ponernos en su lugar. Evidentemente, algunos libros esconden estereotipos odiosos e ideas abyectas. Por eso hay que tener cuidado con lo que leen los niños y, sobre todo (¡!), proporcionarles recursos para que estén en condiciones de defenderse lo antes posible. Hay algunas almas caritativas que hoy en día están exigiendo que se retiren o se reescriban ciertos libros que les parecen intolerables.[193-194] Ray Bradbury fue una de las primeras personas que denunciaron esta idea, poniendo en boca de uno de los personajes de *Fahrenheit 451* las siguientes palabras: «A la gente de color no le gusta *El pequeño Sambo*. A quemarlo. La gente blanca se siente incómoda con *La cabaña del tío Tom*. A quemarlo. ¿Alguien escribe un libro sobre el tabaco y el cáncer de pulmón? ¿Los fabricantes de cigarrillos se lamentan? A quemar el libro. [...] Quemémoslo todo, absolutamente todo. El fuego es brillante y limpio».[195] Hoy en día hay muchas personas que defienden la postura de Bradbury, con el argumento de que los contenidos «problemáticos» son también contenidos didácticos. En 2021, por ejemplo, Nashae Jones, escritora y profesora afroamericana, se plantó ante la propuesta de reescribir o censurar determinados libros para el público infantil o juvenil y considerados racistas.[196] En un artículo titulado «Soy negra, madre y profesora, y dejo a mis hijos leer libros racistas» insistía en que «descartar [esos] libros era propio de padres irresponsables. [...] El racismo —lamentaba— no desaparece porque cerremos los ojos fingiendo que no existe. Tenemos que proporcionar a nuestros hijos las herramientas adecuadas para detectarlo, primero, y para combatirlo, después». De hecho, había convertido en un asunto de honor la tarea de compartir con sus hijos los textos más cuestionables. Yo he hecho lo mismo con mi hija. Por ejemplo, los dos leímos todos los libros de la serie *Martine* antes de que se los simplificara y se eliminara de ellos los estereotipos sexistas.[197] Es a través de estas obras (y de muchas otras) como el pequeño puede, en parte, preparar las armas que más adelante le ayudarán a identificar y combatir el elemento odioso (racismo, homofobia, antisemitismo, sexismo, etc.). En línea con esta observación, un estudio realizado con una amplia muestra de estudiantes ha demostrado que la lectura de un mayor número de obras de ficción va ligada a una disminución de los estereotipos de género y a una representación más igualitaria de los papeles sexuados,[198] resultado este que coincide con las conclusiones de otra investigación sobre las actitudes discriminatorias hacia las minorías. Como escribe Jacqueline de Romilly, «la literatura, infinita por el terreno que ocupa, también es diversa por el espíritu que reina en cada autor. [...] Lo queramos o no, eso aviva el sentimiento de esta diversidad, esto es, la tolerancia».[149]

Dicho esto, por fortuna la literatura no solo se compone de elementos inaceptables. Está formada también, y sobre todo, por contrastes y diversidad. Es eso lo que permite al lector —como ya he subrayado insistentemente— comprender desde dentro todo tipo de vidas, valores y sentimientos dispares que pueden, según corresponda, herir, impactar o reconfortar. De esta mezcladora psicológica, la mente sale más empática y atenta a los demás. Sin embargo, estos rasgos fundamentales parecen estar desapareciendo en las nuevas generaciones. De hecho, dos metaanálisis realizados entre 1980 y 2010 con muestras de estudiantes universitarios han evidenciado que existe una doble dinámica de incremento del narcisismo (definido como una admiración exagerada hacia sí mismo)[200] y de declive de la empatía (entendida como la capacidad para identificarse con el prójimo).[201] En este último caso, el efecto se observó en dos aspectos: la tendencia a sentir compasión por los demás y la capacidad para adoptar su punto de vista psicológico. En estos criterios fundamentales del índice de reactividad interpersonal el descenso fue de más de un 10 %. En cuanto al narcisismo —un rasgo de carácter con una correlación negativa con respecto a la empatía—,[202] la evolución era más marcada, con un cambio medio cercano al 20 % a lo largo de treinta años. El ítem de autosuficiencia, definido como la capacidad para prescindir de los demás, se vio especialmente afectado. Como es obvio, la reducción de la lectura no explica por sí sola estos cambios. De hecho, se han propuesto otras posibles causas, como el incremento de las relaciones virtuales a través de dispositivos digitales, la creciente presentación de uno mismo en las redes sociales, la exacerbación de los valores de competición e individualismo...[201] Pero, teniendo en cuenta los resultados que he expuesto hasta aquí, parece que un déficit de lectura tan grave como el que se ha constatado entre las nuevas generaciones debe de tener forzosamente efectos en las capacidades socioemocionales de nuestros hijos. Las transformaciones que he descrito en líneas anteriores son un triste ejemplo de ello.

En resumen

Todos estos elementos nos permiten concluir que la lectura nos hace mejores gracias a su capacidad para enriquecer todos los aspectos fundamentales de nuestro funcionamiento socioemocional. Ningún otro soporte nos permite diseccionar la psique de los demás y penetrar en ella con tanta agudeza. También en este terreno las obras de ficción desempeñan un papel esencial: constituyen verdaderos «simuladores sociales» que ayudan al lector a ser, por un tiempo, aquello que no es ni será jamás. A través de los libros, el cerebro no hace sino ponerse en el lugar del otro, convertirse realmente en otro, lo que, de novela en novela, le brinda la posibilidad de sentir en lo más íntimo de su ser, como si fueran suyas, las emociones, las ideas y las dificultades de un sinfín de personajes dispares. Esta pluralidad ejerce profundos efectos en nuestra capacidad para entender a nuestros semejantes, tanto desde el punto de vista emocional (empatía) como desde el intelectual (teoría de la mente).

12

Construir el futuro

Con la lectura ocurre lo mismo que con las matemáticas, la inteligencia y el éxito académico: en cuanto el niño empieza a mostrar signos de dificultad o reticencia, muchos padres lo explican asegurando que «no tiene talento», que eso «no es lo suyo», que el hermano pequeño «no lo consigue, pese a que se le ha educado exactamente igual que a su hermana, y a ella le encanta leer», etc. En este capítulo abordaré esas creencias a través de tres grandes apartados. En el primero demostraré que hay que huir —como de la peste— de las cifras que se suelen esgrimir como argumento para afirmar que las competencias en lectura, la trayectoria académica o la inteligencia son «heredables» en un 60 o en un 70%. Los genes no son entidades fijas: su acción depende de las características del entorno. Un ADN «ordinario», pero colocado en un mundo estimulante, dará resultados mucho mejores que un ADN «genial», pero dispuesto en un universo amorfo. Esta idea nos conducirá al segundo apartado, en el que pretendo probar que, más que el ADN, es el volumen de la práctica lo que permite predecir las competencias lectoras del niño a largo plazo, una conclusión en la que en el tercer apartado haré especial hincapié evidenciando el peso tan enorme que tienen esas competencias en el éxito académico.

La lectura no es hereditaria

Ya lo he dicho una y otra vez, tal vez demasiado, a riesgo de eclipsar todo lo referente al placer: la lectura es una cómplice exigente. Refunfuña ante la indolencia y solo se muestra generosa ante la perseverancia. Es, como escribió el novelista haitiano Émile Ollivier, «una felicidad que se merece».[203] Pero para quien persiste, los frutos son abundantes, como respaldan decenas de estudios que indican que el primer beneficio que aporta la lectura es... la lectura. Dicho de otro modo: cuanto más lea un niño, mejor leerá.[56, 88, 204] Esta observación puede parecer anodina. Por desgracia, no lo es. Desde hace veinte años, se viene cuestionando periódicamente, con el pretexto de que lo que hace a un lector no es la lectura, sino el genoma, definido como el conjunto del patrimonio hereditario de un individuo. Diversos artículos recientes aseguran, por ejemplo, que «los padres y la escuela tienen una escasa influencia en el éxito de los niños»,[205] que «el modo en que se educa a los niños es menos importante de lo que creemos»[206] o que «el impacto del ADN se pasa demasiado por alto y que ni la educación ni la calidad de las enseñanzas recibidas son tan cruciales como él»,[207] lo que, de manera explícita, equivale a decir que no sirve de mucho gastar ingentes sumas para educar a estos cretinos genéticos, dado que, de todas formas, son irrecuperables. La idea no es nueva.[208] Ya nos la intentaron colar hace un siglo para justificar las desigualdades sociales con la excusa de que los pobres estaban atávicamente tarados.[209] Más recientemente, les ha tocado a las «mujeres»,[210-211] las «razas inferiores»[212] o los «negros»[213] aguantar este tipo de obscenidades. Se dice que la historia es un eterno volver a empezar. Cambia los ropajes del pasado por otros modernos, añade al cuento unas cuantas pipetas, microscopios y test de secuenciación del ADN y lo inmundo parecerá, durante un tiempo, presentable.

Al decir esto no pretendo, evidentemente, demonizar, rechazar, condenar o despreciar los estudios genéticos, que permiten explorar todo tipo de aspectos teórica y clínicamente fundamentales. Lo que quiero, sencillamente, es condenar ciertos atajos ideológicos peligrosos evidenciando lo fácil que es hacer decir a los datos más de lo que pueden o deben decir.[214]

Las ambigüedades de la heredabilidad

Empecemos por lo innegable. Nuestro genoma influye en todos los aspectos de nuestra vida, desde la apariencia física hasta la inteligencia, pasando por la salud (física y mental), el carácter o la trayectoria académica e incluyendo, por supuesto, la capacidad para leer correctamente. La parte de esa influencia genética en nuestros diferentes comportamientos y competencias, esto es, el grado de «heredabilidad», puede calcularse de varias formas. El método más antiguo y más empleado compara el grado de parecido entre parejas de gemelos monocigóticos (gemelos idénticos) y gemelos dicigóticos (mellizos). En teoría, el entorno (es decir, el medio en el que se desarrolla la vida) es el mismo en cada pareja de gemelos, ya sean monocigóticos o dicigóticos, pero el patrimonio genético difiere: los primeros son exactamente iguales, mientras que los segundos son diferentes (en un 50 %). En consecuencia, en un rasgo determinado (por ejemplo, la competencia en lectura), si el papel de la herencia genética es importante, la diferencia en el rendimiento medido entre las parejas de gemelos idénticos (con el mismo genoma) debería ser mucho menor que la diferencia hallada entre las parejas de mellizos (cuyo genoma es distinto en un 50 %). Esto significa, por ejemplo, que en un ejercicio de lectura evaluable sobre cien puntos los resultados de dos hermanos gemelos idénticos diferirán de media en cinco puntos, mientras que los de dos hermanos mellizos diferirán en diez puntos.[*]

Más concretamente podemos decir que, si la heredabilidad es alta (o sea, si la herencia genética desempeña un papel importante en este caso), en una competencia dada (como la lectura) la correlación observada entre los resultados de los gemelos idénticos debería ser mayor (por ejemplo, 0,70) que la observada entre los resultados de los mellizos (por ejemplo, 0,35). A partir de estas dos mediciones de correlación, es posible calcular el porcentaje de heredabilidad mediante una sencilla fórmula que explicaré más adelante a través de un ejemplo preciso. Por ahora basta con que sepamos que el método de los gemelos permite establecer un valor de heredabilidad (es decir, del peso de los factores genéticos en la expresión de un comportamiento) que oscila entre 0 % (donde el genoma no desempeñaría ningún papel) y cien por cien (donde el genoma lo explicaría todo). En teoría, ese valor podría extrapolarse a la población general de la que se han sacado las parejas de gemelos (asiáticos, negros, caucásico, ricos, pobres, etc.).[215] En otras palabras: la hipótesis es que el valor de heredabilidad que se obtiene mediante el método de los gemelos es válido para los miembros no gemelos de la población de origen, pero no se puede extrapolar a otras poblaciones diferentes. Por desgracia, esta reserva se suele olvidar alegremente, lo que da lugar a fórmulas generalizadoras del tipo «la heredabilidad de trastornos complejos como el autismo (70 %) o la esquizofrenia (50 %) es elevada. También lo es la del éxito académico (60 %) o la de la inteligencia general (50 %)».[205] Y con frecuencia, cuando se esgrime el argumento

---

[*]   Este ejemplo (incluidas las cifras que se facilitan) se presenta simplemente a título ilustrativo, para facilitar la explicación y la comprensión, pero no corresponde a ningún estudio real.

de la especificidad, es para defender, como ya hemos visto, que determinadas poblaciones o categorías sociales son biológicamente menos inteligentes que las demás.[209, 213]

En cualquier caso, más allá de estas derivas, lo que es sorprendente (y, digámoslo también, sospechoso) en el caso del método de los gemelos es que casi siempre arroja una alta tasa de heredabilidad. Como explica Eric Turkheimer, especialista en interacciones entre genes y entorno, una vez analizados los aspectos más evidentes (por ejemplo, la inteligencia), «los científicos han aplicado los métodos de los gemelos a rasgos menos probables y, de una manera realmente desconcertante, todos estos rasgos han resultado ser heredables».[216] La lista incluye el consumo de televisión en niños de educación infantil,[217] las opiniones políticas,[218] el apoyo a la pena de muerte[219] o la propensión al divorcio,[220] a la abstención electoral[219] o al vegetarianismo.*,[221] En este último caso, por ejemplo, el nivel de heredabilidad es de casi el 80 %, es decir, ¡apenas un poco menos que el de la altura, que es del 90 %![222] La inteligencia se suele situar en torno al 55-60 %,[222] y la capacidad lectora, sobre un 60-65 %.[223-224] Si extrapolamos estas cifras a la población general, parecerán impresionantes. Pero ¿de verdad lo son? Para averiguarlo, vamos a intentar delimitar su alcance y entender qué es lo que en realidad nos están diciendo.

Cuando a la gente se le anuncia que la lectura es heredable en un 60 %, por lo general interpreta que esta competencia está genéticamente determinada, es decir, que la capacidad del niño para aprender a leer depende esencialmente de su ADN y que, por retomar una cita que ya he mencionado aquí, «ni la educación ni la calidad de las enseñanzas recibidas son tan cruciales como él».[207] Este tipo de atajos es tan erróneo

---

* Esto significa que la probabilidad de que un hermano se comporte como el otro (es decir, sea también vegetariano, vote a la derecha, vea la televisión, etc.) es mayor entre los gemelos idénticos que entre los mellizos.

como perjudicial. No es fácil comprenderlo (o explicarlo), porque el concepto de heredabilidad es abstracto: carece de existencia tangible, en realidad. Se trata de un constructo estadístico basado en la observación de que, en cualquier valor que se mida (la inteligencia, la altura, etc.), siempre hay diferencias entre los individuos. La heredabilidad es la parte de esas diferencias que se puede determinar por la variabilidad genética, principalmente a través del método de los gemelos.

Como es obvio, esta explicación estándar no es especialmente elocuente para las personas no especialistas. Vamos a intentar dar una explicación mejor. Veamos ahora la figura 14 de la página 361. Observa el gráfico de la izquierda, que simula los datos de una muestra de diez mil gemelos monocigóticos. El eje horizontal indica el resultado que ha obtenido en un test de inteligencia el primero de los hermanos de la pareja (el primero en nacer). El eje vertical proporciona la misma información, pero sobre el segundo hermano. Si la genética lo explicase todo, nuestros dos gemelos presentarían exactamente la misma inteligencia y todos los puntos se alinearían a la perfección en la línea negra oblicua. Sin embargo, constatamos que no es así, que hay «errores». Con todo, estas divergencias son menores que las que se observan en los gemelos dicigóticos, en el gráfico de la derecha. En este último, los puntos se encuentran mucho más dispersos alrededor de la línea negra oblicua. Esta diferencia puede cuantificarse mediante el cálculo de un coeficiente de correlación (que se suele representar como «r»). Como hemos visto, en este caso un valor de uno significaría que la puntuación de ambos gemelos sería idéntica (es decir, que todos los puntos estarían perfectamente alineados en la línea negra oblicua). En cambio, un valor de cero ($r = 0$) indicaría que no existe ninguna relación entre los valores medidos y que la inteligencia de un hermano es independiente de la del otro. Pues bien, en la figura observamos que la realidad se encuentra entre estos dos extremos. En el caso de los monocigóticos, r es igual a 0,68. En el de los dicigóticos, es algo inferior: apenas llega a 0,37. Estos coeficientes permiten calcular, mediante una fórmula bastante sencilla,* la heredabilidad de un rasgo. Cuanta más diferencia de correlación haya entre ambos grupos, más alta será la heredabilidad. En el caso del ejemplo que estamos analizando aquí, se elevaría a un 62 %.** Dicho de otro modo: la heredabilidad indica sencillamente que hay algo más de dispersión alrededor de la recta de predicción perfecta en un grupo (los monocigóticos) que en el otro (los dicigóticos). ¡Tampoco es que esto suponga un vuelco total/un antes y un después!

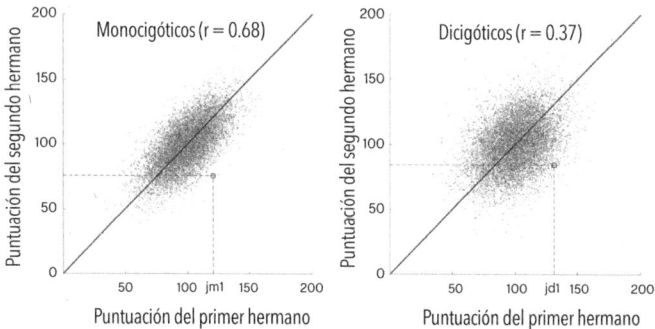

Figura 14. Ilustración del concepto de heredabilidad. Los datos simulan los resultados en materia de inteligencia de un reciente metaanálisis.[222] Los gráficos indican la relación que existe entre el CI de gemelos idénticos (gráfico de la izquierda, monocigóticos) y de mellizos (gráfico de la derecha, dicigóticos). Las correlaciones (r) halladas en cada grupo permiten calcular la heredabilidad: $2 \times (r_{monocigótico} - r_{dicigótico}) = 62 \%$. Cuanta más diferencia de correlación haya entre ambos grupos, más alta será la heredabilidad. Para más información, consultar el cuerpo de texto.

* La heredabilidad (h) es igual a la diferencia de los coeficientes de correlación (r) multiplicada por dos,[224] es decir, $h = 2 \times (r_{monocigótico} - r_{dicigótico})$.

** $2 \times (0,68 - 0,37) = 0,62 = 62 \%$.

Para quienes aún tienen dudas, continuaré un poco más la explicación: la heredabilidad nos dice, en último término, que si tomo a un individuo e intento predecir la puntuación que obtendrá su hermano, conseguiré una mayor precisión en la población de monocigóticos que en la de dicigóticos. En el caso de los datos aquí considerados, las cifras son las siguientes: si el gemelo 1 tiene una puntuación «s» (por ejemplo, 100), las probabilidades de que el gemelo 2 presente una puntuación entre «s más 5 puntos» y «s menos 5 puntos» (esto es, entre 95 y 105 en nuestro ejemplo) son, respectivamente, de 27 y de 19 % en el grupo monocigótico y en el dicigótico. Si triplicamos la tolerancia para admitir más o menos 15 puntos, los porcentajes serían de un 70 y un 52 %. ¡Es difícil hablar aquí de fatalidad!

La enorme influencia del entorno

En realidad, a efectos de este debate lo más importante no es tanto entender qué es la heredabilidad, sino qué no es. Lo primero que se viene a la cabeza es que no es una medida de inevitabilidad genética, en el sentido de que no nos dice nada acerca del peso que puede tener el entorno. Tomemos el CI, cuya heredabilidad, como hemos visto, es más que sustancial. A lo largo del siglo XX, este factor ha aumentado unos treinta puntos en los países occidentales,[225-226] sobre todo gracias a una mejora de las condiciones ambientales, nutricionales, sanitarias y educativas.[227] Treinta puntos no es poco. Es lo que permite que un niño pase de tener «retraso» a ser «normal» o de ser «normal» a poseer «altas capacidades». Como resume Richard Nisbett, profesor de Psicología en la Universidad de Míchigan, en un artículo de revisión, este resultado «basta por sí mismo para concluir que la inteligencia es altamente modificable».[228] Una conclusión aún más incontestable si tenemos en cuenta que la respalda un amplio corpus de estudios epidemiológicos y experimentales.[215, 229] Los estudios realizados con niños adoptados son particularmente convincentes en este sentido.[7] En uno de ellos, citado muy a menudo, se analizó la trayectoria de huérfanos de cinco años a los que habían adoptado familias con diferentes niveles socioeconómicos.[230] Al principio, el CI medio (de alrededor de 78) se encontraba al límite del retraso mental. Nueve años más tarde, sin embargo, los sujetos asignados a los hogares más desfavorecidos habían ganado ocho puntos, mientras que los de los hogares más privilegiados habían avanzado veinte puntos. Los datos de frecuencia ilustran especialmente bien la envergadura de estas evoluciones. Un CI de 78 significa que al principio los huérfanos se encontraban entre el 7 % de los individuos menos «inteligentes»[*] de la población. Tras la adopción, los pequeños de hogares de menor nivel socioeconómico seguían presentando graves carencias, a pesar de sus avances (solo dejaban por detrás de ellos al 17 % de la población), mientras que los de mayor nivel socioeconómico progresaron hasta acercarse mucho a la media (presentaban resultados mejores que el 45 % de sus semejantes).

Este potencial de plasticidad intelectual se confirma también por la existencia de importantes fluctuaciones en las competencias individuales a lo largo del tiempo.[7-8] Por ejemplo, un estudio ha concluido que entre los seis y los dieciocho años cerca del 60 % de las personas presentan una variación de quince o más puntos de su CI, ya sea hacia arriba o hacia abajo,[231] un resultado ligeramente inferior al que obtuvo otra investigación similar, realizada con niños de entre tres y diez años (62 %).[232] En otro trabajo, se midió el CI verbal de un grupo de ado-

---

[*]   Recordemos que aquí este adjetivo se debe entender en su sentido más estricto, tal y como lo establecen los test de CI. Como es obvio, esta medición no aporta más que una estimación limitada, fragmentaria y truncada de la «inteligencia».

lescentes cuando tenían catorce años y también más adelante, cuando cumplían dieciocho.[233] Se detectaron variaciones importantes, tanto hacia abajo (hasta de dieciocho puntos) como hacia arriba (hasta veintiún puntos). En más del 20 % de los casos, la diferencia llegó a superar los quince puntos. Una serie de análisis complementarios permitieron confirmar que estos cambios son realmente significativos, ya que evidenciaron que iban acompañados de modificaciones específicas de la anatomía cerebral. De acuerdo con los autores, estos resultados revelan «los efectos considerables de la plasticidad cerebral [sobre las competencias intelectuales] durante la adolescencia».

En realidad —como dejan entrever todos estos trabajos—, si el concepto de heredabilidad es tan ambiguo es porque depende de las condiciones del entorno. Cuando esas condiciones varían, también lo hace el índice de heredabilidad. Este es un aspecto fácil de demostrar. Tomemos a un grupo nutrido de personas y ofrezcámosle condiciones óptimas para su desarrollo, de manera que todas ellas puedan alcanzar su máximo potencial. Al principio, la única fuente de diferenciación será la genética, así que la heredabilidad será enorme. Es lo que ocurre con los niños de medios favorecidos desde el punto de vista socioeconómico cuya inteligencia es altamente heredable.[215, 234-236] Pero tomemos ahora a otros individuos similares y dispongámoslos en contextos muy heterogéneos. En ese caso, el peso del entorno será mucho mayor y la heredabilidad se acercará a cero. Es lo que se observa en los niños desfavorecidos desde el punto de vista socioeconómicos que presentan un nivel de heredabilidad muy bajo en materia de inteligencia.[215, 234-236] Si mezclamos a todo el mundo, obtendremos el índice estándar de heredabilidad de la inteligencia que vimos con anterioridad: entre un 55 y un 60 %.

Hay un estudio ya antiguo, rigurosamente controlado, que es muy revelador en este sentido.[237] En él se sometió a un grupo de ratas a diferentes pruebas «de inteligencia».[238] A continuación, se aisló a los individuos que habían presentado un mejor y un peor rendimiento y se fomentó que se aparearan entre sí a lo largo de trece generaciones, para obtener dos líneas genéticamente segregadas: una «brillante» y la otra «estúpida» (son palabras de los propios autores). Cuando a los animales se los criaba en las condiciones de laboratorio clásicas, la diferencia de inteligencia era importante: los «brillantes» superaban a los «estúpidos». En cambio, a diferencia de muchos de sus compañeros, los autores no se aferraron esta observación. Decidieron entonces añadir dos condiciones al análisis: en un caso, empobrecieron enormemente el entorno de cría (pocas interacciones con otros animales o con el experimentador, ausencia de objetos como pelotas o cubos en la jaula, retirada de la rueda de ejercicios, etc.); en el otro, lo desarrollaron en gran medida (ratas criadas en grupo, muchos juguetes que, además, se cambiaban frecuentemente por otros, ruedas o escaleras de ejercicios modificadas con regularidad, etc.). El objetivo era minimizar la contribución del entorno al desarrollo de los ejemplares o bien maximizarlo. En la primera situación, las ratas «estúpidas» siguieron siendo tan idiotas como en la condición estándar, mientras que las ratas «brillantes» se idiotizaron tanto que acabaron volviéndose tan tontas como sus compañeras «estúpidas». En la segunda situación se observó la evolución opuesta: las ratas «brillantes» siguieron siendo tan inteligentes como en la condición estándar, mientras que las ratas «estúpidas» avanzaron tanto que acabaron volviéndose tan inteligentes como sus compañeras «brillantes». Esto significa que si agrupamos a todos los animales en un entorno estándar la heredabilidad parecerá elevada (dado que las variaciones del genoma mantienen una fina relación con las variaciones de rendimiento), pero en los entornos desarrollados o, por el contrario, empobrecidos, la heredabilidad será casi nula (porque las variaciones del genoma dejarán de mantener una correlación con las variaciones de rendimiento).

A todo ello se deben añadir los puntos débiles de la metodología de los estudios sobre los gemelos. Hoy en día, la mayoría de los especialistas reconocen que esas investigaciones tienden a sobrevalorar el peso de la genética.[216, 239-242] Hay dos críticas recurrentes y fácilmente comprensibles, que apuntan a que, en realidad, los monocigóticos no poseen el mismo genoma (debido a las inevitables mutaciones)[243] y viven en un entorno más homogéneo que los dicigóticos. A partir de estas reservas, recientemente se ha propuesto el concepto de «heredabilidad perdida».[239, 244] La idea de fondo es muy sencilla: cuando buscamos la heredabilidad directamente en el genoma, es decir, cuando intentamos predecir las variaciones de la inteligencia a partir de las variaciones en el ADN, lo habitual es que obtengamos proporciones bajas y muy alejadas de lo que revela el método indirecto de los gemelos. En el caso de la inteligencia, pasamos de un generoso 50 % a un escaso 10 %.[239] En el de la lectura, los métodos de análisis más avanzados en la actualidad permiten predecir el 5 % de las variaciones de competencias a la edad de catorce años. A los siete años, la proporción es tan solo un 2 %.[245] ¡Así pues, estamos muy lejos de ese gran predominio de la genética!

El tiempo que se dedica a leer es lo que crea lectores

La hipótesis de una transmisión innata de la lectura adopta a veces formas más sutiles, sobre todo cuando se oculta tras el eterno debate del orden de las causas: ¿qué fue antes, el huevo o la gallina? El conflicto sugiere que los estudios de correlaciones no pueden interpretarse porque «no permiten separar qué parte es causa y qué parte es consecuencia».[246] En otras palabras: es imposible determinar si los niños son competentes porque leen o leen porque una competencia hereditaria los orienta hacia esta actividad. Si nos detenemos a reflexionar un instante para tratar de determinar qué es la lectura, resulta difícil que no nos percatemos de lo engañosa que es esta segunda hipótesis, a menos que sus apóstoles[247-249] consideren, contra cualquier evidencia, que los aristócratas del genoma poseen una conciencia fonológica innata y un conocimiento nativo de los tesoros léxicos y las complejidades sintácticas de la lengua escrita o dominan, por la mera gracia de su nacimiento, todos los saberes generales que se requieren para una comprensión eficaz. Es evidente que para algunos niños recorrer el camino es más fácil. Nadie lo niega. Pero resulta surrealista deducir a partir de los estudios sobre heredabilidad realizados con gemelos que «la lectura personal no parece mejorar los resultados relativos de los niños en materia de lectura»[249] y que los datos «contradicen la creencia habitual de que el volumen de lectura tiene una influencia sobre la capacidad lectora o existen influencias recíprocas entre estas dos dimensiones».[248]

Cuanto más lee el niño, más competente se vuelve

Existen diferentes enfoques experimentales que permiten evaluar el efecto causal de la práctica sobre la capacidad.[88] Uno de los más habituales consiste en seguir a los mismos individuos durante varios años y utilizar a continuación una serie de procedimientos estadísticos específicos para determinar si la correlación tiene lugar desde el volumen hacia la competencia o, a la inversa, desde la competencia hacia el volumen.[68, 250] Los resultados evidencian una doble tendencia en función de la edad. La primera es trivial: indica que en los niños pequeños, de finales de la educación infantil o principios de primaria, es el éxito académico lo que permite predecir el hábito, es decir, que se requiere un dominio mínimo de la descodificación para poder leer por uno mismo. Mientras el pequeño no adquiera ese dominio, su tiempo de lectura personal será casi de cero.[53] Sin embargo, a partir de tercero o cuarto de primaria, cuando se produce el *fourth-grade slump* (o el «hundimiento de cuarto») ya evocado, las cosas cambian drásticamente. El impacto del volumen de lectura sobre la capacidad lectora empieza entonces a manifestarse y el niño entra, por retomar las palabras de un amplio metaanálisis, en una «espiral de causalidad»:[2] cuanto más lee, mejor lee, y cuanto mejor lee, más lee. Un círculo virtuoso que, evidentemente, está impulsado por el placer y la motivación,[251-253] así que la fórmula completa podría resumirse del siguiente modo: cuanto más lee el niño, mejor lee; cuanto más lee, más le gusta leer; cuanto más le gusta leer, más lee.

Estos datos evidencian toda la importancia de los requisitos que vimos en la tercera parte de este libro: cuando esas condiciones están ausentes, cuando el armazón inicial no se ha consolidado lo suficiente, el camino de nuestros hijos se oscurecerá considerablemente. Los alumnos que no dominan las bases de la descodificación al principio de la educación primaria rara vez compensan su retraso en los cursos posteriores.[24-25, 254] Como indica la espiral de causalidad que acabamos de ver, el problema se manifiesta en dos etapas. Primero surge el rechazo: sin los cimientos necesarios para sus aprendizajes, los niños se quedan atrapados en el fracaso y las dificultades, lo que los lleva poco a poco a desanimarse. Un estudio representativo muestra que los estudiantes a los que se clasifica como malos lectores al final de primero de primaria presentan al final de cuarto de primaria cuatro veces menos probabilidades de leer de noche, antes de dormir, que sus compañeros que son lectores medios o eficientes.[53] Este desinterés obstaculiza todo tipo de avances posteriores y explica en buena medida por qué los menores que son malos lectores en las primeras etapas tienen un 88 % más de posibilidades de seguir siendo malos lectores hasta el final de primaria.[53] Un resultado compatible con los datos de otra investigación realizada con una muestra muy amplia (más de diez mil individuos) y en la que se concluyó que los malos lectores en primero de primaria tienen doce veces más posibilidades de serlo también al final de tercero de primaria.[255]

Una vez iniciado este declive, se perpetúa concienzudamente, de manera que los resultados en lectura que se constatan a principios o mediados de primaria predicen con una triste fidelidad los que se obtienen en bachillerato.[24-25, 256] Como indica una revisión de la Academia Estadounidense de Pediatría, «el dominio de la lectura en tercero de primaria es el principal factor que permite prever que el alumno superará la secundaria y tendrá éxito profesional».[257] Una investigación ha demostrado que solo el 2 % de los niños clasificados como malos lectores en tercero de primaria consigue entrar en el grupo de lectores competentes en primero del primer ciclo de educación secundaria.[256] En paralelo, menos del 1 % de los estudiantes que en las primeras etapas leen correctamente presentan dificultades al llegar a secundaria.

En estas tendencias podríamos ver un signo de fatalidad. Pero no es así. Los datos no hacen sino constatar un abandono: si la mayoría de los malos lectores arrastran durante tanto tiempo el lastre de sus lagunas tempranas no es por falta de capacidades, sino por escasez de compromiso y de apoyo. Por eso es fundamental no dejar hundirse al niño. Al menor signo de adversidad, hay que acompañarlo, animarlo, motivarlo y ayudarlo. Hay que leer con él y asistirlo para estabilizar las condiciones previas imprescindibles para su evolución. Cuanto mayor es el retraso, más se precisa la implicación de la familia. Al fin y al cabo, ningún esfuerzo es en vano. Un informe oficial del Consejo Nacional de Investigación de Estados Unidos destaca en este sentido que «la mayoría de las dificultades en lectura pueden evitarse»,[*, 258] una postura que confirman numerosas revisiones científicas cuyas conclusio-

---

* Una vez más, salvando, claro está, a la minoría de menores que padecen trastornos del neurodesarrollo.

nes podrían resumirse del siguiente modo: sea cual sea su nivel de partida, el niño que lee progresa.[2, 4, 88, 108, 259]

Entre las principales pruebas disponibles nos encontramos el famoso choque posvacacional, es decir, el impacto de las vacaciones de verano sobre el rendimiento en lectura de los estudiantes. Durante el curso, todos mejoran, pero después llega el largo túnel estival. En ese momento, los niños de las familias desfavorecidas interrumpen o ralentizan su evolución, mientras que los hijos de hogares privilegiados siguen presentando un crecimiento positivo.[260-262] Esta divergencia refleja el efecto no homogéneo de las vacaciones sobre las prácticas. Cuando el grifo de las tareas escolares se cierra, algunos estudiantes dejan de leer y se paralizan. Otros, en cambio, continúan haciéndolo y mantienen una sólida evolución. En un estudio representativo sobre este tema se siguió a un grupo de individuos a lo largo de toda la educación primaria.[263] Su competencia lectora se evaluó al principio y al final de cada curso mediante una prueba estandarizada. Como indica la figura 15 de la página 373, las habilidades aumentaron de manera notable entre primero y quinto de primaria en todos los niños, independientemente de su entorno de origen. Sin embargo, los más favorecidos desde el punto de vista socioeconómico mostraron una evolución mucho más rápida que sus compañeros menos afortunados. Al principio de primero, la distancia entre ambos grupos era de 28 puntos. Al final de quinto, rozaba ya casi los 80 puntos. Esta diferencia (80 − 28 = 52) corresponde precisamente al avance de los escolares privilegiados durante las vacaciones de verano (15 + 9 +15 + 13 = 52; véase la figura 15). Los desfavorecidos no habían experimentado ninguna mejora en el periodo estival (− 4 − 2 + 3 + 3 = 0). Son muchos los estudios que confirman esta observación. En su conjunto, y más allá de las variaciones de pruebas y muestras, indican que el volumen de lectura personal registrado durante las vacaciones de verano explica entre el 40 y el 100 % de la ventaja en competencias que consiguen los niños favorecidos en los cinco primeros cursos de primaria.[262]

Richard Allington ha sido una de las primeras personas en proponer una solución eficaz para este problema. En opinión de este profesor de Ciencias de la Educación de la Universidad de Tennessee, a los niños pobres no les faltan ni las ganas, ni la motivación ni la aptitud, pero padecen las consecuencias de la desigualdad del acceso a los libros. Muchas investigaciones sociológicas muestran en este sentido que fuera del contexto escolar los menores desfavorecidos tienen problemas a la hora de encontrar obras adecuadas para sus necesidades e intereses. Por una parte, las familias no pueden permitirse comprar libros. Por otra, los espacios de préstamo son escasos, están poco equipados y es difícil acceder a ellos en los barrios en los que residen estos menores.[260-261] Para confirmar su tesis, Allington puso en marcha un gran experimento de reparto de obras.[264] Durante tres años consecutivos, al final de primero, segundo y tercero de primaria invitó a algo menos de mil alumnos con problemas socioeconómicos a asistir a una feria del libro donde podían elegir una docena de ejemplares, que se les enviarían por correo postal el primer día de sus vacaciones. Al final del estudio, los pequeños participantes habían leído más, por lo que presentaban una clara mejora de su rendimiento en lectura con respecto a un grupo de control, de nivel socioeconómico similar, pero que no había recibido las obras. El avance obtenido equivalía prácticamente a un curso escolar.[88, 264]

Un beneficio importante que es interesante cotejar con los resultados de un metaanálisis que demuestra que las vacaciones de verano suponen para los escolares desfavorecidos un coste de un trimestre de escuela, en comparación con los retoños de las clases medias.[265] Dicho de otro modo: entre el principio de primero de primaria y el acceso a sexto, la falta de lectura personal durante el parón estival les cuesta a los menores de bajo nivel socioeconómico un retraso acumulado de un año y medio en comparación con sus compañeros de nivel medio. Es más o menos el avance que cabía esperar si extrapolamos a todo el ciclo de primaria el impacto del experimento de reparto de obras de Allington.[88, 264] Por eso, como señala este autor, «si los estudiantes de familias económicamente desfavorecidas tuviesen la suerte de poder acceder a los libros igual que lo hacen los alumnos de familias económicamente más privilegiadas, el rendimiento en lectura de los primeros podría alcanzar resultados similares a los de los segundos».[88]

Evidentemente, la influencia positiva de las campañas de reparto de obras sobre las competencias lectoras no se registra solo en el periodo estival: un reciente metaanálisis ha confirmado que el mero hecho de ofrecer libros a los estudiantes, sea cual sea su edad, incrementa la motivación para leer, el volumen de la práctica y el nivel de rendimiento.[266] Los beneficios obtenidos en ese caso no son ni mucho menos insignificantes. Por ejemplo, si midiésemos el rendimiento con un test estandarizado como el CI, observaríamos que pasaría de 100 a 107. Una vez más, esta conclusión era previsible. Hoy en día se da por sentado que el número de libros de los que dispone un hogar es un potente predictor del nivel de lectura de los niños y también de su futuro académico.[67, 267] Los niños que crecen en un hogar dotado de una gran biblioteca realizan tres años más de estudios que aquellos con un nivel socioeconómico comparable, pero criados en una casa sin libros.[67] Este impacto es de la misma magnitud que el del nivel educativo de los padres. En otras palabras, para el futuro de un niño, disponer de libros es tan fundamental como tener padres cultivados.

Evidentemente, esto no significa que el mero hecho de poseer un alto número de obras impulsa el CI de nuestros hijos, sino que una vasta biblioteca revela la importancia que dan los padres a la cultura literaria y a su transmisión.[67] Cuanto más rodeado de libros se encuentre el niño, más motivado se sentirá para leer, tanto directamente, a través de las indicaciones de su familia, como indirectamente, mediante un mecanismo de aprendizaje social que favorece la reproducción de los comportamientos familiares.[268] Dicho de otro modo: cuanto más rodeado de libros y de lectores esté el niño, más probable será que lea, que lea pronto, que lea mucho y, en última instancia, que lea eficazmente.

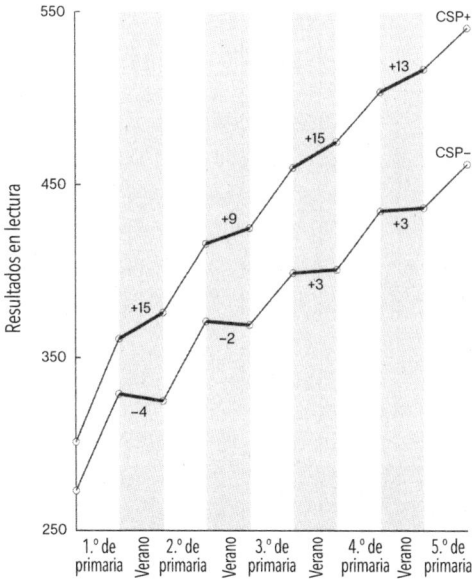

Figura 15. Ilustración del choque posvacacional. En los cinco primeros cursos de primaria, el rendimiento en lectura avanza en todos los estudiantes, independientemente de que procedan o no de un entorno privilegiado. Sin embargo, los de nivel socioeconómico superior (CSP+, categorías socioprofesionales superiores) progresan en mayor medida que sus compañeros desfavorecidos (la diferencia entre ambos grupos es menor al principio de primero que al final de quinto). La diferencia se debe, casi en su totalidad, al periodo de vacaciones (columnas de color gris y líneas en negrita). En él, los estudiantes más privilegiados ganan en competencia, mientras que los otros permanecen estancados. *Fuente:* [263]. Para más información, consultar el cuerpo de texto.

Tiempo de lectura (minutos al día)	Porcentaje de alumnos que no alcanzan el tiempo de lectura	Volumen de palabras leídas (palabras al año)	Volumen de palabras infrecuentes (palabras al año)	Volumen acumulado de palabras leídas (entre tercero de primaria y segundo de bachillerato)	Volumen acumulado de palabras infrecuentes (entre tercero de primaria y segundo de bachillerato)
1,8	30	106 000	3.275	751.356	32.173
4,6	50	282.000	8.714	2.699.975	115.211
9,6	70	622.000	19.220	7.225.323	308.296
21,1	90	1.823.000	56.331	18.237.807	778.701
31,0	94	2.602.000	80.402	26.794.883	1.144.063

Tabla. Ilustración de la relación entre la duración y el volumen de lectura en el caso de los alumnos de quinto de primaria (columnas 1 a 3).[69] El volumen de lectura acumulado (columna 5) se establece para cada duración (columna 1) en función de las velocidades medias de lectura, que se miden por cada edad y nivel de práctica (véase la figura 8 de la p. 129).[101] Ese volumen acumulado permite determinar el número total de palabras leídas desde tercero de primaria hasta segundo de bachillerato (es decir, diez años de escolaridad). El número de palabras infrecuentes (columnas 4 y 6) se obtiene a partir de los datos expuestos en el capítulo 5.[269]

El efecto bola de nieve

Más allá de los elementos experimentales, puede ser interesante analizar el problema desde una perspectiva más «epidemiológica». En ese caso, comprobamos que la lectura sigue una relación coste-beneficio estándar: el efecto depende de la dosis. Cuanto más lee el niño, más aumentan los beneficios. Sin embargo, la relación no es, ni mucho menos, lineal: en realidad, el efecto crece a más velocidad que la dosis. En otras palabras: si un niño triplica el tiempo que dedica a la lectura, sus ganancias se multiplicarán por más de tres. Se trata de un fenómeno sencillo de comprender si tenemos en cuenta dos realidades que ya hemos visto: en primer lugar, cuanto más lee el pequeño, más aumenta sus conocimientos, y cuanto más aumenta sus conocimientos, más fácil le resulta adquirir otros nuevos; en segundo lugar, cuanto más lee el niño, más desarrolla sus capacidades de procesamiento y, en último término, más rápido lee (con un nivel de comprensión constante), lo que significa que un mismo minuto de lectura será significativamente menos productivo en los lectores esporádicos que en los asiduos.

Hay un estudio especialmente revelador en este sentido.[69] En él se evaluó a diario durante un mes el consumo de libros de un amplio grupo de alumnos de quinto de primaria. La tabla de la página anterior muestra los resultados obtenidos. Pues bien, el 30 % de los estudiantes dedicaban menos de dos minutos diarios a la lectura personal, el 70 % no sobrepasaba los diez minutos y solo una minoría (el 10 %) leía más de veinte minutos. En comparación con el 6 % de los lectores más asiduos (aquellos que dedicaban más de 30 minutos al día), el 50 % de los menos diligentes (los que leían menos de cinco minutos diarios) presentaban un déficit anual de exposición superior a 2,3 millones de palabras (entre ellas, más de 71.000 palabras infrecuentes). Es evidente que este tipo de diferencias no pueden ser anodinas, como, de hecho, confirman diversos análisis complementarios, realizados a partir de pruebas de competencia estandarizadas que muestran que los menores que leen más son también los que leen más rápido, poseen un léxico más rico y muestran capacidades de comprensión más desarrolladas.

Desde luego, estos resultados son impactantes, pero solo muestran una parte del problema. En efecto, el daño que sufren los malos lectores solo se evidencia plenamente cuando tenemos en cuenta su carácter acumulativo (véase la figura 15 de la p. 373): en comparación con el 10 % de los lectores más asiduos, el 30 % de los menos diligentes presentan entre tercero de primaria y segundo de bachillerato un déficit de exposición superior a 17 millones de palabras (entre ellas, más de 750.000 palabras infrecuentes). Si tomamos como referencia al 6 % de niños que leen más de 30 minutos al día, la carencia alcanza los veintiséis millones (un millón de palabras infrecuentes). O formulado de otro modo: estos datos indican que un lector diligente (21,1 minutos al día) lee en dieciocho meses lo que un lector medio (4,6 minutos al día) absorbe en un decenio. Y otra manera de verlo: un buen lector (31 minutos al día) lee en cien días lo mismo que un mal lector (1,8 minutos al día) en diez años.

Estas diferencias son monumentales y, pasado cierto tiempo, claramente irrecuperables. El hijo de un buen amigo mío, cuando, tras finalizar la secundaria, entró en un curso de preparación del examen de acceso a la universidad, se jactaba con una maravillosa arrogancia de haber «llegado hasta allí» sin haber leído un libro en toda su vida. Pero la realidad es juguetona. Nuestro chico comprendió rápidamente que su mundo había cambiado y que las pruebas escritas del examen de acceso al que pretendía presentarse jamás le perdonarían su falta de curiosidad, erudición, vocabulario y ortografía. Así que decidió ponerse a leer. Una causa perdida, evidentemente. Primero, porque sus importantes carencias léxicas y culturales provocaban que aquel ejercicio fuera demasiado arduo como para poder mantenerlo en el tiempo. Segundo, porque es imposible recuperar en unas semanas diez años de indiferencia. Resolver en dieciocho meses un déficit de 26 millones de palabras exigiría un trabajo diario de cuatro horas a un lector medio; un esfuerzo poco viable, sobre todo cuando se está en este tipo de cursos de preparación. Como era de esperar, el hijo de mi amigo no consiguió que lo admitieran en las universidades que puso como primera opción. Tuvo que conformarse con una escuela superior correcta, pero muy lejana del prestigio y del ámbito profesional a los que aspiraba. Es ahí donde reside el problema de los procesos acumulativos. A menudo la factura tarda tiempo en aparecer, pero al final llega un momento en que llama a nuestra puerta.

En definitiva, en el ámbito de la lectura nada puede sustituir a la perseverancia. Una dedicación relativamente modesta de entre 20 y 30 minutos diarios, si se mantiene en el tiempo, acaba proporcionando importantes beneficios. Seguramente habrá quien sostenga que media hora es demasiado. A estos puntillosos del cronómetro se les podría recordar que esa cantidad apenas representa una tercera parte del tiempo que los estudiantes del primer ciclo de secundaria dedican diariamente a sus videojuegos.[89]

Un potente remedio contra el fracaso escolar

Aún tenemos que abordar el tema de la escuela. Para muchos padres, se trata de la última batalla, de la madre de todas las preocupaciones, por su capacidad de decidir, en una medida nada despreciable, el destino de los niños.[270-272] Prácticamente en todo el planeta el nivel de estudios permite prever el nivel de empleo, la tasa de paro y los ingresos salariales.[273]

Por ejemplo, en 2019 en Francia alguien que hubiese realizado estudios superiores ganaba de media dos veces más que alguien sin título universitario (21.930 € frente a 42.790 €[*])[274] y se exponía a un riesgo de desempleo tres veces menor (5,3 %, frente a 14,4 %[**]).[275] Esta mejora de las condiciones de vida suele dar lugar a personas más felices[276-278] y con mejor salud,[279] en líneas generales.

Por eso, todo aquello que favorezca el éxito académico puede considerarse como algo sumamente deseable, siempre y cuando, claro está, no conlleve la imposición de un estrés psicológico perjudicial y no razonable.[280-281] La lectura «por placer» cumple este requisito. Su impacto sobre el rendimiento escolar es elevado y unánime. Por ejemplo, un estudio ha medido el volumen de lectura en un grupo de estudiantes de primaria y de principios de secundaria (entre ocho y doce años), es decir, justo antes del hundimiento del hábito lector que se produce en la adolescencia (véase la figura 4 de la p. 42). Al seguir a los participantes hasta la edad adulta, los científicos lograron identificar que aquellos que leían más (a diario o casi) estudiaban casi un año y medio más que sus compañeros del mismo nivel socioeconómico, pero menos diligentes en la lectura (no leían nunca o casi nunca).[282] Resulta tentador relacionar este resultado con una observación que ya hemos abordado: los niños que crecen en un hogar dotado de una gran biblioteca realizan tres años más de estudios que aquellos con un nivel socioeconómico comparable, pero criados en una casa sin libros.[67] Otro trabajo que llega a conclusiones similares ha demostrado que el dominio de la lengua escrita, medido a par-

---

[*]   Salario neto en un empleo a tiempo completo. Comparación entre alguien que ha realizado estudios universitarios de tres o más años, frente a alguien sin título de educación superior.

[**]   Comparación entre alguien que ha realizado estudios universitarios de dos o más años, frente a alguien sin título de educación superior ni de educación secundaria obligatoria.

tir de tres criterios (comprensión del texto, lectura de palabras aisladas y ortografía) explica más del 70 % de las variaciones de los resultados académicos que se registran en una amplia muestra de estudiantes de tercero del primer ciclo de secundaria.[283] Otro estudio más, realizado con alumnos de entre seis y dieciocho años, indica que si el tiempo dedicado a la lectura personal aumenta de «nada» a «poco» (15 minutos al día), sin que cambie ningún otro factor más, se obtiene un incremento del 4 % en la nota media general.[284] Un último ejemplo es un estudio a largo plazo realizado con casi 1.350 individuos desde segundo de primaria hasta la edad adulta.[285] En él, los investigadores identificaron a aquellos sujetos que no presentaban ningún déficit intelectual (es decir, cuyo CI era de más del 90 %) y los separaron en dos grupos: lectores deficientes (15 %) y lectores básicos o competentes (85 %). Observaron que los miembros de este último grupo, una vez consideradas sus diferencias socioeconómicas, tenían casi cuatro veces más probabilidades de obtener un título de educación superior.

Resulta tentador pensar que esta influencia positiva de la lectura sobre el rendimiento escolar se pone especialmente de manifiesto en las asignaturas de amplio contenido «literario» (lengua, historia, filosofía...). Pero no es así. Las matemáticas brindan la prueba más clara. Un gran número de estudios demuestran que los resultados que se obtienen en esta materia están significativamente relacionados con los que se consiguen en lectura, lo que quiere decir que aquellos alumnos a los que les va bien en uno de estos ámbitos tienden a ser competentes también en el otro.[286-287] Esta relación refleja la influencia positiva de las habilidades para la lectura en las capacidades para las matemáticas, al menos en parte.[288-290] De entrada, esta conclusión puede parecernos sorprendente. Sin embargo, se explica con bastante facilidad: hay que tener en cuenta que la lectura es una raíz transversal a los aprendizajes académicos. Las matemáticas, como ocurre con todas las asignaturas escolares, sean o no científicas (lengua, inglés, historia, física, biología, economía, etc.), necesita obligatoriamente del texto escrito para transmitir su saber. En este sentido, son muchas las investigaciones[288, 291-296] que revelan, en palabras de un reciente artículo, que «la resolución eficaz de un problema matemático no solo depende de la capacidad de los alumnos para realizar las operaciones matemáticas requeridas, sino también de su habilidad para comprender bien el texto del planteamiento del problema».[297] Tomemos el siguiente ejercicio: «En la tienda A, un paquete de caramelos cuesta 6 euros. En la tienda B, cuesta 2 euros más que en la tienda A. Si compras tres paquetes de caramelos en la tienda B, ¿cuánto tendrás que pagar?». La solución es fácil de encontrar: $(6 + 2) \times 3 = 24$ euros. De hecho, en el grupo de estudiantes universitarios a los que se planteó este problema el índice de respuestas correctas fue superior al 99 %.[296] Tomemos ahora el mismo ejercicio, pero presentado de una forma diferente: «En la tienda A, un paquete de caramelos cuesta 6 euros, es decir, dos euros menos que en la tienda B. Si compras tres paquetes de caramelos en la tienda B, ¿cuánto tendrás que pagar?». Esta formulación dificulta bastante la extracción de los datos. En particular, hay que evitar dejarse engañar por el uso del adverbio «menos», que entra en contradicción con la necesidad de recurrir a la suma para resolver este problema $(6 + 2)$. Cuando se les expone a este tipo de giros, el 15 % de los estudiantes universitarios se equivocan porque no entienden el texto.[296] Recientemente se obtuvo la misma observación con un grupo de alumnos de sexto de educación primaria,[297] a los que, no obstante, se les hizo realizar dos pruebas estandarizadas de lectura y matemáticas antes de responder al problema. El impacto de los enunciados complejos fue negativo para todos los participantes, pero en el subgrupo de los buenos lectores, competentes en matemáticas, fue bastante menor. Dicho de otro modo, ser «bueno» en matemáticas es necesario, pero no compensa un dominio deficiente del lenguaje. Para resolver un problema, primero hay que entender los términos de su enunciado. Lo mismo ocurre cuando se trata de leer un texto sobre historia, lengua, biología o cualquier otra materia. Si el niño no entiende lo que lee, no puede aprender. La lectura es la disciplina universal sobre la que se construyen todas las demás. Se trata de un requisito fundamental sin el que nada es posible. Y por eso debería estar en el centro de nuestras preocupaciones colectivas. Pero hablo de la lectura de verdad, no solo de la descodificación.

Sin embargo, como es obvio, todo esto no es solo una cuestión de dominio del lenguaje. Los libros no se limitan a convertirnos en mejores lectores. Nutren, como acabamos de ver en los dos capítulos anteriores, toda nuestra esencia humana. Y la escuela se alimenta en gran medida de esta plenitud. El éxito académico del niño no solo depende de la lectura, sino también de su CI,[7, 298] de su cultura general,[299-300] de su creatividad[301] y de su inteligencia socioemocional.[302] La lectura actúa de una manera positiva en todos esos ámbitos. En este sentido, podemos decir que constituye un medicamento de amplio espectro contra el fracaso escolar. Desde este punto de vista, es justo lo contrario de las prácticas digitales lúdicas que están colonizando hoy, en proporciones que llegan a ser absurdas, el tiempo de nuestros hijos.[91] Varios estudios sociológicos recientes lo confirman, ya que han demostrado que entre las familias de aquellos niños a los que mejor les va en la escuela se está dando un movimiento de limitación estricta de los usos digitales durante el tiempo de ocio y de obstinado apoyo de la lectura.[303-305]

En definitiva, el mensaje está claro: cuanto más leen los niños, más aumentan sus posibilidades de desarrollar una trayectoria académica favorable y, en consecuencia, de acceder, a largo plazo, a unas condiciones de vida más estables y adecuadas a sus aspiraciones.

En resumen

De todos estos elementos se deduce que la heredabilidad constituye un concepto estadístico con una definición muy precisa, pero al que, bien por ideología, bien por incompetencia, es fácil hacer decir más de lo que debería. Afirmar que la lectura es una capacidad heredable no significa en modo alguno que sea innata. De hecho, una aplastante mayoría de los menores que presentan dificultades de lectura no muestran ni una menor inteligencia ni una patología limitante, sino una falta de práctica y de motivación. Desde luego, un genoma favorable facilita el aprendizaje, seguramente, pero en ningún caso es garantía de éxito. Si el menor no lee, su patrimonio hereditario no le será de ninguna ayuda. Del mismo modo que las ratas genéticamente «brillantes» se vuelven «idiotas» cuando su entorno lo las estimula lo suficiente,[237] los menores supuestamente «dotados» se quedarán en un estado deplorable si no abren nunca un libro. Lo contrario también es cierto: un ADN en principio menos favorable no condena al fracaso. Igual que las ratas genéticamente «estúpidas» alcanzan niveles de rendimiento considerables cuando su entorno es lo suficientemente rico como para compensar esta deuda hereditaria,[237] los niños supuestamente «poco dotados» mejoran de un modo importante su competencia gracias a la práctica.

Esta constatación, sobre la que hoy en día hay un amplio consenso,[2, 56, 88] no es ni mucho menos novedosa. Hace ya treinta años un artículo de revisión concluía que «la exposición a la lectura es eficaz independientemente de las capacidades intelectuales y de comprensión del niño [...]. A menudo nos desesperamos por buscar el modo de cambiar las "competencias" de los niños. Pues bien, resulta que existe al menos un hábito, parcialmente maleable, que permite por sí solo desarrollar estas "competencias": ¡leer!».[108] Una noticia que resulta especialmente alentadora si tenemos en cuenta que aquí no estamos hablando de una tortura literaria, sino de un trabajo moderado, de unos 30 minutos diarios. Es muy poco si lo comparamos con el tiempo de ocio que pasan nuestros hijos cada día con sus pantallas,[91] pero es enorme si tenemos en cuenta los beneficios concretos que aporta para su éxito académico. Porque, al fin y al cabo, si sumamos todas las plusvalías acumuladas (lenguaje, conocimientos, creatividad, habilidades socioemocionales, etc.), nos daremos cuenta de que el tiempo que se destina a la lectura personal acaba teniendo un gran peso en la trayectoria escolar de las personas y, más adelante, en la fisionomía de su carrera profesional. Un niño que lee no solo agranda su presente: también construye su futuro.

CONVERTIR AL NIÑO EN UN LECTOR

El tiempo libre no es solo nuestro presente.
Sobre todo, es la preparación de nuestro futuro.[1]

OLIVIER BABEAU, economista

Mis padres querían convertirse en profesores. Ninguno de los dos consiguió hacer realidad ese sueño. Mi padre, francés, apenas pudo completar los estudios básicos, ya que quedó atrapado entre dos guerras sucesivas: primero, la Segunda Guerra Mundial; después, la guerra de Indochina. Mi madre, alemana, una nadadora excepcional, se vio obligada desde la adolescencia a participar en un programa de entrenamiento para unos juegos olímpicos que jamás llegaron a celebrarse, y se pasó la guerra trabajando como camarera de piso en un hotel de lujo, sirviendo a dignatarios nazis a los que detestaba. Cuando todo acabó, mis padres decidieron comprar una pequeña librería-papelería en Lyon. Cierto día le pregunté a mi padre por qué eligieron una librería. «Porque las alternativas eran o bien un bar para ahogarlo todo en el alcohol o bien una librería para mantener algo de esperanza en la naturaleza humana», me respondió, y añadió, con una sonrisa: «Además, una librería siempre es mejor que un bar para educar a un crío». Los libros poseen ese poder. Salvaron a mi padre del naufragio y a mi madre de la vergüenza, y, al mismo tiempo, consiguieron acompañar y alimentar mi infancia. Yo no fui desdichado: tenía amigos, jugaba al *rugby* y al tenis y mis padres eran geniales. Pero los libros me brindaron ese pequeño suplemento para el alma (¡y para el éxito escolar!) sin el que probablemente mi vida habría sido muy distinta. Desde luego, no soy ni un sabio ni un erudito. Solo soy un lector, y, como dice la canción, «tal vez para ti solo es un detalle, pero para mí significa mucho».[2]

Si me permito contarte esta historia es porque entronca directamente con la esencia de la última pregunta de este libro: ¿cómo se convierte un niño en lector? Si echo la vista atrás, me doy cuenta de que en mis primeros años se dieron todos los estímulos positivos que ha identificado la literatura científica. Este aspecto es fundamental porque confirma que uno no se hace lector por azar, sino por aculturación, esto es, por «adaptación a la cultura del entorno».[3] Dicho de otro modo, es la importancia que el medio familiar da al libro lo que, en buena medida, permite al niño convertirse en lector casi de forma inconsciente. Evidentemente, como indica Konrad Liessmann, profesor de Filosofía en la Universidad de Viena, «no es posible conseguir por la fuerza que todas las personas se acerquen a la literatura y la hagan suya. Lo único que se puede hacer en este sentido es preparar un terreno propicio para el encuentro».[4] Si eso no se hace, es poco probable que el encuentro se produzca y sea fructífero, como expresó de una manera soberbia Orville Prescott, gran amante de la literatura y crítico literario en *The New York Times* durante casi veinticinco años, al escribir, en la introducción a una obra sobre la lectura compartida lo siguiente: «Pocos niños aprenden a amar los libros por sí solos. Alguien debe ayudarles a entrar en el maravilloso mundo de las palabras escritas, alguien debe mostrarles el camino».[5]

Entonces ¿qué hay que hacer para que un niño ame los libros? ¿Qué hay que hacer para que no los abandone en cuanto llegue a la adolescencia? ¿Qué hay que hacer para que acepte dedicarles tiempo en una época en la que las pantallas captan con tanta facilidad su atención? Es evidente que, como recuerda la cita de Konrad Liessmann, no existe una solución milagro. Pero eso no significa que no exista ninguna solución. En cualquier caso, eso es lo que demuestran, de un modo reconfortante, numerosos estudios científicos.

En buena medida, la lectura es una herencia social cuya transmisión no es en absoluto aleatoria y que se apoya en tres pilares fundamentales. En primer lugar, hay que dar valor a la lectura, es decir, presentarla como una actividad crucial y diferenciadora, partiendo del lema «nosotros somos una familia de lectores; no en todas las familias es así, pero en la nuestra la lectura es importante, es una de las cosas que nos definen». El objetivo es que el niño incorpore pronto esta realidad a su identidad, hasta que acabe percibiéndose y presentándose a sí mismo como un lector. Hoy en día son muchos los jóvenes que se ven como *gamers* (jugadores de videojuegos)[6] y que experimentan un fuerte sentimiento de pertenencia a una comunidad.[7] La idea aquí es conseguir que el niño se sienta como un *reader* (un lector de libros) y que se enorgullezca de ello. Cuando esta interiorización se produce, aumentan a largo plazo la motivación para la lectura, el volumen de obras leídas y, en último término, las capacidades de comprensión.[8-11] Evidentemente, para llegar hasta ese punto los discursos dentro de la familia son fundamentales. Hay que animar al niño, felicitarlo cuando lee, hacer hincapié una y otra vez en los beneficios que aporta la lectura, insistiendo en que esta actividad nos hace más grandes, mejor informados, más inteligentes, y en que nos ayuda a comprender el mundo, a las demás personas y a nosotros mismos... Pero, como es obvio, por muy importantes que sean estas manifestaciones verbales, no bastan por sí solas. También es necesario que el niño perciba signos de compromiso más concretos. Por ejemplo, será difícil explicarle lo importante que es leer si nosotros mismos nos pasamos la mayor parte de nuestro tiempo pegados al móvil, a una serie de Netflix o a una videoconsola. El niño también aprende observando el comportamiento de los adultos que lo rodean.[12] Así, es más probable que lea y se forje una identidad como lector si sus padres también lo son, si le leen frecuentemente cuentos, si lo llevan de manera periódica a librerías y bibliotecas, si de verdad están convencidos de que leer es crucial y si en casa hay un gran número de libros.[13-22] En la práctica, es evidente que todos estos parámetros se encuentran estrechamente unidos entre sí. Las familias a las que les gusta leer tienden a dar más valor a esta actividad con sus hijos y tienen más ganas de llevarlos a librerías y bibliotecas, de regalarles más libros y de poseer ellos mismos una amplia colección de obras. En el fondo, lo que estos datos demuestran es que los lectores no salen de la nada: son el fruto de un entorno favorable, que es, al mismo tiempo, alentador, estimulante y positivo.

Esto nos conduce al segundo aspecto: el placer. Se trata del ingrediente más importante de la receta. Sin él, nada es posible. Todo empieza con la lectura compartida. Es ella la que sienta las bases y la que hace que surjan (o no) las ganas de leer.[23-25] Para que este fuego se encienda, hay que procurar que el niño no aborrezca la actividad, sino que la disfrute. Los estudios demuestran que la mayoría de las familias están haciendo un excelente trabajo en este sentido. De hecho, como expliqué en la primera parte de este libro, una amplísima mayoría de los niños aseguran que les gusta que les lean historias. Por eso lo fundamental no es saber desarrollar el gusto por la lectura, sino comprender cómo se puede evitar que se pierda. La respuesta es muy sencilla: hay que acompañar al niño con paciencia para garantizar, de entrada, que empiece bien este viaje y, más adelante, que no se salga del camino. El placer es la clave de la motivación y el éxito es la principal base del placer.[26-28] Uno de los mensajes más importantes de esta obra es que, a la hora de aprender a leer, las dificultades iniciales suelen agravarse más que desaparecer. Dicho de otro modo: para que un niño se convierta en un lector hay que evitar que sus inicios sean demasiado arduos, y para eso hay que dedicar tiempo a hablarle, a proponerle juegos con el lenguaje (mediante letras, palabras, sonidos, etc.) y a leerle cuentos. Es crucial no abandonar demasiado pronto la práctica de la lectura compartida. De hecho, resulta vital continuarla más allá de los aprendizajes formales iniciales que se realizan en primero de primaria, porque sin ella, aunque el pequeño haya adquirido ya un conocimiento suficiente de la descodificación a partir de textos necesariamente pobres, no conseguirá entrar en los libros «de verdad», dado que estos «hablan» una lengua diferente de la oral. Todo el mundo comprende que para convertirse en pianista, atleta o jugador de ajedrez se necesita tiempo, paciencia y entrenamiento. Todo el mundo entiende sin problemas que un pequeño que se limite a acudir una vez por semana a su clase de música, deporte o ajedrez y no se ejercite por su cuenta el resto de los días jamás desarrollará el conocimiento adecuado y que la práctica acabará provocándole más frustraciones que placer. Pero nadie parece estar dispuesto a admitir que con la lectura ocurre lo mismo. Un niño que se contente con las enseñanzas (fundamentales, pero limitadas) del colegio jamás se convertirá en lector. Jamás accederá al placer ni a los beneficios que proporciona la lectura. Por eso es tan importante el andamiaje atento del entorno familiar, primero para garantizar un buen comienzo, después para permitir una transición eficaz desde la lectura compartida hasta la lectura personal y, por último, para mantener el movimiento y evitar el desplome del tiempo dedicado a la lectura que se observa desde el principio de la educación secundaria.

Esto nos lleva al tercer aspecto: lo digital. Como vimos en la primera parte de esta obra, la competencia de las pantallas, omnipresentes en los momentos de ocio, está golpeando con toda su fuerza a los libros. Desde hace casi cuarenta años, estos dispositivos han ido recortando progresivamente el tiempo de lectura, o, dicho de un modo más preciso, el tiempo de lectura de libros. Es evidente que, en el momento en que redacto estas líneas, tanto los libros como la lectura han perdido la batalla del ocio (al menos en Occidente).[1, 29] Ningún ejemplo lo ilustra mejor que esa madre que le dice a su hijo de diez años que, si lee «un poco», después podrá jugar con su videoconsola. Este tipo de acuerdos es dramático, porque refuerza los incentivos externos, que, como han demostrado diversos estudios, son contraproducentes a largo plazo («si lees, tendrás derecho a...»), en detrimento de las motivaciones intrínsecas, que son las únicas que garantizan una práctica fructífera y duradera («leo porque me gusta hacerlo, porque es bueno para mí, porque tengo ganas», etc.).[30-33] Además, estos pequeños apaños solo resuelven una parte muy marginal del problema del tiempo dedicado a las pantallas. Para que el niño lea, la única solución es limitar ese tiempo drásticamente. Pero en ningún caso se debe asociar esa limitación al tiempo de la lectura. De lo contrario, leer acabará pareciendo una especie de purgatorio que abre las puertas del paraíso digital. La mejor solución es explicar a los niños la verdad: que un exceso de pantallas es perjudicial para la inteligencia, el sueño, la concentración, la salud, los resultados académicos, etcétera, y que, por tanto, es necesario limitar el uso cotidiano.* Corresponde a cada familia establecer el límite que le parezca más razonable, acordándolo, en la medida de lo posible, con el pequeño. Una vez aplicado ese límite, inevitablemente se liberará tiempo. Sin embargo, muchos estudios indican que el cerebro humano siente horror hacia la posibilidad de aburrirse. Cuando puede optar entre no hacer nada o dedicarse a una actividad, por ingrata que esta sea, ¡suele decantarse por la segunda solución![34-38] Esto quiere decir que si se le da al niño a elegir entre una pantalla (sea del tipo que sea: una película,

---

* Un análisis global de la literatura científica evidencia que en el caso de los niños muy pequeños (de menos de seis años) las pantallas lúdicas son perjudiciales, independientemente del tiempo de uso, y provocan efectos negativos a partir de los treinta minutos diarios de utilización (o sesenta minutos, si queremos ser optimistas) en los menores de seis o más años.[29]

una serie, un videojuego, una red social...) y un libro, este último casi siempre saldrá perdiendo. En cambio, si se le da a elegir entre no hacer nada, lavar los platos, ordenar su habitación o coger un libro, esta última opción tendrá las máximas probabilidades de resultar vencedora. En otras palabras: si limitamos el tiempo destinado a las pantallas lúdicas —algo que de por sí constituye una excelente idea—, estaremos dejando libre un espacio para la lectura —lo cual es una idea aún mejor—.* Será más fácil encontrar el equilibrio si la lectura de libros ha tenido el tiempo suficiente para convertirse en un hábito permanente desde la más tierna infancia y la opción de situarse frente a un texto resulta atractiva. Muchos estudios al respecto demuestran —y es algo que no sorprenderá a nadie— que, aunque es interesante proponer a nuestros hijos obras que, a nuestro juicio, resultan apropiadas para ellos, también es importante dejarles elegir los textos que desean abordar.[39-40] Mi experiencia me lleva también a añadir en este sentido que los libreros y los bibliotecarios pueden sernos de gran ayuda gracias a sus competencias (¡zapatero, a tus zapatos!) y a su paciencia, ¡a menudo enorme!

Así pues, este libro permite concluir que la lectura nos beneficia individual y colectivamente gracias a su capacidad para enriquecer todos los aspectos fundamentales de nuestra esencia humana. Si nos ceñimos simplemente a los elementos sobre los que se han aportado las pruebas más sólidas, podemos decir que desarrolla el lenguaje (en sus aspectos léxicos, gramaticales, ortográficos y narrativos), la cultura general, la creatividad y las capacidades socioemocionales, lo que, en último término, tiene efectos enormes en el éxito académico,

---

* Recordemos que media hora diaria de lectura al final de la educación primaria o principios de secundaria supone leer más de dos millones y medio de palabras al año, es decir, más del doble de todas las obras de la saga *Harry Potter*, lo que, solo en el ámbito léxico, representa una ganancia media de entre mil y dos mil palabras nuevas.

primero, y en el profesional, después. En todos esos ámbitos, la amplitud de los beneficios depende directamente del volumen de la práctica: a pequeños lectores, pequeñas ganancias; a grandes lectores, grandes ventajas. Naturalmente, se puede objetar que la lectura no es la única actividad de ocio que aporta efectos positivos para el desarrollo del niño. Existen otras. Entre las más estudiadas, se encuentran el juego libre (sobre todo el simbólico),[*, 41-43] la música (especialmente el aprendizaje de un instrumento)[44-45] y las prácticas deportivas y artísticas.[46-47] Es indudable que todas estas ocupaciones son fértiles y provechosas. Sin embargo, en última instancia, ninguna de ellas resulta tan beneficiosa como la lectura, que, desde el punto de vista de la eficacia, es sencillamente insustituible. Se trata de un maestro a la vez invisible y universal. No hay ninguna otra actividad de ocio que, desde el placer, ofrezca un abanico de bondades tan amplio, exhaustivo y heterogéneo. Al convertirse en lector, el niño aprende mucho más que el dominio del código escrito: aprende a aprender, a cuestionar, a observar, a escuchar, a narrar, a sentir, a compadecer y, finalmente, a pensar. En este sentido, el hecho de que las nuevas generaciones estén renunciando a leer (una renuncia sobradamente documentada, por mucho que lo nieguen determinados artistas del buenismo hueco) tendrá un impacto en nuestro futuro común. A largo plazo, esta tendencia nos va a hacer perder algo más que unos cuantos autores, editores, bibliotecarios, libreros y eruditos. Nos va a hacer perder una valiosa parte de nuestra alma,[48] de nuestra historia,[49] de nuestras capacidades para comprender el mundo[50] y, en un plano más prosaico, de ese sacrosanto crecimiento económico que, supuestamente, es la garantía de nuestra felicidad y de nuestro nivel de vida.[51-53]

---

* En este caso, el niño juega a «fingir», reproduciendo situaciones de la vida cotidiana, asumiendo el papel de todo tipo de objetos y personajes (reales o ficticios), inventando escenarios imaginarios, etc.

Entre 2021 y 2022, Francia declaró la lectura como una gran causa nacional. «Leer —proclamó el presidente de la República— debe volver a ser uno de los compromisos centrales de todo el país.»[54] Ya es hora de que lo recordemos, pero no por buena voluntad o humanismo, sino por una necesidad concreta. En efecto, a través de su importante acción sobre el lenguaje y el éxito escolar, la lectura constituye un factor fundamental para la integración de los ciudadanos y la eliminación de las desigualdades sociales. Eso significa que la «gran causa» de la que estamos hablando solo tiene sentido si es «inclusiva» y se dirige a todos los niños, especialmente a los más desfavorecidos. La escuela debe participar en este movimiento, como es obvio. Pero esto solo no basta. También hay que apelar a las familias, a través de intensas campañas de información y sensibilización. No todas ellas saben que es fundamental hablarle a un bebé, leerle cuentos y animarlo a nombrar los objetos y el mundo que le rodea. No todas ellas imaginan la aportación, ingente y única, que la lectura, primero compartida, después individual, proporciona al desarrollo lingüístico, intelectual, emocional y social del niño. Y lo más importante: no todas ellas se dan cuenta de lo mucho que a través de sus decisiones educativas pueden transformar, de manera profunda, además, la vida y el futuro de sus hijos.

Curiosamente, da la impresión de que hay quienes piensan que la gente es demasiado estúpida, sensible, frágil o delicada para asumir este tipo de datos. Lo repetiré una vez más: cuando digo que las familias tienen un papel que desempeñar en el desarrollo de sus hijos no pretendo culpabilizarlas. Al informar a los adultos, estamos ayudando a los niños, a todos los niños, ya sean ricos, pobres, privilegiados o desheredados.[55-60] Para eso he escrito este libro. Sinceramente, espero que alcance su objetivo y que contribuya a mejorar la vida de los más pequeños acercándolos a la lectura y a sus beneficios.

Anexos

A. El alfabeto fonético

Vocales		Consonantes	
		b	baile, vestido
a	amigo, papá	d	dulce, ayuda
		tʃ	charco, hache
e	centeno, comer	f	fiesta, farmacia
		g	gato, guerra
		x	jamón, gente
i	sí, rey	k	capa, kiosco, queso
o	tonto, mío	l	mal, sol
u	curioso, rueda	ʎ	lluvia, callar (en zonas no yeístas)
		m	manta, hombre
		n	nosotros, tonelada
		ɲ	viña, paño
		p	padre, papá
		r	rata, resfriado
		ɾ	aro, cara
		s	su, usar
		t	vitamina, té
		ɟ	yo, desayuno
		θ	zapato, cacerola

Fuente: [1]

MÁS LIBROS Y MENOS PANTALLAS

B. Jugar con los sonidos

A continuación propondré algunos ejemplos de actividades que ayudan a mejorar la conciencia fonológica (es decir, la capacidad de percibir y manipular los sonidos de la lengua).

Como ya he explicado, todas las competencias que se abordan aquí forman parte del programa del ciclo de educación infantil. Mi intención en este anexo, sencillamente, es sugerir algunas tareas clásicas que permiten apoyar y preparar el aprendizaje escolar de manera lúdica e informal (aprovechando sobre todo los momentos «perdidos» a lo largo de nuestra jornada: trayectos en coche o en el metro, espera en la cola del supermercado, etc.).

b1. Extraer las palabras

Identificar las palabras. El adulto enuncia una oración más o menos extensa («el lobo come demasiado») y, cada vez que pronuncia una de sus palabras, da una palmada. Después invita al niño a imitarle (primero acompañando al adulto y después él solo).

Combinar las palabras. El adulto enuncia un sintagma nominal («un gato») y pide al niño que añada una palabra al final ('negro' → «un gato negro») o, más difícil todavía, en medio ('enorme' → «un enorme gato negro»).

Separar las palabras. El adulto enuncia una palabra compuesta ('sacapuntas', 'baloncesto', 'paracaídas') y pregunta al niño cuántos vocablos lo forman y cuáles son ('saca' y 'puntas', 'balón' y 'cesto', 'para' y 'caídas').

Eliminar palabras. El adulto enuncia una frase («el abuelo es un hombre tímido») y propone al niño que la repita eliminando la palabra del final ('tímido' → «el abuelo es un hombre») o, más difícil todavía, del medio ('hombre' → «el abuelo es un tímido»).

Cambiar palabras. El adulto enuncia una frase («el conejo es gris») y pide al niño que sustituya un vocablo por otro (por ejemplo, que cambie 'conejo' por 'perro': «el perro es gris»).

b2. Extraer las sílabas

Identificar las sílabas. El adulto enuncia una palabra ('observar', 'internacional') o una frase («el brócoli es bueno») y, cada vez que pronuncia una de sus sílabas, da una palmada. A continuación invita al niño a hacer lo mismo o, llegado el caso, a contar las sílabas con los dedos a medida que las pronuncia. Como alternativa, el padre o la madre pueden formular una palabra polisílaba ('duende', 'alfabeto', 'escalar') y, a continuación, preguntarle al pequeño cuáles son las sílabas que la forman ('duende' → 'duen', 'de'). Esta actividad también se puede hacer señalando objetos de la vida cotidiana ('mesa', 'lechuga', 'paraguas', 'galleta'). Hay un ejercicio más completo, que consiste en proponer al niño varias palabras y preguntarle qué sonido comparten todas ellas (o cuál es el intruso que no presenta el sonido que aparece en las demás). En ese caso es posible centrarse en el segmento inicial ('calle', 'casa', 'caja'; intrusos: 'ramo', 'rata', 'ropa'), en la parte final ('coche', 'leche', 'noche'; intrusos: 'vaca', 'saca', 'mala') o, como máximo acto de maldad, en el centro ('botella', 'antena', 'gotera'; intrusos: 'encima', 'florista', 'cocina').

Combinar las sílabas. El adulto enuncia varias sílabas, marcando cada una de ellas con un chasquido de dedos o con una palmada ('bú' [pausa] 'ho'; 'pos' [pausa] 'te'; 'ca' [pausa] 'ma' [pausa] 'le' [pausa] 'ón'). Después anima al niño a pegarlas para formar palabras ('búho'; etc.).

Eliminar sílabas. El adulto enuncia una palabra polisílaba e invita al niño a suprimir, por orden de dificultad, la última sílaba ('manzana' menos 'na' → 'manza'), la primera ('níspero' menos 'nís' → 'pero') o la intermedia ('lechuga' menos 'chu' → 'lega').

Cambiar sílabas. El adulto enuncia una palabra ('ramo') y le pide al niño que sustituya una de sus sílabas por otra, ya sea al principio (se cambia 'ra' por 'co' → 'como') o al final (se cambia 'mo' por 'ta' → 'rata').

b3. Extraer las rimas y los ataques

Fusionar rimas y ataques. El adulto enuncia un ataque y una rima ('fr' e 'ío') y después le pregunta al niño qué palabra se forma si se unen ambos elementos ('fr' más 'ío' = 'frío').

Identificar el ataque. El adulto enuncia una palabra ('banco') y le pregunta al niño si es capaz de indicar cuál es su primer sonido ('banco' → *b[b]*).

Eliminar el ataque (y, por tanto, identificar la rima). El adulto enuncia una palabra ('yo') y le pregunta al niño si es capaz de indicar cuál es su primer sonido ('yo' menos 'y' = *o[o]*). Esta actividad se puede combinar con los juegos de comparación y diferenciación de los que ya he hablado ampliamente y que consisten en proponer al niño que identifique cuál es el intruso en una secuencia de palabras (ataque: 's̲ol', 's̲al', 't̲an'; rima: 'mí̲', 'ti̲', 'te̲') o cuál es el sonido común a todas ellas (ataque: 'c̲aja', 'c̲uello', 'c̲abra'; rima: 'sé̲', 'mé̲', 'té̲').

b4. Extraer los fonemas

Identificar los fonemas. El adulto enuncia dos o tres palabras y le pregunta al niño cuál es el sonido común a todas ellas, procurando que este último se encuentre al principio de la palabra ('l̲ío', 'l̲argo', 'l̲una'), al final ('dad̲o', 'hil̲o', 'búh̲o') o, más difícil aún, en el medio ('alt̲a', 'ent̲e', 'lot̲o'). Como alternativa, el padre o la madre también puede señalar un objeto ('alfombra', 'metro', 'sofá', etc.) y pedirle al niño que indique cuál es el primer o el último sonido de cada nombre.

Fusionar los fonemas. El adulto enuncia varios fonemas (*f[f]* [pausa], *i[i]* [pausa] *n[n]* [pausa]; *a[a]* [pausa] *m[m]* [pausa] *i[i]* [pausa] *g[g]* [pausa] *o[o]* [pausa]) y a continuación propone al niño unirlos para formar una palabra ('fin', 'amigo').

Separar los fonemas. El adulto enuncia una palabra ('tos', 'mío') y después invita al niño a indicar de qué sonidos ('tos' → *t[t]* + *o[o]* + *s[s]*; 'mío' → *m[m]*, + *i [i]* + *o[o]*) se compone esa palabra.

Eliminar los fonemas. El adulto enuncia una palabra ('pan') y después le pregunta al niño cómo se quedaría ese vocablo si se suprimiese el sonido del principio ('pan' menos *p[p]* → 'a'n) o del final ('pan' menos *n[n]* → 'pa').

Cambiar los fonemas. El adulto enuncia una palabra y después le pregunta al niño cómo se quedaría ese vocablo si se suprimiese el sonido del principio ('suyo': si se cambia *s[s]* por *t[t]* → 'tuyo'), del final ('hablo': si se cambia *o[o]* por *a[a]* → 'habla') o, más difícil aún, del medio ('cama'; si se cambia *m[m]* por *s[s]* → 'casa').

b5. Utilizar las letras

Identificar los fonemas. Ejemplo: el adulto escribe dos o tres palabras sobre la mesa, utilizando letras de plástico ('c̱ue-llo', 'c̱apa', 'c̱orte').* A continuación, las lee en voz alta y pregunta al niño cuál es el sonido común a todas ellas, guiándolo, si es necesario, hacia la respuesta correcta. A continuación, le pedirá que indique cuál es la letra que aparece en esas dos o tres palabras y le preguntará si la conoce. En caso afirmativo, le propondrá que la nombre. Si no, el padre o la madre lo hará. Evidentemente, este ejercicio se puede realizar con sonidos situados en cualquier punto de la palabra (al principio, al final o en medio).

---

* Al principio lo ideal es utilizar letras mayúsculas (véase la p. 213).

Fusionar los fonemas. Ejemplo: el adulto coloca una serie de letras de plástico sobre la mesa (m*[m]*; a *[a]*), sin que se toquen entre sí, y después le pregunta al niño si conoce sus nombres y si puede indicar cómo suenan. Si es así, perfecto. Si no, no pasa nada: el padre o la madre puede explicar cómo se llaman y precisar sus sonidos. A continuación, acercará las letras entre sí e invitará al pequeño a pensar qué pasaría si se uniesen los dos sonidos igual que se han unido las dos letras. Con el tiempo es posible pasar a palabras más largas (*m[m]*; *a[a]*; *m[m]*; *a[a]*) o que incluyan fonemas más complejos de dos letras (*n[n]*; *o[o]*; *ch[tʃ]*; *e[e]*).

Separar los fonemas. Ejemplo: el adulto escribe una palabra con letras de plástico sobre la mesa. A continuación, la pronuncia ('él') e invita al niño a imitarle. Después le preguntará cuáles son los sonidos de los que está hecha esa palabra y, si es necesario, le indicará la respuesta correcta (*e[e]* + *l[l]*). Por último, le pedirá que separe las letras y comprobará con él que sus sonidos se corresponden realmente con los que forman la palabra. Una vez más, lo mejor es empezar por vocablos muy sencillos antes de pasar a estímulos más largos ('agua' → *a[a]* + *g[g]* + *u[u]* + *a[a]*) y a fonemas de dos letras ('queso' → *k[k]* + *e[e]* + *s[s]* + *o[o]*).

Eliminar los fonemas. Ejemplo: el adulto escribe una palabra con letras de plástico sobre la mesa. A continuación, la pronuncia ('mi') e invita al niño a imitarle. Después le propone que reflexione sobre cómo quedaría la palabra si se eliminase el sonido del principio ('mi' menos *m[m]* → *i[i]*). Una vez que el niño (o el adulto) haya dado la respuesta correcta, se invita al pequeño a retirar la letra inicial, para comprobar si el sonido restante es el esperado. Este mismo planteamiento se puede aplicar también al sonido final ('mi' menos *i[i]* → *m[m]*).

Cambiar los fonemas. Ejemplo: el adulto escribe una palabra con letras de plástico sobre la mesa. A continuación, la pronuncia ('su') y, al mismo tiempo, coloca una letra justo por debajo (t). Acto seguido, pide al niño que repita la palabra y le pregunta qué cree que pasaría si se cambiase el sonido del principio (*s[s]* se convierte en *t[t]* → 'tu'). Una vez que el niño (o el adulto) haya dado la respuesta correcta, se invita al pequeño a retirar la letra inicial y sustituirla por la que se encuentra debajo de ella, para comprobar si el sonido restante es el esperado. También en este caso es posible trabajar con sonidos situados en posición final ('su': *u[u]* se convierte en *e[e]* → 'se') o intermedia ('sol': *o[o]* se convierte en *a[a]* → 'sal').

C. Fomentar la lectura compartida

Ejemplos de actividades para facilitar la participación del niño durante la lectura compartida.

La explicación, para resolver las dificultades que presenta un texto, sobre todo desde el punto de vista léxico. Por ejemplo: «El lobo "satisfecho" quiere decir que el lobo estaba muy contento. ¿Ves cómo sonríe en este dibujo? Señala su sonrisa».

El cuestionamiento, para comprobar si el niño conoce las palabras y los conceptos básicos del relato. Por ejemplo: «¿Qué quiere decir que el pequeño erizo es "astuto"?[2] ¿Y en qué notas que lo es?».

La verbalización, para facilitar la memorización de las palabras y las realidades desconocidas.[3-4] Por ejemplo: «Una "carcajada"[5] es una risa muy ruidosa. A ver, ¿cómo se dice, una...? ¡Eso es! ¡Una carcajada!».

La anticipación, para adivinar qué va a ocurrir, basándose en los datos disponibles. Por ejemplo: «¡Anda! El conejito lleva toda la mañana corriendo por los prados. Está cansadísimo. Entonces llega el zorro.[6] ¿Qué crees que va a pasar?».

La inferencia, para explicitar los aspectos tácitos del discurso. Por ejemplo: «¿Por qué el padre hace una apuesta tan estúpida como la de arar con su caballo una superficie mayor que la del dueño de la granja de al lado, que tiene un tractor?».[7]

La identificación, para conectar la historia con experiencias vividas en primera persona, lo que facilita aún más la memorización.

Por ejemplo: «¿Te gustaría tener una maestra tan loca como la señora Charlotte?».[8]

La extrapolación, para continuar la historia. Por ejemplo: «¿Qué piensas que pasará cuando el Principito vuelva a su planeta? ¿Se comerá el cordero la rosa?».[9]

La reformulación, por último, que consiste en contar la historia sin (o con) el libro. Por ejemplo: «Venga, ahora te toca a ti contarme el cuento».

Agradecimientos

Para Isabelle Creusot, que tanto amaba los libros.
Ojalá su recuerdo permanezca siempre entre nosotros.

Creo en los agradecimientos. No son solo una forma de expresar a las personas que nos ayudan una gratitud legítima: también permiten reconocer las contribuciones fundamentales de cada una de ellas. No sé cómo sería hoy esta obra sin todas esas aportaciones, pero estoy convencido de que se trataría de un libro mucho más pobre.

Gracias a los científicos, que llevan decenios acumulando sólidos conocimientos sin los cuales yo no habría podido ofrecer en estas páginas más que algunas opiniones más o menos huecas.

Gracias a Éditions du Seuil por haber aceptado acompañar este proyecto, y especialmente a Sophie Lhuillier, Fleur Trokenbrock y Claudine Soncini. Trabajar con esta prestigiosa casa es un privilegio, y no solo porque sus equipos son increíblemente competentes, sino también (¡y por encima de todo!) porque profesan un amor verdadero y profundo por los libros. Su entusiasmo es contagioso.

Gracias a Catherine Allais. Ha acogido mi texto, lo ha leído, editado, troceado, enmendado, reorganizado y corregido, siempre con paciencia y amabilidad. Ha rastreado cada incoherencia, cada discurso oscuro, cada enunciado ambiguo y cada término «propio de jerga» (¿llegará a saber algún día lo loco que me volvía cada vez que me encontraba esta observación en los márgenes de las páginas?). En ocasiones ha tenido que renunciar a vacaciones, fines de semana y planes nocturnos para compensar mis retrasos y mi lentitud. Por todo ello, le estoy sinceramente agradecido y me siento en deuda con ella.

Gracias a Olivier Delahaye por su revisión del manuscrito inicial y sus valiosos comentarios. Gracias igualmente, tanto a él como a los miembros de la asociación Silence on lit!, por luchar cada día para que nuestros niños lean, en la escuela y en casa. Su labor es sumamente útil, fecunda y más necesaria que nunca.

Gracias a Olivia Godat y a Camille von Rosenschild por haberme invitado a una reunión de principio de temporada en las editoriales Seuil y Martinière jeunesse. Fue allí donde surgió la idea de escribir este libro, porque me di cuenta de que, pese a sentir personalmente la importancia de la lectura para el desarrollo intelectual y emocional de los niños, la gente (incluidos algunos profesionales consolidados del sector) apenas es consciente de la envergadura de los beneficios que puede aportar esta actividad ni de la enorme cantidad de pruebas científicas disponibles al respecto.

Gracias a los padres y a los lectores de *La fábrica de cretinos digitales*, que, con sus preguntas recurrentes del tipo «entonces, ¿qué podemos hacer?», han acabado convenciéndome de la necesidad de escribir este texto. Gracias especialmente a Patricia, madre de familia y profesora, a la que le comenté en cierta ocasión que debía de haber multitud de obras sobre este tema y me retó entonces a que le citase solamente una, una que explicase de verdad todo lo que la lectura brinda a los menores. Para mi gran sorpresa, no fui capaz de encontrar ninguna.

Gracias a mi familia, que me ha apoyado y se ha mostrado más que paciente durante los largos meses que he pasado encerrado en mi despacho, entre montañas de documentos. Un agradecimiento especial a mi hija Valentine, que ha dedicado horas y horas a editar la lista de referencias en su programa bibliográfico. Quiero que sepan que les quiero.

Gracias, por último, a los libros, a los autores, a los libreros y a los bibliotecarios, que tanto me han dado desde que era niño y cuya existencia es tan indispensable para la humanidad (aunque, por desgracia, no siempre nos damos cuenta). Todos ellos merecen que se les reconozca como entidades «de utilidad pública».

Notas bibliográficas

Introducción

1. Petit M., *Éloge de la lecture*, Belin, 2016.
2. Desmurget, M., *La Fabrique du crétin digital*, Points, 2020. [Hay trad. cast. de Lara Cortés Fernández, *La fábrica de cretinos digitales: los peligros de las pantallas para nuestros hijos*, Ediciones Península, Barcelona, 2020.]
3. AFP, «Nicolas Mathieu: l'adolescence, "les livres m'ont sauvé"», *La Croix* (9 de noviembre de 2018).
4. de Coulon, L., «François Busnel: "La lecture m'a sauvé"», cooperation.ch (2019).
5. Morain, O., «Amélie Nothomb: "Les livres m'ont vraiment sauvé la vie"», franceinfo.fr (2014).
6. Biet, J., «Leïla Slimani citée in "Nuit de la lecture: une journée pour se réconcilier avec les livres"», *Télérama* (10 de enero de 2017).
7. Chanda, T., «Claire Hédon: "La lecture m'a rendue libre"», rfi.fr (2014).
8. Bruckner, P., *Un bon fils*, Livre de Poche, 2015. [Hay trad. cast. de Lluís Maria Todó, *Un buen hijo*, Impedimenta, 2016.]
9. Proust, M., *À la recherche du temps perdu*, tomo I, Gallimard, 1919. [Hay trad. cast. de Pedro Salinas, *En busca del tiempo perdido*, 1: *Por el camino de Swann*, Alianza Editorial, 2020, edición electrónica.]
10. Nothomb, A., en «Profession écrivain.e», Canal+ (17 de octubre de 2018).
11. Bradbury R., *Fahrenheit 451*, Folio SF, 1995. [Hay trad. cast. de Alfredo Crespo, *Fahrenheit 451*, Debolsillo, Barcelona, 2004.]

12. Bivald, K., *La Bibliothèque des cœurs cabossés*, J'ai Lu, 2016.

13. Shaffer, M., *et al.*, *Le Cercle littéraire des amateurs d'épluchures de patates* , 10/18, 2011. [Hay trad. cast. de M. Cristina Martín Sanz, *La sociedad literaria y del pastel de piel de patata de Guernsey*, Salamandra, Barcelona, 2018.]

14. Colfer, C., *Le Pays des contes*, tomos I a VI, Michel Lafon, 2013-2018.

15. Zusak, M., *La Voleuse de livres*, Pocket, 2008. [Hay trad. cast. de Laura Martín de Dios, *La ladrona de libros*, Debolsillo, Barcelona, 2009.]

16. Sijie, D., *Balzac et la Petite Tailleuse chinoise*, Folio, 2001. [Hay trad. cast. de Manuel Serrat Crespo, *Balzac y la joven costurera china*, Salamandra, Barcelona, 2014.]

17. Connolly, J., *Le Livre des choses perdues*, L'Archipel, 2009. [Hay trad. cast. de Pilar Ramírez Tello, *El libro de las cosas perdidas*, Ediciones Oniro S. A., Barcelona, 2008.]

18. Schlink B., *Le Liseur*, Folio, 2017. [Hay trad. cast. de Joan Parra Contreras, *El lector*, Editorial Anagrama S. A., Barcelona, 2018.]

19. Ruiz Zafón, C., *L'Ombre du vent*, Livre de Poche, 2006 (edición original: *La sombra del viento*, Editorial Planeta S. A., Barcelona, 2001).

20. Hoover Bartlett, A., *L'Homme qui aimait trop les livres*, Marchialy, 2018.

21. Eco, U., *Le Nom de la rose*, Livre de Poche, 1983. [Hay trad. cast. de Ricardo Pochtar Brofman, *El nombre de la rosa*, Lumen, Barcelona, 1982).

22. Ruskin, J., *Sésame et les Lys*, traducción, notas y prefacio de Marcel Proust, Société du Mercure de France, 1906. [Hay trad. cast. de Miguel Catalán, *Sésamo y lirios: sobre la lectura*, Publicacions de la Universitat de València, Valencia, 2003.]

23. Sartre, J.-P., *Qu'est-ce que la littérature?* Folio, 1985. [Hay trad. cast. de Aurora Bernárdez, *¿Qué es la literatura?*, Losada, Buenos Aires, 2003.]

24. Steiner, G., *Le Silence des livres*, Arléa, 2006. [Hay trad. cast. de María Cóndor Orduña, *El silencio de los libros: ese vicio todavía impune*, Siruela, Madrid, 2011.]

25. Calvino, I., *Pourquoi lire les classiques*, Folio, 2018. [Hay trad. cast. de Aurora Bernárdez, *Por qué leer los clásicos*, Siruela, Madrid, 2009.]

26. Compagnon A., *La Littérature pour quoi faire?*, Pluriel, 2028. [Hay trad. cast. de Manuel Arranz, *¿Para qué sirve la literatura?*, Acantilado, Barcelona, 2018.]

27. Dantzig, C., *Pourquoi lire?*, Livre de Poche, 2011. [Hay trad. cast. de Elena Cano e Íñigo Sánchez-Paños, *¿Por qué leer?*, 451 Editores, Madrid, 2011.]

28. Kundera, M., *L'Art du roman*, Folio, 1995. [Hay trad. cast. de Fernando de Valenzuela y María Victoria Villaverde Otero, *El arte de la novela*, Tusquets Editores S. A., Barcelona, 2006.]

29. VV. AA., *Pourquoi lire*, Premier Parallèle, 2021.

30. De Romilly, J., *Le Trésor des savoirs oubliés*, Éditions de Fallois, 1998. [Hay trad. cast. de Manuel Serrat Crespo, *El tesoro de los saberes olvidados*, Ediciones Península, Barcelona, 1999.]

31. Polony, N., «"Sale intello"», *Le Figaro* (19 de marzo de 2010).

32. Auffret-Pericone, M., «"On m'a traité d'intello!"», *La Croix* (22 de septiembre de 2010).

33. Combes, F., *et al.*, «Espèce d'intello!», *L'Humanité* (5 de enero de 2017).

34. Clark, C., *et al.*, «Reading for pleasure: A research overview for The National Literacy Trust», literacytrust.org.uk (2006).

35. Roustan, M., *Conseils généraux (VII): préparation à l'art d'écrire*, Delapaine, 1906.

36. Krashen, S., *The Power of Reading*, Libraries Unlimited, 2004.[2]

37. Egmont, «Children's Reading for Pleasure», farshore.co.uk (2020).

38. *Dictionnaire Le Robert* en línea (https://dictionnaire.lerobert.com/definition/vulgariser) (el diccionario de la Real Academia Española define 'divulgar' como «publicar, extender, poner al alcance del público algo», https://dle.rae.es/divulgar?m=form).

39. *Dictionnaire de l'Académie française* en línea (www.dictionnaire-academie.fr/article/A9P1385).

40. Baker, L., *et al.*, «Home and family influences on motivations for reading», *Educ Psychol*, 32 (1997).

41. Baker, L., *et al.*, «Beginning Readers' Motivation for Reading in Relation to Parental Beliefs and Home Reading Experiences», *Read Psychol*, 23 (2002).

42. Baker L., «The role of parents in motivating struggling readers», *Read Writ Q*, 19 (2003).

43. Sonnenschein, S., *et al.*, «Reading is a source of entertainment», en K. Roskos *et al.* (eds.), *Play and Literacy in early childhood*, Erlbaum, 2000.

44. Merga, M., *et al.*, «Empowering Parents to Encourage Children to Read Beyond the Early Years», *Read Teach*, 72 (2018).

45. Ordine, N., *L'Utilité de l'inutile*, Pluriel, 2016. [Hay trad. cast. de Jordi Bayod, *La utilidad de lo inútil*, Acantilado, Barcelona, 2013.]

46. Desmurget, M., *TV lobotomie*, J'ai Lu, 2013.

47. Mouton, S., *Humanité et numérique*, Apogée, 2023.

48. Ducanda, A.-L., *Les Tout-Petits face aux écrans*, Litos, 2023.

49. Freed, R., *Wired child*, CreateSpace, 2015.

50. Bauerlein, M., *The Dumbest Generation grows up*, Regnery Gateway, 2022.

51. Leung, C. Y. Y., *et al.*, «What Parents Know Matters», *J Pediatr*, 221 (2020).

52. Rowe, M. L., *et al.*, «The Role of Parent Education and Parenting Knowledge in Children's Language and Literacy Skills among White, Black, and Latino Families», *Infant Child Dev*, 25 (2016).

53. Rowe, M. L., «Child-directed speech», *J Child Lang*, 35 (2008).

54. McGillicuddy-DeLisi, A., *et al.*, «Parental beliefs», en M. Bornstein (ed.), *Handbook of parenting*, vol. 3, Lawrence Erlbaum Associates, 1995.

55. Spichtig, A.N., *et al.*, «The Decline of Comprehension-Based Silent Reading Efficiency in the United States», *Read Res Q*, 51 (2016).

56. «Harry Potter and the final chapter: how do the books and films compare?», theguardian.com (2011).

57. McQuillan, J., «Harry Potter and the Prisoners of Vocabulary Instruction», *Read Foreign Lang*, 32 (2020).

58. René B., «abuelo de tres nietos», en un correo electrónico cuanto menos furioso, febrero de 2020.

PRIMERA PARTE. LA LENTA AGONÍA DE LA LECTURA

1. Paul, P., *et al.*, *How to raise a reader*, Workman Publishing, 2019.

2. Scholastic, «Kids & Family Reading Report Australia», scholastic.com (2016).

3. Scholastic, «Kids & Family Reading Report China», scholastic.com (z2020).

4. Scholastic, «Kids & Family Reading Report United Kingdom», scholastic.com (2015).

5. Scholastic, «Kids & Family Reading Report Canadian Edition», scholastic.com (2017).

6. CNL/Ipsos, «Les jeunes français et la lecture (7-25 ans)», centrenationaldulivre.fr (2022).

7. Egmont, «Children's Reading for Pleasure», farshore.co.uk (2020).

8. Merga M., «Exploring the role of parents in supporting recreational book reading beyond primary school», *English Educ*, 48 (2014).

9. Rideout, V., *et al.*, «The common sense census: Media use by kids age zero to eight», commonsensemedia.org (2020).

10. Kuo, A. A., *et al.*, «Parent report of reading to young children», *Pediatrics*, 113 (2004).

11. Eliot, S., *et al.*, «Reading with children», BookTrust.org.uk (2014).

12. Jimenez, M. E., *et al.*, «Shared Reading at Age 1 Year and Later Vocabulary», *J Pediatr*, 216 (2020).

13. Hale, L., *et al.*, «Social and demographic predictors of preschoolers' bedtime routines», *J Dev Behav Pediatr*, 30 (2009).

14. AIFS, «The Longitudinal Study of Australian Children», growingupinaustralia.gov.au (2015).

15. Kalb, G., *et al.*, «Reading to young children», *Econ Educ Rev*, 40 (2014).

16. Council on Early Childhood *et al.*, «Literacy promotion», *Pediatrics*, 134 (2014).

17. Egmont, «Children's reading for pleasure», farshore.co.uk (2019).

18. Raikes, H., *et al.*, «Mother-child bookreading in low-income families», *Child Dev*, 77 (2006).

19. Plante, I., *et al.*, «Student gender stereotypes», *Educ Psychol*, 29 (2009).

20. Muntoni, F., *et al.*, «At their children's expense», *Learn Instr*, 60 (2019).

21. Muntoni, F., *et al.*, «Gender-specific teacher expectations in reading. The role of teachers' gender stereotypes», *Contemp Educ Psychol*, 54 (2018).

22. Muntoni, F., *et al.*, «Beware of Stereotypes», *Child Dev*, 92 (2021).

23. Heyder, A., *et al.*, «Explaining academic-track boys' under-achievement in language grades», *Br J Educ Psychol*, 87 (2017).

24. CNL/Ipsos, «Les jeunes français et la lecture (7-19 ans)», centrenationaldulivre.fr (2016).

25. Merga, M., *et al.*, «Empowering Parents to Encourage Children to Read Beyond the Early Years», *Read Teach*, 72 (2018).

26. Baker, M., *et al.*, «Boy-Girl Differences in Parental Time Investments», *J Hum Cap*, 10 (2016).

27. Desmurget, M., *La Fabrique du crétin digital* Points, 2020. [Hay trad. cast. de Lara Cortés Fernández, *La fábrica de cretinos digitales: los peligros de las pantallas para nuestros hijos*, Ediciones Península, Barcelona, 2020.]

28. Desmurget, M., *TV lobotomie*, J'ai Lu, 2013.

29. McArthur, B. A., *et al.*, «Screen use relates to decreased offline enrichment activities», *Acta Paediatr*, 110 (2021).

30. Vandewater, E. A., *et al.*, «Time well spent?», *Pediatrics*, 117 (2006).

31. Tomopoulos, S., *et al.*, «Is exposure to media intended for preschool children associated with less parent-child shared reading aloud and teaching activities?», *Ambul Pediatr*, 7 (2007).

32. McArthur, B. A., *et al.*, «Longitudinal Associations Between Screen Use and Reading in Preschool-Aged Children», *Pediatrics*, 147 (2021).

33. CNL/Ipsos, «Les jeunes français et la lecture (15 ans et plus)», centrenationaldulivre.fr (2023).

34. Durand, M., «84 % des 7-11 ans aiment lire (même s'ils préfèrent regarder la télévision)», huffingtonpost.fr (2019).

35. J'aime lire/Harris Interactive, «Grande enquête: les enfants et la lecture (7-11 ans)», jaimelire.com (2019).

36. Feeley, J., «Children's Content Interest. A Factor Analytic Study», comunicación presentada en el encuentro Annual Meeting of the National Council of Teachers of English, Mineápolis (Minesota), 23-25 de noviembre de 1972.

37. Rideout, V., et al., «The Common Sense census: Media use by tweens and teens», commonsensemedia.org (2019).

38. Merga, M., et al., «Parents as Social Influences Encouraging Book Reading», J Libr Adm, 58 (2018).

39. Garcia, S., Le Goût de l'effort, Puf, 2018.

40. Lahire, B., Enfances de classe, Seuil, 2019.

41. Rokicki, S., et al., «Heterogeneity in Early Life Investments», Rev Income Wealth, 66 (2020).

42. Garcia, V., «Les écrans rendent-ils crétins? "Non, c'est l'usage que l'on en fait"», L'Express (24 de octubre de 2019).

43. Benjamin, A., «Enfants "décérébrés": "Ce qui compte surtout c'est ce qu'ils font derrière les écrans"», L'Express (23 de octubre de 2019).

44. Duneau, C., «Usages du numérique: "La question du temps d'écran, c'est le degré zéro de l'analyse"», Le Monde (10 de febrero de 2021).

45. Desmurget, M., «Temps d'écran: "Cessons de cultiver le scepticisme"», Le Monde (2 de marzo de 2021).

46. Robinson, J. P., «Television's impact on everyday life: Some cross-national evidence», en E. A. Rubinstein et al. (eds.), Television and Social Behavior. Reports and Papers, vol. IV, US Government Printing Office, 1972.

47. Gadberry, S., «Effects of restricting first graders' TV-viewing on leisure time use, IQ change, and cognitive style», J Appl Dev Psychol, 1 (1980).

48. Knulst, W., et al., «Trends in leisure reading», Poetics, 26 (1998).

49. Cummings, H. M., et al., «Relation of adolescent video game play to time spent in other activities», Arch Pediatr Adolesc Med, 161 (2007).

50. Merga, M., et al., «The influence of access to eReaders, computers and mobile phones on children's book reading frequency», Comput Educ, 109 (2017).

51. Rideout, V., *et al.*, *Generation M2: Media in the lives of 8-18 year-olds*, Kaiser Family Foundation, 2010.

52. Wiecha, J. L., *et al.*, «Household television access», *Ambul Pediatr*, 1 (2001).

53. Shin, N., «Exploring pathways from television viewing to academic achievement in school age children», *J Genet Psychol*, 165 (2004).

54. Barr-Anderson, D. J., *et al.*, «Characteristics associated with older adolescents who have a television in their bedrooms», *Pediatrics*, 121 (2008).

55. Garcia-Continente, X., *et al.*, «Factors associated with media use among adolescents», *Eur J Public Health*, 24 (2014).

56. Gentile, D. A., *et al.*, «Bedroom media», *Dev Psychol*, 53 (2017).

57. Mat Roni, S., *et al.*, «The Influence of Device Access and Gender on Children's Reading Frequency», *Publ Libr Q*, 36 (2017).

58. Twenge, J., *et al.*, «Trends in U.S. Adolescents' media use, 1976-2016», *Psychol Pop Media Cult*, 8 (2019).

59. Hernaes, O., *et al.*, «Television, Cognitive Ability, and High School Completion», *J Hum Resour*, 54 (2019).

60. «13 blogs beauté qu'on suit pour se faire une beauté», elle.fr (2021).

61. Hughes-Hassell, S., *et al.*, «The Leisure Reading Habits of Urban Adolescents», *J Adolesc Adult Lit*, 51 (2007).

62. Spear-Swerling, L., *et al.*, «Relationships between sixth-graders' reading comprehension and two different measures of print exposure», *Read Writ*, 23 (2010).

63. OECD, *Pisa 2018 Results, vol.* I, oecd.org (2019).

64. Jerrim, J., *et al.*, «The link between fiction and teenagers' reading skills», *Br Educ Res J*, 45 (2019).

65. CNL/Ipsos, «Les Français et la BD (7-75 ans)», centrenationaldulivre.fr (2020).

66. Jerrim, J., *et al.*, «Does it matter what children read?», *Oxf Rev Educ*, 46 (2020).

67. Baron, N., *et al.*, «Doing the Reading», *Poet Today*, 42 (2021).

68. Majdalani, C., «Les "jeunes"ne lisent plus, cliché d'époque», *La Croix* (8 de octubre de 2021).

69. Séry, M., «Partir en livre. Les livres et les jeunes: la situation n'est pas désespérée», *Le Monde* (4 de julio de 2019).

70. Aissaoui M., «Mais si, les jeunes lisent. Et même treize livres par an!», *Le Figaro* (19 de junio de 2018).

71. «Les jeunes aiment lire et continuent à lire des livres papier», franceinfo.fr (2018).

72. «Lecture: 86 % des jeunes de 15 à 25 ans ont ouvert un livre récemment, selon une étude», 20minutes.fr (2018).

73. Oreskes N. *et al.*, *Merchants of doubt*, Bloombury, 2010. [Hay trad. cast. de José Manuel Álvarez Flórez, *Mercaderes de la deuda: cómo un puñado de científicos ocultaron la verdad sobre el calentamiento global*, Capitán Swing Libros, Madrid, 2020.]

74. Bohannon, J., «I Fooled Millions Into Thinking Chocolate Helps Weight Loss. Here's How», io9.gizmodo.com (2015).

75. CNL/Ipsos, «Les jeunes adultes et la lecture (15-25 ans)», centrenationaldulivre.fr (2018).

76. CNL (www.centrenationaldulivre.fr/le-cnl-en-bref).

77. DEPP, «Journée défense et citoyenneté 2020. Note 21.27», (2021).

78. Lombardo, P., *et al.*, *Cinquante ans de pratiques culturelles en France*, informe realizado por encargo del Ministerio francés de Cultura, 2020.

79. Spichtig, A.N., *et al.*, «The Decline of Comprehension-Based Silent Reading Efficiency in the United States», *Read Res Q*, 51 (2016).

80. Brysbaert, M., «How many words do we read per minute?», *J Mem Lang*, 109 (2019).

81. Clark, C., *et al.*, *Children and young people's reading engagement in 2021*, National Literacy Trust research report, literacytrust.org.uk (2021).

82. Berry, T., *et al.*, «An Exploratory Analysis of Textbook Usage and Study Habits», *Coll Teach*, 59 (2010).

83. Kerr, M., *et al.*, «Reading to Learn or Learning to Read?», *Coll Teach*, 65 (2017).

84. Burchfield, C., *et al.*, «Compliance with required reading assignments», *Teach Psychol*, 27 (2000).

85. Astin, A., *et al.*, «The American Freshman 1994», heri.ucla.edu (1994).

86. Eagan, K., *et al.*, «The American Freshman 2015», heri.ucla.edu (2016).

87. Applegate, A., *et al.*, «The Peter Effect Revisited», *Lit Res Instr*, 53 (2014).

88. Applegate, A., *et al.*, «The Peter Effect», *Read Teach*, 57 (2004).

89. McKool, S., *et al.*, «Does Johnny's Reading Teacher Love to Read?», *Lit Res Instr*, 48 (2009).

90. Morrison, T., *et al.*, «Do teachers who read personally use recommended literacy practices in their classrooms?», *Read Res Instr*, 38 (1998).

91. Skaar, H., *et al.*, «Literature in decline?», *Teach Teach Educ*, 69 (2018).

92. Bessol, J.-Y., *et al.*, «Concours de recrutement des professeurs des Écoles, Académie de Lille, Session 2022. Rapport de jury», ac-lille.fr (2022).

93. New, B., *et al.*, «Lexique 2: a new French lexical database [version effectivement utilisée: lexique 3.83]», *Behav Res Methods Instrum Comput*, 36 (2004).

94. Bibliothèque numérique de TV5 monde (https://biblioth equenumerique.tv5monde.com/).

95. Huxley, A., *Le meilleur des mondes*, Pocket, 2007. [Hay trad. cast. de Jesús Isaías Gómez López, *Un mundo feliz*, Ediciones Cátedra, Madrid, 2018).

96. Capel, F., *et al.*, *Le Niveau baisse-t-il vraiment?* Magnard, 2009.

97. DEPP, https://www.education.gouv.fr/direction-de-l-evaluation-de-la-prospective-et-de-la-performance-depp-12389.

98. *Dictionnaire de l'Académie française* (www.dictionnaire-aca demie. fr/article/A9I0137) (el diccionario de la Real Academia Española define «analfabeto» a secas como «que no sabe leer ni escribir», https://dle.rae.es/analfabeto?m=form).

99. «Les bacs pros dans la galère universitaire», *Le Monde* (28 de septiembre de 2012).

100. Todd, E., «"Le taux de crétins diplômés ne cesse d'augmenter"», *Socialter*, 48 (2021).

101. DEPP, «Proportion de bacheliers dans une génération» (2021).

102. DEPP, «Les mentions au baccalauréat selon la voie» (2020).

103. Sternberg, R., *et al.*, «The Predictive Value of IQ», *Merrill-Palmer Q*, 47 (2001).

104. Roth, B., *et al.*, «Intelligence and school grades», *Intelligence*, 53 (2015).

105. Gottfredson, L., *et al.*, «Intelligence Predicts Health and Longevity, but Why?», *Curr Dir Psychol Sci*, 13 (2004).

106. Sánchez-Izquierdo, M., *et al.*, «Intelligence and life expectancy in late adulthood», *Intelligence*, 98 (2023).

107. Lie, S. A., *et al.*, «IQ and mental health are vital predictors of work drop out and early mortality. Multi-state analyses of Norwegian male conscripts», *PLoS One*, 12 (2017).

108. He, X., *et al.*, «IQ, grit, and academic achievement», *Int J Educ Dev*, 80 (2021).

109. Buelow, J. M., *et al.*, «Behavior and mental health problems in children with epilepsy and low IQ», *Dev Med Child Neurol*, 45 (2003).

110. McGrath, E., *et al.*, «Prediction of IQ and achievement at age 8 years from neurodevelopmental status at age 1 year in children with D-transposition of the great arteries», *Pediatrics*, 114 (2004).

111. Alexandre, L., «Aujourd'hui, on obtient le bac avec 80 de QI», causeur.fr (2019).

112. Chua, A., *et al.*, *The Triple Package*, Penguin Books, 2014.

113. Bourdieu, P., *et al.*, *Les Héritiers*, Éditions de Minuit, 1964. [Hay trad. cast. de Jean-Claude Passeron, *Los herederos: los estudiantes y la cultura*, Clave Intelectual, Madrid, 2021.]

114. Duckworth, A. L., *Grit*, Scribner, 2016. [Hay trad. cast. de Núria Martí, *Grit: el poder de la pasión y la perseverancia*, Urano, Madrid, 2016.]

115. Duckworth, A. L., *et al.*, «Self-discipline outdoes IQ in predicting academic performance of adolescents», *Psychol Sci*, 16 (2005).

116. Cooper, H., *et al.*, «Does homework improve academic achievement?», *Rev Educ Res*, 76 (2006).

117. Rawson, K., *et al.*, «Homework and achievement», *J Educ Psychol*, 109 (2017).

118. Göllner, R., *et al.*, «Is doing your homework associated with becoming more conscientious?», *J Res Pers*, 71 (2017).

119. MacCann, C., *et al.*, «Emotional intelligence predicts academic performance», *Psychol Bull*, 146 (2020).

120. Murat, F., *et al.*, «L'évolution des compétences des adultes», *Econ Stat*, 490 (2016).

121. Molière, *Le Misanthrope*, Velhagen & Klasing, 1873.[7] [Hay trad. cast. de Luis Martínez de Merlo, *El misántropo*, Ediciones Cátedra, Madrid, 2007.]

122. Rojstaczer, S. *et al.*, «Where a is Ordinary», *Teach Coll Rec*, 114 (2012).

123. Gershenson, S., «Grade inflation in high schools (2005-2016). Thomas B. Fordham Institute Report», (2018).

124. Babcock, P., «Real Costs of Nominal Grade Inflation?», *Econ Inq*, 48 (2010).

125. Woodruff, D., *et al.*, «High school grade inflation from 1991 to 2003», ACT Research Report Series (04-2004).

126. Hurwitz, M., *et al.*, «Grade inflation and the role of standardized testing», en J. Buckley *et al.* (eds.), *Measuring success: Testing, grades, and the future of college admissions*, Johns Hopkins University Press, 2018.

127. Butcher, K., *et al.*, «The Effects of an Anti-Grade-Inflation Policy at Wellesley College», *J Econ Perspect*, 28 (2014).

128. Love, D., *et al.*, «Grades, Course Evaluations, and Academic Incentives», *East Econ J*, 36 (2010).

129. *Dictionnaire de l'Académie française* (www.dictionnaire-academie.fr/article/A9E0473) (el diccionario de la Real Academia Española define 'eficaz' como «que tiene eficacia», https://dle.rae.es/eficaz?m=form, y 'eficacia' como «capacidad de lograr el efecto que se desea o se espera», https://dle.rae.es/eficacia).

130. Ravitch, D., «Every State Left Behind», nytimes.com (2005).

131. Fiester, L., *Early Warning*, Annie Casey Foundation, 2010.

132. NAEP, «National Achievement-Level Results (chiffres 2019)», nationsreportcard.gov (2022).

133. IEA, *Pirls 2021*, pirls2021.org (2023).

134. Eteve, Y., *et al.*, «Maîtrise de la langue en fin d'école, Note d'Information, n° 22.28, DEPP», éducation.gouv.fr (2022).

135. Dalibard, E., *et al.*, «CEDRE 2015 Note d'information n° 21», éducation. gouv.fr (2016).

136. Bellamy, F., *Les Déshérités*, Plon, 2014. [Hay trad. cast. de Eduardo Martínez Graciá, con revisión, presentación y notas de Ignacio de los Reyes Melero, *Los desheredados: por qué es urgente transmitir la cultura*, Ediciones Encuentro, Madrid, 2018.]

137. Bradbury R., *Fahrenheit 451*, Folio SF, 1995. [Hay trad. cast. de Alfredo Crespo, *Fahrenheit 451*, Debolsillo, Barcelona, 2004.]

138. Bradbury, R., citado en M. Berson, «Bradbury Still Believes In Heat Of "Fahrenheit 451"», seattletimes.com (1993).

139. En la página web de la OCDE se facilita un listado de preguntas representativas de los diferentes niveles PISA, en distintos idiomas (www.oecd.org/pisa/test/; acceso: 06/2023).

140. Hanushek, E.A., *et al.*, «The Role of Cognitive Skills in Economic Development», *J Econ Lit*, 46 (2008).

141. Hanushek, E.A., *et al.*, «Knowledge capital, growth, and the East Asian miracle», *Science*, 351 (2016).

142. OCDE, «Le coût élevé des faibles performances éducatives», oecd.org (2010).

143. Hanushek, E.A., *et al.*, «Education, knowledge capital, and economic growth», en S. Bradley *et al.* (eds.), *The Economics of Education*, Second Edition, Academic Press, 2020.

144. «Sputnik Spurs Passage of the National Defense Education Act», senate.gov.

145. «Landmark Legislation: National Aeronautics and Space Act of 1958», senate.gov.

146. Finn, C., «A Sputnik Moment for U.S. Education», wsj.com (2010).

147. Seidenberg, M. S., «The Science of Reading and Its Educational Implications», *Lang Learn Dev*, 9 (2013).

148. OECD, *Pisa 2009 Results*, vol. I, oecd.org (2010).

149. Schleicher, M., «PISA 2018», oecd.org (2019).

150. «PIB par habitant», banquemondiale.org (2022).

151. «Population, total», banquemondiale.org (2022).

152. Fourquet, J., *et al.*, *La France sous nos yeux*, Seuil, 2021.

153. Babeau, O., *La Tyrannie du divertissement*, Buchet-Chastel, 2023.

154. Chua, A., *Battle Hymn of the Tiger Mother*, Penguin Books, 2011. [Hay trad. cast. de Alicia Frieyro, *Madre tigre, hijos leones: una forma diferente de educar a las fieras de la casa*, Ediciones Temas de Hoy, Madrid, 2011.]

155. Huntsinger, C., *et al.*, «Parental involvement in children's schooling», *Early Child Res Q*, 24 (2009).

156. Chao, R., *et al.*, «Parenting of Asians», en M. Bornstein (ed.) *Handbook of parenting*, vol. 4, Lawrence Erlbaum, 2002.

157. Gladwell, M., *Outliers*, Black Bay Books, 2008. [Hay trad. cast. de Pedro Cifuentes, *Fuera de serie (outliers)*, Taurus, Barcelona, 2013.]

158. Marmouyet, F., «Éducation: la France mauvaise élève en matière d'égalité, selon l'enquête Pisa», france24.com (2019).

159. OECD, «Effective Teacher Policies», oecd.org (2018).

160. «Chine: les mineurs limités à 3 heures de jeu en ligne par semaine», lepoint.fr (2021).

161. «Jeux vidéo: la Chine limite drastiquement le temps de jeu des mineurs», lci.fr (2021).

162. Phillips, T., «Taiwan orders parents to limit children's time with electronic games», telegraph.co.uk (2015).

163. Six, N., «La Chine limite le temps d'utilisation de TikTok à 40 minutes par jour chez les moins de 14 ans», *Le Monde* (20 de septiembre de 2021).

164. Jerrim, J., «Why do East Asian children perform so well in PISA? Working Paper (University College London, Institute of Education)», repec.ucl.ac.uk (2014).

165. Carton, M., *et al.*, «Jusqu'où ira la montée en gamme des entreprises chinoises?», *J Ecole Paris*, 114 (2015).

166. Yue Zhang, M., *et al.*, «China's "innovation machine"», the-conversation.com (2022).

167. Madeline, B., «En dix ans, la Chine a multiplié par quatre les demandes de brevets en Europe», *Le Monde* (5 de abril de 2022).

168. Ericsson, A., *et al.*, *Peak*, Houghton Mifflin Harcourt, 2016. [Hay trad. cast. de Francisco Ramos Mena y Efrén del Valle Peñamil: *Número uno: secretos para ser el mejor en lo que nos propongamos*, Conecta, Barcelona, 2017.]

169. Tough, P., *How Children Succeed*, Random House, 2013. [Hay trad. cast. de José María Carabante Muntada, Jorge Moya Velasco y Juan Velayos Vega, *Cómo triunfan los niños: determinación, curiosidad y el poder del carácter*, Ediciones Palabra S. A., Madrid, 2014.]

170. Colvin, G., *Talent is overrated*, Portfolio, 2010. [Hay trad. cast. de EdiDe S. L.: *El talento está sobrevalorado: las auténticas claves del éxito personal*, Gestión 2000, Barcelona, 2009.]

171. «Un professeur de l'université de Bretagne occidentale qualifie des étudiants de "quasi-débiles"», lefigaro.fr (2021).

172. Altinok, N., *et al.*, «Bref retour cliométrique sur 50 ans de performances scolaires en lecture et en mathématique en France, AFC, Working paper 04-23», ideas.repec.org (2023).

173. Altinok, N., *et al.*, «Cliometrics of Learning-Adjusted Years of Schooling, AFC Working paper 02-23», ideas.repec.org (2023).

174. Aldric, A., «Average SAT Scores Over Time», prepscholar.com (2021).

175. ACT, «The Condition of College & Career Readiness (2013 and 2019; plus ancien et plus récent fichiers disponibles sur le site)», act.org (2013-2019).

176. Common Core State Satandards Initiative (www.corestandards.org; acceso: 01/03/2022).

177. Gamson, D., *et al.*, «Challenging the Research Base of the Common Core State Standards», *Educ Res*, 42 (2013).

178. Fitzgerald, J., *et al.*, «Has First-Grade Core Reading Program Text Complexity Changed Across Six Decades?», *Read Res Q*, 51 (2016).

179. Hayes, D., *et al.*, «Schoolbook Simplification and Its Relation to the Decline in SAT-Verbal Scores», *Am Educ Res J*, 33 (1996).

180. Hiebert, E., *et al.*, «Upping the Ante of Text Complexity in the Common Core State Standards», *Educ Res*, 42 (2013).

181. Crignon, A., «Le Club des cinq a perdu son passé simple (et pas mal d'autres choses aussi)», nouvelobs.com (2017).

182. Blyton, E., *Le Club des cinq et le trésor de l'île*, Hachette, 1962 (la traducción al castellano se ha extraído de Juan Ríos de la Rosa, *Los cinco y el tesoro de la isla*, Editorial Juventud, S. A., Barcelona, 1989).

183. Blyton, E., *Le Club des cinq et le trésor de l'île*, Hachette, 2006 (la traducción al castellano se ha extraído de Juan Ríos de la Rosa, *Los cinco y el tesoro de la isla*, Editorial Juventud, S. A., Barcelona, 2015).

184. Wolf, M., *Reader come home*, Harper, 2018. [Hay trad. cast. de María Maestro, *Lector, vuelve a casa: cómo afecta a nuestro cerebro la lectura en pantallas*, Deusto, Barcelona, 2020.]

185. «Les textes classiques en abrégé: pour ou contre?», livredepochejeu-nesse.com (2013).

186. Soljénitsyne A., *L'Archipel du Goulag*, Points, 2014 (edición abreviada) (hay edición completa en castellano, Alexandr Solzhenitsyn, *Archipiélago Gulag*, traducción de Josep Maria Güell y Enrique Fernández Vernet, Tusquets Editores, Barcelona, 2015; no obstante, el fragmento que se cita aquí es traducción propia, ya que se encuentra en el prefacio que escribió Natalia Solzhenistyn para la versión francesa).

187. Varnum, M. E. W., *et al.*, «Why are song lyrics becoming simpler?», *PLoS One*, 16 (2021).

188. McCombs, J., «An Open Letter to Rihanna», time.com, 2012.

189. Jordan, K. N., *et al.*, «Examining long-term trends in politics and culture through language of political leaders and cultural institutions», *Proc Natl Acad Sci USA*, 116 (2019).

190. Conway, L. G., *et al.*, «Are U.S. Presidents Becoming Less Rhetorically Complex?», *J Lang Soc Psychol*, 41 (2022).

191. Lim, E., *The Anti-Intellectual presidency*, Oxford University Press, 2008.

192. Kayam, O., « Readability and Simplicity of Donald Trump's Language», *Political Stud Rev*, 16 (2018).

193. Calvet, J.-L. ,*et al.*, *Les Mots de Nicolas Sarkozy*, Seuil, 2008.

194. Copé, J-F., citado en J.-B. Gara, «Copé croit toujours à la victoire», *Le Figaro* (15 de octubre de 2012).

195. Pompidou, G., *Anthologie de la poésie française*, Livre de Poche, 1974.

196. de Maistre, J., *Œuvres complètes* (tomo 8), Vitte et Perrussel, 1884.

197. Slocum, T., *et al.*, «A review of research and theory on the relation between oral reading rate and reading comprehension», *J Behav Educ*, 5 (1995).

198. Rasinski, T., *et al.*, «Is Reading Fluency a Key for Successful High School Reading?», *J Adolesc Adult Lit*, 49 (2005).

199. Klauda, S., *et al.*, «Relationships of three components of reading fluency to reading comprehension», *J Educ Psychol*, 100 (2008).

200. Kim, Y.-S., *et al.*, «Developmental relations between reading fluency and reading comprehension», *J Exp Child Psychol*, 113 (2012).

201. Bigozzi, L., *et al.*, «Reading Fluency As a Predictor of School Outcomes across Grades 4-9», *Front Psychol*, 8 (2017).

202. Fernandez A.L. *et al.*, «Reading fluency as a measure of educational level», *Dement Neuropsychol*, 15 (2021).

203. Eteve, Y., *et al.*, «Les performances en orthographe des élèves de CM2 toujours en baisse, mais de manière moins marquée en 2021. Note d'information n°22.37, DEPP», education.gouv.fr (2022).

204. Andreu, S., *et al.*, «Les performances en orthographe des élèves en fin d'école primaire (1987-2007-2015), note d'information n° 28», education.gouv.fr (2016).

205. «Pénaliser les fautes à l'écrit: une pratique "élitiste" selon une université anglaise», lefigaro.fr (2021).

206. Delevey, A., «Claude Lussac: "L'orthographe est discriminatoire"», *Le Figaro* (3 de diciembre de 2019).

207. «Faut-il en finir avec la tyrannie de l'orthographe?», *Ça m'intéresse* (27 de junio de 2022).

208. Zeid, J., «#JeSuisCirconflexe: les "grammar nazis" veulent sauver le soldat circonflexe», francetvinfo.fr (2016).

209. Pouliquen, F., «"Je tenez a mescusez": Jul est-il une victime de plus de la discrimination par l'orthographe?», 20minutes.fr (2017).

210. Ehri, L., «Learning To Read and Learning To Spell», *Top Lang Disord*, 20 (2000).

211. Retelsdorf, J., *et al.*, «Reciprocal effects between reading comprehension and spelling», *Learn Individ Differ*, 30 (2014).

212. Mimeau, C., *et al.*, «The Role of Orthographic and Semantic Learning in Word Reading and Reading Comprehension», *Sci Stud Read*, 22 (2018).

213. Murphy, K. A., *et al.*, «Lexical-Level Predictors of Reading Comprehension in Third Grade», *Am J Speech-Lang Pathol*, 28 (2019).

214. Cunningham, A. *et al.*, «Orthographic Processing in Models of Word Recognition», en M. Kamil *et al.* (eds.), *Handbook of Reading Research*, vol. IV, Routledge, 2011.

215. Willingham, D., *The Reading Mind*, Jossey-Bass, 2017.

216. Dehaene, S., *Les Neurones de la lecture*, Odile Jacob, 2007. [Hay trad. cast. de María Josefina DAlessio, *El cerebro lector: ultimas noticias de las neurociencias sobre la lectura, la enseñanza, el aprendizaje y la dislexia*, Clave Intelectual, Madrid, 2022.]

217. Castles, A., *et al.*, «Ending the Reading Wars», *Psychol Sci Public Interest*, 19 (2018).

SEGUNDA PARTE. EL ARTE DE LEER

1. Cunningham, P., «"If They Don't Read Much, How They Ever Gonna Get Good?"», *Read Teach*, 59 (2005).

2. Inserm, «Troubles spécifiques des apprentissages», inserm. fr (2017).

3. Allington, R., «If They Don't Read Much, How They Ever Gonna Get Good?», *J Read*, 21 (1977).

4. Pech, M.-E., *et al.*, «Niveau scolaire: la France stagne dans le classement Pisa», *Le Figaro* (3 de diciembre de 2019).

5. Piquemal, M., «Pisa: les inégalités entre élèves restent très élevées, mais stables», *Libération* (3 de diciembre de 2019).

6. Marmouyet, F., «Éducation: la France mauvaise élève en matière d'égalité, selon l'enquête Pisa», france24.com (2019).

7. Dehaene, S., *Les Neurones de la lecture*, Odile Jacob, 2007. [Hay trad. cast. de María Josefina D'Alessio, *El cerebro lector: últimas noticias de las neurociencias sobre la lectura, la enseñanza, el aprendizaje y la dislexia*, Clave Intelectual, Madrid, 2022.]

8. *Dictionnaire de l'Académie française* (https://www.dictionnaire-academie.fr/article/A9R1657) (el diccionario de la Real Academia Española define 'retributivo' como «que tiene virtud o facultad de retribuir», https://dle.rae.es/retributivo?m=form, y 'retribuir' como «recompensar o pagar un servicio, favor, etc.», https://dle.rae.es/retribuir).

9. Novack, M. A., *et al.*, «Becoming human», *Philos Trans R Soc Lond B Biol Sci*, 375 (2020).

10. Dehaene-Lambertz, G., *et al.*, «Functional neuroimaging of speech perception in infants», *Science*, 298 (2002).

11. Pena, M., *et al.*, «Sounds and silence», *Proc Natl Acad Sci USA*, 100 (2003).

12. Gervain, J., *et al.*, «The neonate brain detects speech structure», *Proc Natl Acad Sci USA*, 105 (2008).

13. May, L., *et al.*, «The specificity of the neural response to speech at birth», *Dev Sci*, 21 (2018).

14. Mahmoudzadeh, M., *et al.*, «Syllabic discrimination in premature human infants prior to complete formation of cortical layers», *Proc Natl Acad Sci USA*, 110 (2013).

15. Kuhl, P.K., «Early language acquisition: neural substrates and theoretical models», en M. Gazzaniga (ed.), *The Cognitive Neurosciences IV*, MIT Press, 2009.

16. Kuhl, P. K., «Brain mechanisms in early language acquisition», *Neuron*, 67 (2010).

17. Dehaene-Lambertz, G., *et al.*, «The infancy of the human brain», *Neuron*, 88 (2015).

18. Perszyk, D. R., *et al.*, «Linking Language and Cognition in Infancy», *Annu Rev Psychol*, 69 (2018).

19. Hillert, D., «How did language evolve in the lineage of higher primates?», *Lingua*, 264 (2021).

20. Christiansen, M. H., *et al.*, «Language as shaped by the brain» (artículo y comentarios), *Behav Brain Sci*, 31 (2008).

21. Schoenemann, P. T., «Evolution of brain and language», *Prog Brain Res*, 195 (2012).

22. Kuhl, P. K., «Early language acquisition», *Nat Rev Neurosci*, 5 (2004).

23. Dennis, M., «Language disorders in children with central nervous system injury», *J Clin Exp Neuropsychol*, 32 (2010).

24. Friedmann, N., *et al.*, «Critical period for first language», *Curr Opin Neurobiol*, 35 (2015).

25. Robinson, A., *The Story of Writting*, Thames & Hudson, 2007². [Hay trad. cast. de Jesús Pardo, *Historia de la escritura*, Destino, Barcelona, 1996.]

26. Gnanadesikan, A., *The Writing Revolution*, Wiley-Blackwell, 2009.

27. Carey J., *A Little History of Poetry*, Yale University Press, 2020.

28. Boorstin, D., *Les découvreurs*, Robert Laffont, 1988. [Hay trad. cast. de Susana Litjmaer, *Los descubridores*, Editorial Crítica, Barcelona, 2000.]

29. Wolf, M., *Reader come home*, Harper, 2018. [Hay trad. cast. de María Maestro, *Lector, vuelve a casa: cómo afecta a nuestro cerebro la lectura en pantallas*, Deusto, Barcelona, 2020.]

30. Dehaene, S., *et al.*, «Cultural recycling of cortical maps», *Neuron*, 56 (2007).

31. Desmurget, M., *et al.*, «Contrasting acute and slow-growing lesions», *Brain*, 130 (2007).

32. Costandi, M., *Neuroplasticity*, MIT Press, 2016.

33. Seidenberg, M., *Language at the speed of sight*, Basic Books, 2017.

34. Dehaene, S., *Apprendre à lire*, Odile Jacob, 2011. [Hay trad. cast. de Yamila Sevilla y María Josefina D'Alessio, *Aprender a leer: de las ciencias cognitivas al aula*, Siglo XXI Editores, Madrid, 2019.]

35. Wolf, M., *Proust and the Squid*, Harper Perennial, 2007.

36. Yeatman, J. D., *et al.*, «Reading», *Annu Rev Vis Sci*, 7 (2021).

37. Horowitz-Kraus, T., *et al.*, «From emergent literacy to reading», *Acta Paediatr*, 104 (2015).

38. Dehaene, S., *et al.*, «Illiterate to literate», *Nat Rev Neurosci*, 16 (2015).

39. Castles, A., *et al.*, «Ending the Reading Wars», *Psychol Sci Public Interest*, 19 (2018).

40. Vidal, C., citado en «Vos questions sur l'éducation des enfants», *20 Minutes* (24 de agosto de 2009).

41. Delesalle, N., «Des trésors plein la tête», *Télérama* (18 de junio de 2010).

42. Berthereau, J., «Échec scolaire, décrochage: les neurosciences au secours des élèves», *Les Échos* (21 de agosto de 2021).

43. May, A., «Experience-dependent structural plasticity in the adult human brain», *Trends Cogn Sci*, 15 (2011).

44. Zatorre, R. J., *et al.*, «Plasticity in gray and white», *Nat Neurosci*, 15 (2012).

45. Draganski, B., *et al.*, «Changes in grey matter induced by training», *Nature*, 427 (2004).

46. Scholz, J., *et al.*, «Training induces changes in white-matter architecture», *Nat Neurosci*, 12 (2009).

47. Gracian, B., *L'Homme de cour*, François Barbier, 1696 (*Oráculo manual y arte de prudencia*, edición digital a partir de la edición de Huesca, Juan Nogués, 1647 y cotejada con la edición crítica de Emilio Blanco, Cátedra, Madrid, 1997, disponible en la Biblioteca Virtual Miguel de Cervantes, https://www.cervantesvirtual.com/obra-visor/oraculo-manual-y-arte-de-prudencia--0/html/fedb3724-82b1-11df-acc7-002185ce6064_2.html.

48. Maguire, E. A., *et al.*, «Recalling routes around London», *J Neurosci*, 17 (1997).

49. Kuhn, S., *et al.*, «Playing Super Mario induces structural brain plasticity», *Mol Psychiatry*, 19 (2014).

50. Feng, X., *et al.*, «A universal reading network and its modulation by writing system and reading ability in French and Chinese children», *Elife*, 9 (2020).

51. Lubrano, V., *et al.*, «Explorations du langage par stimulations électriques directes peropératoires», *Rev Neuropsychol*, 4 (2012).

52. Rauschecker, A. M., *et al.*, «Visual feature-tolerance in the reading network», *Neuron*, 71 (2011).

53. Dehaene, S., *et al.*, «How learning to read changes the cortical networks for vision and language», *Science*, 330 (2010).

54. Rueckl, J. G., *et al.*, «Universal brain signature of proficient reading», *Proc Natl Acad Sci USA*, 112 (2015).

55. Bentolila, A., *La Maternelle: au front des inégalités linguistiques et sociales*, informe encargado por Xavier Darcos, ministro francés de Educación, 2007.

56. Rayner, K., *et al.*, «So Much to Read, So Little Time», *Psychol Sci Public Interest*, 17 (2016).

57. Brysbaert, M., *et al.*, «How Many Words Do We Know?», *Front Psychol*, 7 (2016).

58. Segbers, J., *et al.*, «How many words do children know?», *Lang Test*, 34 (2017).

59. Lété, B., «Building the mental lexicon by exposure to print», en P. Bonin (ed.), *Mental lexicon*, Nova Science Publisher, 2003.

60. *Dictionnaire de l'Académie française* (https://www.dictionnaire-academie.fr/article/A9P0712) (el diccionario de la Real Academia Española define 'parónimo' como «dicho de una palabra: que tiene con otra una relación o semejanza, sea por su etimología o solamente por su forma o sonido, como vendado y vendido», https://dle.rae.es/par%C3%B3nimo?m=form).

61. *Dictionnaire de l'Académie française* (https://www.dictionnaire-academie.fr/article/A9H0883) (el diccionario de la Real Academia Española define 'homónimo' en su segunda acepción como «dicho de una palabra: que se pronuncia como otra, pero tiene diferente origen o significado muy distante», https://dle.rae.es/hom%C3%B3nimo).

62. *Dictionnaire de l'Académie française* (https://www.dictionnaire-academie.fr/article/A9H0871) (el diccionario de la Real Academia

Española define 'homógrafo' como «dicho de una palabra: que tiene la misma grafía que otra», https://dle.rae.es/hom%C3%B3grafo).

63. Stanovich, K., *et al.*, «The Role of Inadequate Print Exposure as a Determinant of Reading Comprehension Problems», en C. Cornoldi *et al.* (eds.), *Reading comprehension difficulties: Processes and interventions*, Erlbaum, 1996.

64. Cunningham, A., *et al.*, *Book Smart*, Oxford University Press, 2014.

65. Duursma, E., *et al.*, «Reading aloud to children», *Arch Dis Child*, 93 (2008).

66. *Dictionnaire de l'Académie française* (https://www.dictionnaire-academie.fr/article/A9H0902) (el diccionario de la Real Academia Española define 'mundo' en su octava acepción como «experiencia de la vida y del trato social», https://dle.rae.es/mundo).

67. Willingham, D., *The Reading Mind*, Jossey-Bass, 2017.

68. Hirsch, E., *The knowledge deficit*, Houghton Mifflin Hartcourt, 2006.

69. Christodoulou, D., *Seven myths about education*, Routledge, 2014.

70. Willingham, D., *Raising Kids Who Read*, Jossey-Bass, 2015.

71. Vollmar, S., «À quel âge un enfant doit-il savoir lire?», magicmaman.com (2010).

72. «La rentrée en CP: même pas peur de l'apprentissage de la lecture avec J'aime lire!», bayard-jeunesse.com (2021).

73. Suchaud, B., «Temps disponible et temps nécessaire pour apprendre à lire», cafepedagogique.net (2015).

74. Whitehurst, G. J., *et al.*, «Child development and emergent literacy», *Child Dev*, 69 (1998).

75. Charmeux, E., «Mais oui, la méthode de lecture a de l'importance», *Pratiques*, 35 (1982).

76. Gadamer, H.-G., *Hermeneutik, Ästhetik, Praktische Philosophie*, Universitätsverlag C. Winter, 1993. [Hay trad. cast. de Constantino Ruiz-Garrido y Manuel Olasagasti, *Hermenéutica, estética e historia: antología*, Ediciones Sígueme, Salamanca, 2022, aunque la traducción de este fragmento es propia.]

77. Chall, J., *et al.*, «The Classic Study on Poor Children's Fourth-Grade Slump», *Am Educ*, 27 (2003).

78. Paratore, J., *et al.*, «Supporting Early (and Later) Literacy Development at Home and at School», en M. Kamil *et al.* (eds.), *Handbook of Reading Research*, vol. IV, Routledge, 2011.

79. Chall, J., *et al.*, *The Reading Crisis. Why Poor Children Fall Behind*, Harvard University Press, 1990.

80. Juel, C., «Learning to read and write», *J Educ Psychol*, 80 (1988).

81. Duke, N., *et al.*, «The Development of Comprehension», en M. Kamil *et al.* (eds.), *Handbook of Reading Research*, vol. IV, Routledge, 2011.

82. Gentaz, E., *et al.*, «Differences in the predictors of reading comprehension in first graders from low socio-economic status families with either good or poor decoding skills», *PLoS One*, 10 (2015).

83. LARRC, «Learning to Read», *Read Res Q*, 50 (2015).

84. Catts, H. W., *et al.*, «Developmental changes in reading and reading disabilities», en H. W. Catts *et al.* (eds.), *The Connections between language and reading disabilities*, Erlbaum, 2005.

85. Hulme, C., *et al.*, «Children's Reading Comprehension Difficulties», *Curr Dir Psychol Sci*, 20 (2011).

86. Catts, H. W., *et al.*, «Language deficits in poor comprehenders», *J Speech Lang Hear Res*, 49 (2006).

87. Nation, K., *et al.*, «Hidden language impairments in children», *J Speech Lang Hear Res*, 47 (2004).

88. Baker, L., *et al.*, «Home and family influences on motivations for reading», *Educ Psychol*, 32 (1997).

89. Kush, J., *et al.*, «The Temporal-Interactive Influence of Reading Achievement and Reading Attitude», *Educ Res Eval*, 11 (2005).

90. Fine, A., *Le Journal d'un chat assassin*, L'École des Loisirs, 1997. [Hay trad. cast. de Rebeca González Izquierdo, *Diario de un gato asesino*, Blackie Books, Barcelona, 2016.]

91. Cunningham, A., *et al.*, «What reading does for the mind», *Am. Educ.*, 22 (1998).

92. Hayes, D., «Speaking and writing», *J Mem Lang*, 27 (1988).

93. Morpurgo, M., *Le Lion blanc*, Folio Cadet, 1998. [Hay trad. cast. de Pilar García-Romeu, *El león mariposa*, Everest, Madrid, 1998.]

94. Topping, K. J., *et al.*, «Does practice make perfect?», *Learn Instr*, 17 (2007).

95. Allington, R., *et al.*, «Reading Volume and Reading Achievement», *Read Res Q*, 56 (2021).

96. Marinkovic, K., «Spatiotemporal dynamics of word processing in the human cortex», *Neuroscientist*, 10 (2004).

97. Pammer, K., *et al.*, «Visual word recognition», *Neuroimage*, 22 (2004).

98. Ziegler, J.-C., *et al.*, «Do Words Stink?», *J Cogn Neurosci*, 30 (2018).

99. Ponz, A., *et al.*, «Emotion processing in words», *Soc Cogn Affect Neurosci*, 9 (2014).

100. Hsu, C.T., *et al.*, «The emotion potential of words and passages in reading Harry Potter - an fMRI study», *Brain Lang*, 142 (2015).

101. Wassiliwizky, E., *et al.*, «The emotional power of poetry», *Soc Cogn Affect Neurosci*, 12 (2017).

102. Mar, R., «Stories and the Promotion of Social Cognition», *Curr Dir Psychol Sci*, 27 (2018).

103. Mar, R. A., «The neural bases of social cognition and story comprehension», *Annu Rev Psychol*, 62 (2011).

104. Barros-Loscertales, A., *et al.*, «Reading salt activates gustatory brain regions», *Cereb Cortex*, 22 (2012).

105. Gonzalez, J., *et al.*, «Reading cinnamon activates olfactory brain regions», *Neuroimage*, 32 (2006).

106. Gentilucci, M., *et al.*, «Language and motor control», *Exp Brain Res*, 133 (2000).

107. Hauk, O., *et al.*, «Somatotopic representation of action words in human motor and premotor cortex», *Neuron*, 41 (2004).

108. Speer, N. K., *et al.*, «Reading stories activates neural representations of visual and motor experiences», *Psychol Sci*, 20 (2009).

109. Sandel, M., *What Money can't buy*, Farrar, Straus & Giroux, 2012. [Hay trad. cast. de Joaquín Chamorro Mielke, *Lo que el dinero no puede comprar: los límites morales del mercado*, Editorial Debate, Barcelona, 2013.]

110. Delevey, A., «Claude Lussac: "L'orthographe est discriminatoire"», *Le Figaro* (3 de diciembre de 2019).

111. «Nègre littéraire», France Terme (www.culture.fr/France-Terme/Recommandations-d-usage/NEGRE-LITTERAIRE; acceso: 26/05/2023).

112. Ogier, J.-M., «Écrivain fantôme ou le très lucratif métier de nègre littéraire», franceinfo.fr (2017).

113. «Vous êtes seul, pourquoi ne pas louer un ami?», 2ominutes.fr (2014).

114. Ericsson, A., *et al.*, *Peak*, Houghton Mifflin Harcourt, 2016. [Hay trad. cast. de Francisco Ramos Mena y Efrén del Valle Peñamil: *Número uno: secretos para ser el mejor en lo que nos propongamos*, Conecta, Barcelona, 2017.]

115. Gladwell, M., *Outliers*, Black Bay Books, 2008. [Hay trad. cast. de Pedro Cifuentes, *Fuera de serie (outliers)*, Taurus, Barcelona, 2013.]

116. Ericsson, K. A., *et al.*, «Toward a science of exceptional achievement», *Ann N Y Acad Sci*, 1172 (2009).

117. Desmurget, M., *La Fabrique du crétin digital* Points, 2020. [Hay trad. cast. de Lara Cortés Fernández, *La fábrica de cretinos digitales: los peligros de las pantallas para nuestros hijos*, Ediciones Península, Barcelona, 2020.]

118. Colvin, G., *Talent is overrated*, Portfolio, 2010. [Hay trad. cast. de EdiDe S. L.: *El talento está sobrevalorado: las auténticas claves del éxito personal*, Gestión 2000, Barcelona, 2009.]

119. Leung, C. Y. Y., *et al.*, «What Parents Know Matters», *J Pediatr*, 221 (2020).

120. Rowe, M., *et al.*, «The Role of Parent Education and Parenting Knowledge in Children's Language and Literacy Skills among White, Black, and Latino Families», *Infant Child Dev*, 25 (2016).

121. McGillicuddy-DeLisi, A., *et al.*, «Parental beliefs», en M. Bornstein (ed.), *Handbook of parenting*, vol. 3, Lawrence Erlbaum Associates, 1995.

122. Rayner, K., «Eye movements and attention in reading, scene perception, and visual search», *Q J Exp Psychol (Hove)*, 62 (2009).

123. Nodine, C., *et al.*, «Development of visual scanning strategies for differentiating words», *Dev Psychol*, 5 (1971).

124. Starr, M.S., *et al.*, «Eye movements during reading», *Trends Cogn Sci*, 5 (2001).

125. Rayner, K., «Eye movements in reading and information processing», *Psychol Bull*, 85 (1978).

126. Allen, W., citado en M. Oliver, «Evelyn Wood; Pioneer in Speed Reading», *Los Angeles Times* (31 de agosto de 1995).

127. Spichtig, A.N., *et al.*, «The Decline of Comprehension-Based Silent Reading Efficiency in the United States», *Read Res Q*, 51 (2016).

128. Brysbaert, M., «How many words do we read per minute?», *J Mem Lang*, 109 (2019).

129. Hugo, V., *Les Travailleurs de la mer*, Folio classique, 1980. [Hay trad. cast. de Manuel Altolaguirre, *Los trabajadores del mar*, Espasa Libros S. L., Barcelona, 2008, aunque la traducción aquí es propia.]

130. Zola, É., *Mes haines*, Charpentier, 1879. [Hay trad. cast., *Mis odios*, La España Moderna, Madrid; no consta el nombre del traductor ni el año de edición.]

131. Fraisse, P., «Why is naming longer than reading?», *Acta Psychol*, 30 (1969).

132. Ferrand, L., «Why naming takes longer than reading?», *Acta Psychol*, 100 (1999).

133. Ries, S., *et al.*, «Corrigendum to "Why does picture naming take longer than word naming?"», *Psychon Bull Rev*, 22 (2015).

134. Valente, A., *et al.*, «"When" Does Picture Naming Take Longer Than Word Reading?», *Front Psychol*, 7 (2016).

135. Dehaene, S., *et al.*, «Cerebral mechanisms of word masking and unconscious repetition priming», *Nat Neurosci*, 4 (2001).

136. Bargh, J. A., *et al.*, «Automaticity in social-cognitive processes», *Trends Cogn Sci*, 16 (2012).

137. Dijksterhuis, A., *et al.*, «Goals, attention, and (un)consciousness», *Annu Rev Psychol*, 61 (2010).

138. Aarts, H., *et al.*, «Preparing and motivating behavior outside of awareness», *Science*, 319 (2008).

139. Guigon, E., *et al.*, «Computational motor control», *J Neurophysiol*, 97 (2007).

140. MacLeod, C.M., «Half a century of research on the Stroop effect», *Psychol Bull*, 109 (1991).

141. Stroop, J. R., «Studies of interference in serial verbal reactions», *J Exp Psychol*, 18 (1935).

142. Starreveld, P. A., *et al.*, «Picture-word interference is a Stroop effect», *Psychon Bull Rev*, 24 (2017).

143. Joo, S. J., *et al.*, «Automaticity in the reading circuitry», *Brain Lang*, 214 (2021).

144. Cunningham, A. *et al.*, «Orthographic Processing in Models of Word Recognition», en M. Kamil *et al.* (eds.), *Handbook of Reading Research*, vol. IV, Routledge, 2011.

145. Bigozzi, L., *et al.*, «Reading Fluency As a Predictor of School Outcomes across Grades 4-9», *Front Psychol*, 8 (2017).

146. Bloom, P., *How children learn the meaning of words*, MIT Press, 2000.

147. Bassano, D., «La constitution du lexique», en M. Kail *et al.* (eds.), *L'acquisition du langage: le langage en émergence*, Puf, 2000.

148. Hart, B., *et al.*, *Meaningful differences*, Paul H Brookes Publishing Co, 1995.

149. Yeatman, J. D., *et al.*, «Anatomy of the visual word form area», *Brain Lang*, 125 (2013).

150. Bouhali, F., *et al.*, «Anatomical connections of the visual word form area», *J Neurosci*, 34 (2014).

151. Saygin, Z. M., *et al.*, «Connectivity precedes function in the development of the visual word form area», *Nat Neurosci*, 19 (2016).

152. Dehaene-Lambertz, G., *et al.*, «The emergence of the visual word form», *PLoS Biol*, 16 (2018).

153. Turkeltaub, P. E., *et al.*, «Development of neural mechanisms for reading», *Nat Neurosci*, 6 (2003).

154. Yeatman, J. D., *et al.*, «Development of white matter and reading skills», *Proc Natl Acad Sci USA*, 109 (2012).

155. Thiebaut de Schotten, M., *et al.*, «Learning to read improves the structure of the arcuate fasciculus», *Cereb Cortex*, 24 (2014).

156. Lopez-Barroso, D., *et al.*, «Impact of literacy on the functional connectivity of vision and language related networks», *Neuroimage*, 213 (2020).

157. Pegado, F., *et al.*, «Timing the impact of literacy on visual processing», *Proc Natl Acad Sci USA*, 111 (2014).

158. Moulton, E., *et al.*, «Connectivity between the visual word form area and the parietal lobe improves after the first year of reading instruction», *Brain Struct Funct*, 224 (2019).

159. Brem, S., *et al.*, «Brain sensitivity to print emerges when children learn letter-speech sound correspondences», *Proc Natl Acad Sci USA*, 107 (2010).

160. Froyen, D. J., *et al.*, «The long road to automation», *J Cogn Neurosci*, 21 (2009).

161. *Dictionnaire de l'Académie française* (https://www.dictionnai re-academie.fr/article/A9O0807) (el diccionario de la Real Academia Española define 'ortografía' como «conjunto de normas que regulan la escritura de una lengua», https://dle.rae.es/ortograf%C3%A Da?m=form).

162. *Dictionnaire de l'Académie française* (https://www.dictionnai re-academie.fr/article/A9P2027) (el diccionario de la Real Academia Española define 'fonema' como «unidad fonológica que no puede descomponerse en unidades sucesivas menores y que es capaz de distinguir significados», https://dle.rae.es/fonema?m=form).

163. *Dictionnaire de l'Académie française* (https://www.dictionnai re-academie.fr/article/A9D2496) (el diccionario de la Real Academia Española define 'dígrafo' como «secuencia de dos letras que representa un solo sonido», https://dle.rae.es/d%C3%ADgrafo).

164. *Dictionnaire de l'Académie française* (https://www.dictionnai re-academie.fr/article/A9M2859) (el diccionario de la Real Academia Española define 'morfema' como «unidad mínima de significado», https://dle.rae.es/morfema?m=form).

165. Vinckier, F., *et al.*, «Hierarchical coding of letter strings in the ventral stream», *Neuron*, 55 (2007).

166. Binder, J. R., *et al.*, «Tuning of the human left fusiform gyrus to sublexical orthographic structure», *Neuroimage*, 33 (2006).

167. Conrad, M., *et al.*, «Syllables and bigrams», *J Exp Psychol Hum Percept Perform*, 35 (2009).

168. Glezer, L. S., *et al.*, «Evidence for highly selective neuronal tuning to whole words in the "visual word form area"», *Neuron*, 62 (2009).

169. Rey, A., *et al.*, «Graphemes are perceptual reading units», *Cognition*, 75 (2000).

170. Lelonkiewicz, J., *et al.*, «Morphemes as letter chunks», *J Mem Lang*, 115 (2020).

171. Adams, M., «What good is orthographic redundancy?», Center for the Study of Reading, Technical report, n.º 192, eric. ed.gov (1980).

172. Stanovich, K., *et al.*, «Exposure to Print and Orthographic Processing», *Read Res Q*, 24 (1989).

173. Lewellen, M. J., *et al.*, «Lexical familiarity and processing efficiency», *J Exp Psychol Gen*, 122 (1993).

174. Chateau, D., *et al.*, «Exposure to print and word recognition processes», *Mem Cognit*, 28 (2000).

175. Estes, W. K., *et al.*, «Serial position functions for letter identification at brief and extended exposure durations», *Percept Psychophys*, 19 (1976).

176. Adams, M., «Models of word recognition», *Cogn Psychol*, 11 (1979).

177. Rice, G. A., *et al.*, «The role of bigram frequency in the perception of words and nonwords», *Mem Cognit*, 3 (1975).

178. McClelland, J. L., «Preliminary letter identification in the perception of words and nonwords», *J Exp Psychol Hum Percept Perform*, 2, (1976).

179. Share, D. L., «Orthographic learning, phonological recoding, and self- teaching», *Adv Child Dev Behav*, 36 (2008).

180. Castles, A., *et al.*, «How does orthographic learning happen?», en S. Andrews (ed.), *From inkmarks to ideas: Current issues in lexical processing*, Psychology Press, 2010.

181. Ziegler, J.-C., *et al.*, «Modelling reading development through phonological decoding and self-teaching», *Philos Trans R Soc Lond B Biol Sci*, 369 (2014).

182. Taylor, J. S., *et al.*, «Can cognitive models explain brain activation during word and pseudoword reading?», *Psychol Bull*, 139 (2013).

183. Glezer, L. S., *et al.*, «Adding words to the brain's visual dictionary», *J Neurosci*, 35 (2015).

184. Wimmer, H., *et al.*, «Searching for the Orthographic Lexicon in the Visual Word Form Area», en T. Lachmann *et al.* (eds.), *Reading and Dyslexia*, Springer International Publishing, 2018.

185. *Dictionnaire de l'Académie française* (https://www.dictionnaire-academie.fr/article/A9S1117) (el diccionario de la Real Academia Española define 'semántico' como «perteneciente o relativo a la semántica», https://dle.rae.es/sem%C3%A1ntico?m=form, y «semántica» como «disciplina que estudia el significado de las unidades lingüísticas y de sus combinaciones»).

186. Rastle, K., «The place of morphology in learning to read in English», *Cortex*, 116 (2019).

187. *Dictionnaire de l'Académie française* (https://www.dictionnaire-academie.fr/article/A9G1257) (el diccionario de la Real Academia Española define 'grafema' como «unidad mínima e indivisible de la escritura de una lengua», https://dle.rae.es/grafema).

188. «Les Français et l'orthographe», encuesta de Harris Interactive para *L'Obs*, harris-interactive.fr (2016).

189. The Nobel Prize (www.nobelprize.org/prizes/lists/all-nobel-prizes-in-literature).

190. Ziegler, J., *et al.*, «Statistical analysis of the bidirectional inconsistency of spelling and sound in French», *Behav Res Methods*, 28 (1996).

191. Stone, G., *et al.*, «Perception Is a Two-Way Street», *J Mem Lang*, 36 (1997).

192. Seymour, P. H., *et al.*, «Foundation literacy acquisition in European orthographies», *Br J Psychol*, 94 (2003).

193. IEA, *Pirls 2021*, pirls2021.org (2023).

194. OECD, *Pisa 2018 Results, vol.* I, oecd.org (2019).

195. Spencer, L. H., *et al.*, «Learning a transparent orthography at five years old», *J Res Read*, 27 (2004).

196. Spencer, L. H., *et al.*, «Effects of orthographic transparency on reading and phoneme awareness in children learning to read in Wales», *Br J Psychol*, 94 (2003).

197. Hanley, R., *et al.*, «How long do the advantages of learning to read a transparent orthography last?», *Q J Exp Psychol A*, 57 (2004).

198. Moats, L., «How Spelling Supports Reading», *Am Educ*, 29 (2005).

199. Tourret, L., «Défendre les accents circonflexes, c'est défendre une pratique élitiste et stérile», slate.fr (2016).

200. AFP, «L'avenir de l'orthographe française est dans le correcteur automatique, selon un collectif universitaire», rtbf.be (2023).

201. *Dictionnaire de l'Académie française* (https://www.dictionnaire-academie.fr/article/A9R0143) (el diccionario de la Real Academia Española define 'radical' y 'raíz' como «morfema léxico que comparten las palabras de una misma familia, en las que suele expresar un significado común», https://dle.rae.es/ra%C3%ADz).

202. Sebald, W., *Austerlitz*, Actes Sud, 2002. [Hay trad. cast. de Miguel Sáenz, *Austerlitz*, Anagrama, Barcelona, 2006.]

203. Chevalier, J., *et al.*, *Grammaire du français contemporain*, Larousse, 1964.

204. Citado en Capel, F., *et al.*, *Le Niveau baisse-t-il vraiment?* Magnard, 2009.

205. Caron, O., *Les Petites Phrases qui ont fait la grande histoire*, Vuibert, 2017.

206. Wexler, N., *The Knowledge Gap*, Avery, 2020.

207. Shanahan, T., *et al.*, «The challenge of challenging text», *Educ Leadersh*, 69 (2012).

208. Olson, D., *et al.*, «Talking about text», *J Pragmat*, 14 (1990).

209. Eisenstein, E., *The printing press as an agent of change*, vol. I y II, Cambridge University Press, 1979.

210. Stevenson, V., *Words. The Evolution of Western Language*, Van Nostrand Reinhold, 1983.

211. Brunot, F., *Histoire de la langue française*, tomo II, Armand Colin, 1906.

212. «Académie française, Les missions», academie-francaise.fr (2022).

213. Nation, K., *et al.*, «Book Language and Its Implications for Children's Language, Literacy, and Development», *Curr Dir Psychol Sci*, 31 (2022).

214. Montag, J. L., «Differences in sentence complexity in the text of children's picture books and child-directed speech», *First Lang*, 39 (2019).

215. Montag, J. L., *et al.*, «Text exposure predicts spoken production of complex sentences in 8 - and 12-year-old children and adults», *J Exp Psychol Gen*, 144 (2015).

216. Cameron-Faulkner, T., *et al.*, «A comparison of book text and Child Directed Speech», *First Lang*, 33 (2013).

217. Roland, D., *et al.*, «Frequency of Basic English Grammatical Structures», *J Mem Lang*, 57 (2007).

218. Hsiao, Y., *et al.*, «The nature and frequency of relative clauses in the language children hear and the language children read», *J Child Lang* (2022).

219. Hayes, D., *et al.*, «Vocabulary simplification for children», *J Child Lang*, 15 (1988).

220. Massaro, D., «Two Different Communication Genres and Implications for Vocabulary Development and Learning to Read», *J Lit Res*, 47 (2015).

221. Montag, J. L., *et al.*, «The Words Children Hear», *Psychol Sci*, 26 (2015).

222. Dawson, N., *et al.*, «Features of lexical richness in children's books», *Lang Dev Res*, 1 (2021).

223. Lonsdale, D., *et al.*, *A Frequency Dictionary of French*, Routledge (2009).

224. Davies, M., *et al.*, *A Frequency Dictionary of Contemporary American English*, Routledge (2010).

225. New, B., *et al.*, «Lexique 2: a new French lexical database [version effectivement utilisée: lexique 3.83]», *Behav Res Methods Instrum Comput*, 36 (2004).

226. Ramos, M., *C'est moi le plus fort* (3 à 6 ans), L'École des Loisirs, 2002 (ed. cast. original: *¡Soy el más fuerte!*, Editorial Corimbo S. L., Sant Joan Despí, 2010).

227. Piffaretti, M., *La Petite Poule rousse*, Hachette Jeunesse, 2008.

228. Angebault, E., *Hansel et Gretel* (1812), Hachette Jeunesse, 2008.

229. Laurent, N., *et al.*, *Le Cheval de troie*, L'École des Loisirs, 2009.

230. Laurent, N., *et al.*, *La Ruse d'Ulysse*, L'École des Loisirs, 2010.

231. Baines, L., «From Page to Screen», *J Adolesc Adult Lit*, 39 (1996).

232. Brontë, E., *Wuthering Heights*, Random House, 1950. [Hay trad. cast. de Nicole d'Amonville Alegría e Inga Pellisa, Penguin Clásicos, 2023, publicación electrónica.]

233. «The 12th academy awards», 1940 (www.oscars.org/oscars/ceremonies/1940; acceso: 20/05/2023).

234. National Film Registry, Library of Congress (www.loc.gov/programs/national-film-preservation-board/film-registry/complete-national-film-registry-listing/; acceso: 20/05/2023).

235. Lefevre, A., *et al.*, *Hansel et Gretel* (1812), Maxi-Livres, 2005.

236. Verne, J., *Le Tour du monde en quatre-vingts jours*, J'ai Lu, 2013. [Hay trad. cast. de Manuel Quinto, *La vuelta al mundo en 80 días*, edebé, Barcelona, 2017.]

237. Nation, I., «How Large a Vocabulary Is Needed For Reading and Listening?», *Can Mod Lang Rev*, 63 (2006).

238. Hu, M., *et al.*, «Vocabulary density and reading comprehension», *Read Foreign Lang*, 13 (2006).

239. Carver, R., «Percentage of Unknown Vocabulary Words in Text as a Function of the Relative Difficulty of the text», *J Read Behav*, 26 (1994).

240. Perrault C., *Les Contes*, Hetzel, 1869 (se trata del prefacio del propio Perrault a una de las ediciones de sus cuentos. La traducción aquí es propia).

241. Schmitt, N., *et al.*, «The Percentage of Words Known in a Text and Reading Comprehension», *Mod Lang J*, 95 (2011).

242. Johnson, J. S., *et al.*, «Critical period effects in second language learning», *Cogn Psychol*, 21 (1989).

243. Weber-Fox, C. M., *et al.*, «Maturational constraints on functional specializations for language processing», *J Cogn Neurosci*, 8 (1996).

244. Kintsch, W., «The role of knowledge in discourse comprehension», *Psychol Rev*, 95 (1988).

245. van den Broek, P., *et al.*, «The landscape model of reading», en H. van Oostendorp *et al.* (eds.), *Models of understanding text*, Erlbaum, 1999.

246. Zwaan, R. A., *et al.*, «Situation models in language comprehension and memory», *Psychol Bull*, 123 (1998).

247. «Une défaite amère pour les Blue Jays», lapresse.ca (2016).

248. Recht, D., *et al.*, «Effect of prior knowledge on good and poor readers' memory of text», *J Educ Psychol*, 80 (1988).

249. Bransford, J., *et al.*, «Contextual prerequisites for understanding», *J Verbal Learn Verbal Behav*, 11 (1972).

250. Brown, A., *et al.*, «Intrusion of a Thematic Idea in Children's Comprehension and Retention of Stories», *Child Dev*, 48 (1977).

251. Dooling, D., *et al.*, «Episodic and semantic aspects of memory for prose», *J Exp Psychol Hum Learn Mem*, 3 (1977).

252. Sulin, R. *et al.*, «Intrusion of a thematic idea in retention of prose», *J Exp Psychol*, 103 (1974).

253. Dooling, D., *et al.*, «Effects of comprehension on retention of prose», *J Exp Psychol*, 88 (1971).

254. Keller, H., *Sourde, muette, aveugle: histoire de ma vie*, Payot, 2001.

255. Davidson, M., *La Métamorphose d'Helen Keller*, Folio Cadet, 1999.

256. Gouault, F., «La circulation des poids lourds interdite ce vendredi», ouest-france.fr (2021).

257. Bransford, J., *et al.*, «Sentence memory», *Cogn Psychol*, 3 (1972).

258. de Saint-Exupéry A., *Le Petit Prince*, Folio, 1999. [Hay trad. cast. de Gabriel Olaf, *El Principito*, Editorial Lectorum, México, 2006.]

259. «All Nobel Prizes in Literature», nobelprize.org (2022).

260. «For Sale, Baby Shoes, Never Worn», quoteinvestigator. com (2013).

261. Miller, P., *Get published! Get produced!*, Shapolsky Publishers, 1991.

262. Singh, G. K., *et al.*, «Infant Mortality in the United States, 1915-2017», *Int J MCH AIDS*, 8 (2019).

263. Adair, W., «Hemingway and the Poetics of Loss», *Coll Lit*, 10 (1983).

264. Lin, L.-M., *et al.*, «Calibration of Comprehension», *Contemp Educ Psychol*, 23 (1998).

265. Dunlosky, J., *et al.*, «Metacomprehension», *Curr Dir Psychol Sci*, 16 (2007).

266. Prinz, A., *et al.*, «How accurately can learners discriminate their compre- hension of texts?», *Educ Res Rev*, 31 (2020).

267. Maki, R. H., *et al.*, «The relationship between comprehension and metacomprehension ability», *Psychon Bull Rev*, 1 (1994).

268. Golke, S., *et al.*, «What Makes Learners Overestimate Their Text Comprehension?», *Educ Psychol Rev* (2022).

269. Kruger, J., *et al.*, «Unskilled and unaware of it», *J Pers Soc Psychol*, 77 (1999).

270. Pennycook, G., *et al.*, «Dunning-Kruger effects in reasoning», *Psychon Bull Rev*, 24 (2017).

271. Jansen, R. A., *et al.*, «A rational model of the Dunning-Kruger effect supports insensitivity to evidence in low performers», *Nat Hum Behav*, 5 (2021).

272. Lerner, R., *Ernst Kantorowicz, une vie d'historien*, Gallimard, 2019.

273. Rees, L., *Holocauste*, Albin Michel, 2018. [Hay trad. cast. de Gonzalo García, *El Holocausto: Las voces de las víctimas y de los verdugos*, Editorial Crítica, Barcelona, 2020.]

274. Nembrini, J.-L., «Enseignement de la Shoah à l'école élémentaire», *Bulletin officiel*, 29 (17/07/2008).

275. Schoen Consulting, «France Holocaust Awareness Survey», claimscon.org (2019).

276. Schoen Consulting, «Stunning Survey of French Adults Reveals Critical Gaps in Holocaust Knowledge», claimscon.org (2019).

277. Greene, R., «A Shadow Over Europe», cnn.com (2018).

278. Fourquet, J., *et al.*, «L'Europe et les génocides: le cas français», ifop.com (2018).

279. Leonhardt, D., *et al.*, «Donald Trump's Racism», nytimes.com (2018).

280. Schloss, E., «Anne Frank's Stepsister», newsweek.com (2016).

281. «Sein Kampf» (portada), *Stern* (24/08/2017).

282. Frank, A., *Le Journal d'Anne Frank*, Livre de Poche, 2022. [Hay trad. cast. de Diego J. Puls, *Diario*, Debolsillo, Barcelona, 2003.]

283. Hess, F., *Still at Risk*, Common Core, 2008.

284. YouGovAmerica, «Anne Frank, Historical Figure», yougov.com (2022).

285. AFP, «Kanye West suspendu de Twitter après avoir affiché son admiration pour Hitler», lepoint.fr (2022).

286. Jolibois, C., *et al.*, *Les P'tites Poules*, album collector, PKJ, 2013.

287. Jurgens, M., *et al.*, *Cent ans de recherches sur Molière*, SEVPEN, 1963.

288. Goscinny, R., *et al.*, *Astérix chez les Belges*, Hachette, 2005. [Hay trad. cast. de Víctor Mora, *Astérix en Bélgica*, Grijalbo-Dargaud S. A., Barcelona, 1991.]

289. Hugo V., *Les Châtiments*, Michel Lévy Frères, 1875. [Hay trad. cast. de Jacinto Labaila, *Obras completas de Victor Hugo*, tomo V, *Los castigos*, Terraza, Aliena y Compañía Editores, Valencia, 1888, disponible en Biblioteca Virtual de Castilla y León, https://bibliotecadigital.jcyl.es/en/catalogo_imagenes/grupo.do?path=10630423.]

290. Modificado de acuerdo con Willingham, D., *Why don't students like school*, Jossey-Bass, 2009.

291. NOAA, «Do the Great Lakes have tides?», noaa.gov (2023).

292. Mayer, M., citado en D. Christodoulou, *Teachers Vs. Tech*, Oxford University Press, 2020.

293. Borst, G., en «Enquête de santé - Abus d'écrans: notre cerveau en danger?», France 5 (23 de junio de 2020).

294. Kirschner, P., *et al.*, «Do learners really know best? Urban legends in education», *Educ Psychol*, 48 (2013).

295. De Bruyckere, P., *et al.*, *Urban Myth about Learning and Education*, Academic Press, 2015.

296. Otero, J., *et al.*, «Failures to Detect Contradictions in a Text», *Psychol Sci*, 3 (1992).

297. Markman, E. M., «Realizing that you don't understand», *Child Dev*, 50 (1979).

298. Elleman, A., «Examining the impact of inference instruction on the literal and inferential comprehension of skilled and less skilled readers», *J Educ Psychol*, 109 (2017).

299. Willingham, D., «The Usefulness of Brief Instruction in Reading Comprehension Strategies», *Am Educ*, 30 (2006).

300. «The Pacific Northwest tree octopus» (https://zapatopi.net/treeoctopus/; acceso: 09/06/2023).

301. Unger, S., *et al.*, «Do not Believe Everything about Science Online», *Sci Educ Int*, 32 (2021).

302. Leu, D., *et al.*, «Research on instruction and assessment in the new literacies of online reading comprehension», en C. Collins Block *et al.* (eds.), *Comprehension Instruction*, Guilford Press, 2008[2].

303. Loos E. *et al.*, «"Save the Pacific Northwest tree octopus": a hoax revisited», *Inf Learn Sci*, 119 (2018).

304. *Evaluating Information*, Report from the Stanford History Education Group, Stanford History Education Group, 2016.

305. *Student's civic online reasonning*, Report from the Stanford History Education Group, Stanford History Education Group, 2019.

306. Ifop, «Génération TikTok», génération "toctoc"?», ifop.com (2023).

TERCERA PARTE. LAS RAÍCES DE LA LECTURA

1. de La Fontaine, J., *Fables*, Auber et Cⁱᵉ, 1842. [Hay trad. cast. de Bernardo Calzado, *Fábulas*, Editorial Casariego S. A., Madrid, 1991, pero la traducción del fragmento citado aquí es propia.]

2. Wallon, H., *De l'Acte à la pensée*, Flammarion, 1970.

3. Piaget, J., *La Naissance de l'intelligence chez l'enfant*, Delachaux et Niestlé, 1936. [Hay trad. cast. de Pablo Bordonaba, *El nacimiento de la inteligencia en el niño*, Editorial Crítica, Barcelona, 2007.]

4. Danset A., *Éléments de psychologie du développement*, Armand Collin, 1983.

5. Éduscol, «Mobiliser le langage dans toutes ses dimensions», eduscol.education.fr (2023).

6. Williams, P. G., *et al.*, «School Readiness», *Pediatrics*, 144 (2019).

7. Suchaud, B., «Temps disponible et temps nécessaire pour apprendre à lire», cafepedagogique.net (2015).

8. Brenner, D., *et al.*, «If I Follow the Teachers' Editions, Isn't That Enough?», *Elem Sch J*, 110 (2010).

9. Pelatti, C., *et al.*, «Language- and literacy-learning opportunities in early childhood classrooms», *Early Child Res Q*, 29 (2014).

10. Bourdieu, P., *et al.*, *Les Héritiers*, Éditions de Minuit, 1964. [Hay trad. cast. de Jean-Claude Passeron, *Los herederos: los estudiantes y la cultura*, Clave Intelectual, Madrid, 2021.]

11. Lahire, B., *Enfances de classe*, Seuil, 2019.

12. Garcia, S., *Le Goût de l'effort*, Puf, 2018.

13. Rokicki, S., *et al.*, «Heterogeneity in Early Life Investments», *Rev Income Wealth*, 66 (2020).

14. Whitehurst, G., *et al.*, «Emergent literacy», en S. Neuman *et al.* (eds.), *Handbook of early literacy research*, vol. 1, Guilford Press, 2001.

15. Cunningham, A., *et al.*, *Book Smart*, Oxford University Press, 2014.

16. Storch, S., *et al.*, «The role of family and home in literacy development of children from low-income backgrounds», *New Dir Child Adolesc Dev*, 92 (2001).

17. Landry, S., *et al.*, «The influence of parenting on emerging literacy skills», en S. Neuman *et al.* (eds.), *Handbook of early literacy research*, vol. 2, Guilford Press, 2006.

18. Hoff, E., «Environmental supports for language acquisition», en S. Neuman *et al.* (eds.), *Handbook of early literacy research*, vol. 2, Guilford Press, 2006.

19. Buckingham, J., *et al.*, «Why poor children are more likely to become poor readers», *Educ Rev*, 66 (2014).

20. Clay, M., *Concepts about print*, Heinemann, 2000.

21. Paratore, J., *et al.*, «Supporting Early (and Later) Literacy Development at Home and at School», en M. Kamil *et al.* (eds.), *Handbook of Reading Research*, vol. IV, Routledge, 2011.

22. Wright, T., «Reading to Learn from the Start», *Am Educ*, 42 (2018).

23. National Early Literacy Panel (NELP), *Developing Early Literacy*, National Institute for Literacy, 2008.

24. Scarborough, H., «Connecting early language and literacy to later reading (dis)abilities», en S. Neuman *et al.* (eds.), *Handbook of early literacy research*, vol. 1, Guilford Press, 2001.

25. Senechal, M., *et al.*, «Differential Effects of Home Literacy Experiences on the Development of Oral and Written Language», *Read Res Q*, 33 (1998).

26. Senechal, M., *et al.*, «Parental involvement in the development of children's reading skill», *Child Dev*, 73 (2002).

27. Levy, B. A., *et al.*, «Understanding print», *J Exp Child Psychol*, 93 (2006).

28. Justice, L., *et al.*, «Pre-schoolers, print and storybooks», *J Res Read*, 28 (2005).

29. Evans, M. A., *et al.*, «What children are looking at during shared storybook reading», *Psychol Sci*, 16 (2005).

30. Yaden, D., *et al.*, «Preschoolers' Questions about Pictures, Print Conventions, and Story Text during Reading Aloud at Home», *Read Res Q*, 24 (1989).

31. Phillips, G., *et al.*, «The Practice of Storybook Reading to Preschool Children in Mainstream New Zealand Families», *Read Res Q*, 25 (1990).

32. Ezell, H., *et al.*, «Increasing the Print Focus of Adult-Child Shared Book Reading Through Observational Learning», *Am J Speech Lang Pathol*, 9 (2000).

33. Van Kleeck, A., «Preliteracy Domains and Stages», *J Child Commun Dev*, 20 (1998).

34. Hindman, A., *et al.*, «Exploring the variety of parental talk during shared book reading and its contributions to preschool language and literacy», *Read Writ*, 27 (2014).

35. Dehaene-Lambertz, G., *et al.*, «The infancy of the human brain», *Neuron*, 88 (2015).

36. Bialystok, E., «Symbolic representation of letters and numbers», *Cogn Dev*, 7 (1992).

37. Bialystok, E., «Letters, sounds, and symbol», *Appl Psycholinguist*, 12 (1991).

38. Bialystok, E., «Symbolic representation across domains in preschool children», *J Exp Child Psychol*, 76 (2000).

39. Bialystok, E., *et al.*, «Notation to symbol», *J Exp Child Psychol*, 86 (2003).

40. Hiebert, E., «Knowing about reading before reading», *Read Psychol*, 4 (1983).

41. Bialystok, E., «Making concepts of print symbolic», *First Lang*, 15 (1995).

42. Justice, L., *et al.*, «Promising Interventions for Promoting Emergent Literacy Skills», *Topics Early Child Spec Educ*, 23 (2003).

43. Zucker, T., *et al.*, «Print Referencing During Read-Alouds», *Read Teach*, 63 (2009).

44. Desmurget, M., *La Fabrique du crétin digital*, Points, 2020. [Hay trad. cast. de Lara Cortés Fernández, *La fábrica de cretinos digitales: los peligros de las pantallas para nuestros hijos*, Ediciones Península, Barcelona, 2020.]

45. Willingham, D., *Raising Kids Who read*, Jossey-Bass, 2015.

46. Neumann, M., *et al.*, «The role of environmental print in emergent literacy», *J Early Child Lit*, 12 (2011).

47. Neumann, M., *et al.*, «Mother-Child Referencing of Environmental Print and Its Relationship with Emergent Literacy Skills», *Early Educ Dev*, 24 (2013).

48. Neumann, M., «Using environmental print to foster emergent literacy in children from a low-SES community», *Early Child Res Q*, 29 (2014).

49. Harste, J., *et al.*, *Children, their Language and World*, Indiana University, 1981.

50. Un ejemplo entre muchos otros: www.youtube.com/watch?v=YkFXGl- HCn_o (acceso: 09/06/2023).

51. Worden, P., *et al.*, «Young Children's Acquisition of Alphabet Knowledge», *J Read Behav*, 22 (1990).

52. Foulin, J., «Why is letter-name knowledge such a good predictor of learning to read?», *Read Writ*, 18 (2005).

53. McBride-Chang, C., «The ABCs of the ABCs», *Merrill Palmer Q*, 45 (1999).

54. Evans, M.A., *et al.*, «Home literacy activities and their influence on early literacy skills», *Can J Exp Psychol*, 54 (2000).

55. Senechal, M., *et al.*, «Storybook reading and parent teaching», en P. R. Britto *et al.*, *The role of family literacy environments in promoting young children's emerging literacy skills*, Jossey-Bass, 2001.

56. Smythe, P., *et al.*, «Developmental Patterns in Elemental Skills», *J Read Behav*, 3 (1970).

57. Pence-Turnbull, K., *et al.*, «Theoretical Explanations for Preschoolers' Lowercase Alphabet Knowledge», *J Speech Lang Hear Res*, 53 (2010).

58. Justice, L., *et al.*, «An investigation of four hypotheses concerning the order by which 4-year-old children learn the alphabet letters», *Early Child Res Q*, 21 (2006).

59. Nuttin, J., «Affective consequences of mere ownership», *Eur J Soc Psychol*, 17 (1987).

60. Groff, P., «Resolving the Letter Name Controversy», *Read Teach*, 37 (1984).

61. Montessori, M., *et al.*, *The Montessori method*, Rowman & Littlefield, 2004.

62. Piasta, S., *et al.*, «Fostering alphabet knowledge development», *Read Writ*, 23 (2010).

63. Piasta, S., *et al.*, «Learning letter names and sounds», *J Exp Child Psychol*, 105 (2010).

64. Blatchford, P., *et al.*, «Pre-school Reading-related Skills and Later Reading Achievement», *Br Educ Res J*, 16 (1990).

65. Share, D., «Knowing letter names and learning letter sounds», *J Exp Child Psychol*, 88 (2004).

66. Evans, M., *et al.*, «Letter names, letter sounds and phonological awareness», *Read Writ*, 19 (2006).

67. Burgess, S., *et al.*, «Bidirectional Relations of Phonological Sensitivity and Prereading Abilities», *J Exp Child Psychol*, 70 (1998).

68. Schatschneider, C., *et al.*, «Kindergarten Prediction of Reading Skills», *J Educ Psychol*, 96 (2004).

69. Treiman, R., *et al.*, «The Foundations of Literacy», *Child Dev*, 69 (1998).

70. Courrieu, P., *et al.*, «Segmental vs. dynamic analysis of letter shape by preschool children», *Cahiers de Psychologie Cognitive*, 9 (1989).

71. Dehaene, S., *Les Neurones de la lecture*, Odile Jacob, 2007. [Hay trad. cast. de María Josefina D'Alessio, *El cerebro lector: últimas noticias de las neurociencias sobre la lectura, la enseñanza, el aprendizaje y la dislexia*, Clave Intelectual, Madrid, 2022.]

72. Longcamp, M., *et al.*, «Learning through hand- or type-writing influences visual recognition of new graphic shapes», *J Cogn Neurosci*, 20 (2008).

73. Longcamp, M., *et al.*, «Remembering the orientation of newly learned characters depends on the associated writing knowledge», *Hum Mov Sci*, 25 (2006).

74. Longcamp, M., *et al.*, «Contribution de la motricité graphique à la reconnaissance visuelle des lettres», *Psychol Fr*, 55 (2010).

75. Longcamp, M., *et al.*, «The influence of writing practice on letter recognition in preschool children», *Acta Psychol (Amst)*, 119 (2005).

76. Li, J. X., *et al.*, «Handwriting generates variable visual output to facilitate symbol learning», *J Exp Psychol Gen*, 145 (2016).

77. James, K. H., *et al.*, «The effects of handwriting experience on functional brain development in pre-literate children», *Trends Neurosci Educ*, 1 (2012).

78. Anthony, J., *et al.*, «Development of Phonological Awareness», *Curr Dir Psychol Sci*, 14 (2005).

79. Phillips, B.M., *et al.*, «Successful phonological awareness instruction with preschool children», *Topics Early Child Spec Educ*, 28 (2008).

80. National Reading Panel, *Teaching children to read*, National Institute of Child Health and Human Development, 2000.

81. Stanovich, K., «Matthew Effects in Reading», *Read Res Q*, 21 (1986).

82. Bus, A., *et al.*, «Phonological Awareness and Early Reading», *J Educ Psychol*, 91 (1999).

83. Lonigan, C. J., *et al.*, «Development of emergent literacy and early reading skills in preschool children», *Dev Psychol*, 36 (2000).

84. Ehri, L., *et al.*, «Phonemic Awareness Instruction Helps Children Learn to Read», *Read Res Q*, 36 (2001).

85. Burgess, S., *et al.*, «Relations of the home literacy environment (HLE) to the development of reading-related abilities», *Read Res Q*, 37 (2002).

86. Burgess, S., «The Role of Shared Reading in the Development of Phonological Awareness», *Early Child Dev Care*, 127 (1997).

87. Cooper, D., *et al.*, «The contribution of oral language skills to the development of phonological awareness», *Appl Psycholinguist*, 23 (2002).

88. Senechal, M., *et al.*, «The misunderstood giant», en D. Dickinson *et al.* (eds.), *Handbook of early literacy research*, vol. 2, Guilford Press, 2006.

89. Metsala, J., «Young Children's Phonological Awareness and Nonword Repetition as a Function of Vocabulary Development», *J Educ Psychol*, 91 (1999).

90. Metsala, J., «Lexical reorganization and the emergence of phonological awarness», en S. Neuman *et al.* (eds.), *Handbook of early literacy research*, vol. 3, Guilford Press, 2011.

91. De Cara, B., *et al.*, «Phonological neighbourhood density», *J Child Lang*, 30 (2003).

92. Foy, J., *et al.*, «Home literacy environment and phonological awareness in preschool children», *Appl Psycholinguist*, 24 (2003).

93. Gombert, J.-E., «How do illiterate adults react to metalinguistic training?», *Ann Dyslexia*, 44 (1994).

94. *Dictionnaire de l'Académie française* (https://www.dictionnaire-academie.fr/article/A8S2075) (el diccionario de la Real Academia Española define 'sílaba' como «unidad de la lengua compuesta por uno o más sonidos articulados que se agrupan en torno al de mayor sonoridad, que por lo común es una vocal», https://dle.rae.es/s%C3%ADlaba?m=form).

95. Bryant, P., «It Doesn't Matter Whether Onset and Rime Predicts Reading Better Than Phoneme Awareness Does or Vice Versa», *J Exp Child Psychol*, 82 (2002).

96. Adrian, J., *et al.*, «Metaphonological Abilities of Spanish Illiterate Adults», *Int J Psychol*, 30 (1995).

97. Morais, J., *et al.*, «Does awareness of speech as a sequence of phones arise spontaneously?», *Cognition*, 7 (1979).

98. Lewkowicz, N., «Phonemic awareness training», *J Educ Psychol*, 72 (1980).

99. Woehrling, C., *et al.*, «Identification d'accents régionaux en français», *Revue Parole*, 37 (2006).

100. Halle, P., *et al.*, «Where Is the /b/ in "absurde" [apsyrd]?», *J Mem Lang*, 43 (2000).

101. Frith, U., citado en M. Seidenberg, *Language at the speed of sight*, Basic Books, 2017.

102. Seidenberg, M., *et al.*, «Orthographic effects on rhyme monitoring», *J Exp Psychol Hum Percept Perform*, 5 (1979).

103. Ehri, L., *et al.*, «The influence of orthography on readers' conceptualization of the phonemic structure of words», *Appl Psycholinguist*, 1 (1980).

104. Landerl, K., *et al.*, «Intrusion of orthographic knowledge on phoneme awareness», *Appl Psycholinguist*, 17 (1996).

105. Read, C., *et al.*, «The ability to manipulate speech sounds depends on knowing alphabetic writing», *Cognition*, 24 (1986).

106. Castles, A., *et al.*, «Ending the Reading Wars», *Psychol Sci Public Interest*, 19 (2018).

107. Rayner, K., *et al.*, «How Psychological Science Informs the Teaching of Reading», *Psychol Sci Public Interest*, 2 (2001).

108. Biemiller, A., «Vocabulary development and instruction», en D. Dickinson *et al.* (eds.), *Handbook of early literacy research*, vol. 2, Guilford Press, 2006.

109. Cunningham, A.E., *et al.*, «Early reading acquisition and its relation to reading experience and ability 10 years later», *Dev Psychol*, 33 (1997).

110. Stanley, C., *et al.*, «A longitudinal investigation of direct and indirect links between reading skills in kindergarten and reading comprehension in tenth grade», *Read Writ*, 31 (2018).

111. Pace, A., *et al.*, «Measuring success», *Early Child Res Q*, 46 (2019).

112. Roulstone James Law, S., *et al.*, «Investigating the role of language in children's early educational outcomes, Department of Education (UK), Research Report DFE-RR134», gov.uk (2011).

113. Duncan, G. J., *et al.*, «School readiness and later achievement», *Dev Psychol*, 43 (2007).

114. Durham, R., *et al.*, «Kindergarten oral language skill», *Res Soc Stratif Mobil*, 25 (2007).

115. Golinkoff, R.M., *et al.*, «Language Matters», *Child Dev*, 90 (2019).

116. Weisleder, A., *et al.*, «Talking to children matters», *Psychol Sci*, 24 (2013).

117. Shneidman, L. A., *et al.*, «What counts as effective input for word learning?», *J Child Lang*, 40 (2013).

118. Gilkerson, J., *et al.*, «Language experience in the second year of life and language outcomes in late childhood», *Pediatrics*, 142 (2018).

119. Ewers, C., *et al.*, «Kindergarteners' vocabulary acquisition as a function of active vs. passive storybook reading, prior vocabulary and working memory», *Read Psychol*, 20 (1999).

120. Zimmerman, F. J., *et al.*, «Teaching by listening», *Pediatrics*, 124 (2009).

121. Ramirez-Esparza, N., *et al.*, «Look who's talking», *Dev Sci*, 17 (2014).

122. Ramirez-Esparza, N., *et al.*, «Look Who's Talking NOW!», *Front Psychol*, 8 (2017).

123. Fernald, A., *et al.*, «Vocabulary development and instruction», en S. Neuman *et al.* (eds.), *Handbook of early literacy research*, vol. 3, Guilford Press, 2011.

124. Schwab, J.F., *et al.*, «Language learning, socioeconomic status, and child-directed speech», *Wiley Interdiscip Rev Cogn Sci*, 7 (2016).

125. Rowe, M., «Understanding Socioeconomic Differences in Parents' Speech to Children», *Child Dev Perspect*, 12 (2018).

126. Anderson, N. J., *et al.*, «Linking Quality and Quantity of Parental Linguistic Input to Child Language Skills», *Child Dev*, 92 (2021).

127. Head Zauche, L., *et al.*, «Influence of language nutrition on children's language and cognitive development», *Early Child Res Q*, 36 (2016).

128. Hart, B., *et al.*, «American parenting of language-learning children», *Dev Psychol*, 28 (1992).

129. Hart, B., *et al.*, *Meaningful differences*, Paul H Brookes Publishing Co, 1995.

130. Bornstein, M. H., *et al.*, «Maternal responsiveness to young children at three ages», *Dev Psychol*, 44 (2008).

131. Hoff, E., «The specificity of environmental influence», *Child Dev*, 74 (2003).

132. Pan, B., *et al.*, «Maternal Correlates of Growth in Toddler Vocabulary Production in Low-Income Families», *Child Dev*, 76 (2005).

133. Cartmill, E. A., *et al.*, «Quality of early parent input predicts child vocabulary 3 years later», *Proc Natl Acad Sci USA*, 110 (2013).

134. Huttenlocher, J., *et al.*, «Sources of variability in children's language growth», *Cogn Psychol*, 61 (2010).

135. Huttenlocher, J., *et al.*, «Language input and child syntax», *Cogn Psychol*, 45 (2002).

136. Rowe, M. L., «A longitudinal investigation of the role of quantity and quality of child-directed speech in vocabulary development», *Child Dev*, 83 (2012).

137. Hsu, N., *et al.*, «Diversity matters», *J Child Lang*, 44 (2017).

138. Levine, D., *et al.*, «Evaluating socioeconomic gaps in preschoolers' vocabulary, syntax and language process skills with the Quick Interactive Language Screener (QUILS)», *Early Child Res Q*, 50 (2020).

139. Vernon-Feagans, L., *et al.*, «How Early Maternal Language Input Varies by Race and Education and Predicts Later Child Language», *Child Dev*, 91 (2020).

140. Tamis-LeMonda, C., *et al.*, «Why Is Infant Language Learning Facilitated by Parental Responsiveness?», *Curr Dir Psychol Sci*, 23 (2014).

141. Romeo, R. R., «Socioeconomic and experiential influences on the neuro- biology of language development», *Perspect ASHA Spec Interest Groups*, 4 (2019).

142. Romeo, R. R., *et al.*, «Language Exposure Relates to Structural Neural Connectivity in Childhood», *J Neurosci*, 38 (2018).

143. Romeo, R. R., *et al.*, «Beyond the 30-Million-Word Gap», *Psychol Sci*, 29 (2018).

144. Hutton, J. S., *et al.*, «Associations Between Screen-Based Media Use and Brain White Matter Integrity in Preschool-Aged Children», *JAMA Pediatr* (2019).

145. Takeuchi, H., *et al.*, «Impact of frequency of internet use on development of brain structures and verbal intelligence», *Hum Brain Mapp*, 39 (2018).

146. Takeuchi, H., *et al.*, «Impact of videogame play on the brain's microstructural properties», *Mol Psychiatry*, 21 (2016).

147. Takeuchi, H., *et al.*, «The impact of television viewing on brain structures», *Cereb Cortex*, 25 (2015).

148. Greenough, W. T., *et al.*, «Experience and brain development», *Child Dev*, 58 (1987).

149. Van Praag, H., *et al.*, «Neural consequences of environmental enrichment», *Nat Rev Neurosci*, 1 (2000).

150. Mohammed, A. H., *et al.*, «Environmental enrichment and the brain», *Prog Brain Res*, 138 (2002).

151. Walker, D., *et al.*, «Prediction of school outcomes based on early language production and socioeconomic factors», *Child Dev*, 65 (1994).

152. Marchman, V. A., *et al.*, «Speed of word recognition and vocabulary knowledge in infancy predict cognitive and language outcomes in later childhood», *Dev Sci*, 11 (2008).

153. Friedmann, N., *et al.*, «Critical period for first language», *Curr Opin Neurobiol*, 35 (2015).

154. Bergelson, E., «The Comprehension Boost in Early Word Learning», *Child Dev Perspect*, 14 (2020).

155. Junge, C., *et al.*, «Development of the N400 for Word Learning in the First 2 Years of Life», *Front Psychol*, 12 (2021).

156. Bergelson, E., *et al.*, «Nature and origins of the lexicon in 6-mo-olds», *Proc Natl Acad Sci USA*, 114 (2017).

157. Friedrich, M., *et al.*, «Word learning in 6-month-olds», *J Cogn Neurosci*, 23 (2011).

158. Black, S., *et al.*, «The More the Merrier?», *Q J Econ*, 120 (2005).

159. Black, S., *et al.*, «Older and Wiser?», NBER Working Paper No. 13 237 (2007).

160. Kantarevic, J., *et al.*, «Birth order, educational attainment, and earnings», *J Hum Resour*, XLI (2006).

161. Lehmann, J., *et al.*, «The early origins of birth order differences in children's outcomes and parental behavior», *J Hum Resour*, 53 (2018).

162. Price, J., «Parent-Child Quality Time. Does Birth Order Matter?», *J Hum Resour*, XLIII (2008).

163. Ferjan Ramirez, N., *et al.*, «Parent coaching at 6 and 10 months improves language outcomes at 14 months», *Dev Sci*, 22 (2019).

164. Ferjan Ramirez, N., *et al.*, «Parent coaching increases conversational turns and advances infant language development», *Proc Natl Acad Sci USA*, 117 (2020).

165. Dickinson, D., *et al.*, «How Reading Books Fosters Language Development around the World», *Child Dev Res* (2012).

166. Mahler, T., «Robert Plomin: "Les parents et l'école influent peu sur la réussite des enfants"», *L'Express* (12 de enero de 2023).

167. Jordan, B., «Balayage du génome et repérage des personnes à risque», *Med Sci*, 34 (2018).

168. Selzam, S., *et al.*, «Genome-Wide Polygenic Scores Predict Reading Performance Throughout the School Years», *Sci Stud Read*, 21 (2017).

169. Bus, A., *et al.*, «Joint Book Reading Makes for Success in Learning to Read», *Rev Educ Res*, 65 (1995).

170. Australian Institute of Family Studies, *The longitudinal study of Australian children annual statistical report 2014*, AIFS, 2015.

171. Price, J., «The Effect of Parental Time Investments, BUY/NBER working paper» (2010).

172. Kalb, G., *et al.*, «Reading to young children», *Econ Educ Rev*, 40 (2014).

173. Anderson, R., *et al.*, *Becoming a nation of readers. The report of the reading commission*, NIE, 1985.

174. Flack, Z. M., *et al.*, «The effects of shared storybook reading on word learning», *Dev Psychol*, 54 (2018).

175. Cunningham, A., *et al.*, «Tell me a story», en S. Neuman *et al.* (eds.), *Handbook of early literacy research*, vol. 3, Guilford Press, 2011.

176. Montag, J. L., *et al.*, «The Words Children Hear», *Psychol Sci*, 26 (2015).

177. Hayes, D., *et al.*, «Vocabulary simplification for children», *J Child Lang*, 15 (1988).

178. Wasik, B., *et al.*, «Book reading and vocabulary development», *Early Child Res Q*, 37 (2016).

179. Biemiller, A., *et al.*, «Estimating root word vocabulary growth in normative and advantaged populations», *J Educ Psychol*, 93 (2001).

180. Gilkerson, J., *et al.*, «The impact of book reading in the early years on parent-child language interaction», *J Early Child Lit*, 17 (2017).

181. Clemens, L. F., *et al.*, «Unique contribution of shared book reading on adult-child language interaction», *J Child Lang*, 48 (2021).

182. Hanson, K. G.. *et al.*, «Parent language with toddlers during shared storybook reading compared to coviewing television», *Infant Behav Dev*, 65 (2021).

183. Nathanson, A., *et al.*, «TV Viewing Compared to Book Reading and Toy Playing Reduces Responsive Maternal Communication with Toddlers and Preschoolers», *Hum Commun Res*, 37 (2011).

184. Hoff-Ginsberg, E., «Mother-child conversation in different social classes and communicative settings», *Child Dev*, 62 (1991).

185. Noble, C.H., *et al.*, «Keeping it simple», *J Child Lang*, 45 (2018).

186. Hutton, J.S., *et al.*, «Differences in functional brain network connectivity during stories presented in audio, illustrated, and animated format in preschool-age children», *Brain Imaging Behav*, 14 (2020).

187. Farah, R., *et al.*, «Hyperconnectivity during screen-based stories listening is associated with lower narrative comprehension in preschool children exposed to screens *vs* dialogic reading», *PLoS One*, 14 (2019).

188. Dowdall, N., *et al.*, «Book-Sharing for Parenting and Child Development in South Africa», *Child Dev*, 92 (2021).

189. Murray, L., *et al.*, «Effects of training parents in dialogic book-sharing», *Early Child Res Q*, 62 (2023).

190. Vally, Z., *et al.*, «The impact of dialogic book-sharing training on infant language and attention», *J Child Psychol Psychiatry*, 56 (2015).

191. Mendelsohn, A. L., *et al.*, «Reading Aloud, Play, and Social-Emotional Development», *Pediatrics*, 141 (2018).

192. Mouton, S., *Humanité et numérique*, Apogée, 2023.

193. Xie, Q. W., *et al.*, «Psychosocial Effects of Parent-Child Book Reading Interventions», *Pediatrics*, 141 (2018).

194. Murray, L., *et al.*, «Randomized controlled trial of a book-sharing intervention in a deprived South African community», *J Child Psychol Psychiatry*, 57 (2016).

195. O'Farrelly, C., *et al.*, «Shared reading in infancy and later development», *J Appl Dev Psychol*, 54 (2018).

196. Martin, K. J., *et al.*, «Shared Reading and Risk of Social-Emotional Problems», *Pediatrics*, 149 (2022).

197. Jimenez, M. E., *et al.*, «Early Shared Reading Is Associated with Less Harsh Parenting», *J Dev Behav Pediatr*, 40 (2019).

198. Canfield, C. F., *et al.*, «Beyond language», *Dev Psychol*, 56 (2020).

199. Gregory, A., *et al.*, «Positive Mother-child Interactions in Kindergarten», *School Psychol Rev*, 37 (2008).

200. Mar, R., «Stories and the Promotion of Social Cognition», *Curr Dir Psychol Sci*, 27 (2018).

201. Batini, F., *et al.*, «The Association Between Reading and Emotional Development», *J Educ Train Stud*, 9 (2021).

202. Drummond, J., *et al.*, «Here, there and everywhere», *Front Psychol*, 5 (2014).

203. Dunst, C., *et al.*, «Relationship Between Age of Onset and Frequency of Reading and Infants' and Toddlers' Early Language and Literacy Development», *CELLreviews*, 5 (2012).

204. Debaryshe, B. D., «Joint picture-book reading correlates of early oral language skill», *J Child Lang*, 20 (1993).

205. Karrass, J., *et al.*, «Effects of shared parent-infant book reading on early language acquisition», *J Appl Dev Psychol*, 26 (2005).

206. Niklas, F., *et al.*, «The sooner, the better», *Sage Open*, 6 (2016).

207. Jimenez, M. E., *et al.*, «Shared Reading at Age 1 Year and Later Vocabulary», *J Pediatr*, 216 (2020).

208. Lariviere, J., *et al.*, «Parent picture-book reading to infants in the neonatal intensive care unit as an intervention supporting parent-infant interaction and later book reading», *J Dev Behav Pediatr*, 32 (2011).

209. Dean, D. C., 3rd *et al.*, «Investigation of brain structure in the 1-month infant», *Brain Struct Funct*, 223 (2018).

210. Norbom, L. B., *et al.*, «New insights into the dynamic development of the cerebral cortex in childhood and adolescence», *Prog Neurobiol*, 204 (2021).

211. Cunningham, A., «Vocabulary Growth Through Independent Reading and Reading Aloud to Children», en E. Hiebert *et al.* (eds.), *Teaching and Learning Vocabulary*, LEA (2005).

212. Brett, A., *et al.*, «Vocabulary Acquisition from Listening to Stories and Explanations of Target Words», *Elem Sch J*, 96 (1996).

213. Doyle, B., *et al.*, «Promoting Emergent Literacy and Social-Emotional Learning Through Dialogic Reading», *Read Teach*, 59 (2006).

214. Whitehurst, G. J., *et al.*, «Accelerating language development through picture book reading», *Dev Psychol*, 24 (1988).

215. Wasik, B., *et al.*, «Beyond the pages of a book», *J Educ Psychol*, 93 (2001).

216. Dowdall, N., *et al.*, «Shared Picture Book Reading Interventions for Child Language Development», *Child Dev*, 91 (2020).

217. *Dictionnaire de l'Académie française* (https://www.dictionnaire-academie.fr/article/A9D2344) (el diccionario de la Real Academia Española define 'dialógico' como «1. Perteneciente o relativo al diálogo. 2. Que presenta forma dialogada. 3. Que contempla o que propicia la posibilidad de discusión», https://dle.rae.es/dial%C3%B3gico?m=form, y 'diálogo' como «plática entre dos o más personas, que alternativamente manifiestan sus ideas o afectos», https://dle.rae.es/di%C3%A1logo).

218. Zevenbergen, A., *et al.*, «Dialogic reading», en A. van Kleeck *et al.* (eds.), *On reading books to children*, Lawrence Erlbaum, 2003.

219. Murray, L., *et al.*, «Dialogic Book-Sharing as a Privileged Intersubjective Space», *Front Psychol*, 13 (2022).

220. Blyton, E., *Jojo Lapin va à la pêche*, Hachette, 2004.

221. Demers, D., *La Nouvelle Maîtresse*, Folio Cadet, 2010.

222. Fletcher, K., *et al.*, «Picture book reading with young children», *Dev Rev*, 25 (2005).

223. Biemiller, A., *et al.*, «An effective method for building meaning vocabulary in primary grades», *J Educ Psychol*, 98 (2006).

224. Robbins, C., *et al.*, «Reading storybooks to kindergartners helps them learn new vocabulary words», *J Educ Psychol*, 86 (1994).

225. Senechal, M., «The differential effect of storybook reading on preschoolers' acquisition of expressive and receptive vocabulary», *J Child Lang*, 24 (1997).

226. Goodsitt, J., *et al.*, «Interaction Between Mothers and Preschool Children when Reading a Novel and Familiar Book», *Int J Behav Dev*, 11 (1988).

227. Lever, R., *et al.*, «Discussing stories», *J Exp Child Psychol*, 108 (2011).

228. Dexter, C., *et al.*, «A Preliminary Investigation of the Relationship Between Parenting, Parent-Child Shared Reading Practices, and Child Development in Low- Income Families», *J Res Child Educ*, 28 (2014).

229. Clingenpeel, B., *et al.*, «Mothers' Sensitivity and Book-reading Interactions with First Graders», *Early Educ Dev*, 18 (2007).

230. Bergin, C., «The Parent-Child Relationship during Beginning Reading», *J Lit Res*, 33 (2001).

231. OECD, «Equity in Education (Pisa)», oecd.org (2018).

232. «Maternelle: vers l'école obligatoire dès 3 ans», gouvernement.fr (2018).

233. «L'école dès 3 ans, premier remède aux inégalités», lanouvellerepu- blique.fr (2019).

234. Raudenbush, R., *et al.*, «Does Schooling Increase or Reduce Social Inequality?», *Annu Rev Sociol*, 41 (2015).

235. Tough, P., *How Children Succeed*, Random House, 2013. [Hay trad. cast. de José María Carabante Muntada, Jorge Moya Velasco y Juan Velayos Vega, *Cómo triunfan los niños: determinación, curiosidad y el poder del carácter*, Ediciones Palabra S. A., Madrid, 2014.]

236. Christian, K., *et al.*, «Specificity in the Nature and Timing of Cognitive Growth in Kindergarten and First Grade», *J Cogn Dev*, 1 (2000).

237. Morrison, F., *et al.*, «The causal impact of schooling on children's development», *Curr Dir Psychol Sci*, 28 (2019).

238. Kim, M., *et al.*, «Schooling Effects on Literacy Skills During the Transition to School», *AERA Open*, 4 (2018).

239. Skibbe, L. E., *et al.*, «Schooling effects on preschoolers' self-regulation, early literacy, and language growth», *Early Child Res Q*, 26 (2011).

240. Stahl, S., *et al.*, «The Effects of Vocabulary Instruction», *Rev Educ Res*, 56 (1986).

241. Elleman, A., *et al.*, «The Impact of Vocabulary Instruction on Passage-Level Comprehension of School-Age Children», *J Res Educ Eff*, 2 (2009).

242. Wright, T., *et al.*, «A Systematic Review of the Research on Vocabulary Instruction That Impacts Text Comprehension», *Read Res Q*, 52 (2017).

243. Dickinson, D., *et al.*, «Why are so few interventions really effective», en S. Neuman*et al.* (eds.), *Handbook of early literacy research*, vol. 3, Guilford Press, 2011.

244. Cervetti, G., *et al.*, «Meta-Analysis Examining the Impact of Vocabulary Instruction on Vocabulary Knowledge and Skill», *Read Psychol* (2023).

245. Hart, B., *et al.*, «The early catastrophe», *Am Educ*, 27 (2003).

246. *La Bible de Jerusalem*. Évangile selon Saint Matthieu, Mt 13, Éditions du Cerf, 2014 (la traducción en castellano, que corresponde al versículo 12 del capítulo 13 del Evangelio según san Mateo, se ha extraído de la página web del Vaticano, http://www.vatican.va/archive/ESL0506/__PUN.HTM).

247. Senechal, M., *et al.*, «Individual differences in 4-year-old children's acquisition of vocabulary during storybook reading», *J Educ Psychol*, 87 (1995).

248. Blewitt, P., *et al.*, «Shared book reading», *J Educ Psychol*, 101 (2009).

249. Penno, J., *et al.*, «Vocabulary acquisition from teacher explanation and repeated listening to stories», *J Educ Psychol*, 94 (2002).

250. Coyne, M., *et al.*, «Racing Against the Vocabulary Gap», *Except Child*, 85 (2019).

251. Lawrence, J., «Summer Reading», *Read Psychol*, 30 (2009).

252. Smadja, B., *et al.*, «La dispute», *J'aime Lire*, 202 (2001).

253. Van Overschelde, J.P., *et al.*, «Learning of nondomain facts in high- and low-knowledge domains», *J Exp Psychol Learn Mem Cogn*, 27 (2001).

254. Hambrick, D. Z., «Why are some people more knowledgeable than others?», *Mem Cognit*, 31 (2003).

255. Kole, J. A., *et al.*, «Using prior knowledge to minimize interference when learning large amounts of information», *Mem Cognit*, 35 (2007).

256. Reder, L. M., *et al.*, «Why it's easier to remember seeing a face we already know than one we don't», *Psychol Sci*, 24 (2013).

257. Willingham, D., *Why don't students like school*, Jossey-Bass, 2009.

258. Bein, O., *et al.*, «Prior knowledge promotes hippocampal separation but cortical assimilation in the left inferior frontal gyrus», *Nat Commun*, 11 (2020).

259. Piketty, T., *Le Capital au xxie siècle*, Seuil, 2013. [Hay trad. cast. de Eliane Cazenave-Tapie Isoard, *El capital en el siglo XXI*, Fondo de Cultura Económica de España S. L., Madrid, 2014.]

260. «Horaires d'enseignement des écoles maternelles et élémentaires», education.gouv.fr (2015).

261. Claessens, A., *et al.*, «Kindergarten skills and fifth-grade achievement», *Econ Educ Rev*, 28 (2009).

262. Eklund, K., *et al.*, «Early cognitive predictors of PISA reading in children with and without family risk for dyslexia», *Learn Individ Differ*, 64 (2018).

263. Manu, M., *et al.*, «Kindergarten pre-reading skills predict Grade 9 reading comprehension (PISA Reading) but fail to explain gender difference», *Read Writ*, 34 (2021).

264. Camara-Costa, H., *et al.*, «Associations of language-based bedtime routines with early cognitive skills and academic achievement», *Br J Dev Psychol*, 39 (2021).

CUARTA PARTE. UN MUNDO SIN LIBROS

1. Bradbury R., *Fahrenheit 451*, Folio SF, 1995. [Hay trad. cast. de Alfredo Crespo, *Fahrenheit 451*, Debolsillo, Barcelona, 2004.]

2. Ministère des Solidarités et de la Santé, «Journal Officiel, Arrêté du 15 mars 2020», legifrance.gouv.fr (2020).

3. Piquard, A., «Reconfinement: le gouvernement embarrassé par les polémiques sur Amazon», *Le Monde* (2 de noviembre de 2020).

4. Delage, J., «Confinement: les libraires en guerre contre "l'aberration"», *Libération*, (30 de octubre de 2020).

5. VV. AA., «"Laissez nos librairies ouvertes": communiqué du SNE, du SLF et du CPE», sne.fr (2020).

6. Busne, F., «Confinement: fermer les librairies, c'est nous "priver du meilleur bataillon pour affronter l'obscurantisme", plaide François Busnel», francetvinfo.fr (2020).

7. Aissaoui, M., «La librairie, un commerce enfin reconnu essentiel à la vie!», *Le Figaro* (1 de marzo de 2021).

8. «Les librairies, désormais considérées commerces essentiels, pourront rester ouvertes en cas de confinement», *Le Figaro* en colaboración con AFP (26 de febrero de 2021).

9. Lerallut, M.-A., «Avant le reconfinement, les librairies prises d'assaut par des lecteurs en colère», *Le Figaro* (29 de octubre de 2020).

10. «Le marché du livre a connu une croissance inédite en 2021», lefigaro.fr (2022).

11. Chlem, L., «Ventes de livres: fin de "l'embellie" due aux confinements, 2022 commence mal pour les librairies», franceinter.fr (2022).

12. Gnanadesikan, A., *The Writing Revolution*, Wiley-Blackwell, 2009.

13. Carey J., *A Little History of Poetry*, Yale University Press, 2020.

14. Vallejo, I., *L'Infini dans un roseau*, Les Belles Lettres, 2021 (edición original: *El infinito en un junco*, Siruela, Madrid, 2019).

15. *Dictionnaire Le Robert* en línea (https://dictionnaire.lerobert.com/definition/philologue) (el diccionario de la Real Academia Española define 'filólogo' como «persona versada en filología», https://dle.rae.es/fil%C3%B3logo?m=form, y 'filología', como «ciencia que estudia las culturas tal como se manifiestan en su lengua y en su literatura, principalmente a través de los textos escritos», https://dle.rae.es/filolog%C3%ADa).

16. Barbier, F., *L'Europe de Gutenberg*, Belin, 2006.

17. Man, J., *The Gutenberg Revolution*, Bantam Books, 2009.

18. Buringh, E., *et al.*, «Charting the "Rise of the West"», *J Econ Hist*, 69 (2009).

19. Boorstin, D., *Les découvreurs*, Robert Laffont, 1988. [Hay trad. cast. de Susana Litjmaer, *Los descubridores*, Editorial Crítica, Barcelona, 2000).

20. Bechtel, G., *Gutenberg*, Fayard, 1992.

21. CNRTL (www.cnrtl.fr/definition/vernaculaire; el diccionario de la Real Academia Española define 'vernáculo' como «dicho especialmente del idioma o lengua: doméstico, nativo, de la casa o país propios», https://dle.rae.es/vern%C3%A1culo?m=form).

22. Keillor, G., «The righteous among us», nytimes.com (2008).

23. de Lamartine, A., *Gutenberg: inventeur de l'imprimerie*, Hachette, 1853. [Hay trad. cast. de Miguel Carmona, *El civilizador: historia de*

la humanidad por sus grandes hombres, Imprenta y Litografía Republicana de G. J. Aramburu y F. Madriz, Caracas, 1855, disponible en https://books.google.es/books?id=v1BdIG28-icC&pg=PA49&l pg=PA49&dq=Alphonse+de+Lamartine+%22telescopio+del+al ma%22&source=bl&ots=pEX3iTZPma&sig=ACfU3Uo12QP5w BkVb7FDs9D1Fie3V1SBeg&hl=es&sa=X&ved=2ahUKEwig9LP fs8CCAxXtTqQEHe6GDOYQ6AF6BAgTEAM#v=onepage&q= telescopio&f=false.]

24. Liessmann, K., *La Haine de la culture*, Armand Colin, 2020.

25. Bourdieu, P., *et al.*, *Les Héritiers*, Éditions de Minuit, 1964. [Hay trad. cast. de Jean-Claude Passeron, *Los herederos: los estudiantes y la cultura*, Clave Intelectual, Madrid, 2021.]

26. Council on Early Childhood *et al.*, «Literacy promotion», *Pediatrics*, 134 (2014).

27. Fiester, L., *Early Warning*, Annie Casey Foundation, 2010.

28. Hernandez, D., *How third-grade reading skills and poverty influence high school graduation*, Annie Casey Foundation, 2011.

29. Levy, R., *et al.*, *Attitudes to Reading and Writing and their Links with Social Mobility 1914-2014*, Booktrust, 2014.

30. Báez F., *Universal History of the Destruction of Books*, Atlas & Co., 2008 (edición original: *Historia universal de la destrucción de libros: de las tablillas sumerias a la guerra de Irak*, Destino, Barcelona, 2004).

31. Ovenden, R., *Burning the Books*, Harvard University Press, 2020.

32. Roth J., *L'Autodafé de l'esprit*, Allia, 2019.

33. Steiner, G., *Le Silence des livres*, Arléa, 2006. [Hay trad. cast. de María Cóndor Orduña, *El silencio de los libros: ese vicio todavía impune*, Siruela, Madrid, 2011.]

34. Brayard, F., *et al.*, *Historiciser le mal: une édition critique de* Mein Kampf, Fayard, 2021.

35. Hirsch, E., *The knowledge deficit*, Houghton Mifflin Hartcourt, 2006.

36. Willingham, D., *Why don't students like school*, Jossey-Bass, 2009.

37. Christodoulou, D., *Seven myths about education*, Routledge, 2014.

38. Le Bon, G., *Psychologie des foules*, Félix Alcan, 1895.

39. Klemperer, V., *LTI: la langue du IIIe Reich* (1947), Pocket, 2016. [Hay trad. cast. de Adan Kovacsics, *LTI. La lengua del Tercer Reich: apuntes de un filólogo*, Minúscula, Barcelona, 2001.]

40. Orwell, G., *1984*, Folio, 1972. [Hay trad. cast. de Rafael Vázquez Zamora, *1984*, Destino, Barcelona, 2004.]

41. Huxley, A., *Le meilleur des mondes*, Pocket, 2007. [Hay trad. cast. de Jesús Isaías Gómez López, *Un mundo feliz*, Ediciones Cátedra, Madrid, 2018.]

42. Desmurget, M., *La Fabrique du crétin digital*, Points, 2020. [Hay trad. cast. de Lara Cortés Fernández, *La fábrica de cretinos digitales: los peligros de las pantallas para nuestros hijos*, Ediciones Península, Barcelona, 2020.]

43. Zuboff, S., *The Age of surveillance capitalism*, Profile Books, 2019.

44. Wylie, C., *Mindf*ck*, Random House, 2019.

45. Fourquet, J., *et al.*, *La France sous nos yeux*, Seuil, 2021.

46. Babeau, O., *La Tyrannie du divertissement*, Buchet-Chastel, 2023.

47. Hugo V., *Les Châtiments*, Michel Lévy Frères, 1875. [Hay trad. cast. de Jacinto Labaila, *Obras completas de Victor Hugo*, tomo V, *Los castigos*, Terraza, Aliena y Compañía Editores, Valencia, 1888, disponible en Biblioteca Virtual de Castilla y León, https://bibliotecadigital.jcyl.es/en/catalogo_imagenes/grupo.do?path=10630423.]

48. Bauerlein, M., *The Dumbest Generation grows up*, Regnery Gateway, 2022.

49. Desmurget, M., *TV lobotomie*, J'ai Lu, 2013.

50. Vargas Llosa, M., *La civilisation du spectacle*, Gallimard, 2015 (edición original: *La civilización del espectáculo*, Alfaguara, Madrid, 2012).

51. Blanchard, C., «Edwy Plenel: "On dit que les jeunes lisent moins: ils n'arrêtent pas de lire!"», cahiers-pedagogiques.com (2018).

52. *Evaluating Information*, Report from the Stanford History Education Group, Stanford History Education Group, 2016.

53. McLuhan, M., *Understanding Media*, MIT Press, 1994. [Hay trad. cast. de Patrick Ducher, *Comprender los medios de comunicación: las extensiones del ser humano*, Ediciones Paidós Ibérica, Barcelona, 2009.]

54. Bourdieu P., *Sur la télévision*, Raisons d'agir, 1996.

55. Postman, N., *Se distraire à en mourir*, Pluriel, 2011. [Hay trad. cast. de E. Odell, *Divertirse hasta morir*, Ediciones de La Tempestad S. L., Barcelona, 1991.]

56. Dean, B., «Here's what we learned about organic click through rates», backlinko.com (2022).

57. Bailyn, E., «Google Click-Through Rates (CTRs) by Ranking Position in 2023», firstpagesage.com (2022).

58. Azer S.A., «Is Wikipedia a reliable learning resource for medical students?», *Adv Physiol Educ*, 39 (2015).

59. Azer, S. A., *et al.*, «Accuracy and readability of cardiovascular entries on Wikipedia», *BMJ Open*, 5 (2015).

60. Hasty, R. T., *et al.*, «Wikipedia vs peer-reviewed medical literature for information about the 10 most costly medical conditions», *J Am Osteopath Assoc*, 114 (2014).

61. Wilson, A.M., *et al.*, «Content Volatility of Scientific Topics in Wikipedia», *PLoS One*, 10 (2015).

62. Suwannakhan, A., *et al.*, «The Quality and Readability of English Wikipedia Anatomy Articles», *Anat Sci Educ*, 13 (2020).

63. Oeberst, A., *et al.*, «Collectively biased representations of the past», *Br J Soc Psychol*, 59 (2020).

64. Renouvin, P., *Le Traité de Versailles*, Flammarion, 1969.

65. Becker, J.-J., *Le Traité de Versailles*, Puf, 2019.

66. Amadieu, F., *et al.*, «Prior knowledge in learning from a non-linear electronic document», *Comput Hum Behav*, 25 (2009).

67. Amadieu, F., *et al.*, «Comprendre des documents non-linéaires», *L'Année psychologique*, 111, (2011/2).

68. Amadieu, F., *et al.*, «Effects of prior knowledge and concept-map structure on disorientation, cognitive load, and learning», *Learn Instr*, 19 (2009).

69. Kalyuga, S., «Effects of learner prior knowledge and working memory limitations on multimedia learning», *Procedia Soc Behav Sci*, 83 (2013).

70. McNamara, D., *et al.*, «Are good texts always better?», *Cognition Instruct*, 14, (1996).

71. *Dictionnaire de l'Académie française* (https://www.dictionnaire-academie.fr/article/A9R2210) (el diccionario de la Real Academia Española define 'reticular' como «de forma de redecilla o red», https://dle.rae.es/reticular?m=form).

72. Hahnel, C., *et al.*, «The role of reading skills in the evaluation of online information gathered from search engine environments», *Comput Hum Behav*, 78 (2018).

73. Hahnel, C. *et al.*, «Effects of linear reading, basic computer skills, evaluating online information, and navigation on reading digital text», *Comput Hum Behav*, 55 (2016).

74. Naumann, J., *et al.*, «Does Navigation Always Predict Performance?», *Int Rev Res Open Dist Learn*, 17 (2016).

75. Willingham, D., «The privileged status of story», *Am Educ*, 28 (2004).

76. Zweig, S., *Marie-Antoinette* Livre de Poche, 1999. [Hay trad. cast. de Carlos Fortea, *María Antonieta*, Acantilado, Barcelona, 2012.]

77. Britton, B., *et al.*, «Use of cognitive capacity in reading», *Discourse Processes*, 6 (1983).

78. Brown, P., *et al.*, *Make it stick*, Harvard University Press, 2014.

79. Mar, R. A., *et al.*, «Memory and comprehension of narrative versus expository texts», *Psychon Bull Rev*, 28 (2021).

80. Cunningham, A., *et al.*, «What reading does for the mind», *Am Educ*, 22 (1998).

81. Brochier, A., «L'impact des modalités d'utilisation de la vidéo sur l'efficacité de l'apprentissage en langue vivante», dumas.ccsd.cnrs.fr (2018).

82. Clinton-Lisell, V., «Listening Ears or Reading Eyes», *Rev Educ Res*, 92 (2022).

83. Diakidoy, I.-A. N., *et al.*, «The relationship between listening and reading comprehension of different types of text at increasing grade levels», *Read Psychol*, 26 (2005).

84. Singh, A., *et al.*, «Audiobooks, Print, and Comprehension», *Educ Psychol Rev*, 34 (2022).

85. Baron, N. S., *How we read now*, OUP, 2021.

86. Daniel, D., *et al.*, «They Hear, But Do Not Listen», *Teach Psychol*, 37 (2010).

87. Furnham, A., «Remembering stories as a function of the medium of presentation», *Psychol Rep*, 89 (2001).

88. Salmeron, L., *et al.*, «Using Internet videos to learn about controversies», *Comput Educ*, 148 (2020).

89. Mesbah, H., «Reading is Remembering», *Speaker & Gavel*, 42 (2005).

90. Varao Sousa, T. L., *et al.*, «The way we encounter reading material influences how frequently we mind wander», *Front Psychol*, 4 (2013).

91. *Dictionnaire de l'Académie française* (https://www.dictionnaire-academie.fr/article/A9L1074) (el diccionario de la Real Academia Española define 'libro' como «conjunto de muchas hojas de papel u otro material semejante que, encuadernadas, forman un volumen», https://dle.rae.es/libro?m=form).

92. CNL/Ipsos, «Les jeunes français et la lecture (7-25 ans)», centrenationaldulivre.fr (2022).

93. CNL/Ipsos, «Les Français et la BD (7-75 ans)», centrenationaldulivre.fr (2020).

94. CNL/Ipsos, «Les jeunes français et la lecture (7-19 ans)», centrenationaldulivre.fr (2016).

95. Scholastic, «Kids & Family Reading Report Canadian Edition», scholastic.com (2017).

96. Scholastic, «Kids & Family Reading Report Australia», scholastic.com (2016).

97. Scholastic, «Kids & Family Reading Report United Kingdom», scholastic.com (2015).

98. Prensky, M., *Teaching digital natives*, Corwin, 2010. [Hay trad. cast. de Elena Alemany, *Enseñar a nativos digitales*, Fundación Santa María-Ediciones SM, Boadilla del Monte, 2011.]

99. Tapscott, D., *Grown Up Digital*, Mc Graw Hill, 2009.

100. Fourgous, J., *Réussir à l'école avec le numérique*, Odile Jacob, 2011.

101. De Bruyckere, P., *et al.*, *Urban Myth about Learning and Education*, Academic Press, 2015.

102. Kirschner, P., *et al.*, «The myths of the digital native and the multitasker», *Teach Teach Educ*, 67 (2017).

103. Edwards, J., «Reading Beyond the Borders: Observations of Digital eBook Readers and Adolescent Reading Practices», en J. Whittingham *et al.* (eds.), *Technological Tools for the Literacy Classroom*, IGI Global, 2013.

104. «Téléchargement légal de livres numériques», service-public.fr (2020).

105. Kang, Q., *et al.*, «Is e-reading environmentally more sustainable than conventional reading?», *Libr Inf Sci Res*, 43 (2021).

106. Liu, R., *et al.*, «Impacts of the digital transformation on the environment and sustainability», Öko-Institut e.V. (2019).

107. ADEME, «Évaluation de l'impact environnemental de la digitalisation des services culturels», ademe.fr (2022).

108. Thornton, B., *et al.*, «The mere presence of a cell phone may be distracting», *Soc Psychol*, 45 (2014).

109. Sana, F., *et al.*, «Laptop multitasking hinders classroom learning for both users and nearby peers», *Comput Educ*, 62 (2013).

110. DeStefano, D., *et al.*, «Cognitive load in hypertext reading», *Comput Human Behav*, 23 (2007).

111. Jabr, F., «Why the brain prefers paper», *Sci Am*, 309 (2013).

112. Altmann, E. M., *et al.*, «Momentary interruptions can derail the train of thought», *J Exp Psychol Gen*, 143 (2014).

113. Hou, J., *et al.*, «Cognitive map or medium materiality? Reading on paper and screen», *Comput Human Behav*, 67 (2017).

114. Baron, N., «Know what? How digital technologies undermine learning and remembering», *J Pragmat*, 175 (2021).

115. Delgado, P., *et al.*, «The inattentive on-screen reading», *Learn Instr*, 71 (2021).

116. Mangen, A., *et al.*, «Lost in an iPad», *Sci Study Lit*, 4 (2014).

117. Taipale, S., «The affordances of reading/writing on paper and digitally in Finland», *Telemat Inform*, 31 (2014).

118. Farinosi, M., *et al.*, «Book or screen, pen or keyboard?», *Telemat Inform*, 33 (2016).

119. Baron, N., *et al.*, «The persistence of print among university students», *Telemat Inform*, 34 (2017).

120. Mizrachi, D., *et al.*, «Academic reading format preferences and behaviors among university students worldwide», *PLoS One*, 13 (2018).

121. Evans, M., *et al.*, «The effect of alphabet e-books and paper books on preschoolers' behavior», *Early Child Res Q*, 40 (2017).

122. Chiong, C., *et al.*, «Learning the ABCs», *J Early Child Lit*, 13 (2013).

123. Spence, C., «The Multisensory Experience of Handling and Reading Books», *Multisens Res*, 33 (2020).

124. Spence, C., *et al.*, «Multisensory design», *Psychol Mark*, 28 (2011).

125. Barsalou, L. W., «Grounded cognition», *Annu Rev Psychol*, 59 (2008).

126. Jostmann, N. B., *et al.*, «Weight as an embodiment of importance», *Psychol Sci*, 20 (2009).

127. Ackerman, J. M., *et al.*, «Incidental haptic sensations influence social judgments and decisions», *Science*, 328 (2010).

128. Delgado, P., *et al.*, «Don't throw away your printed books», *Educ Res Rev*, 25 (2018).

129. Annisette, L., *et al.*, «Social media, texting, and personality», *Pers Individ Differ*, 115 (2017).

130. Singer-Trakhman, L., *et al.*, «Effects of Processing Time on Comprehension and Calibration in Print and Digital Mediums», *J Exp Educ*, 87 (2019).

131. Lenhard, W., *et al.*, «Equivalence of Screen Versus Print Reading Comprehension Depends on Task Complexity and Proficiency», *Discourse Process*, 54 (2017).

132. Rothkopf, E., «Incidental memory for location of information in text», *J. Verbal Learn Verbal Behav*, 10 (1971).

133. Mangen, A., *et al.*, «Comparing Comprehension of a Long Text Read in Print Book and on Kindle», *Front Psychol*, 10 (2019).

134. Christie, A., *Ils étaient dix* (anteriormente, *Dix petits nègres*, 1939), Livre de Poche, 2020. [Hay trad. cast. de Orestes Llorens, *Diez negritos*, Espasa Libros S. L., Barcelona, 2015.]

135. Kong, Y., *et al.*, «Comparison of reading performance on screen and on paper», *Comput Educ*, 123 (2018).

136. Clinton, V., «Reading from paper compared to screens», *J Res Read*, 42 (2019).

137. Rideout, V., *et al.*, «The common sense census: Media use by kids age zero to eight», commonsensemedia.org (2020).

138. Strouse, G. A., *et al.*, «A print book preference», *Int J Child-Comput Interact*, 12 (2017).

139. Strouse, G. A., *et al.*, «Toddlers' word learning and transfer from electronic and print books», *J Exp Child Psychol*, 156 (2017).

140. Chiong, C., «Comparing Parent-Child Co-Reading on Print, Basic, and Enhanced E-Book Platforms», The Joan Ganz Cooney Center (2012).

141. Parish-Morris, J., *et al.*, «Once Upon a Time», *Mind, Brain Educ*, 7 (2013).

142. Krcmar, M., *et al.*, «Parent-Child Joint Reading in Traditional and Electronic Formats», *Media Psychol*, 17 (2014).

143. Munzer, T. G., *et al.*, «Differences in Parent-Toddler Interactions With Electronic Versus Print Books», *Pediatrics*, 143 (2019).

144. Munzer, T. G., *et al.*, «Parent-Toddler Social Reciprocity During Reading From Electronic Tablets *vs* Print Books», *JAMA Pediatr*, 173 (2019).

145. Tomopoulos, S., *et al.*, «Electronic Children's Books», *Pediatrics*, 143 (2019).

146. Jing, M., *et al.*, «Video Deficit in Children's Early Learning», en J. Van den Bulk (ed.), *The International Encyclopedia of Media Psychology*, John Wiley & Sons, 2020.

147. Strouse, G. A., *et al.*, «Learning From Video», *Child Dev*, 92 (2021).

148. DeLoache, J. S., «Dual representation and young children's use of scale models», *Child Dev*, 71 (2000).

149. DeLoache, J. S., «Symbolic functioning in very young children», *Child Dev*, 62 (1991).

150. Eco, U., citado en «"Le livre ne mourra pas": conversation entre Umberto Eco et Jean-Claude Carrière», *L'Obs* (15 de octubre de 2009).

QUINTA PARTE. UNOS BENEFICIOS MÚLTIPLES Y DURADEROS

1. Dantzig, C., *Pourquoi lire?*, Livre de Poche, 2011. [Hay trad. cast. de Elena Cano e Íñigo Sánchez-Paños, *¿Por qué leer?*, 451 Editores, Madrid, 2011.]

2. Mol, S. E., *et al.*, «To read or not to read», *Psychol Bull*, 137 (2011).

3. Peng, P., *et al.*, «The Development of Academic Achievement and Cognitive Abilities», *Child Dev Perspect*, 14 (2020).

4. Cunningham, P., *et al.*, «Reading can make you smarter», *Principal*, 83 (2003).

5. Gregoire, J., «Les indices du WISC-IV et leur interprétation», *Journal des psychologues*, 253 (2007).

6. Wechsler, D., *WISC-V* (manual de interpretación), ECPA, 2016.

7. Sternberg, R., *et al.*, «The Predictive Value of IQ», *Merrill-Palmer Q*, 47 (2001).

8. Angoff, W. H., «The nature-nurture debate, aptitudes, and group differences», *Am Psychol*, 43 (1988).

9. Ramsden, S., *et al.*, «The influence of reading ability on subsequent changes in verbal IQ in the teenage years», *Dev Cogn Neurosci*, 6 (2013).

10. Ferrer, E., *et al.*, «Longitudinal models of developmental dynamics between reading and cognition from childhood to adolescence», *Dev Psychol*, 43 (2007).

11. Ferrer, E., *et al.*, «Uncoupling of reading and IQ over time», *Psychol Sci*, 21 (2010).

12. Lupyan, G., «The Centrality of Language in Human Cognition», *Lang Learn*, 66 (2016).

13. Schober, P., *et al.*, «Correlation Coefficients», *Anesth Analg*, 126 (2018).

14. Wechsler, D., *WPPSI-IV* (manual de interpretación), ECPA, 2014.

15. Wechsler, D., *WAIS-IV* (manual de interpretación), ECPA, 2011.

16. Nation, K., «Nurturing a lexical legacy», *NPJ Sci Learn*, 2 (2017).

17. Cunningham, A., «Vocabulary Growth Through Independent Reading and Reading Aloud to Children», en E. Hiebert *et al.* (eds.), *Teaching and Learning Vocabulary*, LEA (2005).

18. Castles, A., *et al.*, «Ending the Reading Wars», *Psychol Sci Public Interest*, 19 (2018).

19. Sullivan, A., *et al.*, «Social inequalities in cognitive scores at age 16: CLS Working Paper 2013/10», cls.ioe.ac.uk (2013).

20. Nagy, W., *et al.*, «Limitations of vocabulary instruction (Technical Report n.° 326). Center for the Study of Reading, University of Illinois at Urbana-Champaign», eric.ed.gov (1984).

21. Brysbaert, M., *et al.*, «How Many Words Do We Know?», *Front Psychol*, 7 (2016).

22. Rey-Debove, J., *et al.*, *Le Petit Robert*, Le Robert, 2006.

23. Perfetti, C., «Reading Ability», *Sci Stud Read*, 11 (2007).

24. Cunningham, A.E., *et al.*, «Early reading acquisition and its relation to reading experience and ability 10 years later», *Dev Psychol*, 33 (1997).

25. Sparks, R., *et al.*, «Early reading success and its relationship to reading achievement and reading volume», *Read Writ*, 27 (2014).

26. Stanovich, K., «Matthew Effects in Reading», *Read Res Q*, 21 (1986).

27. Duff, D., *et al.*, «The Influence of Rreading on Vocabulary Growth», *J Speech Lang Hear Res*, 58 (2015).

28. Kempe, C., *et al.*, «Are There any Matthew Effects in Literacy and Cognitive Development?», *Scand J Educ Res*, 55 (2011).

29. Nation, K., *et al.*, «Book Language and Its Implications for Children's Language, Literacy, and Development», *Curr Dir Psychol Sci*, 31 (2022).

30. Montag, J. L., *et al.*, «Text exposure predicts spoken production of complex sentences in 8—and 12-year-old children and adults», *J Exp Psychol Gen*, 144 (2015).

31. Favier, S., *et al.*, «Long-term written language experience affects grammaticality judgements and usage but not priming of spoken sentences», *Q J Exp Psychol (Hove)*, 74 (2021).

32. Johnson, E., *et al.*, «Individual Differences in Print Exposure Predict Use of Implicit Causality in Pronoun Comprehension and Referential Prediction», *Front Psychol*, 12 (2021).

33. Arnold, J., *et al.*, «Print exposure predicts pronoun comprehension strategies in children», *J Child Lang*, 46 (2019).

34. Cunningham, A. *et al.*, «Orthographic Processing in Models of Word Recognition», en M. Kamil *et al.* (eds.), *Handbook of Reading Research*, vol. IV, Routledge, 2011.

35. Krashen, S., «We Acquire Vocabulary and Spelling by Reading», *Mod Lang J*, 73 (1989).

36. Li, Y., *et al.*, «A systematic review of orthographic learning via self-teaching», *Educ Psychol*, 58 (2023).

37. Cunningham, A. E., *et al.*, «Orthographic learning during reading», *J Exp Child Psychol*, 82 (2002).

38. Cunningham, A. E., «Accounting for children's orthographic learning while reading text», *J Exp Child Psychol*, 95 (2006).

39 Pacton, S., *et al.*, «L'apprentissage de l'orthographe lexicale», *Langue française*, 124 (1999).

40. Conrad, N., «From reading to spelling and spelling to reading», *J Educ Psychol*, 100 (2008).

41. Pacton, S., *et al.*, «Children benefit from morphological relatedness independently of orthographic relatedness when they learn to spell new words», *J Exp Child Psychol*, 171 (2018).

42. Pacton, S., *et al.*, «Children benefit from morphological relatedness when they learn to spell new words», *Front Psychol*, 4 (2013).

43. Ginestet, E., *et al.*, «Orthographic learning and transfer of complex words», *J Res Read*, 44 (2021).

44. Tucker, R., *et al.*, «The nature of orthographic learning in self-teaching», *J Exp Child Psychol*, 145 (2016).

45. Graham, S., *et al.*, «Does spelling instruction make students better spellers, readers, and writers?», *Read Writ*, 27 (2014).

46. Graham, S., *et al.*, «Reading for Writing», *Rev Educ Res*, 88 (2018).

47. Vasseur, J., «Trop de manuscrits? Gallimard dit stop aux écrivains aspirants», huffingtonpost.fr (2021).

48. Steven Spielberg, Academy Awards Acceptance Speech Database, https://aaspeechesdb.oscars.org/link/059-26/, (acceso: 23/04/2023).

49. Shanahan, T., «Relationships between Reading and Writing Development», en S. Graham *et al.* (eds.), *Handbook of writing research*, Guilford Press, 2016.

50. Shanahan, T., «Nature of the reading-writing relation», *J Educ Psychol*, 76 (1984).

51. Berninger, V.W,. *et al.*, «Writing and reading», *J Learn Disabil*, 35 (2002).

52. Ahmed, Y., *et al.*, «Developmental Relations between Reading and Writing at the Word, Sentence and Text Levels», *J Educ Psychol*, 106 (2014).

53. Juel, C., «Learning to read and write», *J Educ Psychol*, 80 (1988).

54. Graham, S., «The Sciences of Reading and Writing Must Become More Fully Integrated», *Read Res Q*, 55 (2020).

55. Graham, S., *et al.*, «Writing to Read», *Harv Educ Rev*, 81 (2011).

56. Cunningham, A., *et al.*, *Book Smart*, Oxford University Press, 2014.

57. Senechal, M., *et al.*, «Individual differences in grade 4 children's written compositions», *Cogn Dev*, 45 (2018).

58. Cox, B., *et al.*, «Good and poor elementary readers' use of cohesion in writing», *Read Res Q*, 25 (1990).

59. Spencer, T. D., *et al.*, «Bridging Oral and Written Language», *Lang Speech Hear Serv Sch*, 49 (2018).

60. Pinto, G., *et al.*, «Development in narrative competences from oral to written stories in five-to-seven-year-old children», *Early Child Res Q*, 36 (2016).

61. Hamilton, L., *et al.*, «Individual differences in narrative production in late childhood», *First Lang*, 41 (2021).

62. Neuman, S., «Books Make a Difference», *Read Res Q*, 34 (1999).

63. Kuehn, K., «60 Best Stephen King Quotes», rd.com (2022).

64. *Dictionnaire de l'Académie française* (https://www.dictionnaire-academie.fr/article/A9L0497) (el diccionario de la Real Academia Española define 'lector' como «Que lee o tiene el hábito de leer», https://dle.rae.es/lector?m=form).

65. Babeau, O., *La Tyrannie du divertissement*, Buchet-Chastel, 2023.

66. Bourdieu, P., *et al.*, *Les Héritiers*, Éditions de Minuit, 1964. [Hay trad. cast. de Jean-Claude Passeron, *Los herederos: los estudiantes y la cultura*, Clave Intelectual, Madrid, 2021.]

67. Evans, M., *et al.*, «Family scholarly culture and educational success», *Res Soc Stratif Mobil*, 28 (2010).

68. Torppa, M., *et al.*, «Leisure Reading (But Not Any Kind) and Reading Compre- hension Support Each Other», *Child Dev*, 91 (2020).

69. Anderson, R., *et al.*, «Growth in Reading and How Children Spend Their Time Outside of School», *Read Res Q*, 23 (1988).

70. Jerrim, J., *et al.*, «Does it matter what children read?», *Oxf Rev Educ*, 46 (2020).

71. Jerrim, J., *et al.*, «The link between fiction and teenagers' reading skills», *Br Educ Res J*, 45 (2019).

72. McGeown, S., *et al.*, «Exploring the relationship between adolescent's reading skills, reading motivation and reading habits», *Read Writ*, 28 (2015).

73. OECD, *Pisa 2009 Results*, vol. III, oecd.org (2010).

74. Spear-Swerling, L., *et al.*, «Relationships between sixth-graders' reading comprehension and two different measures of print exposure», *Read Writ*, 23 (2010).

75. Duncan, L. G., *et al.*, «Adolescent reading skill and engagement with digital and traditional literacies as predictors of reading comprehension», *Br J Psychol*, 107 (2016).

76. Pfost, M., *et al.*, «Students' extracurricular reading behavior and the development of vocabulary and reading comprehension», *Learn Individ Differ*, 26 (2013).

77. Lawrence, J., «Summer Reading», *Read Psychol*, 30 (2009).

78. OECD, *Pisa 2018 Results*, vol. I, oecd.org (2019).

79. Norton, B., «The Motivating Power of Comic Books», *Read Teach*, 57 (2003).

80. Versaci, R., «How Comic Books Can Change the Way Our Students See Literature», *English J*, 91 (2001).

81. Hughes-Hassell, S., *et al.*, «The Leisure Reading Habits of Urban Adolescents», *J Adolesc Adult Lit*, 51 (2007).

82. Desmurget, M., *L'antirégime*, Belin, 2015.

83. Krashen, S., «The "Decline" of reading in America, poverty, and access to books, and the use of comics in encouraging reading», *Teachers College Record* (2005).

85. Blanchard, C., «Edwy Plenel: "On dit que les jeunes lisent moins: ils n'arrêtent pas de lire!"», cahiers-pedagogiques.com (2018).

85. Manilève, V., «Dire que les " jeunes lisent moins qu'avant" n'a plus aucun sens à l'heure d'Internet», slate.fr (2015).

86. Crom, N., «Mutation de l'animal lecteur», *Télérama* (26 de diciembre de 2013).

87. Bauerlein, M., *The Dumbest Generation grows up*, Regnery Gateway, 2022.

88. Allington, R., *et al.*, «Reading Volume and Reading Achievement», *Read Res Q*, 56 (2021).

89. Rideout, V., *et al.*, «The common sense census: Media use by tweens and teens», commonsensemedia.org (2019).

90. Lee, Y.-H., *et al.*, «The indirect effects of online social entertainment and information seeking activities on reading literacy», *Comput Educ*, 67 (2013).

91. Desmurget, M., *La Fabrique du crétin digital* Points, 2020. [Hay trad. cast. de Lara Cortés Fernández, *La fábrica de cretinos digitales: los peligros de las pantallas para nuestros hijos*, Ediciones Península, Barcelona, 2020.]

92. Hart, B., *et al.*, *The Social World of Children Learning to Talk*, Paul H Brookes Publishing Co, 1999.

93. Bloom, P., *How children learn the meaning of words*, MIT Press, 2000.

94. Nagy, W., *et al.*, «Incidental vs. Instructional Approaches to Increasing Reading Vocabulary», *Educ Perspect*, 23 (1985).

95. Sternberg, R., «Most vocabulary is learned from context», en C. McKeon *et al.*, (eds.), *The nature of vocabulary acquisition*, Lawrence Erlbaum Associates, 1987.

96. Nagy, W., *et al.*, «Learning Word Meanings From Context During Normal Reading», *Am Educ Res J*, 24 (1987).

97. «Lexile Framework for reading», https://hub.lexile.com/find-a-book/search.

98. «Lexile Framework for reading», lexile.com (2019).

99. Webb, J., «The 2020 Text Complexity Continuum in Grades 1-12», metametricsinc.com (2022).

100. McQuillan, J., «Harry Potter and the Prisoners of Vocabulary Instruction», *Read Foreign Lang*, 32 (2020).

101. Spichtig, A.N., *et al.*, «The Decline of Comprehension-Based Silent Reading Efficiency in the United States», *Read Res Q*, 51 (2016).

102. Stahl, S., *et al.*, «The Effects of Vocabulary Instruction», *Rev Educ Res*, 56 (1986).

103. Elleman, A., *et al.*, «The Impact of Vocabulary Instruction on Passage-Level Comprehension of School-Age Children», *J Res Educ Eff*, 2 (2009).

104. Wright, T., *et al.*, «A Systematic Review of the Research on Vocabulary Instruction That Impacts Text Comprehension», *Read Res Q*, 52 (2017).

105. Cervetti, G., *et al.*, «Meta-Analysis Examining the Impact of Vocabulary Instruction on Vocabulary Knowledge and Skill», *Read Psychol* (2023).

106. McQuillan, J., «Where Do We Get Our Academic Vocabulary?», *Read Matrix*, 19 (2019).

107. Borst, G., en «Enquête de santé - Abus d'écrans: notre cerveau en danger?», *France 5* (23 de junio de 2020).

108. Stanovich, K., *et al.*, «The Role of Inadequate Print Exposure as a Determinant of Reading Comprehension Problems», en C. Cornoldi *et al.* (eds.), *Reading comprehension difficulties: Processes and interventions*, Erlbaum, 1996.

109. Stanovich, K., *et al.*, «Where does knowledge come from?», *J Educ Psychol*, 85 (1993).

110. Desmurget, M., *TV lobotomie*, J'ai Lu, 2013.

111. Cunningham, A., *et al.*, «Tracking the unique effects of print exposure in children», *J Educ Psychol*, 83 (1991).

112. Stanovich, K., *et al.*, «Knowledge growth and maintenance across the life span», *Dev Psychol*, 31 (1995).

113. Ericsson, A., *et al.*, *Peak*, Houghton Mifflin Harcourt, 2016. [Hay trad. cast. de Francisco Ramos Mena y Efrén del Valle Peñamil: *Número uno: secretos para ser el mejor en lo que nos propongamos*, Conecta, Barcelona, 2017.]

114. Ericsson, A., «Creative Genius», in Simonton D. (ed.), *The Wiley Handbook of Genius*, John Wiley (2014).

115. Hirsch, E., «Why general knowledge should be a goal of education in a democracy», *Common Knowl*, 11 (1998).

116. Wolf, G., «Steve Jobs», wired.com (1996).

117. Cho, S., *et al.*, «The Relationship Between Diverse Components of Intelligence and Creativity», *J Creat Behav*, 44 (2010).

118. Frith, E., *et al.*, «Intelligence and creativity share a common cognitive and neural basis», *J Exp Psychol Gen*, 150 (2021).

119. Mednick, S. A., «The associative basis of the creative process», *Psychol Rev*, 69 (1962).

120. Batey, M., *et al.*, «Intelligence and personality as predictors of divergent thinking», *Think Skills Creat*, 4 (2009).

121. Alabbasi, A. M. A., *et al.*, «What do educators need to know about the Torrance Tests of Creative Thinking», *Front Psychol*, 13 (2022).

122. Diedrich, J., *et al.*, «Are creative ideas novel and useful?», *Psychol Aesthet Creat Arts*, 9 (2015).

123. Runco, M., *et al.*, «The Standard Definition of Creativity», *Creat Res J*, 24 (2012).

124. Simonton, D., «Taking the U.S. Patent Office Criteria Seriously», *Creat Res J*, 24 (2012).

125. Wang, A., «Exploring the relationship of creative thinking to reading and writing», *Think Skills Creat*, 7 (2012).

126. Ritchie, S., *et al.*, «The relationship of reading ability to creativity», *Learn Individ Differ*, 26 (2013).

127. Mourgues, C., *et al.*, «Reading Skills, Creativity, and Insight», *Span J Psychol*, 17 (2014).

128. Bellamy, F., *Les Déshérités*, Plon, 2014. [Hay trad. cast. de Eduardo Martínez Graciá, con revisión, presentación y notas de Ignacio de los Reyes Melero, *Los desheredados: por qué es urgente transmitir la cultura*, Ediciones Encuentro, Madrid, 2018.]

129. Piéron H., *Vocabulaire de la psychologie* (1951), Puf, 1987. [Hay trad. cast. de Agustín Arbesú Castañón y Bernadette J. Fabregoul, *Vocabulario Akal de psicología*, Ediciones Akal S. A., Madrid, 1993.]

130. Rowling, J., *Harry Potter à l'école des sorciers* (1998), Folio Junior, 2017. [Hay trad. cast. de Alicia Dellepiane Rawson, *Harry Potter y la piedra filosofal*, Salamandra, Barcelona, 1999.]

131. Columbus C., *Harry Potter y la piedra filosofal* (película), 2001.

132. Mander, J., *Four arguments for the elimination of television*, Perrenial, 2002.

133. Bettelheim, B., «Parents *vs* television», *Redbook* noviembre de 1963).

134. Valkenburg, P., «Television and Children's developing imagination», en D. Singer *et al.* (eds.), *Handbook of Research on Children and the Media*, Sage, 2000.

135. Mar, R. A., *et al.*, «The Function of Fiction is the Abstraction and Simulation of Social Experience», *Perspect Psychol Sci*, 3 (2008).

136. Oatley, K., «Fiction», *Trends Cogn Sci*, 20 (2016).

137. Kozak, S., *et al.*, «Reading and the Development of Social Understanding», *Read Teach*, 72 (2019).

138. Dodell-Feder, D., *et al.*, «Fiction reading has a small positive impact on social cognition», *J Exp Psychol Gen*, 147 (2018).

139. Mumper, M., *et al.*, «Leisure reading and social cognition», *Psychol Aesthet Creat Arts*, 11 (2017).

140. Batini, F., *et al.*, «The Association Between Reading and Emotional Development», *J Educ Train Stud*, 9 (2021).

141. Fiske, S., *et al.*, *Social Cognition* Sage, 2021⁴.

142. Mar, R., «Stories and the Promotion of Social Cognition», *Curr Dir Psychol Sci*, 27 (2018).

143. Proust, M., *À la recherche du temps perdu*, tomo I, Gallimard, 1919. [Hay trad. cast. de Pedro Salinas, *En busca del tiempo perdido*, 1: *Por el camino de Swann*, Alianza Editorial, 2020, edición electrónica.]

144. Atwood, M., *La Servante écarlate* Robert Laffont, 2020 (versión con prefacio: discurso pronunciado en 2017 en la ceremonia de entrega del Premio de la Paz del Comercio Librero Alemán) (la traducción al castellano de este fragmento se ha extraído de https://www.ersilias.com/discursos-de-margaret-atwood/; no consta específicamente el nombre del traductor).

145. Hakemulder, J., *The Moral Laboratory*, Benjamins, 2000.

146. Mason, R., *et al.*, «The role of the theory of mind cortical network in the comprehension of narratives», *Lang Linguist Compass*, 3 (2009).

147. Mar, R.A., «The neural bases of social cognition and story comprehension», *Annu Rev Psychol*, 62 (2011).

148. Tamir, D.I., *et al.*, «Reading fiction and reading minds», *Soc Cogn Affect Neurosci*, 11 (2016).

149. De Romilly, J., *Le Trésor des savoirs oubliés*, Éditions de Fallois, 1998. [Hay trad. cast. de Manuel Serrat Crespo, *El tesoro de los saberes olvidados*, Ediciones Península, Barcelona, 1999.]

150. Ponz, A., *et al.*, «Emotion processing in words», *Soc Cogn Affect Neurosci*, 9 (2014).

151. Ziegler, J.-C., *et al.*, «Do Words Stink?», *J Cogn Neurosci*, 30 (2018).

152. Kiefer, M., *et al.*, «The sound of concepts», *J Neurosci*, 28 (2008).

153. Gonzalez, J., *et al.*, «Reading cinnamon activates olfactory brain regions», *Neuroimage*, 32 (2006).

154. Barros-Loscertales, A., *et al.*, «Reading salt activates gustatory brain regions», *Cereb Cortex*, 22 (2012).

155. Speer, N. K., *et al.*, «Reading stories activates neural representations of visual and motor experiences», *Psychol Sci*, 20 (2009).

156. McLuhan, M., *Understanding Media*, MIT Press, 1994. [Hay trad. cast. de Patrick Ducher, *Comprender los medios de comunicación: las extensiones del ser humano*, Ediciones Paidós Ibérica, Barcelona, 2009.]

157. Baines, L., «From Page to Screen», *J Adolesc Adult Lit*, 39 (1996).

158. Schwering, S. C., *et al.*, «Exploring the Relationship Between Fiction Reading and Emotion Recognition», *Affect Sci*, 2 (2021).

159. Collins, S., *Hunger Games*, PKJ, 2015.

160. Ross G., *The Hunger Games*, Lionsgate, 2012. [Hay trad. cast. de Pilar Ramírez Tello, *Los juegos del hambre*, Molino, Barcelona, 2012.]

161. Box Office Mojo by IMDbPro (www.boxofficemojo.com/release/ rl4049110529/).

162. Davis, M., «Measuring individual differences in empathy», *J Pers Soc Psychol*, 44 (1983).

163. Gilet, A.-L., *et al.*, «Assessing dispositional empathy in adults», *Can J Behav Sci*, 45 (2013).

164. Spinrad, T., *et al.*, «The relations of parental affect and encouragement to children's moral emotions and behaviour», *J Moral Educ*, 28 (1999).

165. Murphy, B., *et al.*, «Contemporaneous and longitudinal relations of dispositional sympathy to emotionality, regulation, and social functioning», *J Early Adolesc*, 19 (1999).

166. Denham, S., *et al.*, «Socialization of preschoolers' emotion understanding», *Dev Psychol*, 30 (1994).

167. Strayer, J., «Children's concordant emotions and cognitions in response to observed emotions», *Child Dev*, 64 (1993).

168. Dyer, J., *et al.*, «Young children's storybooks as a source of mental state information», *Cogn Dev*, 15 (2000).

169. Nyhout, A., *et al.*, «Mothers' complex talk when sharing books with their toddlers», *First Lang*, 33 (2013).

170. Schapira, R., *et al.*, «Shared book reading at home and preschoolers' socio- emotional competence», *Early Educ Dev*, 31 (2020).

171. Drummond, J., *et al.*, «Here, there and everywhere», *Front Psychol*, 5 (2014).

172. Aram, D., *et al.*, «Parent-child shared book reading and children's language, literacy, and empathy development», *Riv Ital Educ Fam*, 2 (2012).

173. van der Bolt, L., *et al.*, «The connection between the reading of books and the development of sympathy and empathy», *Imagination Cogn Pers*, 14 (1995).

174. Batini, F., *et al.*, «The effects of reading aloud in the primary school», *Psychol Educ*, 55 (2018).

175. Kumschick, I. R., *et al.*, «Reading and Feeling», *Front Psychol*, 5 (2014).

176. Ornaghi, V., *et al.*, «Enhancing social cognition by training children in emotion understanding», *J Exp Child Psychol*, 119 (2014).

177. Mar, R., *et al.*, «Bookworms versus nerds», *J Res Pers*, 40 (2006).

178. Mar, R., *et al.*, «Exploring the link between reading fiction and empathy», *Communications*, 34 (2009).

179. Mar, R., *et al.*, «Exposure to media and theory-of-mind development in preschoolers», *Cogn Dev*, 25 (2010).

180. Adrian, J. E., *et al.*, «Mothers' use of cognitive state verbs in picture-book reading and the development of children's understanding of mind», *Child Dev*, 78 (2007).

181. Adrian, J. E., *et al.*, «Parent-child picture-book reading, mothers' mental state language and children's theory of mind», *J Child Lang*, 32 (2005).

182. Baron-Cohen, S., *et al.*, «The "Reading the Mind in the Eyes" Test revised version», *J Child Psychol Psychiatry*, 42 (2001).

183. Kidd, D. C., *et al.*, «Reading literary fiction improves theory of mind», *Science*, 342 (2013).

184. Kidd, D., *et al.*, «On literary fiction and its effects on theory of mind», *Sci Study Lit*, 6 (2016).

185. Samur, D., *et al.*, «Does a single session of reading literary fiction prime enhanced mentalising performance?», *Cogn Emot*, 32 (2018).

186. De Mulder, H., *et al.*, «Effects of exposure to literary narrative fiction», *Sci Study Lit*, 7 (2017).

187. De Vries, D., *et al.*, «Healing with books», *Ther Recreat J*, 51 (2017).

188. Rozalski, M., *et al.*, «Bibliotherapy», *Kappa Delta Pi Record*, 47 (2010).

189. Martinez-Caballero, M., *et al.*, «Grief in children's story books», *J Pediatr Nurs*, 69 (2023).

190. Peterkin, A., *et al.*, «Bibliotherapy», *Int J Pers Cent Med*, 7 (2018).

191. Detrixhe, J., «Souls in Jeopardy», *J. Humanist. Couns Educ Dev*, 49 (2010).

192. Bate, J., *et al.*, «Books do furnish a mind», *Lancet*, 387 (2016).

193. VV. AA., «Aux États-Unis, une inquiétante vague de censure de livres» (reportaje), actualitte.com (2022).

194. AFP, «Les tentatives de censure de livres ont atteint un record aux États-Unis», ledevoir.com (2023).

195. Bradbury R., *Fahrenheit 451*, Folio SF, 1995. [Hay trad. cast. de Alfredo Crespo, *Fahrenheit 451*, Debolsillo, Barcelona, 2004.]

196. Jones, N., «Je suis Noire, mère et enseignante, et je laisse mes enfants lire des livres racistes», huffingtonpost.fr (2021).

197. Sénécat, A., «Le raccourcissement des textes de "Martine" contribue-t-il au "nivellement par le bas" du langage des enfants?», *Le Monde* (12 de diciembre de 2020).

198. Fong, K., *et al.*, «How exposure to literary genres relates to attitudes toward gender roles and sexual behavior», *Psychol Aesthet Creat Arts*, 9 (2015).

199. Vezzali, L., *et al.*, «The greatest magic of Harry Potter», *J Appl Soc Psychol*, 45 (2015).

200. Twenge, J., *et al.*, «Birth cohort increases in narcissistic personality traits among American college students, 1982-2009», *Soc Psychol Pers Sci*, 1 (2010).

201. Konrath, S., *et al.*, «Changes in dispositional empathy in American college students over time», *Pers Soc Psychol Rev*, 15 (2011).

202. Simard, P., *et al.*, «The Relationship Between Narcissism and Empathy», *J Res Pers* (2022).

203. Ollivier, E., *La Discorde aux cent voix*, Albin Michel, 1986.

204. Hairrell, A., *et al.*, «Independent silent reading for struggling readers», en E. H. Hiebert *et al.* (eds.), *Revisiting silent reading*, TextProject, Inc., 2014.

205. Mahler, T., «Robert Plomin: "Les parents et l'école influent peu sur la réussite des enfants"», *L'Express* (12 de enero de 2023).

206. Wilson, C., «The parenting myth», newscientist.com (2019).

207. Messias, T., «La façon dont on éduque ses enfants n'a pas tant d'impact que ça», slate.fr (2018).

208. Gould, S. J., *La Mal-mesure de l'homme*, Odile Jacob (1997).

209. Burt, C., «Ability and income», *Br J Educ Psychol*, 13 (1943).

210. Goldenberg, S., «Why women are poor at science, by Harvard president», theguardian.com (2005).

211. Le Bon, G., «La psychologie des femmes et les effets de leur éducation actuelle», *La Revue scientifique*, 46 (1890).

212. Brayard, F., *et al.*, *Historiciser le mal: une édition critique de Mein Kampf*, Fayard, 2021.

213. Herrnstein, R., *et al.*, *The Bell Curve*, Simon & Schuster, 1994.

214. VV. AA., «Halte aux "fake news" génétiques», *Le Monde* (25 de abril de 2018).

215. Nisbett, R., *Intelligence and how to get it*, Norton & Company, 2009.

216. Turkheimer, E., «Still Missing», *Res Hum Dev*, 8 (2011).

217. Plomin, R., *et al.*, «Individual Differences in Television Viewing in Early Childhood», *Psychol Sci*, 1 (1990).

218. Fowler, J., *et al.*, «Genetic Variation in Political Participation», *Am Polit Sci Rev*, 102 (2008).

219. Martin, N.G., *et al.*, «Transmission of social attitudes», *Proc Natl Acad Sci USA*, 83, (1986).

220. McGue, M., *et al.*, «Genetic Influence on Risk of Divorce», *Psychol Sci*, 3 (1992).

221. Wesseldijk, L., *et al.*, «The heritability of pescetarianism and vegetarianism», *Food Qual Prefer*, 103 (2023).

222. Polderman, T. J., *et al.*, «Meta-analysis of the heritability of human traits based on fifty years of twin studies», *Nat Genet*, 47 (2015).

223. Andreola, C., *et al.*, «The heritability of reading and reading-related neurocognitive components», *Neurosci Biobehav Rev*, 121 (2021).

224. Little, C.W., *et al.*, «Cross-Study Differences in the Etiology of Reading Comprehension», *Behav Genet*, 47 (2017).

225. Pietschnig, J., *et al.*, «One Century of Global IQ Gains», *Perspect Psychol Sci*, 10 (2015).

226. Hegelund, E. R., *et al.*, «The secular trend of intelligence test scores», *PLoS One*, 16 (2021).

227. Rindermann, H., *et al.*, «Survey of expert opinion on intelligence», *Pers Individ Differ*, 106 (2017).

228. Nisbett, R. E., «Schooling Makes You Smarter», *Am Educ*, 37 (2013).

229. Nisbett, R. E., *et al.*, «Intelligence», *Am Psychol*, 67 (2012).

230. Duyme, M., *et al.*, «How can we boost IQs of "dull children"?», *Proc Natl Acad Sci USA*, 96 (1999).

231. Honzik, M. P., *et al.*, «The Stability of Mental Test Performance Between Two and Eighteen Years», *J Exp Educ*, 17 (1948).

232. Sontag, L., *et al.*, «Mental growth and personality development», *Monogr Soc Res Child Dev*, 23 (1958).

233. Ramsden, S., *et al.*, «Verbal and non-verbal intelligence changes in the teenage brain», *Nature*, 479 (2011).

234. Turkheimer, E., *et al.*, «Socioeconomic status modifies heritability of IQ in young children», *Psychol Sci*, 14 (2003).

235. Tucker-Drob, E. M., *et al.*, «Emergence of a Gene x socioeconomic status interaction on infant mental ability between 10 months and 2 years», *Psychol Sci*, 22 (2011).

236. Rowe, D. C., *et al.*, «Genetic and environmental influences on vocabulary IQ», *Child Dev*, 70 (1999).

237. Cooper, R. M., *et al.*, «Effects of enriched and restricted early environments on the learning ability of bright and dull rats», *Can J Psychol*, 12 (1958).

238. Hebb, D.O., *et al.*, «A Method of Rating Animal Intelligence», *J Gen Psychol*, 34 (1946).

239. Matthews, L. J., *et al.*, «Three legs of the missing heritability problem», *Stud Hist Philos Sci*, 93 (2022).

240. Joseph, J., *The Gene Illusion*, Algora, 2004.

241. Olivier, G., «Critique de la méthode des jumeaux appliquée à l'hérédité des tests d'intelligence», *Bull Mem Soc Anthropol Paris*, 5 (1978).

242. Dalmaijer, E., «Twin studies with unmet assumptions are biased towards genetic heritability», *bioRxiv* (2020).

243. Vadgama, N., *et al.*, «De novo single-nucleotide and copy number variation in discordant monozygotic twins reveals disease-related genes», *Eur J Hum Genet*, 27 (2019).

244. Jordan, B., «À la recherche de l'héritabilité perdue», *Med Sci*, 26 (2010).

245. Selzam, S., *et al.*, «Genome-Wide Polygenic Scores Predict Reading Performance Throughout the School Years», *Sci Stud Read*, 21 (2017).

246. National Reading Panel, *Teaching children to read*, National Institute of Child Health and Human Development, 2000.

247. Erbeli, F., *et al.*, «Unraveling the Relation Between Reading Comprehension and Print Exposure», *Child Dev*, 91 (2020).

248. van Bergen, E., *et al.*, «Why do children read more?», *J Child Psychol Psychiatry*, 59 (2018).

249. Harlaar, N., *et al.*, «Associations between reading achievement and independent reading in early elementary school», *Child Dev*, 82 (2011).

250. van Bergen, E., *et al.*, «How Are Practice and Performance Related?», *Read Res Q*, 56 (2021).

251. Toste, J., *et al.*, «A meta-analytic review of the relations between motivation and reading achievement for K—12 students», *Rev Educ Res*, 90 (2020).

252. Schiefele, U., *et al.*, «Dimensions of Reading Motivation and Their Relation to Reading Behavior and Competence», *Read Res Q*, 47 (2012).

253. Morgan, P., *et al.*, «Is There a Bidirectional Relationship between Children's Reading Skills and Reading Motivation?», *Except Child*, 73 (2007).

254. Good, R., *et al.*, «Effective Academic Interventions in the United States», *School Psychol Rev*, 27 (1998).

255. Morgan, P. L., *et al.*, «Are reading and behavior problems risk factors for each other?», *J Learn Disabil*, 41 (2008).

256. Lesnick, J., *et al.*, *Reading on Grade Level in Third Grade. Report to the Annie E Casey Foundation*, Chapin Hall, 2010.

257. Council on Early Childhood *et al.*, «Literacy promotion», *Pediatrics*, 134 (2014).

258. National Research Council (USA), *Preventing Reading Difficulties in Young Children*, National Academies Press, 1998.

259. Cunningham, A., *et al.*, «What reading does for the mind», *Am Educ*, 22 (1998).

260. Allington, R., *et al.*, «The Impact of Summer Setback on the Reading Achievement Gap», *Phi Delta Kappan*, 85 (2003).

261. Allington, R. L., *et al.*, «Summer Reading Loss», en R. L. Allington *et al.* (eds.), *Summer Reading*, Teachers College Press, 2018[2].

262. White, T., *et al.*, «Can Silent Reading in the Summer Reduce Socioeconomic Differences in Reading Achievement?», en E. H. Hiebert *et al.* (eds.), *Revisiting silent reading*, TextProject, Inc., 2014.

263. Alexander, K., *et al.*, «Schools, Achievement, and Inequality», *Educ Eval Policy Anal*, 23 (2001).

264. Allington, R., *et al.*, «Addressing Summer Reading Setback Among Economically Disadvantaged Elementary Students», *Read Psychol*, 31 (2010).

265. Cooper, H., *et al.*, «The Effects of Summer Vacation on Achievement Test Scores», *Rev Educ Res*, 66 (1996).

266. Lindsay, J., «Interventions That Increase Children's Access to Print Material and Improve Their Reading Proficiencies», en R. L. Allington *et al.* (eds.), *Summer Reading*, Teachers College Press, 2018².

267. Schubert, F., *et al.*, «Social inequality of reading literacy», *Res Soc Stratif Mobil*, 28 (2010).

268. Morni, A., *et al.*, «The Impact of Living Environment on Reading Attitudes», *Procedia Soc Behav Sci*, 101 (2013).

269. Hayes, D., *et al.*, «Vocabulary simplification for children», *J Child Lang*, 15 (1988).

270. Barou, J., «Une angoisse très culturelle», *L'École des Parents*, 621 (2016).

271. Laronche, M., «Élèves trop stressés: la faute aux parents?», *Le Monde* (13 de abril de 2009).

272. Nelson, M., *Parenting Out of Control*, New York University Press, 2010.

273. OECD, «Regards sur l'éducation 2022», oecd.org (2022).

274. Insee, «France, portrait social», insee.fr (2022).

275. Insee, «Emploi, chômage, revenus du travail» (2022).

276. Dwyer, R. J., *et al.*, «Wealth redistribution promotes happiness», *Proc Natl Acad Sci USA*, 119 (2022).

277. Killingsworth, M. A., «Experienced well-being rises with income, even above $75,000 per year», *Proc Natl Acad Sci USA*, 118 (2021).

278. Killingsworth, M. A., *et al.*, «Income and emotional well-being», *Proc Natl Acad Sci USA*, 120 (2023).

279. OECD, «Health at a Glance 2021», oecd-ilibrary.org (2021).

280. Pascoe, M., *et al.*, «The impact of stress on students in secondary school and higher education», *Int J Adolesc Youth*, 25 (2020).

281. Wu, K., *et al.*, «Parents' Education Anxiety and Children's Academic Burnout», *Front Psychol*, 12 (2021).

282. Murat, F., «Inequalities in Skills at the End of Education», *Econ Stat*, 528-529 (2021).

283. Savolainen, H., *et al.*, «Reading comprehension, word reading and spelling as predictors of school achievement and choice of secondary education», *Learn Instr*, 18 (2008).

284. Esteban-Cornejo, I., *et al.*, «Objectively measured and self-reported leisure-time sedentary behavior and academic performance in youth», *Prev Med*, 77 (2015).

285. McLaughlin, M. J., *et al.*, «Reading disability and adult attained education and income», *J Learn Disabil*, 47 (2014).

286. Unal, Z., *et al.*, «What Is the Source of the Correlation Between Reading and Mathematics Achievement?», *Educ Psychol Rev*, 35 (2023).

287. OECD, «Pisa 2003. *Technical Report*», oecd.org (2005).

288. Ding, H., *et al.*, «Interpreting mathematics performance in PISA», *Int J Educ Res*, 102 (2020).

289. Erbeli, F., *et al.*, «Developmental dynamics between reading and math in elementary school», *Dev Sci*, 24 (2021).

290. Hubner, N., *et al.*, «Reading to learn?», *Child Dev*, 93 (2022).

291. Cruz Neri, N., *et al.*, «What makes mathematics difficult for adults?», *Educ Psychol*, 41 (2021).

292. Leiss, D., *et al.*, «Language and Mathematics», *Math Think Learn*, 21 (2019).

293. Boonen, A., *et al.*, «What underlies successful word problem solving?», *Contemp Educ Psychol*, 38 (2013).

294. Helwig, R., *et al.*, «Reading as an Access to Mathematics Problem Solving on Multiple-Choice Tests for Sixth-Grade Students», *J Educ Res*, 93 (1999).

295. Cummins, D., *et al.*, «The role of understanding in solving word problems», *Cogn Psychol*, 20 (1988).

296. Lewis, A., *et al.*, «Students' miscomprehension of relational statements in arithmetic word problems», *J Educ Psychol*, 79 (1987).

297. Boonen, A. J., *et al.*, «Word Problem Solving in Contemporary Math Education», *Front Psychol*, 7 (2016).

298. Roth, B., *et al.*, «Intelligence and school grades», *Intelligence*, 53 (2015).

299. Hirsch, E., *The knowledge deficit*, Houghton Mifflin Hartcourt, 2006.

300. Wexler, N., *The Knowledge Gap*, Avery, 2020.

301. Gajda, A., *et al.*, «Creativity and academic achievement», *J Educ Psychol*, 109 (2017).

302. MacCann, C., *et al.*, «Emotional intelligence predicts academic performance», *Psychol Bull*, 146 (2020).

303. Garcia, S., *Le Goût de l'effort*, Puf, 2018.

304. Lahire, B., *Enfances de classe*, Seuil, 2019.

305. Rokicki, S., *et al.*, «Heterogeneity in Early Life Investments», *Rev Income Wealth*, 66 (2020).

Epílogo

1. Babeau, O., *La Tyrannie du divertissement*, Buchet-Chastel, 2023.

2. Berger, M., *Il jouait du piano debout*, Atlantic, 1980.

3. *Dictionnaire Larousse* en línea (www.larousse.fr/dictionnaires/francais/acculturation) (el Diccionario de la Real Academia define 'aculturación' como «acción y efecto de aculturar o aculturarse», https://dle.rae.es/aculturaci%C3%B3n?m=form, y 'aculturar' como «incorporar a un individuo o a un grupo humano elementos culturales de otro grupo», https://dle.rae.es/aculturar).

4. Liessmann, K., *La Haine de la culture*, Armand Colin, 2020.

5. Prescott, O., *A father reads to his children*, Dutton & Co, 1965.

6. Peyron, D., «Qu'est-ce que l'identité gamer?», *Émulations*, 30 (2019).

7. France Bleu, «La nouvelle communauté des gamers», radiofrance.fr (2018).

8. Durik, A., *et al.*, «Task values and ability beliefs as predictors of high school literacy choices», *J Educ Psychol*, 98 (2006).

9. Locher, F., *et al.*, «Mechanisms mediating the relation between reading self- concept and reading comprehension», *Eur J Psychol Educ*, 36 (2021).

10. Xiao, X., «How motivational constructs predict reading amount and reading achievement», *Power Educ* (2022).

11. Willingham, D., *The Reading Mind*, Jossey-Bass, 2017.

12. Bandura, A., *Social learning theory*, Prentice Hall (1977).

13. Cunningham, A., *et al.*, *Book Smart*, Oxford University Press, 2014.

14. Willingham, D., *Raising Kids Who read*, Jossey-Bass, 2015.

15. Evans, M., *et al.*, «Family scholarly culture and educational success», *Res Soc Stratif Mobil*, 28 (2010).

16. Schubert, F., *et al.*, «Social inequality of reading literacy», *Res Soc Stratif Mobil*, 28 (2010).

17. Huang, H., *et al.*, «The Correlation between Out-of-School and In-School Reading Resources with Primary School Students' Reading Attainment», *Inf Res*, 24 (2019).

18. Morni, A., *et al.*, «The Impact of Living Environment on Reading Attitudes», *Procedia Soc Behav Sci*, 101 (2013).

19. Bhatt, R., «The impact of public library use on reading, television, and academic outcomes», *J Urban Econ*, 68 (2010).

20. Clavel, J., *et al.*, «The intergenerational effect of parental enthusiasm for reading», *Appl Econ Anal*, 28 (2020).

21. Klauda, S., *et al.*, «Relations of perceived parent and friend support for recreational reading with children's reading motivations», *J Lit Res*, 44 (2012).

22. DeBaryshe, B., «Maternal belief systems», *J Appl Dev Psychol*, 16 (1995).

23. Sonnenschein, S., *et al.*, «The influence of home-based reading interactions on 5-year-olds' reading motivations and early literacy development», *Early Child Res Q*, 17 (2002).

24. Baker, L., *et al.*, «Home and family influences on motivations for reading», *Educ Psychol*, 32 (1997).

25. Baker, L., *et al.*, «Beginning Readers' Motivation for Reading in Relation to Parental Beliefs and Home Reading Experiences», *Read Psychol*, 23 (2002).

26. Toste, J., *et al.*, «A meta-analytic review of the relations between motivation and reading achievement for K - 12 students», *Rev Educ Res*, 90 (2020).

27. Schiefele, U., *et al.*, «Dimensions of Reading Motivation and Their Relation to Reading Behavior and Competence», *Read Res Q*, 47 (2012).

28. Morgan, P., *et al.*, «Is There a Bidirectional Relationship between Children's Reading Skills and Reading Motivation?», *Except Child*, 73 (2007).

29. Desmurget, M., *La Fabrique du crétin digital* Points, 2020. [Hay trad. cast. de Lara Cortés Fernández, *La fábrica de cretinos digitales: los peligros de las pantallas para nuestros hijos*, Ediciones Península, Barcelona, 2020.]

30. Troyer, M., *et al.*, «Relations among intrinsic and extrinsic reading motivation, reading amount, and comprehension», *Read Writ*, 32 (2019).

31. Becker, M., *et al.*, «Intrinsic and extrinsic reading motivation as predictors of reading literacy», *J Educ Psychol*, 102 (2010).

32. Schaffner, E., *et al.*, «Reading amount as a mediator of the effects of intrinsic and extrinsic reading motivation on reading comprehension», *Read Res Q*, 48 (2013).

33. Castles, A., *et al.*, «Ending the Reading Wars», *Psychol Sci Public Interest*, 19 (2018).

34. Killingsworth, M. A., *et al.*, «A wandering mind is an unhappy mind», *Science*, 330 (2010).

35. Koerth-Bake, M., «Why boredom is anything but boring», *Nature*, 529 (2016).

36. Wilson, T. D., *et al.*, «Just think», *Science*, 345 (2014).

37. Milyavskaya, M., *et al.*, «Reward sensitivity following boredom and cognitive effort», *Neuropsychologia* (2018).

38. Havermans, R. C., *et al.*, «Eating and inflicting pain out of boredom», *Appetite*, 85 (2015).

39. Allington, R., *et al.*, «The Impact of Summer Setback on the Reading Achievement Gap», *Phi Delta Kappan*, 85 (2003).

40. Guthrie, J., *et al.*, «Motivating students to read», en P. McCardle *et al.* (eds.), *The voice of evidence in reading research*, Paul Brookes, 2004.

41. Rao, Z., *et al.*, «The role of pretend play in supporting young children's emotional development», en D. Whitebread (ed.), *The sage handbook of developmental psychology and early childhood education*, Sage, 2019.

42. Weisberg, D. S., «Pretend play», *Wiley Interdiscip Rev Cogn Sci*, 6 (2015).

43. Thibodeau, R.B., *et al.*, «The effects of fantastical pretend-play on the development of executive functions», *J Exp Child Psychol*, 145 (2016).

44. Roman-Caballero, R., *et al.*, «Please don't stop the music», *Educational Research Review*, 35 (2022).

45. Bigand, E., *et al.*, «Near and far transfer», *Mem Cognit*, 50 (2022).

46. Ludyga, S., *et al.*, «Systematic review and meta-analysis investigating moderators of long-term effects of exercise on cognition in healthy individuals», *Nat Hum Behav*, 4 (2020).

47. Tomporowski, P. D., *et al.*, «Exercise, sports, and performance arts benefit cognition via a common process», *Psychol Bull*, 145 (2019).

48. De Romilly, J., *Le Trésor des savoirs oubliés*, Éditions de Fallois, 1998. [Hay trad. cast. de Manuel Serrat Crespo, *El tesoro de los saberes olvidados*, Ediciones Península, Barcelona, 1999.]

49. Vallejo, I., *L'Infini dans un roseau*, Les Belles Lettres, 2021 (edición original: *El infinito en un junco*, Siruela, Madrid, 2019).

50. Bellamy, F., *Les Déshérités*, Plon, 2014. [Hay trad. cast. de Eduardo Martínez Graciá, con revisión, presentación y notas de Ignacio de los Reyes Melero, *Los desheredados: por qué es urgente transmitir la cultura*, Ediciones Encuentro, Madrid, 2018.]

51. OCDE, «Le coût élevé des faibles performances éducatives», oecd.org (2010).

52. Hanushek, E.A., *et al.*, «Knowledge capital, growth, and the East Asian miracle», *Science*, 351 (2016).

53. Hanushek, E., *et al.*, «Education, knowledge capital, and economic growth», en S. Bradley *et al.* (eds.), *The Economics of Education*, Second Edition, Academic Press, 2020.

54. «Emmanuel Macron fait de la lecture une "grande cause nationale"», *Le Monde* (17 de junio de 2021).

55. Ferjan Ramirez, N., *et al.*, «Parent coaching at 6 and 10 months improves language outcomes at 14 months», *Dev Sci*, 22 (2019).

56. Ferjan Ramirez, N., *et al.*, «Parent coaching increases conversational turns and advances infant language development», *Proc Natl Acad Sci USA*, 117 (2020).

57. McGillicuddy-DeLisi, A., *et al.*, «Parental beliefs», en M. Bornstein (ed.), *Handbook of parenting*, Lawrence Erlbaum Associates, 1995.

58. Leung, C. Y. Y., *et al.*, «What Parents Know Matters», *J Pediatr*, 221 (2020).

59. Rowe, M., *et al.*, «The Role of Parent Education and Parenting Knowledge in Children's Language and Literacy Skills among White, Black, and Latino Families», *Infant Child Dev*, 25 (2016).

60. Rowe, M.L., «Child-directed speech», *J Child Lang*, 35 (2008).

ANEXOS

1. Rey-Debove, J., *et al.*, *Le Petit Robert*, Le Robert, 2006 (adaptamos la tabla propuesta por el autor a las características fonéticas del castellano. Además, en aras de la sencillez, simplificamos la descripción fonética con el objetivo de convertirla en un instrumento útil a la hora de plantear actividades de iniciación a la lectura para los niños. En realidad, en español no existe un único sonido para la letra a [que se pronuncia de manera distinta dependiendo de si se encuentra antes de una consonante nasal, como en «antena», en contacto con una consonante palatal, como en «cacho», etc.], y lo mismo cabe decir de otras letras. Además, hay que tener en cuenta que no todas las variantes del castellano tienen el mismo número de fonemas [por ejemplo, el sonido correspondiente a la letra ll solo se conserva en ciertas zonas de España]).

2. Rocard, A., *Le Tour du monde en 80 contes*, Lito, 2008.

3. Hickok, G., *et al.*, «The cortical organization of speech processing», *Nat Rev Neurosci*, 8 (2007).

4. López-Barroso, D., *et al.*, «Word learning is mediated by the left arcuate fasciculus», *Proc Natl Acad Sci USA*, 110 (2013).

5. Donaldson, J., *et al.*, *Gruffalo*, Gallimard, 2013. [Hay trad. cast. de Francisco Segovia, *El Grufaló*, Ediciones Castillo, México, 2009).

6. Blyton, E., *Jojo Lapin va à la pêche*, Hachette, 2004.

7. Morpugo, M., *Le Secret de grand-père*, Folio Cadet, 2001.

8. Demers, D., *La Nouvelle Maîtresse*, Folio Cadet, 2010.

9. de Saint-Exupéry, A., *Le Petit Prince*, Folio, 1999. [Hay trad. cast. de Gabriel Olaf, *El Principito*, Editorial Lectorum, México, 2006).